中华译学馆

莫言题

中华译学佑立传字与

以中华为根 译与学并重
弘扬优秀文化 促进中外交流
拓展精神疆域 驱动思想创新

丁酉年冬月许钧撰 罗卫东书

中華譯學館·中华翻译家代表性译文库

许 钧 郭国良／总主编

瞿秋白 卷

高淑贤 郭国良／编

ZHEJIANG UNIVERSITY PRESS
浙江大学出版社

总　序

　　考察中华文化发展与演变的历史，我们会清楚地看到翻译所起到的特殊作用。梁启超在谈及佛经翻译时曾有过一段很深刻的论述："凡一民族之文化，其容纳性愈富者，其增展力愈强，此定理也。我民族对于外来文化之容纳性，惟佛学输入时代最能发挥。故不惟思想界生莫大之变化，即文学界亦然。"①

　　今年是五四运动一百周年，以梁启超的这一观点去审视五四运动前后的翻译，我们会有更多的发现。五四运动前后，通过翻译这条开放之路，中国的有识之士得以了解域外的新思潮、新观念，使走出封闭的自我有了可能。在中国，无论是在五四运动这一思想运动中，还是自1978年改革开放以来，翻译活动都显示出了独特的活力。其最重要的意义之一，就在于通过敞开自身，以他者为明镜，进一步解放自己，认识自己，改造自己，丰富自己，恰如周桂笙所言，经由翻译，取人之长，补己之短，收"相互发明之效"②。如果打开视野，以历史发展的眼光，

---

① 梁启超.翻译文学与佛典//罗新璋.翻译论集.北京：商务印书馆，1984：63.
② 陈福康.中国译学理论史稿.上海：上海外语教育出版社，1992：162.

从精神深处去探寻五四运动前后的翻译,我们会看到,翻译不是盲目的,而是在自觉地、不断地拓展思想的疆界。根据目前所掌握的资料,我们发现,在 20 世纪初,中国对社会主义思潮有着持续不断的译介,而这种译介活动,对社会主义学说、马克思主义思想在中国的传播及其与中国实践的结合具有重要的意义。在我看来,从社会主义思想的翻译,到马克思主义的译介,再到结合中国的社会和革命实践之后中国共产党的诞生,这是一条思想疆域的拓展之路,更是一条马克思主义与中国革命相结合的创造之路。

开放的精神与创造的力量,构成了我们认识翻译、理解翻译的两个基点。在这个意义上,我们可以说,中国的翻译史,就是一部中外文化交流、互学互鉴的历史,也是一部中外思想不断拓展、不断创新、不断丰富的历史。而在这一历史进程中,一位位伟大的翻译家,不仅仅以他们精心阐释、用心传译的文本为国人打开异域的世界,引入新思想、新观念,更以他们的开放性与先锋性,在中外思想、文化、文学交流史上立下了一个个具有引领价值的精神坐标。

对于翻译之功,我们都知道季羡林先生有过精辟的论述。确实如他所言,中华文化之所以能永葆青春,"翻译之为用大矣哉"。中国历史上的每一次翻译高潮,都会生发社会、文化、思想之变。佛经翻译,深刻影响了国人的精神生活,丰富了中国的语言,也拓宽了中国的文学创作之路,在这方面,鸠摩罗什、玄奘功不可没。西学东渐,开辟了新的思想之路;五四运动前后的翻译,更是在思想、语言、文学、文化各个层面产生了革命性的影响。严复的翻译之于思想、林纾的翻译之于文学的作用无须赘言，而鲁迅作为新文化运动的旗手，其翻译动机、翻译立场、翻译选择和翻译方法，与其文学主张、文化革新思想别无二致，其翻译起着先锋性的作用，引导着广大民众掌握新语言、接受新思想、表达自己的精神诉求。这条道路，是通向民主的道路，也是人民大众借助掌握的新语言创造新文化、新思想的道路。

回望中国的翻译历史，陈望道的《共产党宣言》的翻译，傅雷的文学翻译，朱生豪的莎士比亚戏剧翻译……一位位伟大的翻译家创造了经典，更创造了永恒的精神价值。基于这样的认识，浙江大学中华译学馆为弘扬翻译精神，促进中外文明互学互鉴，郑重推出"中华译学馆·中华翻译家代表性译文库"。以我之见，向伟大的翻译家致敬的最好方式莫过于(重)读他们的经典译文，而弘扬翻译家精神的最好方式也莫过于对其进行研究，通过他们的代表性译文进入其精神世界。鉴于此，"中华译学馆·中华翻译家代表性译文库"有着明确的追求：展现中华翻译家的经典译文，塑造中华翻译家的精神形象，深化翻译之本质的认识。该文库为开放性文库，入选对象系为中外文化交流做出了杰出贡献的翻译家，每位翻译家独立成卷。每卷的内容主要分三大部分：一为学术性导言，梳理翻译家的翻译历程，聚焦其翻译思想、译事特点与翻译贡献，并扼要说明译文遴选的原则；二为代表性译文选编，篇幅较长的摘选其中的部分译文；三为翻译家的译事年表。

需要说明的是，为了更加真实地再现翻译家的翻译历程和语言的发展轨迹,我们选编代表性译文时会尽可能保持其历史风貌,原本译文中有些字词的书写、词语的搭配、语句的表达,也许与今日的要求不尽相同,但保留原貌更有助于读者了解彼时的文化,对于历史文献的存留也有特殊的意义。相信读者朋友能理解我们的用心,乐于读到兼具历史价值与新时代意义的翻译珍本。

许　钧

2019 年夏于浙江大学紫金港校区

目　录

导　言

　　提起"瞿秋白"这个名字,可能绝大多数读者头脑中闪现的都是青年共产党人慷慨赴死的形象。确实,瞿秋白在中国共产党历史上的地位如此重要,以至于其作为一位极具天赋的翻译家的形象反倒不那么突出了。1985年,在瞿秋白同志就义50周年纪念大会上,党中央对瞿秋白的定位是"中国共产党早期的主要领导人之一,伟大的马克思主义者,卓越的无产阶级革命家、理论家和宣传家,中国的革命文学事业的重要奠基者之一"①。这一定位重点论述其革命贡献,仅在最后提及文学成就,并未指明其"翻译家"身份。1999年纪念瞿秋白100周年诞辰时仍然延续了这一定位②,甚至在2019年瞿秋白120周年诞辰之际,人民网的纪念长文同样未明确提出"翻译家瞿秋白"这一概念③。可见,时至今日,作为翻译家的瞿秋白这一认知在很大程度上仍然只限于翻译界,在大众中并未引起足够关注。对此有学者评论说,国内的瞿秋白研究呈现"革命家瞿秋白"和"文艺家瞿秋白"两大板块,而"翻译家瞿秋白"似乎被前两者"耀眼的光芒所覆盖、遮掩"④。事实上,瞿秋白除了是一位坚贞不屈的革命战士,同时也

---

① 姚守中,马光仁,耿易.瞿秋白年谱长编.南京:江苏人民出版社,1993:前言1.
② 尉健行.在纪念瞿秋白同志诞辰一百周年座谈会上的讲话.瞿秋白研究新探,2003(1):1-6.
③ 中共中央党史和文献研究院.一腔赤诚　百折不挠——纪念瞿秋白同志诞辰120周年.(2019-01-29)[2020-01-03].http://dangshi.people.com.cn/n1/2019/0129/c85037-30596160.html.
④ 戎林海,赵惠珠.瞿秋白翻译研究.南京:东南大学出版社,2017:前言1.

是一位勤勉笃行的天才翻译家,其翻译文字"据粗略估计,大概不会少于二百万字"①。不仅如此,瞿秋白的翻译思想丰富深邃,"非常值得我们潜心研究"②。在此背景下,对瞿秋白的翻译实践与思想进行系统性介绍颇有必要,以帮助读者勾勒出一个全面立体的瞿秋白形象。

一、传奇一生:波澜壮阔

1899 年 1 月 29 日,瞿秋白出生在江苏常州的一个乡绅家庭。得益于江南小城得天独厚的自然风物,幼年时期的瞿秋白一方面畅游于青山绿水之间、沉浸于莼菜鲈鱼之味,另一方面则陶醉于传统的儒家、道家学说。处于自然和传统双重包裹中的瞿秋白对清朝末年国内隐匿的疾风暴雨毫无察觉,俨然是一位"不识愁滋味"的幼小乡绅。多年以后回忆童年生活时,瞿秋白写道:"中国香甜安逸的春梦渐渐惊醒过来,一看已是日上三竿,还懒懒的朦胧双眼欠伸着不肯起来呢。"③

然而大梦虽美,终将惊醒。经历了幼年短暂的富足和平静之后,如同当时动荡的社会一样,从 1912 年开始,瞿秋白的家庭经历了急遽的经济变故。变卖房产、典当家具、父亲出走、母亲自杀,最终一家星散,接踵而至的灾难让少年秋白一度陷入颓唐、避世的深渊。

1917 年,瞿秋白到北京投奔堂兄,并进入北京俄文专修馆学习。瞿秋白后来宣称,"当时并不知道俄国已经革命,也不知道俄国文学的伟大意义,不过当作将来谋一碗饭吃的本事罢了"④,可见,恐怕连瞿秋白自己也没有想到,当初迫于谋生的一个决定竟然埋下了日后为中国革命"盗取天火"的种子! 1918 年,他开始阅读新潮杂志,并逐渐形成了"新的人生

① 郑惠,瞿勃. 瞿秋白译文集. 南京:译林出版社,1999:605.
② 戎林海,赵惠珠. 瞿秋白翻译研究. 南京:东南大学出版社,2017:前言 1.
③ 瞿秋白. 瞿秋白文集:文学编(第一卷). 北京:人民文学出版社,1985:23.
④ 瞿秋白. 多余的话:瞿秋白精品文集. 成都:成都时代出版社,2014:48.

观"①。1919 年五四运动爆发,作为北京俄文专修馆的学生代表,瞿秋白成为爱国学生运动的组织者和领导者之一。也正是从那时起,瞿秋白身上懵懂的少年情怀逐渐开始转变为青年政治家的觉悟,这也标志着其思想上一次质的飞跃。

正是在这种思想的影响下,1920 年,瞿秋白不顾亲人和朋友的反对,受聘担任《晨报》驻莫斯科特派记者,毅然决定追寻心中圣地——苏维埃俄国。他把这次旅行比喻为"饿乡之行",认为在"饿乡"生活需要有自我牺牲的精神,忍受物质资料的缺乏,但能得到精神上的升华。其著作《饿乡纪程》便是基于这一阶段的经历写成的。对他来说,饿乡与其说是一个物质匮乏的可怕之地,不如说是一片充满希望的热土。

在俄期间,一方面,瞿秋白专注介绍俄国时政,热情讴歌十月革命,成为向中国人民系统报道苏俄情况的先驱,他坚信俄国的成功案例能为唤醒旧中国、为中国实现社会主义提供借鉴,其第二本著作《赤都心史》便是这一时期心路历程的主要反映;另一方面,瞿秋白认真研究俄国文学,以期用新文化取代旧文化,希望从对俄国文学的探究中寻找中国社会的出路。其文学研究成果主要集结在《俄国文学史》中,书中论及了赫尔岑、别林斯基、车尔尼雪夫斯基、普希金、果戈理、屠格涅夫、托尔斯泰、陀思妥耶夫斯基和契诃夫等作家及其作品。《俄国文学史》不仅是"中国人撰写的俄国文学发展史的第一部专著",最难能可贵的是,瞿秋白在书中坚持运用马克思主义唯物史观研究俄国文学,强调文学与社会政治的关系,在"中国近代史上第一个创新地开拓性地建立起唯物的、辩证的文学史观"②。可见,革命思想理论和文学始终是瞿秋白关注的两大重点,而这段时期的经历也为其日后的翻译工作奠定了基础。

经过了"饿乡"两年时间的"修行",1922 年年底离开莫斯科时,瞿秋白

---

① 瞿秋白. 多余的话:瞿秋白精品文集. 成都:成都时代出版社,2014:48.
② 季甄馥. 瞿秋白《俄国文学史》的时代意义及其文学史观//江苏省瞿秋白研究会. 瞿秋白研究文丛(第一辑). 北京:中国文联出版社,2007:193.

已经从一位激进青年成长为一位富有牺牲精神的中国共产党党员。回国后,瞿秋白一直从事党的领导、理论、宣传和教育工作,热情宣传马克思主义思想,推动国共合作。虽在党内屡遭打击,但瞿秋白仍然对党和革命事业矢志不渝。1934 年,瞿秋白奉命去中央苏区,出于身体原因未能参加长征。1935 年 2 月不幸被捕,同年 6 月 18 日高唱《国际歌》从容就义,结束了其富有传奇色彩的短暂一生,年仅 36 岁。

二、翻译实践:"文思"双全

瞿秋白一生虽短,却笔耕不辍、著述颇丰,翻译文字达到两百多万字。关于瞿秋白翻译实践的分期,国内学者意见不尽统一。范立祥将其分为学译阶段和成熟阶段,而郑惠、瞿勃则根据时代背景将其分为三个阶段。[①]但无论分期如何,有一点毋庸置疑,即瞿秋白的翻译实践始终呈现出文学艺术与思想政治并重的特点,这一特点始终贯穿于其翻译的不同阶段。

青少年时期的瞿秋白就曾对儒家、道家学说等中国古典哲学感兴趣,后来虽卷入新文化运动的洪流,但对哲学的兴趣一直在其体内流淌。这从其早期的翻译选题中可见一斑——关于信仰问题的《马德志尼论"不死"书》、关于妇女问题的《告妇女书》、关于社会问题的《社会之社会化》等等,其中《社会之社会化》是最早引进到中国的介绍无产阶级思想的文章之一,具有重大的社会现实意义。

20 世纪 30 年代初,由于遭受王明集团排挤,瞿秋白被解除党内职务,便将大部分精力用于左翼文化运动。在 1931 年至 1933 年间,瞿秋白译介了大量马克思主义文艺理论文章,包括恩格斯论巴尔扎克的两封信和列宁论托尔斯泰的论文等,编成《现实——马克思主义文艺论文集》和《列宁论托尔斯泰》两本文集。瞿秋白非常重视在译介过程中保持马克思主

---

① 冯文杰. 瞿秋白早期翻译活动述评. 江苏工业学院学报(社会科学版),2009(2):51-54.

义理论的系统性和完整性。当时其他有识之士，如李大钊、陈独秀等人，也致力于向国内介绍马克思主义哲学，但均将重点置于唯物史观，对辩证唯物论则有所忽视。①面对这种情况，瞿秋白翻译了普列汉诺夫的《辩证法与逻辑》、阿多拉斯基的《马克思主义底辩证法底几个规律》、哥列夫的《新哲学——唯物论》等书，对马克思主义的辩证唯物论和历史唯物论做了全面系统的介绍，在当时具有划时代的意义。

除了马克思主义文艺理论，文学翻译也是瞿秋白翻译版图中的重要部分。早在北京俄文专修馆学习期间，瞿秋白就同郑振铎、耿济之等同学一起，对普希金、屠格涅夫、托尔斯泰等人的作品进行了译介。1919 年 9 月，瞿秋白在《新中国》第 1 卷第 5 期上发表托尔斯泰的短篇小说《闲谈》的译文，从此走上了翻译俄国文学的道路。此后，瞿秋白还翻译了果戈理的短剧《仆御室》、托尔斯泰的小说《祈祷》和鲍狄埃的《国际歌》等等。这些活动汇入五四时期规模宏大的思想启蒙运动中，产生了广泛而深远的影响。

30 年代初，瞿秋白将译介重点转向了对苏联无产阶级革命文学的翻译。这一阶段的译文主要有卢那察尔斯基的《解放了的董吉诃德》、绥拉菲摩维支的《一天的工作》等。瞿秋白尤其推崇高尔基的作品，曾盛赞高尔基是"新时代的最伟大的现实主义艺术家"，翻译了《高尔基论文选集》、《高尔基创作选集》(内收《海燕》等 7 个短篇)等众多作品，其翻译的《海燕》贴切流畅、音韵优美、铿锵有力，塑造了不惧暴风雨、勇敢翱翔的海燕的形象，成为激励一代代人顽强拼搏的传世佳作。除了重点关注苏联文学作品外，瞿秋白还注意到了其他国家的革命文学作品。德国无产阶级作家马尔赫维察的小说《爱森的袭击》便是一例。

瞿秋白一生短暂，从事翻译的时间不过 10 余年。但出于对翻译工作的热爱和对翻译意义的信念，瞿秋白 10 余年中不遗余力地翻译介绍了苏俄、德国等国的作家、理论家、批评家的许多作品，成为中国革命文学的

---

① 郑惠，瞿勃. 瞿秋白译文集. 南京：译林出版社，1999：600.

"盗天火者"。瞿秋白牺牲后,鲁迅克服重重困难,在义愤填膺中将其译述编成《海上述林》,后世读者才得以领略瞿秋白天才翻译家的一面。今天,我们编撰《中华翻译家代表性译文库·瞿秋白卷》,既是向前辈致敬,也希冀能够溉沾后世。

三、瞿秋白翻译思想介绍

早在与鲁迅的通信中,瞿秋白就指出:"翻译的问题在中国还是一个极重要的问题,从'五四'到现在,这个问题屡次提出来,屡次争论,可是始终没有得到原则上的解决。"[①]可见,对于翻译,瞿秋白并非仅仅满足于翻译实践,而是主动思考探索翻译相关的理论问题,体现了其作为一位学者型革命家的探赜索隐、严谨治学的作风。得益于这种作风,无论是翻译目的还是翻译原则,瞿秋白都拒绝盲从,而是提出了自己的独特看法。这些论述根植于近代中国的历史土壤,体现了鲜明的时代特色,颇具见地,更是中国翻译思想体系的重要组成部分,值得我们学习和思考。

首先来看翻译的目的。从瞿秋白的翻译实践来看,其翻译从一开始就具有明确的目的,表现出强烈的改造社会的意图,可以概括为:"文艺"载道,改造社会。其翻译处女作《闲谈》表现了俄罗斯人对现实不满却又无可奈何的心理状态,这种境况与 20 世纪初的中国颇有相似之处,因此韩斌生推断这"大约是它能引起瞿秋白翻译兴趣的一个内在原因"[②]。如果说《闲谈》的翻译意图还只是后人的揣测,那么在《仆御室》译文的后记中,瞿秋白直接提出:"以文学的艺术的方法变更人生观,打破社会习惯……现在的中国实在很需要这一种文学。"[③]瞿秋白甚至提倡将俄国文学作为中国文学的目标,以促进中国社会的变革。这一点从他对鲁迅翻

---

① 瞿秋白. 再论翻译——答鲁迅//罗新璋,陈应年. 翻译论集(修订本). 北京:商务印书馆,2009:350.

② 韩斌生. 文人瞿秋白. 北京:中央文献出版社,2000:55.

③ 瞿秋白. 仆御室//郑惠,瞿勃. 瞿秋白译文集.南京:译林出版社,1999:56.

译的苏联无产阶级革命文学的代表作《毁灭》的评价中可见一斑。在给鲁迅的信中，瞿秋白盛赞翻译这一作品的意义，认为："虽然，现在做这件事的，差不多完全只是你个人和 Z 同志的努力；可是，谁能够说：这是私人的事?！ 谁?!"①可见瞿秋白十分重视翻译的社会意义，认为"翻译为政治服务，翻译本身就是一场政治斗争"②，这一观点可以说是其翻译思想的核心，贯穿并指导其一生的翻译实践。

翻译作为一种有目的的交际行为，对其社会意义，近代多位学者，如严复、林纾、梁启超等都有所论述。瞿秋白的独特之处在于其不仅看到了翻译对于社会政治的意义，更洞察了翻译对译入国文字乃至国民思维的潜在影响。正因如此，辜正坤在论及翻译对译入语的作用时，认为这方面呼声最高、贡献最大者首推鲁迅和瞿秋白。③ 确实，瞿秋白非常注重通过翻译，从微观层面为汉语输入新的表现法，以丰富汉语的结构。深感当时民生凋敝、社会落后，瞿秋白认为要想从根本上改造国人思维，还需从语言入手，因此大力倡导通过翻译改进汉语，呼吁不但翻译家、文学家、政论家，甚至差不多人人都要做"仓颉"。他曾在《再论翻译》中指出：

> 翻译——除出能够介绍原本的内容给中国读者之外——还有一个很重要的作用，就是帮助我们创造出新的中国的现代言语。中国的言语（文字）是那么穷乏，甚至于日常用品都是无名氏的。中国的言语简直没有完全脱离所谓"姿势语"的程度——普通的日常谈话几乎还离不开"手势戏"。自然，一切表现细腻的分别和复杂的关系的形容词、动词、前置词，几乎没有。宗法封建的中世纪的余孽，还紧紧的束缚着中国人的活的言语（不但是工农群众）。这种情形之下，创造新的言语是非常重大的任务。④

---

① 王宏志. 重释"信达雅"：二十世纪中国翻译研究. 上海：东方出版中心，1999：275.
② 王宏志. 重释"信达雅"：二十世纪中国翻译研究. 上海：东方出版中心，1999：274.
③ 辜正坤. 中西诗比较鉴赏与翻译理论. 2 版. 北京：清华大学出版社，2010：337.
④ 瞿秋白. 再论翻译——答鲁迅//罗新璋，陈应年. 翻译论集（修订本）. 北京：商务印书馆，2009：353-354.

从这段论述可以看出,瞿秋白之所以坚持通过翻译输入新的表现法,并非仅仅流于改变语言面貌的表象,而是进一步深入思想层面,希望通过革新语言来改造思维。所谓"宗法封建的""余孽",这里指中国传统伦理道德观等等,瞿秋白认为中国封建思想之所以能够大行其道,其运作载体就在于旧有的话语结构,要想从根本上改造国人的思想,必须破除传统话语,树立全新的语言结构,亦即他所谓的"中国人口头上可以讲得出来的白话"。可见,瞿秋白将语言革新与解放视为反对封建余孽、进行革命斗争的一个重要组成部分。

需要指出的是,瞿秋白对于中国语言文字的观点看似稍显激进,但现代语言学汉英对比研究的诸多结论,如"汉语属语义型语言,英语属形态型语言""汉语流水句、英语竹节句""汉语语法隐性、英语语法显性"等早已论证了瞿秋白的观点。并且,如果联系洪堡特、维特根斯坦以及萨丕尔等人关于语言决定思维的论述来看,我们就不得不慨叹瞿秋白作为一位"业余翻译家"对语言问题的深刻洞见。瞿秋白清晰明确、不落窠臼的翻译目的在一定程度上促成了其独树一帜、颇具前瞻性的翻译原则。下面具体从概念对等、信顺并重和白话本位三个方面来论述。

首先是概念对等。在翻译界,提到"对等",多数读者的第一反应可能都是美国翻译理论家奈达于 20 世纪 60 年代左右提出的"动态对等"(dynamic equivalence)说,对等概念在翻译界产生了深远影响,因此成为奈达的翻译理论中最广为人知的说法。[①]其实早在奈达之前,瞿秋白在1931 年就已明确提出:"翻译应当把原文的本意,完全正确的介绍给中国读者,使中国读者所得到的概念等于英俄日法德……读者从原文得来的概念,这样的直译,应当用中国人口头上可以讲得出来的白话来写。为着保存原作的精神,并用不着容忍'多少的不顺'。相反的,容忍着'多少的

---

① 谭载喜. 西方翻译简史:增订版. 北京:商务印书馆,2004:235.

不顺'(就是不用口头上的白话),反而要多少的丧失原作的精神。"①虽只有寥寥数语,却明确提出了其关于翻译"对等"原则的观点。虽不及西方理论系统完备,但对等思想的内核已具雏形,足见瞿秋白对翻译本质的深刻思索。

其次是顺信并重。20世纪30年代初期,关于翻译原则有两大论争针锋相对,即赵景深提出的"宁顺而不信"和鲁迅提出的"宁信而不顺"。对于前者,瞿秋白直斥其"这算什么话,真正是不成话的胡说"②;对于后者,瞿秋白并未碍于朋友情面,而是同样表达了自己的不同意见,表示"这是提出问题的方法上的错误"③。他认为,将"信"和"顺"对立起来的看法是机械的和非辩证的,在翻译时应该"一方面和原文的意思完全相同('信'),别方面又要使这些句子和字眼是中国人嘴里可以说得出来的('顺')"④。这一辩证观点"从理论上解决了'信'和'顺'的矛盾"⑤,可谓是瞿秋白对近代翻译理论的一大贡献。更为难能可贵的是,瞿秋白的信顺统一观并非流于理论,而是真正落实到了翻译文本之中,其脍炙人口的《海燕》译文便是信顺统一的典范之作。

最后是白话本位。除了对"信"和"顺"的不同态度之外,鲁迅和瞿秋白对白话文的态度也不尽相同。虽然两人都主张通过翻译为中国语言文字输入新的表现法,但在具体的操作方式上却有分歧。鲁迅认为,要解决汉语语法不精密的问题,就需要"陆续吃一点苦,装进异样的句法去,占

---

① 瞿秋白. 鲁迅和瞿秋白关于翻译的通信——瞿秋白的来信//罗新璋,陈应年. 翻译论集(修订本). 北京:商务印书馆,2009:340.
② 瞿秋白. 再论翻译——答鲁迅//罗新璋,陈应年. 翻译论集(修订本). 北京:商务印书馆,2009:350.
③ 瞿秋白. 再论翻译——答鲁迅//罗新璋,陈应年. 翻译论集(修订本). 北京:商务印书馆,2009:350.
④ 瞿秋白. 再论翻译——答鲁迅//罗新璋,陈应年. 翻译论集(修订本). 北京:商务印书馆,2009:351.
⑤ 陈殿兴. 瞿秋白翻译艺术初探. 中国翻译,1983(5):2.

的,外省外府的,外国的,后来便可以据为己有"①。因此,鲁迅主张直译甚
至硬译,这也成为鲁迅的译文招致一些批判的最重要原因。对于鲁迅的
看法,瞿秋白提醒他应该注意如何将新的表现法"据为己有"的问题。如
果不能采取恰当的方法,异样的句法始终不可能据为己有,新的表现法也
将永远是"用粉笔写在黑板上的"表现法,成为"非驴非马的骡子话",更遑
论起到丰富汉语、革新语言的功用。在此基础上,瞿秋白进而明确提出其
观点:"竭力使新的字眼,新的句法,都得到真实的生命——要叫这些新的
表现法能够容纳到活的言语里去。"②而要做到这一点,就必须借助翻译将
新的词汇、文法和表现手段渐渐融入群众的口头语言中,也即坚持绝对的
白话本位的原则。唯其如此,新的表现法才能在人民群众中生根发芽,进
而最终达到其翻译目的。

综上所述,无论是明确的翻译目的,还是前瞻性的翻译原则,瞿秋白
的翻译思想都紧扣时代主题,始终站在工农群众的立场上,号召人们通过
翻译吸纳新的思想和新的言语,这无疑与其革命家、政治家、文学家、翻译
家的多重身份相关,也是其多维视角思考问题的独特之处。

四、瞿秋白翻译研究的现状及当代意义

瞿秋白的翻译实践丰富多样、翻译思想深刻睿智,瞿秋白翻译研究是
瞿秋白研究这一花园中的一朵奇葩,然而目前却颇受冷落,问津者寥寥,
"研究成果'非常单薄',成了'瞿秋白研究'中的一条'短腿'"③。以中国知
网为数据来源,以"瞿秋白"和"翻译"作为关键词进行检索,时间跨度为

---

① 瞿秋白. 再论翻译——答鲁迅//罗新璋,陈应年. 翻译论集(修订本). 北京:商务
印书馆,2009:346.
② 瞿秋白. 再论翻译——答鲁迅//罗新璋,陈应年. 翻译论集(修订本). 北京:商务
印书馆,2009:354.
③ 戎林海,赵惠珠. 瞿秋白翻译研究. 南京:东南大学出版社,2017:1.

1980 年至 2020 年,仅得 249 篇文献,其中核心期刊论文 44 篇①,通过中国知网"计量可视化分析"功能和 Citespace 信息可视化软件进行分析,具体结果如图 1 所示。

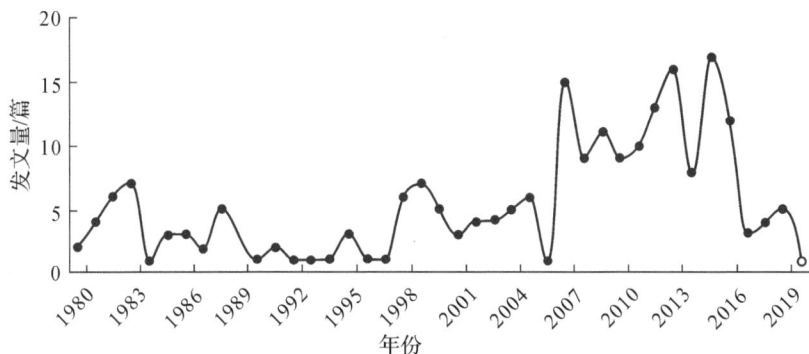

图 1　瞿秋白翻译研究整体发文量分布

从图 1 来看,瞿秋白翻译研究近 40 年来发文量一直在低位波动。经过 2015 年一个高峰之后,目前又回落到相对较低水平。考虑到 2015 年为瞿秋白就义 80 周年,可将上述小幅增长部分归因为出版社、期刊等的选题策划推动,可见瞿秋白翻译研究对外界依赖性较强,内生增长力相对欠缺。从发文质量来看,上述文章中核心期刊论文仅 44 篇,这也从侧面反映出该领域高水平研究成果仍旧产能不足。

从研究热点来看,瞿秋白翻译研究呈现出"两多两少"的情况:与鲁迅的"捆绑"研究多,瞿秋白独立研究少;马克思主义文艺理论研究多,俄罗斯文学研究少。表 1 根据 Citespace 信息可视化软件生成的关键词共现知识图谱绘制而成,表示国内瞿秋白研究的热点。从表 1 可知,除去"瞿秋白""翻译"之类的关键词之外,排名前 5 位的关键词分别是"鲁迅""曹靖华""《国际歌》""冯雪峰"和"马克思主义文艺理论"。其中,"鲁迅"出现频次为 59 次,远远超过位列其后的"曹靖华",可见鲁迅与瞿秋白"捆绑"研究程度之甚。个中原因,除了两人高度契合的学术观点以及为后人津

① 　检索日期为 2020 年 11 月 18 日。

津乐道的感人友谊之外,恐怕和鲁迅在中国文坛的极高地位也不无关系。除此之外,"马克思主义文艺理论"也进入关键词前 5 位,可知学界更多关注瞿秋白的马克思主义文艺理论翻译,对其俄罗斯文学翻译则相对关注较少。

表 1　瞿秋白研究高频关键词(1980—2020)

排名	高频关键词	频次
1	瞿秋白	184
2	翻　译	62
3	鲁　迅	59
4	曹靖华	17
5	《国际歌》	14
6	冯雪峰	13
7	马克思主义文艺理论	11

从上文分析可知,当前国内瞿秋白翻译研究整体遇冷,研究动力不足,成果质量也相对较低。并且,多数研究倾向于将鲁迅与瞿秋白作为一个整体对待,忽视了瞿秋白作为一位革命翻译家的地位,以及其多重身份赋予的多重视角带来的独特见解。最后,囿于历史因素等,国内对瞿秋白翻译的研究更多集中于马克思主义文艺理论,对其文学翻译相对关注较少。

事实上,鲁迅与瞿秋白的翻译思想虽有众多共通之处,但瞿秋白革命家兼文学家的双重身份及其立足于人民大众的根本立场促使他形成了独特的翻译思想,值得单独研究。此外,除了马克思主义文艺理论的翻译,瞿秋白在文学翻译方面也造诣颇高。其"译文从 20 年代起在几代人中产生了广泛的、长远的影响"[1],也值得学界关注。可以说,瞿秋白的翻译思想富含宝藏,静待我们发掘并用来指导翻译实践,中国文学"走出去"便是

---

① 　郑惠,瞿勃. 瞿秋白译文集. 南京:译林出版社,1999:604.

一例。

当前国家大力推进中国文学"走出去",但无奈一直处于"走出去"却无法"走进去"的尴尬境地。面对这一问题,翻译策略的选择成为学者们争论的焦点之一。有学者认为"翻译是一个不可避免的'归化'过程"①,"归化式翻译策略理应成为翻译界在中国文学'走出去'战略中的共识"②。以忠实著称的杨宪益、戴乃迭《红楼梦》英译本在海外遭冷遇和葛浩文相对灵活自由的译介策略取得巨大成功的一反一正两个事例,成为这一说法的强有力支撑,甚至有媒体认为葛浩文"连译带改"的翻译策略是中国文学"走出去"并"走进去"的良方③;但是,也有学者认为,随着中国文学的国际影响力不断增加,西方对中国文学与文化的接受度也必然会相应提高,如今的国际语境已经可以接受以忠实文本为圭臬的翻译策略。④因此,中国文学"走出去"可以适当纠正早期过度归化的倾向,将更多原汁原味的作品译介给西方读者。论辩双方各执一词,似乎颇有当年赵景深同鲁迅"顺信"之争的影子。那么双方到底孰是孰非呢?面对这个问题,在当代中外文化交流日益频繁、语言现象日新月异的今天,瞿秋白百年之前关于翻译语言的论述或许可以给我们一些启示。

如前所述,瞿秋白认为无论是赵景深的"宁顺而不信"还是鲁迅的"宁信而不顺"都不可取,而是坚持辩证地认为信与顺并非二元对立。那么,沿着瞿秋白的思路,是否也可以说在中国文学"走出去"的过程中,归化与异化不应该被看作二元对立的两极,而是处于你中有我、我中有你的太极状态呢?答案当然是肯定的。事实上,翻译中归化与异化并存早已是翻译界的共识,但瞿秋白对我们的启示并非仅限于此。针对鲁迅所说的要

---

① 赵稀方. 二十世纪中国翻译文学史(新时期卷). 天津:百花文艺出版社,2009:245.
② 胡安江. 中国文学"走出去"之译者模式及翻译策略研究——以美国汉学家葛浩文为例. 中国翻译,2010(6):10.
③ 樊丽萍."抠字眼"的翻译理念该更新了. 文汇报,2013-09-11(1).
④ 朱振武. 中国学者文学英译的困顿与出路. 广东社会科学,2019(1):151-159,255-256.

改革中国的文字,必须"装进异样的句法"的观点,瞿秋白赞同之余又强调,"不但要采取异样的句法等等,而且要注意到怎么样才能够'据为己有'"①,并据此提出,要竭力使新的表达法都容纳到活的言语里去。从某种程度上说,当前中国文学"走出去"面临的所谓"走出去"却无法"走进去"的问题,也可以理解为译本的语言无法与译入语国家受众的语言接轨,亦即,无法真正走入目标读者的"活的语言"中的问题。那么沿着瞿秋白的思路,或许我们可以说:中国文学"走出去"既不应该像赵景深那样一味求顺而不惜曲解原文,也不可像鲁迅那样不顾接受语境,一厢情愿地坚持"硬译",而是应该一方面坚持输入新的表现法,另一方面尤其注意将这些新的表现法落实到国外受众的"活的语言"中去。换言之,输入新的表现法,保持译文语言的异质性,并不等于默认译文的不通顺,而是以取得一种新的可读性为目标。否则,费时费力、一厢情愿输入的所谓"新的表现法",是会遭到淘汰的。

众所周知,翻译的本质决定了其"两难"的境地,因此才有了德莱顿的"戴着脚镣跳舞"说和杨绛的"一仆二主"说,那么对于上述既要输入新的表现法又要注意将其落实到国外受众的"活的语言"中去的理念,是否真如鲁迅所认为的那样过于理想主义,在当时条件下没有实现的可能呢?②姑且不论鲁迅自己盛赞瞿秋白的译文"信而且达,并世无两"的做法本身就是对这一标准的肯定,退一步讲,即便这一标准在20世纪30年代似乎略显过于理想化,在21世纪的今天,中国的综合国力早已今非昔比,世界了解中国文化的内在需求不断提升,人们对于差异冲击的接受能力也今非昔比,外加高度发展的现代通信科技,在多种因素推动之下,新的语言表现法动辄在互联网上呈现现象级传播。在这种背景下,要求新的表现法进入译入语读者的生活,成为人们口口相传的"活的语言",或许也并非

---

① 瞿秋白. 再论翻译——答鲁迅//罗新璋,陈应年. 翻译论集(修订本). 北京:商务印书馆,2009:354.

② 刘雅静. 鲁迅与瞿秋白:在翻译理念冲突中的背后. 河南师范大学学报(哲学社会科学版),2013(5):123-125.

痴人说梦、遥不可及。

回望历史，瞿秋白闪耀着理想主义的语言翻译标准随着拼音的大量普及最终变成了现实，而中国文学"走出去"之旅，或许也可以沿着前人开辟的道路，在异国他乡披荆斩棘。这或许是当下我们阅读并研究瞿秋白的最重要意义。

五、编选说明

行文至此，读者若有意开启瞿秋白译文的阅读之旅，不妨从我们这本《中华翻译家代表性译文库·瞿秋白卷》开始。本书在选本时综合了译文主题、时期和体裁等多种因素，力求全方位立体呈现翻译家瞿秋白的独特魅力。

在选本时，我们遵循了以下几个原则：

(1)译文覆盖诗歌、小说、戏剧和马克思主义文艺理论等多种体裁，以方便读者细细体味瞿秋白译文的精妙之处，全方位了解瞿秋白对不同类型文本所采取的灵活的翻译策略，并从中窥得其翻译思想的丰赡内涵。

(2)译文力求以点带面，精选瞿秋白不同时期的翻译代表作，既有早期译作如托尔斯泰的《闲谈》等，又有后期作品如马尔赫维察的《爱森的袭击》等，从历时角度勾勒瞿秋白不同阶段的翻译在主题及体裁上的变化，以便读者更好地把握瞿秋白不同翻译阶段的不同特征。

(3)译文力求站在巨人的肩膀上并有所突破，既有广为人知的流行作品，又有相对被忽略的作品。以诗歌为例，我们既保留了为大众所熟知的《海燕》等经典译文，又添加了前人选集中少有收录的《烦闷》《安琪尔》《一瞬》《Silentium(寂)》和《没工夫唾骂》等诗篇。

(4)译文竭力避免局限性，而是放眼世界，在重点介绍瞿秋白苏俄翻译的基础上，还加入了瞿秋白对德国等其他国别作品的译介，以便使读者系统领略瞿秋白的翻译世界。

文变染乎世情，兴废系乎时序(刘勰《文心雕龙·时序》)。自瞿秋白所处的年代以降，语言文字经历了从文言、文白夹杂、欧化再到白话的巨大变化,瞿秋白译文中的某些表述在现代汉语中已不常使用,例如"一忽儿""一箍脑";有些则是多种用法可以随意通用,如"的""地"和"得"、"他""她"和"它"、"做"和"作"、"很少"和"狠少"、"像"和"象"、"昏蛋"和"混蛋"以及"澈底"和"彻底"。此外,标点符号的用法也发生了较大变化。对于这些表述,我们一般保留原译中的用法,以便使读者透过特定文字体会特定历史年代的文学风尚。

瞿秋白译文中大量的人名、地名等专有名词与目前通行译法也有较大差异,如"多瑙河""伊斯坦布尔""卡特尔"分别被译为"敦奈河""斯坦部尔"和"卡德尔",对于上述专有名词,从历史文献留存的角度考虑,我们基本维持原样,以使读者更好地了解那一段渐渐消逝的历史。

此外,身处救亡启蒙的宏大叙事的历史语境之下,瞿秋白的翻译活动具有很强的功用性,这不仅体现在其翻译文本的主题选择上,更体现在其于译文后所附的"译者志"和"译者后记"中。在这些记录中,瞿秋白多将所选译文与中国当时的社会状况相联系,它们是瞿秋白翻译研究宝贵的副文本资料,对研究瞿秋白的翻译思想,尤其是其翻译目的大有裨益。因此,我们对这些内容均予以保留。

值得一提的是,勤勉、严谨的瞿秋白在原译中做了大量注释,这些注释是译文的有机组成部分,对于读者窥探瞿秋白的翻译策略,尤其是其对翻译补偿的态度,具有较为重要的学术价值,因此我们也悉数留存。

本卷的编选参阅了《瞿秋白著译系年目录》(上海人民出版社,1959年)、《瞿秋白文集:文学编》(人民文学出版社,1988年)、《瞿秋白年谱长编》(江苏人民出版社,1993年)、《瞿秋白译文集》(译林出版社,1999年)、《瞿秋白研究资料索引》(中国文联出版社,2013年)、《瞿秋白翻译研究》(东南大学出版社,2017年)等众多资料,特此一并致谢!而我们所参阅的瞿秋白译文版本中,也包含很多具有重要价值的编者注释,本书在编写中保留了部分此类注释,在此特别致谢!

最后,请各位读者跟随我们,透过激扬的文字来领略革命家瞿秋白的翻译人生吧!

第一编

诗　歌

国际歌

[法国]鲍狄埃

起来,受人污辱咒骂的!

起来,天下饥寒的奴隶!

满腔热血沸腾,

拼死一战决矣。

旧社会破坏得彻底,

新社会创造得光华。

莫道我们一钱不值,

从今要普有天下。

这是我们的

最后决死争,

同英德纳雄纳尔(International)

人类方重兴!

这是我们的

最后决死争,

同英德纳雄纳尔(International)

人类方重兴!

不论是英雄,

不论是天皇老帝,

谁也解放不得我们,

只靠我们自己。

要扫尽万重的压迫,

争取自己的权利。

趁这烘炉火热,

正好发愤锤砺

这是我们的

最后决死争,

同英德纳雄纳尔(International)

人类方重兴!

这是我们的

最后决死争,

同英德纳雄纳尔(International)

人类方重兴!

只有伟大的劳动军,

只有我世界的劳工,

有这权利享用大地,

那里容得寄生虫!

霹雳声巨雷忽震,

残暴贼灭迹销声。

看! 光华万丈,

照耀我红日一轮。

这是我们的

最后决死争,

同英德纳雄纳尔(International)

人类方重兴!

这是我们的

最后决死争,

同英德纳雄纳尔(International)
人类方重兴!

国际一字，欧洲文为 International，歌时各国之音相同，华译亦当译音，故歌词中凡遇"国际"均译作"英德纳雄纳尔"。

此歌自一八七〇年后已成一切社会党的党歌，如今劳农俄国采之为"国歌"，将来且成世界共产社会之开幕乐呢。欧美各派社会党，以及共产国际无不唱此歌，大家都要争着为社会革命歌颂。

此歌原本是法文，法国革命诗人柏第埃(Porthier)①所作，至巴黎公社(La Commune de Paris)时，遂成通行的革命歌，各国都有译本，而歌时则声调相同，真是"异语同声"——世界大同的兆象。

诗曲本不必直译，也不宜直译，所以中文译本亦是意译，要紧在有声节韵调能高唱。可惜译者不是音乐家，或有许多错误，然而也正不必拘泥于书本上的四声阴阳。但愿内行的新音乐家，矫正译者的误点，令中国受压迫的劳动平民，也能和世界的无产阶级得以"同声相应"。再则法文原稿，本有六节，然各国通行歌唱的只有三节，中国译文亦暂限于此。

译者志。

---

① 柏第埃，今译鲍狄埃(E. Pottier，1816—1887)，法国革命家、诗人，巴黎公社的主要领导人之一。——编者

二

海燕①

[苏联]高尔基

白蒙蒙的海面的上头,风儿在收集着阴云。在阴云和海的中间,得意洋洋地掠过了海燕,好象深黑色的闪电。

一忽儿,翅膀碰到浪花,一忽儿,象箭似的冲到阴云,它在叫着,而——在这鸟儿的勇猛的叫喊里,阴云听见了欢乐。

这叫喊里面——有的是对于暴风雨的渴望!愤怒的力量,热情的火焰和对于胜利的确信,是阴云在这叫喊里所听见的。

海鸥在暴风雨前头哼着——哼着,在海面上窜着,愿意把自己对于暴风雨的恐惧藏到海底里去。

潜水鸟也哼着——它们这些潜水鸟,够不上享受生活的战斗的快乐:轰击的雷声就把它们吓坏了。

蠢笨的企鹅,畏缩地在崖岸底下躲藏着肥胖的身体……只有高傲的海燕,勇敢地,自由自在地,在这泛着白沫的海上飞掠着。

阴云越来越昏暗,越来越低地落到海面上来了,波浪在唱着,在冲上去,迎着高处的雷声。

雷响着。波浪在愤怒的白沫里吼着,和风儿争论着。看罢,风儿抓住了一群波浪,紧紧的抱住了,恶狠狠的一摔,扔在崖岸上,把这大块的翡翠石砸成了尘雾和水沫。

---

① 瞿秋白早年曾以《暴风鸟的歌》为题翻译该散文诗,未发表。——编者

海燕叫喊着,飞掠过去,好象深黑色的闪电,箭似的射穿那阴云,用翅膀刮起那浪花的泡沫。

看罢,它飞舞着,象仙魔似的——高傲的,深黑色的,暴风雨的仙魔——它在笑,又在嚎叫……它笑那阴云,它欢乐得嚎叫!

在雷声的震怒里,它这敏感的仙魔——早就听见了疲乏;它确信,阴云是遮不住太阳的,不的,遮不住的!

风吼着……雷响着……

一堆堆的阴云,好象深蓝的火焰,在这无底的海的头上浮动。海在抓住闪电的光芒,把它熄灭在自己的深渊。象是火蛇似的,在海里游动着,消逝了,这些闪电的影子。

"暴风雨! 暴风雨快要爆发了!"

那是勇猛的海燕,在闪电中间,在怒吼的海的头上,得意洋洋地飞掠着;这胜利的预言家叫了:

"让暴风雨来得厉害些罢!"

茨 冈

[俄国]普希金

一大群热闹的茨冈①

沿着柏萨腊比②游荡。

他们今天过夜，就在那

河上搭起破烂的篷帐。

自由自在的，还有天做他们的篷，

好快乐的过夜，他们的和平的梦，

好些车轮中间，

一半盖着地毡，

点上了灯，一家人

围着就预备晚饭。

他们的马在干净的田地上放着，

篷帐后面一只熊开了锁链躺着。

旷场中间，一切

都是活泼泼的：

---

① 茨冈是欧洲的一个流浪民族，原出于雅利安民族的一系，其人民精音乐，善巫术，无固定居住地，常集队乘车，流转各地，卖艺为生。通称"吉卜赛"，亦称"波西米亚"，俄国则称为"茨冈"。——原版本编者

② 柏萨腊比，今译比萨拉比亚（Basarabia），现在指德涅斯特河、普鲁特河-多瑙河和黑海形成的三角地带，1820年普希金曾被流放于此。——编者

小孩子叫着，

娘儿们唱着，

还有车上的

行军灶响着。

这些人家，一早

就又要上路的，

他们要有心事，

也是怪和平的。

游荡的营帐扎下了，

沉默的睡魔也来了。

静悄悄的旷场，听得见的

也就只有马嘶跟狗咬了。

那儿也再看不见火光，

什么都安静，只有月亮

高高的独个儿在天上

照着那静悄悄的营帐。

一个篷帐里面

老头儿还没有睡着，

他坐在炭跟前

借一点儿火气烤着，

看着那远远的田地

罩满了夜里的雾气。

他有个年轻女儿，

到荒田里去玩了，

她那自由的性儿，

就这么游荡惯了；

她来是要来的，

可也已经太晚了，

月亮送着云儿
要分手也就快了。
真妃儿,真妃儿呢怎么还不来,
老头儿这顿穷饭也要冷完了。

啊,她来了。跟着她后面走的
那个人,年纪很轻哪,——
老头儿是从来也没见过的。
姑娘说:"我的父亲哪,
我同得个客人:我在坟场
荒地上找着的他,
我叫他来到咱们的营帐,
让他这儿过夜罢,
他说,他要做茨冈,
  跟我们一样。
  衙门里要捉他,
  我可要保护他。
他名字叫阿乐哥,
愿意到处跟着我。"
老头儿 我很高兴。
  就在咱们篷帐
  里面的草堆上
  过夜也行,
  要是你真愿意
  留在我们这里
  一块儿来挨这个苦命,
  那也没有什么不行。
  准有你的面包,

准有地方睡觉，

你就做了我们的人，

　只要惯了就成，

虽然说是穷困，

倒也自由得很。

咱们明天清早起身，

就一块儿赶着车动身；

随便你找个什么事做做：

锤铁呢,阿乐哥?

还是你会唱歌

带只熊到村庄上去走走?

阿乐哥　我留着不走了。

真妃儿　他是我的——

谁也不会来把他赶走的!

啊呀,已经是太晚了……

弯弯的月儿落山了,

田地都已经给雾盖住了。

梦魔来了,我真熬不住了。

天亮了。老头儿轻轻的

绕着那个没有声音的

篷帐走着。"起来罢,

真妃儿,太阳也出山了;

我的客人,醒醒罢!

孩子们,好梦别太贪了。"

大家都起身了,好热闹,

篷帐拆了,车子准备好,

这么一大群的人

大家一块儿动身，
那好空旷的平原上，
后面老的少的，家婆男女，
前面还有小孩子，骑着驴：
驴背上两个大筐
一边一个的挂着，
孩子在里面耍着。
叫唤着，闹着，
茨冈的歌唱着，
熊也在叫着，
它的锁链响着；
花花绿绿的是破烂的衣服，
小孩子老头儿还光着脊骨；
狗的叫声，咬声，人说话的声音，
还有咿咿呀呀的车子的声音。
这是多么烦杂，多么野腔野调，
可是，一切都活泼泼的安静不了，
没有我们那种死沉沉的情调，
没有那样的安闲生活的单调，
——只有奴隶的歌谣
　　才会单调得无聊。

尽看着空旷的荒地
那年轻人是在烦闷，
忧愁的原因好秘密，
自己都不敢问一问。
现在他是个世界上的自由人，
黑眼睛的真妃儿同着他，

太阳也很快乐的照着他，
中午的阳光美丽得那么爱人。
年轻人的心可还在跳动，
他担心着什么这样心痛？

　　你看罢，看那上帝的鸟儿，
　　它不用劳动也不用担心，
　　夜长呢，树枝上睡个觉儿，
　　那儿为着做窠儿去操心。
　　太阳出来了，
　　拍拍翅膀就要飞的
　　鸟儿唱开了，
　　好嗓子是上帝给的。
　　春天景致是最好，
　　等到热过了一个夏天，
　　晚秋就又是雾又是烟，
　　人要苦闷要烦躁，
　　鸟儿可远远的飞去了，
　　飞过苍茫的大海，
　　飞到暖和的天边去了，
　　等到了春天再来。

他也象只无忧无虑的鸟，
给人赶出来了，到处漂流，
靠得住的窠儿，向来没有，
无论什么，他一概受不了。
四面八方，那儿都是他的路，
到处的草堆都算是他的床，
朝晨醒来，听那上帝的调度，
一天到晚就这么吊儿郎当。

要过活固然

总要用些心机，

可是他的懒

使他死心塌地。

神妙的福星，有时候

意外的降临，他要有

这样偶然的运气，

就过得堂皇富丽。

孤零零的他，

头上也不止打过一次焦雷。

可是他管吗？

他总是马马虎虎倒头就睡。

就这么过活，

管不了许多，

看那瞎了眼的运命

究竟有多大的本领！

然而他的情爱，

耍过他的心神，

那是多么难挨，

满腔都在沸腾！

这样的日子过去了有多久，

就算安静了是不是能长久？

那情爱是总又要醒的：

等着罢，不给你放心的。

真妃儿　好朋友，你讲罢，

　　　你扔掉了那些，

　　　　有点儿可惜罢？

阿乐哥　我扔掉的那些……？

真妃儿 你自己懂得——

那些故乡的人，

还有故乡的

城市。

阿乐哥 要可惜人？

可惜什么？

你也知道，

你想得到

那是什么！

那沉闷的城市，

不自由有的是！

那里的人要成堆，

四面围着了堡垒，

朝晨也没有爽快的呼吸，

没有青春的草地的气息。

他们爱呢，又要害羞，

思想也要赶走，

出卖着自己的自由，

对着偶像磕头；

讨那一点儿钱，

还带一根锁链。

我丢了什么？是卖朋友的干活，

是那些发疯似的要钱的家伙，

是荒谬绝伦的判决词，

还是耀武扬威的羞耻？

真妃儿 然而那儿有高大的宫殿，

有的是那花花绿绿的地毯，

热闹的玩意儿，还有酒宴，

姑娘们的打扮是那么好看!

阿乐哥 城里面的热闹那又有什么快乐?

那儿没有爱情,那儿就没有快乐;

姑娘们呢……你没有她们的

珠宝跟首饰,没有她们的

贵重装饰,还比她们强呢!

你不要变心,我的亲爱的!

我……就只有一个心愿——

要给你爱情,

要跟你散心,

就流落也心甘情愿。

老头儿 孩子,你倒还爱我们,

虽然出身是个富人;

可是,谁要是享惯了福

自由就不一定是舒服。

咱们这里好久就有一个传说:

皇帝把一个人赶了出来,

叫他来到这里过流浪的生活。

(他叫什么,我可记不起来,

虽然我以前知道他的贵姓大名,)

他自己已经上了年纪,

可是他的好心,却又活泼又年轻;

他的嗓子可来得稀奇,

象流水的声音那样潇洒,

真有点儿唱歌儿的天才。

大家都爱上了他,

他就在那敦奈河①边儿住下，

谁也不肯得罪，他

只爱讲故事，真叫人舍不下。

他是什么也不想，·

又胆小又没力量，

真象个小孩子，

只等着吃奶子，

打猎捉鱼，都是别人替他干，

河里冻了冰，那可是真为难；

冬天的大风雪，呼啦呼啦的吹着，

一层层蓬蓬松松的雪花儿盖着，——

盖着这神圣的老头；

可是，他仍旧不能够

自己关心自己生活的穷苦，

东飘西荡，他脸是那么干枯。

他说这是上帝的震怒，

罚他的罪过，叫他受苦。

他尽在等着饶恕，

可怜呵，总是愁苦；

就这么沿着敦奈河流荡，

多少痛苦的眼泪流得那么冤，

还在那里回想了又回想，——

想自己的城市是离得那么远……

他死的时候，

悲伤的朋友

---

① 敦奈河，今译多瑙河(Danube)，流经 9 个国家，是欧洲第二长河，也是世界上流经国家最多的河。——编者

还听见了他的遗嘱：

请他们把他的尸骨

一定要送到南边去安葬，——

死都记得这是他的外乡。

阿乐哥　O,罗马,O,伟大的国家，

这就是你子孙的命穷！

爱情的,天神的歌曲家，

请你说罢:什么是光荣？

是坟墓上的呼号，

"歌功颂德"的热闹，

一代一代传下去的声名？

还是在草堆里借着树阴，

支起烟雾沉沉的篷帐，

听说故事的野蛮茨冈？

过了两年。这些和平的茨冈

仍旧是那样成群的流浪，

照旧是到处欢迎，

到处有的是安静。

阿乐哥抛弃了那锁链似的文明，

自由自在,和他们一样，

没有什么可惜,也没有什么担心，

就这么一天天的流荡。

仍旧是那么样的他，

仍旧是那样的一家；

以前的事情，

甚至于忘完了；

茨冈的生活，

他已经过惯了。

他爱他们的过夜的草堆，

爱那永久的懒惰的沉醉，

爱他们讲话的腔调，

又响亮又那么单调。

那个毛茸茸的熊，

丢掉了自己的洞，

也住在他的篷帐，

倒象个客人模样。

沿着荒郊野地的道路，

靠近莫尔多①人的院子，

它就在村庄上去跳舞，

一群人围了一个圈子，

人家小心珍重的，

它可臃臃肿肿的，

又那么哼哼的叫着，

把陈旧的锁链咬着。

老头儿撑着旅行的手杖，

懒懒的敲着鼓儿；

阿乐哥唱着歌儿，

牵着那个熊儿；讨点儿赏——

丢一个圈子，可要难为真妃

去收大家的钱，谁愿意就给……

晚上来了，他们三个人一块儿

煮着人家没有收割的小麦；

老头儿睡着了——什么都安静了……

---

① 莫尔多，今译摩尔多瓦（Moldova），苏联前加盟国之一。——编者

篷帐里静悄悄的,那么乌黑。

老头儿的血已经快要冻了,
晒一晒那青春的太阳
暖和一下罢;女儿可唱动了,
她靠着摇篮就那么唱,
她唱她的爱情,
叫阿乐哥寒心,
阿乐哥的脸
苍白得可怜。

真妃儿唱 "我的老丈夫,

可怕的丈夫,

你就斫我,你就烧我,

我不怕刀,我不怕火,

我的心肠铁硬,

看见你就要恨;

我爱了另外一个他,

就是死,我也爱着他。"

阿乐哥 别做声。唱歌真叫我厌烦,

这样的野腔调,我不喜欢。

真妃儿 你不喜欢?那和我有什么关系?

我唱我的歌儿,我唱给我自己。

"你就斫我,你就烧我,

我可是什么也不说。

我的老丈夫,

可怕的丈夫,

你不会知道他,

你别想知道他!

他比春天还新鲜,他比夏天还热烈;

他是多么爱我! 多么勇敢,多么年轻!

那天悄悄的晚上,我和他多么亲昵!

说起你的花白头发,我还笑得要命。"

阿乐哥　别做声,真妃儿,我满意……

真妃儿　我的歌儿,你懂了没有?

阿乐哥　真妃儿……

真妃儿　我唱的就是你,

你要生气,有你的自由。

(她走开,唱着"我的老丈夫"等等。)

老头儿　对了,对了,我记得了;这一首歌儿

还是在我们的时候唱起的头儿,

就这么唱着好玩,

大家都已经听惯。

从前在卡古尔的荒野,

流浪着的冬天的长夜,

我的马理乌拉对着火儿,

摇着女儿唱着这首歌儿。

过去的那些年代,

一天天的消磨,

暗淡得记不起来,

独有这一首歌,

简直和生了根一样,

深深的记住在心上。

安静得什么也……

南方,南方的夜……

那碧青的天上

挂着一个月亮。

真妃儿把老头子叫醒:

"阿乐哥多可怕,O！父亲！

他做着恶梦,你听听:

他是在哭着,又在哼。"

老头儿　别动他,别做声;

俄国有个传说:

现在半夜三更,

宅神总是压着

睡着了觉的人,

呼吸就很难过;

天快亮了,宅神

自己就会走脱。

你,现在别做声,

来跟我一块坐。

真妃儿　父亲,他在悄悄的叫"真妃儿"!

他在找你呢,虽然做着梦!

可见得这是他看着真妃儿

比整个儿的世界还贵重。

真妃儿　我对他的爱情可已经冰冷,

我的心要自由,我实在气闷,

我已经……可是,静些,你有没有听?

他又叫了另外一个人的姓名。

老头儿　是谁的?

真妃儿　你也没有听清?

他哑着声音的哼,

咬着牙齿的发狠,

多么可怕！我去叫他醒。

老头儿　何必呢;不要把夜神赶走,

他自己会走的。

真妃儿　他在翻身了……

他醒了……起来了……他在叫我……

我去看他。再见,你也好困了。

阿乐哥　你那儿去了来的?

真妃儿　跟父亲

一块儿坐了一坐。你好难过!

什么鬼压住了你,你的心

在梦里苦够了。真吓着了我:

你在梦里咬牙切齿的叫我。

阿乐哥　我梦见了你。仿佛是你和我……

唉,我看见了可怕的幻想。

真妃儿　你,别信那梦里的怪现象。

阿乐哥　我吗?唉,我什么也不信:

梦也不信,甜言蜜语也不信;

就是你的心,我也不信。

老头儿　你干什么时时刻刻的操心,

干什么要叹气,唉声,

我的发疯的青年人?

这里的人是自由的,

天是青的,老婆有的

光荣就是美丽。不要哭;

烦闷死了,你自己吃苦。

阿乐哥　父亲,她不爱我。

老头儿　朋友,你别难过,

她是个小孩;

你的发愁真没有道理,

你那样的爱，

又难又苦，女人的心理

可来得个随便；

你看那个天边，

远远的月亮

自由的在逛；

它的光辉顺便的

平等的照着整个天下，

它就这么随便的

射着一片云，那云底下

可真是灿烂的光芒，

但是，你看它已经又

移到了别一片云上，

仍旧又不会有多久。

谁能够指示天上一个地方，

给月亮说：再动就不行！

谁又能够对着青年的姑娘

说：爱着一个不准变心！

你宽心些罢！①

阿乐哥　她以前多么爱我！

多么亲热的待我，

就说晚上罢，

在空旷的寂静里面

总和我一块儿谈天！

她充满着孩子气的快乐，

还有那可爱的喊喊喈喈，

---

① 　自本行起至"为着分别。"止，为译者未誊正的初稿，之后为李何补译。——编者

或是温柔的拥抱，

会把我的愁闷

一下子就都赶掉！

现在怎么样呢？

真妃儿对我要欺瞒了！

我的真妃儿竟冷淡了！

老头儿　你听着，我给你讲我自己的故事。

要知道，这是很久很久以前的事，

莫斯科人还没有恐吓敦奈河——

　　　　（你瞧，我记起了旧的悲哀，阿乐哥，）

那时候，我们害怕着苏丹，

归帕萨蒲扎孔谟总督管，

他那高高的堡垒在亚克尔曼，

那时候呢我还年轻，我的心肝

正在沸腾着狂热的快乐，

我的头发没有灰白一根。

年轻美人之中，一个……

我真当她太阳似的赏识，

后来呢，她终究成了我的。

唉，青年时代是容易过的，

真只象流星那么样一闪，

我的爱情可比这个还短：

她，呀，我的那马理乌拉，

只爱了我一年。有一天，

我们在卡古尔的水边

碰到另外一帮茨冈儿；

他们在我们的附近

山脚底下，搭了篷帐，

一块儿歇了两晚上。
第三天他们就动身，
马理乌拉，丢下了小女儿，
就这么跟着他们走了。
我安安稳稳的睡着觉儿，
天明亮，我醒过来，没有了！
没有了我的爱人。找着叫着，
一点儿影子也没有，
真妃儿也哭了，尽在吵闹着，
我也哭了！……从那时候
世界上的姑娘们，
我从来也不过问，
寂寞得我一个人，
再也没有找爱人。

阿乐哥　你怎么没有立刻赶出去，
　　　　追着那个，忘恩负义的，
　　　　和那个野兽，怎么没有去
　　　　一刀刺进那刁货的心里呢？

老头儿　干吗？青年比鸟还自由，
　　　　谁能够拦得住爱情呢？
　　　　快乐也让大家去轮流，
　　　　过去的，是回不来得呢。

阿乐哥　我可是不能够那么样。不行；
　　　　我也不争论，可是我不能够放弃
　　　　　我的权利，
　　　　至少，也要痛快的报仇，才行。
　　　　要是无底的海岸边，找到了

　　　　睡着的仇敌，

　　　吓！我赌咒，我的

　　　脚尖也不肯饶他：

　　　我哪，就是他不会抵抗，

　　　我也要把他推进海洋，

　　　我颜色也不变。我要凶狠的笑他，

　　　笑他那突然惊醒的恐惧，

　　　听着他扑隆通的掉下去，

　　　这声音够我长久的好笑，

　　　也可以算得甜蜜的音调。

年轻的茨冈　再，再亲一个嘴！

真妃儿　快些！

　　　我丈夫又凶又爱吃醋。

茨冈　再亲一个……要长久些。

　　　为着分别。

真妃儿　分别罢，趁他没有到来以前！

茨冈　说罢，什么时候又再会面？

真妃儿　今儿；当着月亮落山，

　　　在那儿，在冢后墓上。

茨冈　骗人！他不会来的。

真妃儿　跑罢——他来啦。我亲爱的

　　　我要来的。

阿乐哥睡着。他心里

浮动着恍惚的幻影；

他，暗黑里边叫边醒，

醋意的伸开手臂；

手在担心

抓到被窝冷冰冰——

他的伴儿离开了很远……

他颤抖的抬起身来瞧瞧……

什么都安静:恐惧把他拥抱,

浑身又冷又发烧;

他起来,从篷帐往外走,

阴惨的,绕着车子漫游;

一切恬寂寂;旷野静悄悄;

黑黢黢;月亮躲在云雾里,

只有稀微的星光闪耀,

那露水上勉强可辨的足迹

通到远远的冢丘:

他焦急的顾着

不祥的足迹走去。

坟墓在他的前头

远远的在路旁发着白光,

他怀着预感的苦恼,

拖着无力的双脚,

嘴唇打颤,膝盖发抖,

向着那儿走……

突然间……这也许是梦?

突然在那被污渎的墓上.

他看到亲昵的双影,

又听到亲切的细语。

第一人声音　是时候了——

第二人声音　别忙罢!

第一人声音　我亲爱的,是时候了。

第二人声音 不,不,别忙,

等到天亮罢。

第一人声音 已经不早了。

第二人声音 你爱得好胆怯呵。

再等一分钟!

第一人声音 你会害我。

第二人声音 再等一分钟!

第一人声音 如果丈夫醒来

我不在……

阿乐哥 我醒来了。

你们那儿去呵?

你俩都别忙罢;

对你们,这儿坟边也好。

真妃儿 我的朋友,逃呀,逃!

阿乐哥 别忙!

年轻漂亮的人儿,去那儿?

躺下去罢!（用刀刺他）

真妃儿 阿乐哥!

茨冈 我要死了!

真妃儿 你在杀他!阿乐哥!

瞧:你溅了一身血!

O,你干了什么?

阿乐哥 没有什么。

现在你呼吸他的爱情去罢。

真妃儿 不,我不怕你,够了,

你的威吓我鄙视,

你的杀人行为我诅咒。

阿乐哥 你也死去罢!（刺她）

真妃儿 我死也爱他。

曙光照耀的东方发亮了。
冢丘后,阿乐哥
血淋淋,手握着刀,
在墓碑上坐着。
他面前躺了尸首两个;
凶手的面孔可怕,
一群受惊的茨冈
胆怯的围住了他;
墓穴就在一旁挖,
挨个过来了悲伤的妻子们
把死者的眼睛吻了一下。
老头儿爹爹独个儿坐着,
在沉默发呆的悲哀里
朝那死去的女儿望着。
他们举起尸首,抬着,
把年轻的一对儿放到
冰冷的土地的怀抱。
这一切,阿乐哥远远的看到。
当他们被最后一撮土盖好,
他默默的,缓缓的欠身向前,
从墓碑上向草地跌倒。

这时候,老头儿走近来,说道:
"离开我们罢,骄横的人!
我们是粗野的人,
我们没有法律,

我们不磨难也不处死人，

我们不要血也不要呻吟；

可是跟杀人犯一起过活却不甘心。

你生来不是这粗野的命，

你只要自由属于你个人；

我们怕你的声音：

我们胆子小，却有善良的灵魂，

你呢，又凶又横；——对不起呵，

离开我们罢！祝你安宁！"

话说完了，游荡的茨冈人

闹哄哄的一大群动了身，

离开那可怕的过夜的山峪，

很快的全都消失在草原的远处。

只有一辆车子，

盖着一条破毡子，

在命定的旷野上留住，

就宛如冬天快要到来的时候，

在雾气弥漫的早晨，

从旷野飞起了一群迟飞的野鹤，

叫着飞向那远远的南方，

有一只被致命的子弹打中，

它垂着受伤的翅膀，

悲惨的留下来了。

夜来了；

在漆黑的车子里

没有谁把火生起，

在搭着的幕顶下面

直到早晨没有谁安眠。

结　语

歌儿的魅力

在我的朦胧记忆里

就这样复活起

那忽而光明，

忽而悲惨的日子的幻影。

在那可怕的战鼓声音

长久没有平息的国家里，

在那俄罗斯人给斯坦部尔①

划定疆界的国家里，

在我们的老双头鹰②

还被喧嚷着过去的光荣的国家里，

我在草原上的古代营垒中间，

碰见了和平的茨冈的车辆，

和他们孩子气的柔和的自由自在。

跟随着一群懒洋洋的茨冈

我常常在旷野上游荡，

吃的是他们简单的食物，

躺在他们的火堆前睡眠，

在缓缓的行进中，我喜欢

他们那一片快活的歌声——

---

① 斯坦部尔，今译伊斯坦布尔(Istanbul)，原名为君士坦丁堡，是土耳其经济、文化与交通中心，世界著名的旅游胜地。——编者

② 双头鹰，帝俄的国徽。——原版本编者

可爱的马理乌拉的温柔的名字
我长久的念着，一次又一次。

可是幸福也不在你们中间，
不幸的自然的儿子！
在破烂的篷帐里
还做着苦楚的梦，
你们那游荡的庇身所
就在荒野中也逃不了不幸，
到处有命定的情欲，
那就抵抗不了命运。

四

烦 闷

[俄国]列尔孟托夫①

烦闷忧愁，
和谁握手，
在这心神
不定的时候？

希望，希望，
绝尤影响，
又何事
徒劳意想？
芳时易过
驹隙年光。

爱乎谁爱，
枉费心神，
暂时的——
不值得，

---

① 列尔孟托夫，今译莱蒙托夫（Mikhail Yurevich Lermontov，1814—1841），俄国诗人、作家，著有《诗人之死》《恶魔》等。——编者

永久的——
不可能。

　自视又何如？
　陈迹都无。
　苦乎乐乎？
　一切比泡影还虚。

情爱呢？
可知，可这甜情蜜意，
禁不起——
理性一闪，
迟早是——
雨消云散。

　生活呢？
　你且……
　冷眼相觑，
　才知道：
人生空泛，
人生真太愚。

　　　　　　　　　　　四月五日译。

五

安琪儿

［俄国］列尔孟托夫

回飞安琪儿①，
低吟绕天梁；
云拥星月惊，
神歌圣意昌。

清灵赞洪福，
天幕阖且张；
大哉我主宰，
竭诚为颂扬。

长抱赤子心，
悲泪盈洪荒；
歌声清且纯，
无言意自长。

此曲留人世，
历炼心志良；

---

① 安琪儿，即英语 angel 的音译，现一般译为"天使"。——编者

大声自玄妙，

尘俗敢相望？

六月八日。

六

一　瞬

[俄国]邱采夫①

人生有瞬息，

难可以言传，

相忘于人间，

清福自为宣。

萧萧高树杪，

天鸟语我前。

尘伪夫何远，

亲切会心妍。

宇宙满吾怀，

高情遗我先。

梦意盈此心，

佳时会有然！

一月九日。

---

① 邱采夫，今译丘特切夫（Fedor Ivanovich Tyutchev，1803—1873），19 世纪俄罗斯
著名诗人。——编者

七

Silentium(寂)

[俄国]邱采夫

毋多言！隐秘密藏

你的感觉和幻想！

任在那心灵的深处，

他起伏自自如

如明星深夜相传

但怡悦，毋多言！

你怎能剖白于自心？

人怎能了解你人生？

描象的思想

都虚讹无象。

大钥在手，顷刻豁然：

隐藏，隐藏，毋多言！

但得会生活于自己！自重，

全宇宙在你心中；

那圣秘神密的意想，

可怜扰攘于外来的声响，

盲眩于昼间的光焰：

你可深会他的歌声，毋多言！

一月十二日。

八

没工夫唾骂

[俄国]别德讷衣

现在,要我来讲托洛茨基,

那仿佛是要我嚼一只死老鼠:

这家伙可不是什么有味的东西,

简直是糟糕透了。

可是不行哪,尽把老鼠往你嘴里塞。

一刻儿安静工夫也不给你。

是有那样的阴谋家,

惯写匿名信的文学家,

他们真叫我讨厌了,

乱七八糟的写了许多信:

——"你这是怎么闹的,季谟央!

一月四日你在'Pravda'上写的小文章①,

---

① 一九三〇年一月四日"Pravda"上登了一篇季谟央·别德讷衣的小诗,题目叫做
《新的蒙赫豪任男爵》(蒙赫豪任是吹牛皮大家的称呼)。在这篇小诗里,他提起了
托洛茨基的《我的生活》(托洛茨基的自传):他说:

Mein Leben!好家伙,真是个家伙!

我可要离开莫斯科,暂时有点儿事情。

可是很快就回来的。

(维亚特伽又不是什么远地方!)

我很快就回来,那时候我来把这鬼家伙,

"托洛茨基的生活"搞它一个干干净净……

季谟央·别德讷衣就到维亚特伽去了,可是他回到莫斯科之后又有事情到尼日郭
洛德去了一趟。所以预先想做的这首长诗,就搁了两个多月。

你自己都已经忘掉了罢,

你那个蠢蹄子,把托洛茨基踢了一下,

还夸口呢:——孩子们,我从维亚特伽①回来,

一定要给托洛茨基来一个大捣乱哪!——

嘿,忽然间你也这样没有能耐啊:

夸了一阵子口——就往树林子里躲!

难道盒子炮走了火?

两个月——工夫不算少呢——已经过去了,

而你关于托洛茨基还一个字都没有写!

不是你那么大吹大擂的吗——蓬,蓬!……

还用棍子指着托洛茨基?

干吗不做声哪? 还是你牙齿咬不动哪?

还是这家伙,你干不了啦?

还是你的天良发现了——就算你没有整个儿的良心,

也许还有这么一点儿良心的残余罢?

或者,你现在可在干什么别的事情,

所以你没有办法做完这个功课了,啊?"

读着这种荒唐的信,

简直看得见那副尴尬面孔,

恶狠狠的药剂师或是新闻记者的面孔,

气愤得很的托洛茨基主义者,

又气愤,又凶狠,

算是伤着了他的心了:

他简直是受不了!

---

① 维亚特伽(Viatka)是一个城市,在莫斯科和列宁城之间。

为什么关于他的"不断领袖"①，

随便什么地方一句话也没有？

季谟央说是要来破坏这个一般的沉默了。

就算是这样罢：要怎么样就怎么样！

不敬重，就让他不敬重也罢！

然而……含着满口的水②！……

那可混蛋极了！！

那么，怎么办呢？都得我包办吗？

"你自己说的话，就要做得出呀！"

嘿，我话是随便说的。

这可叫我气得要死了。

翻过了一遍 *Mein Leben*③，

托洛茨基的那本书，他自己的 Automoleben④，

说得对些，还是他的自称自赞。

这本书多么俏皮！

样样都要吹牛皮！

称赞着他自己的"这样奇妙的命运"⑤，

托洛茨基对着自己点起了香炉来祷告：

——"喜欢罢，最光荣的光荣！

喜欢罢，文学家的战士！

喜欢罢，十月的神圣创造家⑥！

---

① 托洛茨基的著名的理论叫做"不断革命"，所以他自己应当是"不断领袖"了。

② "含着满口的水"是俄国的一句俗话，就是不做声，不理睬的意思。

③ "Mein Leben"，德文，意思是"我的生活"，托洛茨基那本书的题目（最先出版的是德文的）。

④ "Automoleben"是开玩笑造出来的新字眼，可以译做"自动生活"。

⑤ 这是普希金的一句诗，原文是"敌人都要妒忌这样奇妙的命运"。

⑥ 托洛茨基在他的自传里说，十月革命是他的创造呢。

喜欢罢，'并世无双'的天才！

喜欢罢，列宁都给比下去了！

喜欢罢，孟塞维克的升官图上的成就！

喜欢罢，自己觉得到自己的伟大！

喜欢……欢……欢……欢……罢！"——

甜蜜得很！

好得很！

神圣得很！

可是，我是个大逆不道

到了不可救药的人，

看见了这种自我恋爱的圣人，

看见了他那么样的得劲，

看见了他那样涎皮赖脸的吹牛皮，

自然就想给这个新出现的神圣

来这么一个够他受用的打击，

写这么一篇不恭敬的小文章，

说几句清醒的严厉的话，

讲讲自然的公律和道路，——

从托洛茨基的神像上，

剥下他的"道袍"，勾消他的"神光"①

然而……维亚特伽耽搁了我的工夫。

维亚特伽请我去作客。

"维亚特伽等着呢，盼望着呢……"

——好罢，我想，干那个托洛茨基总来得及的！——

---

① 希腊正教的神像上，也象佛菩萨一样，总在基督，圣母等等的头上画一个圆圈算是
"神光"。

我就到了维亚特伽的安静的工场里，

那正是真正正教①的神圣的夜里。

维亚特伽的人都在街上逛着，

雄赳赳的马拖着冰橇来往的跑着。

牧师点着一星星的香火请人家去，

那些人请牧师喝的自然也不是白开水。

教堂里的钟很得劲的响着，

维亚特伽喝着啦！

——"唔，好啦！"

我和几个荒唐鬼谈了一下，

听听当地的几个人的新闻，

真觉得老远的"史赤德林的时代"②

还在泛起一阵阵的渣滓来。

看了看那里的景象，

我就从维亚特伽回来了，

心上正没好劲。

管不到什么托洛茨基，

我很消沉的提起笔来，

写那一次的旅行。

匆匆忙忙的写了一个题目：

"清醒白醒的做恶梦"，

写了一章又一章，叫做：

---

① 俄国人把自己的宗教"希腊教"叫做"真正正教"；季谟央·别德讷衣到维亚特伽的时候正是一月里，有些当地的落后的民众，还在照着俄国旧历过耶稣圣诞节呢。

② 史赤德林是有名的俄国文学家，他的真姓是萨勒特珂夫（Shtchedrin Saltkov），生于一八二六年，死于一八八九年。他在一八四八年被放逐到维亚特伽，在那里住了大概有七八年光景；他是著名的讽刺作家，他的《外省通信》，主要是讽刺维亚特伽的市侩和小官僚的。

《维亚特伽的历史》哪。

看一看,居然也是一本书,

不过很没有劲罢啦。

我从维亚特伽回来,

没有了那股得劲的文气。

可见得又是去的地方不凑巧,

没有了劲儿总是太糟糕!

这里,我的朋友沃林帮了我:

——"到我们尼日城①来罢,那可以包你满意!

只要到处用心一点儿瞧一瞧,

就知道你身边有的是多么奇妙!"

在尼日城住了三天,

这可真叫我复活了!

那儿我没有跑到!

什么奇妙的东西没有看到!

首先叫我立刻复活的就是我到了 Nigres②,

Nigres 是个奇妙的电气庙,

照新名词说,真是干净活泼良善的电流,

从这里经过流动的沙泥,

经过朦胧的树林,

往东往西,往北往南的飞,

在湖里,在森林里,在河流里响动着,

转动着那些伟大的大工厂,

供给那么多的区域:尼日城区,

---

① 尼日城(Nizhniy)是尼日·诺夫郭洛德(Nizhne Novgorod)的简称,沃勒伽河边上的一个有名的城市。

② Nigres(读做"尼格莱斯")是尼日城区立电气站的简称。

康纳文区,索尔莫夫区,腊斯庆平区,

谟洛谟区,白郭洛德区,①

压迫那几百年来的落后!

这是文化上的大活动! 空前的进步!

我还是写了什么好呢! 写 Nigres?

还是写那个可怜的叽哩咕噜的

争风吃醋的托洛茨基呢?

后来,又到了巴腊赫纳②,这才是真奇妙哪!

我在那里简直是不用喝酒就醉哪!

那真是奇妙得象神话似的地方:

巴腊赫纳!

巴腊赫纳用自己的力量建筑了一个新纸厂,

这是我们的光荣!

巴腊赫纳!

巴腊赫纳!

在巴腊赫纳走一步要称赞一句!

它是多么叫人感动——这个奇妙的变化,

森林里的木材就这么变成都市里的纸张!

这么一张新鲜的纸——

它是多么处女似的纯洁!

这是新的文化建设

——热烈的建设所需要的! ——

这么一张好纸,要给我糟蹋了。

现在这样的情形,纸张是不够用,

---

① 这些区域都在尼日城附近,外国文的拼法是:Kanawinsky, Sormovsky, Rastiapinsky, Muromsky, Bogorodsky。

② 巴腊赫纳(Balakhna),是尼日城附近的一个城市。

我们所需要的,不是什么几千吨,

而是几百万! 几百万吨! ——

而这张纸,却要我用来

写一篇恶毒的小文章,

谈谈托洛茨基?!

要我去嚼嚼那只死老鼠?

不行,多谢了罢!

试呢,我倒试了一试。实在难受得很。

在 Mein Leben 里面,什么都是奇怪的。

这本书真是下流的创作,

写的尽是些下流的英雄底下流。

读着这种自己给自己吹牛皮的东西,

无耻的造谣和不要脸的骄傲,

有时候简直是受不了:

——"我是英雄!

我是——英雄!

我从小就是英雄,

在娘肚子里就是英雄,

我记得怎么样吸我妈的奶子!

怎么样撒了一泡……一大泡的尿!"

这位英雄自己给我们描写了这一泡尿,

他真是象煞有介事的大丈夫!

最记得的却是这么一件事情:

  我同了母亲到一家人家去,那家里有一个两三岁的女孩子……
我们孩子们就在厅堂里玩……后来,女孩子不见了,而男的小孩一个
人站在柜子旁边,仿佛在做梦似的呆住了。母亲同着那家的女主人

走进来。母亲看看这个小孩子,再看看他旁边的一大泡尿,后来又看看那小孩子,很不好意思的摇着头说:

"你怎么不怕羞的……"

"不要紧,不要紧,"女主人就说,"孩子们玩得出神了。"

那小孩子一点儿也不觉得害羞和后悔。(托洛茨基:《我的生活》,十八页)

英雄丢了脸了?

不,他是"玩得出神了"!

他一点儿也不害羞,也不后悔。

简直和现在这个年头一样:

撒了这么一大泡的肮脏的臭尿!

——"算了罢,"人家叫醒他,"不要玩那么可耻的政策了!"

而他满不在乎! 一点儿也不害羞!

仿佛只是雁鹅喷了一些水①!

仿佛不是一大泡,而只是这么一两滴,

总算英雄已经出了力。

难道他的榜样是赫尔枯莱斯②?

那位英雄在摇篮里就用小手抓死了毒蛇。

而托洛茨基呢——撒了一泡尿。还要再撒一泡尿!

真是英雄模样和伟大的功绩,没有话可说!

我甚至于想用第三人称来写。(《我的生活》,十八页)

"托洛茨基旅行啦。"

"托洛茨基庆祝啦。"

---

① "雁鹅喷水"是平常得很的意思。

② 赫尔枯莱斯(Hercules)是希腊神话里的英雄。神话里说他在八个月的时候,狡猾的女神赫腊(Hera)把两条毒蛇放在他的摇篮里,想要咬死他。可是,赫尔枯莱斯已经表现他的武士的神力,居然把两条蛇抓死了。

"托洛茨基是俄罗斯帝国的掘坟的人哪。"

吹牛皮吹得多么得劲!

多么得劲的吹牛皮!

简直是一位凯撒①!

凯撒! 有什么说的!

托洛茨基也有他自己的"De hello civili"②,

嘿,得瞧一瞧我们这位英雄是个什么样的:

甚至于对于古代的英雄

他也要竞争的!

他真是个"不断英雄"。

　　我那时候,大概是四岁光景,不知道是谁,把我抱了放在一匹灰色的大牝马的背上……那匹马慢慢的走着,把我带到了一棵梨树旁边……我自己也不知道怎么一来,就沿着马屁股滑了下来,跌倒在草地上。痛是没有痛,可是这真是办不到的。(《我的生活》,二十页)

他直到现在还是这么样的。

不是从牝马上跌下来,却是从战马上摔了下来,

"不知道怎么一来",

不知道为什么,就这么造谣谩骂,

长篇大论的写着,其实只为着一件事

——"痛是没有痛,然而……

这是办不到的!"

(自然哪,承认自己的坍台总有些不舒服的!)

　　我的生日和十月革命纪念日是同一天……我生的那一年正是第一次对于俄皇政府攻击得最厉害的一年。(《我的生活》,十六页,二十一页)

---

①　凯撒大帝(Julius Caesar),纪元前一百年到四十四年,古代罗马的名将。

②　"De bello civili"(拉丁文),《关于国内战争》,是凯撒的一部著作。

原来伊洛淮斯基①还有这样的用处！

唔,刚刚凑巧,不多不少,

"——亚历山大·马其顿的出世,

正在赫洛斯德腊德②烧掉

爱泛斯的帝安庙那一天。"

这个譬喻实在来得稀奇?

是有那种白痴

会相信这是无产阶级的文体!?

　　秋天(一八八七年)我考进了圣保罗实科学校的一年级。

　　圣保罗教堂里有一个孤儿院。我们学校的院子就分了一角给它……

　　我在这院子里逛了七年,而那些孤儿的名字——我却一个也不知道……

　　我很少过那种街道上的旷场上的生活……我认为街道上的小孩子打架吵闹是可耻的事情……(《我的生活》,七十二页)

哼,我们瞧一瞧,这是多么高傲。

真正的公子哥儿。干净人家。白手掌。

躲开了孤儿,

还有"街道上的"野孩儿。

这很象后来的托洛茨基的行径,

难道他会象那种穿短衫的"小伙计"吗?

那些"伙计"倒是直心直肠的。

---

① 伊洛淮斯基(Ilowaisky)是俄皇时代一个历史教科书的编辑者(生于一八三二年,死于一九二〇年)。他的教科书很通行,可是,尽是些无聊的传说,譬如说:亚历山大·马其顿大帝的出生,正在希腊爱泛斯地方的帝安庙被人家放火烧掉的那一天。亚历山大·马其顿生于纪元前四世纪。

② 赫洛斯德腊德就是那个放火人,他为着要出名,所以故意把这个建筑得非常美丽的神庙烧掉。

难道他有这么一丝儿直爽的脾气吗?

难道他不是永久高高在上的对付人的吗?

高高在上呢,倒能算得高高在上的了,

可惜只是踩着高跷罢了,

而托洛茨基主义的子弹,

只是发臭的臭蛋。

小孩子的脾气也是一种预言哪。

这里有的是好颜料,

要多少,有多少。

艺术给托洛茨基开了玩笑。

他想做个艺术家,描写描写自己的儿童时代。

可是,你们瞧,颜料和画笔——未免太狡猾了:

一笔一笔的画下去,

一笔一笔的画下去,

这是骄傲的吹牛皮的嘴巴,

那是阴毒的闪烁的眼睛,

这是唱戏似的姿势,

那又是无聊的腔调,

看了一看,居然是个整个儿的白画肖像,

什么都描写给我们看了,得意洋洋的,

自称自赞的,可是有些地方写得那么详细,

结果是出于他意料之外的滑稽:

一丝儿罪恶也掩饰不了!

我发现的秘密:

托洛茨基的真正的肖像,

不在他的辩论的文章,

不在他讲的什么"怎样站在政权上,

后来又怎样丧失了他个人的权力"。

（我给你们说，这只是些走江湖的滥调！）

不是的，他的真正的肖像，

出于他的意料之外，

恰好是他描写的儿童时代，

他想法子修饰了他爸爸的真相，

（英雄的爸爸正是这么一个土豪！）

他爸爸的凶狠的脚爪，

抓紧了贫农和雇农的喉咙，

就这么拼命的压榨，

弄得那些不敢做声的奴隶，

眼睛都翻上了额角皮！

什么样的眼睛？

已经瞎了的眼睛！

我们这位历史上的英雄，

却有这么"聪明的爸爸"，可怕的家主，

他给雇工吃那么没有油水的稀粥，

（这是在他父亲的家里！ 不是强盗的山洞吗?）

结果，他们都害了"鸡盲病"①哪：

  一到黄昏，他们只能够伸出了两只手，摸摸索索的走着。母亲的一个侄儿，到我们乡下来做客的，把这种情形写了一封通信，寄到绅董会议里去，那边就派了调查员来。父亲和母亲……为着这封信很生气……那调查员说，这病是由于吃的东西没有脂肪质，并且说全省都有这种病，因为到处都给他们吃一样的东西，而有些地方吃得还要坏。（《我的生活》，四十三页）

———————

① 害"鸡盲病"的人白天里一样可以看得见，一到黄昏他们差不多什么也看不清楚的了，晚上简直是瞎的。这是由于吃的东西之中缺乏一种必需的养料。普通的鸡晚上也是看不见的，所以叫做"鸡盲病"。

"有些地方吃得还要坏！"

爸爸是凶狠的猫，

而儿子是个好律师，

(他而且还是"无产阶级的领袖"呢！？)

他把爸爸的穷凶极恶的形状修饰一番！

可是这种证据是掩藏不了的！ ——于是加上一句——

"唔，这又怎么样？有些地方吃得还要坏呢！"

再讲下去，关于他的有才德的爸爸的

有才德的行为，没有半个字的批评，

居然平心静气的讲着；还要说：

就在这个时候，那些饥饿的人，

晚上眼睛是看不见的了，

带着"鸡盲病"的眼光

象影子似的摸来摸去，

而他自己正在暑假里面，

想着自己的天才十分得意，

该着仁爱的父亲非常骄傲，

就很得劲的玩着木球，

赌着钱，骑着小马儿闲逛：

　　在乡下我玩着打木球和打地球的游戏，赌钱做输赢，和姑娘们开玩笑……不但这样，在乡下我独自一个人驾驭一匹纯良的小马。

(《我的生活》，七十七页)

然而有这么一件事，可不是笑话，

的的确确有点儿象征的意义。

我们这位英雄，

穿得很漂亮的青年，

制服上绣着金丝带，

帽子上戴着徽章——金黄的一朵菱花，

上学校去，大踏步的走着，

只看见周围的恶人

都在惊奇，都在羡慕：

　　我觉得，走过去的人都很惊奇的看着我，有些也许看着我的漂亮的制服非常羡慕呢……可是，出于意料之外的，一个十三岁光景的又高又瘦的小孩子，大概是从工场里出来的，因为他手里拿着一个什么洋铁罐头；他在我这个漂亮的实科学生前面站住了，他离开我大概有两步路的时候，就回过头来，很响的咳了一声嗽，吐了一大口的口沫在我的新制服的肩膀上，很轻蔑的看了我一眼，一句话也没有说，就走过去了。（《我的生活》，六十五页）

瞧罢，这是多么好的预兆：

工场里的小孩子，

很轻蔑的吐了一口口沫

在那时候就自以为了不得的家伙的身上，

（那么漂亮的阔少爷实在讨厌得叫人难受！）

唾骂也不值得，吐了一口口沫，就走过去了！

一句话也没有说，就走过去了：

这里，马上又出了第二件事情。

原来，他枉然穿了那么漂亮的制服，

虽然穿着有那么好看：

可惜他还不是那一班的学生！

他原来并没有什么了不得：

一年级也没有够上，还只是预科生：

　　预科生是禁止穿制服的，而且很严厉……校监给我讲，说应当把徽章摘下来，把金丝带拆掉，金丝箍也要去掉，有鹰头的钮扣也不能够用，要换上平常的骨头钮扣。这样我又第二次倒霉。（《我的生

活》,六十六页）

第二次倒霉。那时候,年纪还轻呢。

到了成年的时候,又来了个第三次倒霉:

为什么——他到现在还没有懂得! ——

为什么我们对他这样的冷淡?

因为:他穿的一年级的制服

又是冒充的! 这种腐化的骗子,

自称自赞的升官主义的孟塞维克,

——要想偷进"列宁年级"是冒险的!

托洛茨基自己的书现在证明了

他的根本的灾难,就是:

他不是什么第一级的领袖,而只是个预科生,

他永久是这么样的,"不断的"是这么样的!

我写着托洛茨基真不高兴。

还有别的工作等着我呢。

也不高兴重复别人说过的话,

我又不是第一个人——

大家都笑骂过这个"领袖",

骂他的腐化的见解,

骂他的恶劣的脾气:

总是离开真正的动力

躲避着创造的群众。

他生来就是这样的!

他的阶级本来就是这样的!

他还要很得劲的发议论,——

列宁主义的功绩居然要打倒一切困难,而且

完成这个事业的,

偏偏是些"徒子徒孙",

这真要气死他了!

"徒子徒孙"! 这个绰号没有意思得很。

我们这里,受教育的人太少了!

"徒子徒孙"! 难道这就是凶徒恶棍?

托洛茨基自己垫高了台脚,

唱起希腊的古典戏剧。

他是英雄——戏台上的英雄,

哼,而且还是历史上的英雄,

每一次都要找些古典做注解。

怎么能够不这样办呢?

他需要那些古典主义的装点。

"徒子徒孙"! ……这又是什么预兆,

也是他自己引的古代希腊的古典?

我们把这位英雄去比什么样的榜样呢?

不是我一个人的意见,——

大家都承认:那个谨慎的足智多谋的

贤德的裴利克莱斯①,的确是个历史上的人物,

的确是有天才的,的确是很实际的。

但是,领袖的出现常常总是一大串的,

裴利克莱斯时代,也有这么一大串的领袖。

其中有这么一个榜样,也是雅典的,

当然也是很著名的,可是真的不伟大,

不配和裴利克莱斯并称的,——

---

① 裴利克莱斯(Pericles),纪元前五世纪希腊雅典的著名的政治家,民权派的领袖。在他领导的时候,雅典国最兴盛,——文化,艺术和势力都大大的发展。

这就是亚尔启毗亚德①。

谁要是知道一些雅典的历史,

他对于这一类的人物是不会有好感想的:

亚尔启毗亚德的撒娇,真是不要脸;

他"自己爱上了自己"的那副神气,实在叫人恶心,

卑鄙的武断的论调,真正是岂有此理;

造谣,诬蔑,无耻的胡闹;

对于军事上的投机,他却有些"英雄的"心理;

他的得意的把戏——干得也不见得高明,

——可是,都是破坏裴利克莱斯的事业的。

他,什么狡猾的鬼把戏都会干,

逃避了审判,躲到斯巴达克和波斯去了,

为的是要来破坏雅典;

还要自己夸奖自己这种猪猡式的功绩:

——"我要叫雅典的专制魔王知道,

我,亚尔启毗亚德,还活着呢!"

不错,他真是个长命乌龟,"还活着呢",

雅典人还赦了他的罪过;

可是,他又干了三次出卖雅典的把戏。

大吹大擂,招摇撞骗是他的拿手好戏,

装腔作势,花言巧语是他的本领,

---

① 亚尔启毗亚德(Alcibiadss),纪元前五世纪雅典的政治家和将军。他非常的爱虚
荣,非常的自以为了不得。好几次惹起了雅典和旁的国家的战争,专门干一些投
机的冒险的把戏。后来背叛了雅典,投降了敌人,引导敌人的军队来打雅典。过
了几时,他又投降雅典。最后,被雅典人驱逐出境。他从小就是那么卑劣的脾气,
总想件件事情都由他来坐"天下第一把的交椅"。——有一次,他和别人比试拳
术。别人快要打胜他了,他为着要不跌倒下去,就把那个人的手往自己的嘴边拉,
几乎把那个人咬了一口。那个人放了他,就说:"亚尔启毗亚德,你这个家伙,怎么
象臭婆娘似的,会咬人!"他说:"正相反——我只象狮子。"

卑鄙的妥协,疯狂的冒险,

他对于雅典,比什么都危险,

最可怕的霍乱病,还比不上他这个害人精,

战争,崩溃,

破产,耻辱,

政治上的,心理上的地狱,

完全的坍台和最后的倒霉,

这就是——亚尔启毗亚德!

然而我们这些"徒子徒孙"

并不是什么不成材的蠢货,

难道对付不了亚尔启毗亚德?

我们大家锻炼成了无产阶级的队伍,

我们是群众——不是什么简单的一个个的个人,

　　不是什么吹牛皮的"英雄",

我们不是书房里的蛀虫,

　　不是"领袖",不是"预言家",

　　不是"神圣"的直觉派,

　　不是吹大了的猪尿泡。

我们的说话不是什么"文章",——

一切都是很简单的很微小的,

我们却是列宁学校的职工,

　　不是什么鬼鬼祟祟的"徒子徒孙",

　　不是什么造谣诬赖的恶棍,

　　不是什么花花绿绿的阔相公,

我们是伟大的事业的继承者,

　　直接的正当的继承者,

　　绝不调和的战斗员,

不是什么古代的英雄，

而是实际的活泼的群众，

不是装腔作势的吹牛家，

而是列宁的坚定的忠实的信徒！

无论是一直的向前，还是转几个弯，

无论是这么样，还是那么样，

我们可清清楚楚的知道：

往什么地方走，同着什么人走！

我们在荒僻的树林里开辟出道路来，

我们在肮脏的河流里扫除掉水草，

我们在野蛮的田地里开起耕田汽车来，

我们锻炼出无产阶级的钢铁一样的意志来！

什么危险都阻挡不住我们，

一切敌人，什么踩高跷的等等，

近不得我们的身！

我们锤炼我们的能力，

准备着那个不可避免的

全世界的斗争！

现在不是那种时候——

可以离开了我们的事业，

去管那种乱咬的疯狗。

我们对这个疯狗吐一口口沫，

就很快的走过去罢。

我们努力的不断的工作着：

我们有德尼泊尔建筑，奥托建筑①，——

---

① 奥托建筑（Autostroy）是汽车工厂，不过"奥托"（auto）是说的一切汽车式的发动机，所以只能译音——这是一个极大的发动机建筑的工厂系统。

到处是建筑①!

我们唾一口！……让那个铅做的英雄

自己去擦擦干净,说一声"这是办……不……到……的!"

他是无论什么时候,无论什么事情,都办不到的了。

他要不断的扯野鸭子②

扯得大家都厌烦了,他又生气了:——

人家不和他争论了,简直不睬他了,

就算重重的唾骂一口也好,

现在也许故意连唾骂也不了! ——

一点儿也不是故意的,

正经事情多得很:

没有工夫唾骂！ 就是这么样!!

一九三〇年三月十四日,《真实报》所载。

一九三二,八,译。

---

① 建筑是"Story"的译意,这本来是个俄国白话里的普通字眼。

② "扯野鸭子"就是胡说八道,仿佛北方人说"闲扯蛋"。

第二编

小　说

闲 谈

[俄国]托尔斯泰

有一天,许多客人在一个富室的客厅里面,大家谈起生活景况来。谈来谈去,在座的,不在座的,算起来,总找不着一个称心如意,对于自己的生活没有什么不满意的人。

真能享福的人狠少。要是讲得到真真基督教徒的生活,那更是一个都没有了。大家多承认,说是世俗的生活,只有关心于自己和自己的家眷的人。谁亦想不到什么亲友。想得到上帝的,那是更少了。

大家谈了一起。说来都合意。都承认自己是有罪。并且都说自己的生活,实是不敬的,违背基督教义的。座中一个少年就嚷道:"我们定要这么样生活,是为的什么呢? 既然我们不赞成了,为什么我们又要这样去做呢? 什么地方我们没有能力去改变我们的生活? 我们自己知道,我们的奢侈,卑怯,财产,最要紧的,就是我们的傲慢,不恭,和人生分的地方,这都陷害我们的。为了名利二字,把人生的乐趣都丢开了。我们住在城里,成天的闷得慌。性情也卑怯了,身体也弄坏了,从没有看见什么快乐的事情。抑郁悲悼,一直到死。我们的生活,实在不应当是这样的。

"上帝赐给我们的善行,是完完全全的。为什么把自己的生活弄得这么样,又为什么总要这样的活着呢。我再不要仍旧这样生活了。请打这儿起头,要知道,'善'是不能引导我到旁的道上,象我们现在所受的苦恼生活上去的。我要把我的财产多丢开了,到乡村里面同贫苦的人一同住。同他们一起做工,学做手艺。倘若那许多贫苦的人,要用得着我的教化,我就教他们，也用不着什么书本教室。我简直同他像兄弟们一样的同在一起过活。

"是了，我已经决定了。"他说了，就向着他的父亲，似乎问他父亲似的，那时候他的父亲也在座。

他的父亲说道："你的志向是真好。但是太浮躁轻意了。你所以这样看得容易，因为你不知道生活。难道我们见不出好来。不过要做得到这样好，是狠困难，狠繁杂的。能顺着已成的道路，往好的一方面做上去，已经是难的了。要想另辟一条道路出来，那就更难。这种新道路，只有已经熟谙世故，并且占有地位，教人家容易接近的人去开辟他。你看得这生活的新道路这样容易。因为你还没有懂得生活的道理。这多是少年人的轻浮疏慢处。我们老年人，为的是要平平你们的急激意气，必须用我们的经验来指导你们。但是你们少年人，是应当遵从我们，好知道知道我们的经验，你生活的实验，还在前头哪。现在正应当发育启悟的时候。等受了完全的教育，自己立定脚跟，有了正确的判断力，自己觉得对于那个有把握了，那时候你的新生活才好开头呢。现在你应当遵从教你为善的人。可还不能开辟新生活的道路哪。"

那少年人不说话了。许多年老的客人，对于他父亲的话狠表同情。一个已娶的中年人就向着那少年的父亲说道："你的话有理。那年少的人，没有生活的经验。刚找着生活的新道路时候，常常有错误。并且他自己的主意也拿不定。那是不错的。但是我们多承认我们的生活，是违背良心的，是不能教我们好的。所以也不能不承认，那希望改变这样生活的心，是正当的。

"少年人心里的理想，常常会成一种幻想。但是我不是少年人。今天晚上这一席话说了。我心上倒有个意见，可以给诸位说说。我的生活，照我看起来，是决不能教我良心上正义上安心的。这里面也有经验，也有理想。我等什么呢。成天的为妻子去奔走。到头来，落得自己和妻子的生活，多是对不住上帝的。一天一天的不好下来，实在是陷入罪恶之途了。你说为妻子去干的罢，妻子也没有好一点。这是因为为妻子去做事，是没有好处的。所以我常常想，倘若我完全改变了我的生活，那不稍为好一点儿么。简直就应当照着那少年说的话做去，就是不去挂念妻子，一心一意想着神灵。这不是假设的。保罗说：'未婚者念上帝。已婚者念其妻。'"

这中年人还没有说完，许多在座的女人和他的妻多攻击他。就有一个女人说道："这事应当早一点想起的。重担子已经套上去了，就得啦。况且大家都是这样，一到生活艰难，养不起妻子了，就说，我要力求自拔。这是骗人的，卑鄙的。这大大不然，人是应当能够和妻子同过正当生活的。不过自己救自己一人要容易一点就是了。但是最要紧的，就是这样行为，照这样做去，就是违背基督教义。上帝教人爱人。你倒是为了上帝，要想轻蔑人家了。这个实在不对。娶妻的人，有他自己一定的责任。他不应当轻视的。一家人家已经成立了，那是狠好的事。那时候，你要做什么就做。要是压迫妻子，即无论什么人都是不对的。"

中年人听了不以为然。他说："我又不要舍弃妻子。我不过说女人和小孩，不应当和世俗上一般，浑着过活。不应当象他们现在已经习惯的，只为他们自己肉欲的那种生活。我们已经说过了。应当教小孩有勇敢精神，学做他应当做的工作，帮助人家，最要紧是要能同所有的人多象兄弟一样。所以名利二字，是要丢开的。"

他妻听了这话，就狠激烈的说道："你没有听命上帝的时候，倒没有陷害什么人。你倒想心满意足的活着，又勇敢做去，要教自己的妻子去受罪么？纵使他们平平安安长大了。到后来，可是他们自己去做的，并不是你叫他们这样的。"

中年人不说什么。同座的一老年人，替他遮护，说道："不用谈了，娶妻的人叫他妻子享用惯了，忽然间把他多夺去了，那是不行的。小孩子教育已经开始的，总要全始全终，比完全不管好些。更好呢，再生出来的小孩子，要拣他于自己更合宜的方法。我是相信的，娶妻的人，是不能没有罪过，改变他自己的生活。那么，我们老年人，是上帝所使的了。我对我自己说，我现在活着，已经完全没有责任。老实说，不过为着自己的口腹活着罢了。吃饭，喝茶，睡觉，我自己也厌了。那么，我正是那时候了，把这样的生活丢开。把财产也散给人家。在未死之先，总可以遵守基督教义。上帝命令做的就做去。"

大家多不大以为然。他的侄女儿子多在座。还有他的养女，他养女的一家小孩子，多是从他受洗礼的，每节多送礼。这些人多反对他。

他儿子就说道："你老一世劳苦，该歇息歇息了。不要自己受苦。你老同了一家亲戚，活了六十年。不好把他们多撇下来的。这不过无益的受苦。"

他侄女说道："是的是的，叔叔。只要是应当的，不必是神灵。要叱责，并且要格外破戒呢。上帝仁慈。所有的罪人多可以宽恕。是你一个人。是这样好。"

一个与他叔叔同年的老人，又说道："我们做什么呢？我和你，许还有两天活活罢了。想做什么好呢？"

一个客人，他一直没有说话，到这时候就说道："怪了，怪了。我们多说听命上帝的生活是好，现在生活不好，精神身体多受痛苦。但是一件一件事说过来。说起改变生活。那么，小孩子不应该抛弃陷害。不应当教他听命上帝，可是应当听从老年人。少年人不能在家族里面白由改变生活。他们不应当有听命上帝的生活，可是应当听从老年人。娶妻的人，不能舍弃妻子。他们不应当有听命上帝的生活，可是应当听从老年人。老年人呢，不知道从什么地方下手。他们没有做惯，他们只剩两天活着呢。唉，改变生活。要想生活的景况好些，谁多不能的。不过说说罢了。"

二

祈　祷

[俄国]托尔斯泰

　　一个年轻妇人他的头生儿子,刚刚三岁,得了头部水肿病死在那间屋子里,一面从小孩子屋子里放重了脚步出来,一面说道:

　　"不对,不对! 一定不会这样……医生! 一点想法都没有么? 你为什么竟直不开口呢?! ……"

　　他丈夫,似乎狠低的声音在那儿自言自语,同那医生多不说什么。他丈夫狠胆小似的走近他身边,轻轻的用手摸着他的乱蓬蓬的头,就重重的叹了一口气。医生垂着头站在旁边,似乎很失望的样子,一动不动,一句话也不说。

　　他丈夫道:"怎么样办呢! 怎么样办呢! 吾爱……"

　　他就恶狠狠的带着怒骂口气嚷道:"唉! 不要说他! 不要说他!"突然间回过身去,往小孩子的屋子里就走。

　　他丈夫要想扶住他。

　　"楷觉,不要走……"

　　他也不回答,直瞪瞪的瞧着他丈夫,两只眼似乎狠疲乏的样子,一会儿仍旧走进小孩子的屋子里去了。

　　一个小孩子睡在奶娘怀里,头底下枕着一个白枕头。他的眼睛还张着,可是已经不能看人了。他的嘴扁着,口角上淌着许多白沫。他母亲走进来的时候,奶娘一动都不动;尽是沉着脸看那小孩子的脸,周围的看。那母亲一直走近奶娘身边,就伸手往枕头底下去要抱那孩子,奶娘低声说道:"避开罢!"一面就退后几步,离开那母亲。母亲不听他,狠快的走上去,就把那小孩子抱过来了。小孩子的狠长的头发弯弯曲曲的乱绞着。他母亲一面替他理那头发,一面瞧着他的面庞。

那母亲低声说道:"不对,不会……"说着又立刻把孩子交给奶娘,走出房来。

小孩子病到第二个礼拜了。他病的时候,他母亲一天里面总要几次三番的失望又几次三番的喜欢。这几天里面,他差不多一天只睡半个钟头。那许多天,他没有一天——总不间断——不是几次几番的跑到自己卧室里去,在那穿着金绣祭服的救世主神像前面,祷告上帝,请他救他的儿子。

那黑面的救世主手里拿着一本金书,书上用黑墨水写着:"你们快到我这来,所有受苦受难的人,我叫你们平安。"在这个神像前面,他尽心竭力的想他的祷词去祷告。虽然心神怎样诚敬,祷告的时候,他总觉着没有十分灵验,好象上帝总不为他,上帝只为上帝自己;他竟直尽祷告,诚诚恳恳尽心竭力的念那祷词,不论是他记熟的还是他自己想出来的。

现在呢,他已经知道他儿子死了,他觉着心上不知什么似的,似乎掉了什么,满屋子乱跑,跑进自己卧室,看着眼前各样东西都是奇异的,一会儿方位都认不清了。后来,他就躺到床上去往后一倒,头也没有枕到枕头上就在他丈夫脱下来的寝衣上晕过去了。

他当时仿佛梦见,他的谷诗觉好好的狠快乐的坐在那儿,头上披着乱卷的头发小小的白颈项,顶肥的两只腿在那许多玩物里面乱动,把一个小洋囡囡放到一只画的马上面去,那只马一只腿已经没有了。

他一面想:"这多好,他原来没有死,他要是死了,多惨酷呵。为的是什么?上帝是无论什么地方都能到的。我总是这样祷告他,为的是我儿子。上帝又是为的什么呢?他无论什么人都要骚扰么?难道上帝不知道,我是托命于他(儿子)的吗?难道上帝不知道,我是一天都不能离开他的吗?可是突然间把这样一个不幸的,无罪的,心爱的宝贝拿走了。要我的命了,我祷告了这许多天,只落得眼看着他眼睛闭了,死过去了,冷了僵了。"他又看见,他儿子走出去了。刚刚这样一过小门,刚刚这样一个小孩子走过去,摇摇摆摆的狠象大人了。他看看又笑笑……"小宝贝! 上帝竟要把他抢去了,竟要叫他死! 他要是狠心狠到这步田地,为什么还要祷告他呢?"

忽然马德连塞,一个十几岁的女子,奶娘的帮手,讲出许多离奇的话出来。那母亲明知道是马德连塞,可是他又把他当做安琪儿。他心上想:"他要是安琪儿,为什么又没有背上的翅呢?"然而他似乎记得有一个人——他记不起来是谁,只记得这个人是他向来相信的——替他说过,现在的安琪儿没有翅了。那安琪儿马德连塞说道:"夫人,你抱怨上帝是徒然的。他无论如何不能够多听了世人的话。世上的人常常这样求他,不是要这件事成功,就是要那个人受罚。现在呢,全俄国的人,什么人都祷告! 第一就是大主教,宗教会议里的僧正,多在教堂里祷告,请上帝保佑俄国人打胜日本。这是件好事么? 这样祷告是没有用的,上帝吗? 谁多不能受他的福的。日本人一样的在那里祷告,要保佑他们打胜仗。你以为上帝是我们独一无二的主父,他怎么样会有的呢?"

马德连塞又道:"夫人,怎么样会有上帝的呢?"

那母亲道:"这是这样的。这是多年的事情了,还是福禄特尔①(Voltaire)说的。大家多知道,大家多是这样说。我倒并不是为了这个。是为了他不能够答应我的祷告,我请求他又不是为的别的,就只为他不要叫我的心爱的儿子死。要知道我没有他是活不成的。"当时他又觉着他儿子的顶肥的手抱住了他的颈项,他觉着他儿子的身体暖烘烘的靠着他。他心上想:"真好呀,这恐怕不是罢。"

马德连塞又说道:"这不是一件事,夫人,要知道这不是一件事。确是这样,一个人总要请求,可是上帝无论如何做不到他求的事。这些事我们全知道——我知道所以我来替你说。"——安琪儿马德连塞说的时候,竟

---

① 福禄特尔,今译伏尔泰(Voltaire,1694—1778),18 世纪法国启蒙思想家、文学家和哲学家,代表作有《哲学通信》《路易十四时代》等。——编者

直就是,昨天夫人叫他到主人那儿去,给奶娘说"我知道,主人在家,所以我才去说"的声音。

马德连塞又道:"几次三番总是这样说,好象一个好人——年轻的人里面狠多——求着上帝帮助他,叫他自己不要做不好的事,不要喝醉酒,不要放荡,这样求着,只不过为的消消罪过罢了。"

那母亲想:"马德连塞说的倒狠好。"马德连塞接着说道:"然而上帝无论怎么样都做不到的,因为各人应该各人尽力。只有自己尽力的人方才能够得到益处。你呢,夫人,让我讲段小说《黑鸡》你听罢。一只黑鸡为了一个小孩子救了他的命,送给那小孩子一颗'神麻子',谁把这颗'神麻子'放在裤子袋里就无论什么功课都不用学习就知道了,那小孩子有了这颗'神麻子'当真不学了,谁知道连以前学过的东西一齐都忘了,上帝是不能够从世人心里把一切恶性拿走的。世上的人也用不着去祷告的,只要自己尽力去改悔,忏除一切罪过就好了。"

"你怎么会知道这些话的?"那母亲想着就说道,"马德连塞,你竟直没有回答我的话。"

马德连塞道:"等一等,我来说给你听——的确是这个道理:譬如,一家中落人家,并不是他们自己不好所以败落的,大家多愁苦得了不得,好好一间屋子都没有,住在一间廊角里面,茶都没有喝,他们尽是求着上帝无论怎么样总要帮助他们些。可是,真的,上帝无论怎么样都不能为他们造福,因为上帝知道,这个样子是于他们有益处的。他们不想一想,然而上帝是知道的,要是他们住了好屋子,他们就要娇养出许多恶习来了。"

那母亲想:"这是不错的,可是为什么马德连塞这样诚敬的谈起上帝的大道来呢?'恶习'……这本来是不好的。我有机会一定要给马德连塞说个明白。"

那母亲说道:"我不是问这个——我是问:究竟是为的什么,上帝要夺我的儿子去呢?"这时母亲似乎又看见他的谷诗觉好好的站在他前面,并且听见他儿子又可爱又稚气的笑声,好象小铃的声音一样。"为什么他们把我的儿子夺去了呢?要是这件事是上帝做的,那么上帝是可恶的,狠心的,上帝是用不着有的,我也不用知道有这样的上帝。"

那母亲又想:"这是这么一回事? 马德连塞竟直已经不是马德连塞了,竟是一个别人,新来的,奇怪的,不知道哪儿来的人,那个人说话也不是用口说的,竟直就是那位母亲——心上想出来的。"

那个人说:"你这样的可怜,盲从,狂妄,自负的智识——你一礼拜前,还看见你的谷诗觉狠茁壮的狠柔软的身体,狠长的头发乱卷着,说起话来那副真实可爱有趣的神气。难道他永久是这样么? 前几天他已经认得谁是谁的时候,你欢喜听他叫'妈妈''爸爸';再前几天呢,看见他拿着了食物,一跳一跳的,两只小腿,跑到椅子那儿去,你心上是狠快乐的;再前几天呢,你们看着他象只小狗一样的满厅乱爬,你多以为有趣味;再前几天呢,他知道抱着他的光头——还没有长头发——又喘气又笑,你们心上也欢喜;再前几天呢,他还吃着奶,他那没有牙齿的小嘴堵着奶,你们看着多快乐——可是再前几天呢,他还在你肚里没有生下来,一生下来的时候,满身通红的小孩子,呱呱的哭,你们是狠高兴的。可是再推上去一年,那时候还没有他这样一个人,他又在什么地方呢? 你总是想着,你自己现在是这个样子,你所爱的人也总是现在这个样子。可是要知道,你们一分钟都不能停留,你们多是象河里的水一样在那儿流,好像一块石头从上面落到地下来,一直到死,早些晚些,总是要到地的。你不想一想,你儿子要是没有生呢,也是和死了一样,你儿子生了,也是这样一分钟都不停留呢,那么,这样从怀胎成了小孩子,从小孩子变成了小学生,小学生变成了少年,少年到壮年,壮年到衰老,成了老翁。你不知道,你的儿子要是活着又是什么样子。我可知道呀。"

那母亲又似乎看见:在一间旅馆的客房里(他的丈夫曾经同他到这样的旅馆去过一次),房里点着狠亮的电灯,一张桌子上铺着白布,摆着晚餐,桌子旁边坐着一个人,肿肿的脸,脸上许多皱纹,两撇往上翘的胡子,一点都没有少年样子的一个老人,他躺在一张软椅子上面,两只醉眼直瞧着一个涂脂抹粉的荡妇,那妇人还露着顶白顶肥的颈项,他并且还要醉语模糊的尽说着许多下流无耻的笑话,似乎看着那妇人,就是同他一对的,不知怎么好法,尽是笑。

那母亲狠害怕的样子叫起来了:"不对,这不是他,这不是我的谷诗觉。"他正看着那丑怪的老人,就是使他害怕的,又似乎这个人的确就是那个谷诗觉。他心上想道:"好罢,这样的儿子,现在的谷诗觉是这个样子了。"他又忽然看见雪白滚胖的谷诗觉光着身子坐在澡盆里面,一面笑着,一面敲着剪刀。他不但看见,并且觉着,他儿子忽然抓住了他的露在外面的肘,尽闻,尽闻,忽然又咬他一口,后来他儿子把他的手怎么样他就不大知道了。

"是了,这不是谷诗觉么? 究竟不是那怪丑的老人呀,"他自言自语着,一惊就惊醒过来了,还是怪害怕的想起那许多梦里的事情。

他走到小孩子屋子里去。奶娘已经把谷诗觉洗完了收拾好了。谷诗觉躺在上面,小小的白蜡色的一个鼻子,额角上刷得顶光的头发,四面点着许多蜡烛,桌子上蒸着许多白的藕色的玫瑰色的香。奶娘从椅子上站起来,蹙着眉心,努着嘴看那上面的和石头一样一动不动的脸,从那边门里面,马德连塞狠天真烂漫的样子,眼睛都哭肿了,走出来了,他就遇见了他。

那母亲想道:"怎么,他不是给我说不用伤心的么? 他自己又哭起来了。"他又把眼睛回过来看见死人,这会儿他看着那孩子的脸狠象梦里看见的老人,又觉得怪害怕的伤心起来了,可是一会儿他又忘掉了,一面祷告画着十字,一面把嘴凑到那冰冷的白蜡似的额角上去,又尽去闻那冰冷的两只小手,忽然间闻着那香的香气,似乎给他说,他儿子是没有了,永久不会看见他了,正触起他伤心,他就闻一闻儿子的额角,哭起来了。他尽是哭,哭得倒不怎么样心神颠倒似的,可是狠真挚狠悲痛的。他病了,可是倒安静了,不抱怨了。他也知道,这样事情是应当有的,这样事情是好的。

奶娘道:"罢了,罢了,夫人,不要哭罢。"一面说一面走到死人面前,替他把额角上的母亲哭下来的眼泪用手帕擦掉了,"这样哭着,他神灵也要不安的。他现在好了。成了一无罪过的安琪儿了。要是活着呢,谁又知道他将来怎么样。"

那母亲道:"是的,是的,可是我真受苦呀,真受苦呀!"

三

妇　女

[俄国]果戈理

　　"地狱的子孙！哲甫欧兰北呵！(神名,Zeuse Olympien)呵！你自己暴怒,好忍心呵！你要使世界被凶灾,你引出一切恶毒,隐隐的散布于你自己美好的地心里,握着一滴毒,用光辉的右臂狠怒的洒去,竟以他毒害了你自己壮丽的创造：这就因为你创造了妇女呵！你竟妒恨我们可怜的幸福;你不愿人从善性的心灵里演出永久的安宁;更让他罪过的口里念出诅咒……你创造了妇女！"

　　柏拉图的少年学生脱尔克莱(Telecles)这样和他先生说。他眼放火焰;他两腮间失火似的喧嚷,他颤动的口唇,以伤心而言语扰乱,他手因不满意而乱揉着那华美衣服,生深红的浪纹,他散开钮扣,不用心挂住在他那少年的贞洁胸前。

　　"我神圣的先生,怎么呢？使我们看待'他'(妇女),是穿着似神的法衣的,不是你么？说着流利的言词,去讲'他'那温雅的'美',不是你那芬芳的口么？教我们去诚诚心心,不着实相的爱'他',不是你么？不对,先生！你神圣的贤德,于诡诈心灵的无穷玄妙的智识里还幼稚呢。不对！不对！那激烈论证的暧昧,不玷着你的光明思想：你不懂得妇女。"

　　火一般的眼泪从他眼睛里溅出;他用衣襟蒙着头,用手盖着脸,他倚着大理石柱,那石柱上饰着奢侈华丽的玛瑙柱头,耀着闪烁的光辉。沉重的叹声从他那少年的心胸里迸出,好象是一切隐秘的心理,一切情感,一切人类心内的种种,他那愁苦的声音都已显出来了,这些声音沿着全身血脉震动出来,那情感造成的天性,无力申说那无穷永久的精神苦痛,只发出来一个病痛的呻吟。

那时,神托的贤者(柏拉图),默默的看着他,面上显出他自己的心念,为从前高尚的意想:更觉忧愁。正似奇异的残梦还久没有泯灭,骚扰那原始心想;那时间,人简直没进得实体的世界里,光耀着壮丽的瀑布,射出汹涌的喷口,到屋里来,照那贤者,缭绕着他满身的光辉;显得,他面上层层灵气,耀炫出思想和高尚的情感。

"你能爱么,脱尔克莱?"他平心静气的问他。

"我能爱么!"那少年很快的接着说,"请你问哲甫,他能不能以毫发动摇大地。请你问菲蒂亚(Phidias)①,他能不能以情感燃着大理石,能不能使尸体复成生命,当那时我血脉里沸腾的不是血,而是锐利的火焰;当那时一切情感,一切思想,我都发为声音;当那时这些声音沸热,心灵以爱情而鸣动,当那时我的言词——风飚,呼吸——火……不对,不对! 我不能爱! 请你和我说,那有这种情感的,奇异的死人在那里,那至圣的秘菲亚(Pythias)②已经不启发这个奇境于人了么?"

"可怜的少年! 人家所说的'爱'是什么! 在短促的生存里,天神要反映那'美',要与世界以幸福,要于这里显出他自己的存在于地上,为着这样短促的生存预备怎样的命运! 可怜的少年! 你才以自己炙热的呼吸烧炙了这短促的生存;你才以情欲的风波骚扰了这纯洁的光明! 我知道,你要和我说那亚尔厄诺(Aiguinoa)的变乱。

"你的眼睛或就是证人……可是,他是不是证见你固有迷乱的'动',那时动在你心灵的奥妙里,他是不是那'动'的证人? 你向你自己前面看了没有? 是不是,完全是情欲的骚乱,沸腾着在你眼里? 更何时情欲可认着真理? 人要什么? 他们渴望着永久的安宁,无穷的幸福,受了一秒钟的

---

① 菲蒂亚,古希腊的雕刻师,他最有名的作品是 *Le Tupiter d'olympie*。
② 秘菲亚,古希腊唯心论哲学家(Pythagoricien),和陀孟(Damon)是极知己的朋友,生死相共的。

苦痛已是够了,这使他们稚气的去破坏那迂缓创立的建设! 任你眼睛去看看那真正真理;至圣的亚尔厄诺以剧烈的变乱归罪自己,这是对的。可是问问自己的心灵:当你在亚尔厄诺的怀里寻着生命,幸福,和圆满的性海,那时你是什么,他(亚尔厄诺)是什么? 你可回响自己生命的火叶,你寻不寻仅只这半张比那半张更慧辩,更神圣呢? 你要不要尽取波斯王的宝石,黎维后(Livie)的黄金为着那天上的一瞬呢? 那是雅典人对那些的第一敬礼,人民里的最高权力! 那神呢,如蒲罗梅脱(Promethee)①赠你嘉礼,那有不向天神取最好的,他并且自天堂移住,同着他光明的天人到你心灵里——他念念过的诅咒,那时你的生命正应当复生善性;那时你应当流涕泪,痛悔,而且唱司命神哲飞史(Zevece)简短的赞美歌,他却延长他美满的生命,他却吹散愁云,从他光明的头脑里。

"你可回响起经验的眼于自己:以前你是什么,现在你成了什么,从那时,那'永久'却曾经在亚尔厄诺的圣容里;你以自己无穷的心灵理会得,揣度得多少新妙理,多少新神悟,你行动移近那高尚幸福有多少! 我们见得到,实行去,可是什么时候呢? ——那时更深悉更完全的理会得'妇女'。你看一看奢侈的波斯人:他们使自己的妇女当奴隶——怎么呢? ——他们得不到那优美的情感——无穷的愉悦心海。他们心里没有光明波动,如那蒲腊克西堆(Praxiteles)②的女神;他们愉悦的心灵和着不死的心灵叩问大理石,而也没有回答的声音。妇女是什么? ——天神的喉舌,我们惊讶那男子的光明头脑:可是我们不以他比拟天神:我们见妇女的头脑,我们就惊讶妇女的头脑,我们仅只于天神有过如此的惊讶。他(妇女)是诗! 他(妇女)是思想,而我们仅只于实体上有他的模型。他的感化力亲炙我们,感化力感动得愈强,感动的地域愈大,我们就愈高尚,愈美好。一幅画,当美术家心里正萦回铸造还未实现的时候——那幅画是妇女;当那画实现出来,引得起观感的时候——那幅画是男子。为什么美

① 蒲罗梅脱,火的司命神。
② 蒲腊克西堆,希腊的有名雕刻师。

术家有如此不圆满的愿望，要去变自己不死的理想为恶浊的实体，使我们凡俗的感觉得征服他呢？这是因为有一个高尚的情感管理着他们——于自己实体里显示'神圣'，即使只能有自己精神界的一部分，也得使他接近于人，使男子为妇女。假使理会得艺术的少年，他的热诚偶然为眼睛传送于那画，那么，眼睛于美术家的画里得到的是什么呢？眼睛于那画里见着了实体么？不对！实体是消灭了，而眼前却显有美术家的无边无尽不可思议的意想。那时心灵的弦要奏着怎样活泼的歌曲！其唤起于美术家的又怎样光辉，差不多于旧境的重来又有那不回顾的'飘忽'，又有那不可测的'将来'！和着美术家神圣的心灵，他那心灵也萦回着，这是怎样的不可思议！那些歌曲怎样的沉浸在隐隐的心灵亲吻里！当那些歌曲不曾托蔽，也不曾感化于妇女的贤人，那时男子的贤人又是什么呢？男性，刚强性，傲慢的轻蔑性，也许要落到兽性的境地去呢。你夺去了世界上的光明——消灭了花的光灿的'色泽'：天地都将沉浸在黑暗里，比那亚依达（Aida）①边岸还要更黑暗呢。'爱'是什么呢？——心灵的故乡，人对于'过去'的美好的意趣，那地方有他无罪恶的生命原理，那地方留着那无罪的童心。不显不现的痕迹，那地方是故乡。当时那心灵沈溺于妇女心灵的天国里；心灵里寻着自己的主父——永久的上帝，寻着自己的兄弟——直到于今不显实地的情感和现象——那时对于他（心灵）又是怎样？那时呢，他（心灵）回念旧时的声音，旧时上帝怀里的极乐生命，使他（心灵）至于'无穷'……"

那时贤者（柏拉图）神示的眼势停着不动了：亚尔厄诺（雕石的女神像）站在他们前面，不知不觉的引进他们的谈话。他似乎在座上咳嗽起来，化为默示，在他美好的头顶上，荡漾着天神似的心灵庄严的微动。大理石的手，映耀着青筋，筋内满着天上的神味，舒展地圈着在空里；绕着沉香帔带的脚，赤裸裸光映着灿烂，履着红沉沉的鞋，伸在前面，似乎不肯蹴

---

① 亚依达，古埃及孟菲（Memphis）河和堆勃（Thebes）河之间的地名（在法腊洪Pharaons）。

着可厌的地;似乎高尚神圣的胸前沉吟着愁闷的叹息,半掩着两片星云的衣服披着,垂着华面如画的帔带在神座上。似乎精巧光灿的天堂那里是天人沐浴的所在,有红的蓝的火焰向着那里,放出,散出无数的光辉,那真是地上所没有的,名字都叫不出来的,那里颤动着隐隐约约的仙乐妙音——似乎这天堂显现于视线里,在他们前面,能使人的美妙形体现神相,成为神。他那往前披散的黑头发,好一似神示的夜,在他顶上荡漾着,象暗沉沉的瀑布垂着在他光耀的肩上。眼中的电光夺去了一切的心灵……真没有!王后也永没有这样美妙,就只当时一瞥,要他从那贞洁仙波的泡影里显现,也是不能!

少年震惊着这奇境,圣感,就伏在那庄严美女的脚下,他已是有半神的感悟,伏在地上,那热泪滴沥着在他热辣辣的腮上。

鄂歌黎本是写实主义的文学家,晚年忽然一变而为神秘主义派,这篇就是他的神秘派的作品,他深悔当年写实派的作品,有一篇忏悔录,述之甚详。我初看这一篇很有兴味,随手就译了出来,自己看看,觉得太晦涩。然而始终觉着他的意味无穷,所以寄给侣琴先生看看。我只怪我的译笔太拙,抱歉得很!

译者志。

四

时代的牺牲

[苏联]高尔基

春天,太阳很灿烂地光耀着;因此,大家都很欢乐,甚至于陈旧的石头房子上那些窗子底玻璃,都暖融融地含笑。

这小城市的街上,红男绿女的游人,好一似落花缤纷时的溪水,尽在流动着——差不多全城的人都在这里了:工人,兵士,资本家,牧师,官吏,渔夫,大家都陶醉在春光里,高声的谈论,不绝的欢笑,唱着歌——好像这群人已经溶成一体,又健康,又充满了乐生的春意。

女人的各种各样颜色的帽子,洋伞;小孩子手里的红的蓝的球儿,像是奇异美丽的花朵;小孩子笑着耍着,真是大地的主人,好一似小说上神奇的帝王底华丽的肩帔上闪烁着的宝石。

淡绿色的树枝还没有放叶,只卷着一个个球似的嫩芽,狂饮那太阳的暖光。远远的奏着音乐,招引着游人。

确有这样一种感想:仿佛我们人经受过了自己的不幸,昨日之日算是艰难的可耻可厌的生活底最后的一天;而今天呢,大家都清醒过来了,重新变成了小孩子,很坚定的很快乐的深信着自己——深信自己的不受摧折的意志,一切都应当服从人的意志;这样的人们现在亲亲密密地很坚定地同向着将来走呢。

可是,在这样一群活泼泼的人里面,忽然看见一个忧闷的颜面,实在是奇怪,可怜,可惜:高高的个儿,很茁壮的身体,携着一位少妇的一个人,走过去了,看上去那人还不满三十岁,然而头发已经斑白。他手里擎着帽子,他的头差不多像银子似的了,很瘦,可是健康的颜面很安定的——永久是悲哀的。他那睫毛覆着的暗暗的两只大眼睛的神气,只有那种受过异常的疼痛永世不能忘记的人能有。

"注意这一对人,"我朋友向我说,"尤其是他:他经受了现时意大利北部工人里一天一天多起来的一种悲剧呢。"我朋友便和我讲:

——这人是一个社会党,当地工人报纸的主笔,他自己是工人,泥水匠。他是这样一种人——他的智识变成了信仰,因信仰更加渴求智识。很剧烈的很聪明的反对天主教派——你瞧,那些满身黑的神甫的可怕的眼光,盯着他的背呢!

五年以前,他是一个宣传员,在一个工人研究会里遇见了一个女郎,他一见便注意了她。此地的妇女都是沉默地信仰宗教,而且信得非常坚定;教会里的神甫好几百年来锻炼她们,居然达到了目的;不知道谁有这么一句话,"天主教的教堂建筑在妇女的胸膛上"——真说得不错。马笃娜(圣母名)的崇拜,不但有异教的美,而且是很聪明的偶像;马笃娜比基督简单,近于人心,没有矛盾,不拿地狱来恐吓人;马笃娜只是爱,只是怜悯,只是宽恕;她容易占领妇女的心,使她们终生终世做她的俘虏。

他那时看见了那女郎,女郎很会说话,很会发问;他每次都觉得她的问题里,除出很稚气奇怪他的思想之外,总还带着不信任他的态度,往往竟有畏惧甚至于厌恶的意思。这位宣传员每每要讲到宗教,骂那些神甫与牧师;每一次他讲到这些的时候,他总看见那女郎的眼睛里,含着猜忌和毒恨的眼光;她要是问什么的时候,她的语句总含着敌意,而她那柔和的声音里,喷着毒汁呢。很可以看得出来她的确读了些天主教的书,反对社会主义的;而且在这研究会里,她的说话,未必见得比他——先生的,少人注意些。

此地对待女人,比在俄国要粗蠢得多,简单得多——实在讲起来,意大利人之所以如此,也有几分理由:意大利的妇女除教堂之外,什么事都不管的,男子的文化方面的事业——她们是不理会的,亦不懂得这些事业的意义。

他呢——这位宣传员底男子的自大性和他的宣传家的声誉,如今遇见了这位女郎却受着了打击。他往往忿恨起来,有几次很讥笑了她几句话,驳倒了她;然她对他的批评也能如此。不期然而然,他心上很敬重这位女郎起来;而她所在的那个研究会里,他去讲演时也必定要格外多预备些。

虽然如此,而他每一次讲到现在社会的恶劣可耻,怎样压迫人类,毁坏人的精神身体——讲到将来社会里的生活,那时的人怎样的自由,不但身体,而且内心的束缚都完全解放——他讲到这些的时候,她的神气便完全另是一种。她听的时候,显出那种坚强的聪明的妇女底伟大愤怒,确是经受着生活的苦楚的;她好像小孩子很认真地听神话的小说似的——这小说刚刚和她那神秘的心灵相适应。

这种情形使他预先觉得他有战胜这劲敌的希望——可以使她变成为将来奋斗的极好的伴侣。

这种差不多延长了一年,他们之间还没有接近的动机,可以面对面的详细辩论;然而到后来,始终他先去挑动她。

“我的辩论家,”他说,“你不以为我们要再接近些才好吗?——可以使我们的辩论更有意思些。”

她很愿意的答应他,第一句话便争辩起来:她竭力的为教堂辩护,说是受苦的人能找着心灵休息的唯一的地方,在那慈善的马笃娜面前,大家平等,都是同样的可怜,不管身上的穿的怎样不同。他便批驳她,说人所需要的不是休息而是奋斗,物质幸福不平等,无论什么“民权的平等”也不能有;马笃娜背后别有人在,那些人正愿意大家愚蠢不幸,他们自己才能得利呢。

从此之后,这种辩论便充满了他俩的生活;每次遇见便继续这永世不完的同样的谈话,而一天一天的显露出双方信仰绝不能调和的事实。

对于他呢——人生便是求智识的扩充以战胜自然,力求所谓神秘的力量服从人的意志;人人都应当有同样的能力从事于这一斗争;这一斗争的结果,我们可以得到理智的自由和胜利——这是宇宙间一切力量里最厉害的而且唯一的,能自觉地行动的力量。对于她呢?——人生是贡献那"不可思议"的牺牲,是对于最高意志底理性的服从;那最高意志的法律和目的,只有神甫知道。

他往往惊诧的问她道:

"既然这样,何以你又来听我的讲演,社会主义对于你还含有什么意义呢?"

"是呵,我自己知道有罪过,自相矛盾!"她很忧郁地说,"可是听听你,幻想着全人类幸福的可能,多么好呵!"

她并不十分美丽——瘦条的身材,很聪明相的面孔,两只大眼睛的眼光时而很锐,时而含怒,能妩媚亦能严厉;她在丝厂里做工,还有一个老母亲,没有腿的父亲,一个妹子——还在手艺学校里当学徒呢。有时候,她也很快乐,可不是嘻嘻哈哈的,而是怡适的神气;她很爱陈列馆和古教堂,看见好图画,好古董的美,往往高兴得不得了,望着那些东西说:

"想起来也奇怪,这些好东西以前藏在私人家里的,只有主人能享用它们! 美丽的东西,应当人人都能看,只有那时这东西才是活的。"

她常常讲这样奇怪的话,他总觉得这些话是从他所不了解的心灵罅隙里流露出来的——他听着这些话,仿佛像受伤的人在那里呻吟。他觉得这一女郎爱生活,爱人,都是一种深切的,充满着警心和同情的慈母之爱。他渴望得他的信仰能燃着她的心,而那静悄悄的爱变成热烈的恋;他觉得那女郎听他们讲演一天一天格外用心起来,她的心里已经和他同意了。他亦就一天一天更热烈的和她讲必需不厌不倦地为解放人类,解放平民,解放个人而积极的奋斗,使大家解脱旧时代的锁链,这锁链使人的心灵都晦暗,受它的毒害。

有一天,他送她回家,他便和她说爱她,愿意和她结婚——她身体一摇,仿佛他打了她一下,他亦被她一吓:当时她张大了眼睛,面色骤变了苍白,背抵着墙,手藏在背后,望着他的脸,差不多恐怖得不了,说道:

"我猜着了,真是这样,我差不多早已觉得到,因为我自己早已爱你了,然而——我的上帝——现在怎么办呢?"

"我俩的幸福,我俩的共同工作就开始了!"他喊起来了。

"不能!"女郎说着,头低下去了,"不能! 我们不应当讲爱情的。"

"为什么?"

"你能不能到教堂里去行结婚礼?"

"不能!"

"那么,分别罢!"

她很快的离了他走了。

他追上去,和她讲;她默默地听着,亦不驳他,最后方说道:

"我,我的父母——都是信上帝的,我们直到死也是这样的了。自由的婚姻,对于我是不行的;这样的结婚生出来的孩子——我知道——他们是没有幸福的。只有教会里的结婚能光耀爱情,只有这种结婚能给幸福和安宁。"

他完全明白了:她是不能马上就让步的;他自己呢,当然不能让步。他们分别的时候,她说道:

"不用大家等大家,不要找我……唉,你离开此地就好了! 我呢——不能走,我穷……"

"我亦不能答应你。"他回答。

从此后两个强烈的个性开始相斗:他俩常常相遇,自然呵,比以前相遇得更多些;大家相遇,因为实在是相爱;各人都找着碰头,各人都希望对方面忍不住日益热烈的情绪,熬不住日益相逼的苦痛。他俩的相遇,简直纯粹是失望,是愁闷;每次相见之后,他总觉得自己失败,没有余力了;祷告呢——含着跟眼泪去祷告。她固然明白,他亦知道:那刘海喜式的光顶(天主教神甫的派头)造在人与人之间的黑墙,一天一天高起来,一天一天坚固起来,隔离他俩,致他俩的死命。

有一天是休假日,他俩同着在郊外田野游逛,他和她说——可并不是恐吓,不过自言自语的道:

"你知道罢,我有时候竟觉得,我要杀死你……"

她默然不答。

"你听见了我的话没有?"

她却很妩媚地看了他一眼,回答道:

"是的。"

他登时便明白了;她即使死,也不会对他让步的了。在这一个"是的"之前,他有时还抱她,吻她;她抵拒他,然而那抵拒日益显得弱下去;他因此已经幻想着,总有一天她会让步,而她的女子的本能亦许帮他战胜她呢。现在他明白了,假使如此,决不是真正的胜利,而是强暴,从此之后,不再想法触发她的女性。

他这样的扶着她在暗中走,凡是他能燃着的火星都已燃过了;而她像瞎的,听着他的话,只是微微的笑,什么也不看见,不信他的话。

她有一天说道:

"有的时候我真懂得你的话——亦许因为我爱你,所以我如此想! 我懂得,可是我不信——我实在不能够! 你走了之后,你的话都跟着你走了。"

这一出悲剧延长了几乎有两年;女郎禁受不起,病倒了。他抛弃了一切工作,借了不少债,不做团体里的事,竭力躲避同志;在她床前走来走去,或者坐在床沿上,看着她发烧,一天一天的变得透明的似的,看着她那病的火星浮在她的眼光里。

"替我讲生活,讲将来。"她请求他。

他却给她讲现在可怕的社会生活;历数毁丧我们的东西,他一定要永久反对这些东西,应当在人生之中消灭他们,譬如陈旧破烂的敝屣。

她听着;当她病得厉害的时候,她便止住他的说话,两只眼睛像求他什么似的看着他。

"我——死吗?"她有一天问他;其实好几天以前,医生已经说她是害的急性肺痨,已经没有希望的了。

他没有回答她,便把头低下了。

"我自己知道,快死了,"她说,"你把手给我。"

当他伸手给她的时候,她那沸滚的嘴唇吻着他的手背,说道:

"饶恕我,我对不起你,我错了,我苦了你。我现在知道,我的信仰已经打死了,所剩的不过是恐怖,对于我自己不明白的事的恐怖。无论我自己怎样愿意,你怎样努力也是没用。这是恐怖罢了,然而它在我的血脉里面,我生下来便带着它。我有我自己的——或者是你的——'智',可是,'心'是别人的;你说的话是对的,然而我的心不能和你同意……"

过了几天她便死了,他呢,在她断气的期间,头发完全发了白,那时他不过二十七岁。

新近他和她唯一的知己结了婚,亦是他的女学生;这就是他们一对去上那女郎的坟呢。他们每星期日都到她坟上去放些花。

他不信他自己战胜了;他知道,当那女郎向他说"你的话是对的"时候,她是说的谎,不过想安慰安慰他罢了。他的妻也是如此想,他俩含着深深的爱纪念她。这种可惨的美毁坏了好人,使他俩更要替她报仇——使他俩的共同工作,更能绝不厌倦,有一种特别的事的意义。

一群群的人在太阳光之下,红男绿女,好像落花缤纷时的溪水流着,欢乐的声浪伴着。当然,这许多的人之中,不是人人都能欢乐轻快:一定有许多人的"心"被那黯晦的阴气所袭着,有许多人的"智"充满着矛盾——可是,我们大家走向自由,走向自由!

我们愈亲密——愈走得快!

一九二四年十二月。

五

爱森的袭击

[德国]马尔赫维察

一

鲁尔区域的工人残酷的袭击了象铁似的爱森城以后,过去了三天。城市简直变成了热闹的军营。在学校里,在社团的和政府的屋子前面,武装的工人扰动着。他们自愿的来参加开往前线去的队伍,战线已经开展到魏塞尔地方。

在史托朋堡,同样的沸腾着空前未有的热闹。弗里茨·劳普正在编制队伍,分配枪械,并且把加入队伍去的名单记录下来。第一队已经编好,首领是嘉尔·朴伏德尼。廷斯拉肯地方的人要求尽可能的快些去帮助;嘉尔·朴伏德尼得到了命令:在最短期间带自己的队伍开到前线去。幸而还有一辆空的装货汽车。第一队带了预备好的一切必需品,很亲热的同还应该等候着的同志们告别,在下午三点钟就出发了。

过了一点钟,要开出去打仗的第二队的武装又准备好了。不过缺乏运送红军到前线去的大汽车。

弗郎茨·克莱萨德坐在墙脚下,他看着那些充满了生气的高兴的矿工。

"弗郎茨,你要不要去指挥第二队?"弗里茨·劳普对他打招呼。

"如果矿工同志没有什么反对,我是时常准备好的。"弗郎茨·克莱萨德回答他。

"到我们这里来！弗郎茨！"工人们招呼他。

弗郎茨走到队伍里来,这个队伍里的人用很高兴的叫喊欢迎他。那短小的史尼德尔在自己的小册子上画了一些什么,他做着鬼脸说:

"唔,现在我写着所有的一切人。既然弗郎茨·克莱萨德当了领袖,那现在我就可以安心了。不过我仍旧要注意着大家,青年们不要做出什么蠢事情来。"

矮子的说话在他的高兴的笑声里沉没了下去。

史尼德尔从头到脚都武装了起来。在他的狭窄的胸前,交叉着机关枪弹的带子。在他的腰里荡着两个塞满了弹药的口袋。他连走路都不很方便了。不可少的手榴弹也挂在那里。

"史尼德尔,你似乎要把我们大家的武装都背到你自己的身上去了,是不是?"仑特尔笑着,因为他看见史尼德尔困苦的背着沉重的武装,时常从他的瘦削的肩膀上滑下来。

"是的,你笑,你笑,"史尼德尔回答,"啊哈,你看罢,我在战线上要怎样去打哪。"他用小小的脚步走到守卫兵的岗位那边去。在那里,可以听到很大的声音。

那边,马列尔在审问着"绿党"①,这些"绿党"是照了执行委员会的命令逮捕了来的。

一个班长站在马列尔前面,正在辩护自己。当史尼德尔走进去的时候,那个班长说:

"我的确一点都不知道,先生,关于你问的那一夜,我是在告假期中。"

"告假?"史尼德尔叫了起来,"奇怪,那么,捉到的人都在那一夜是告了假的。"

"先生,相信我罢,我没有什么理由要来说谎……"

"听他的鬼话干吗?"那个矮子叫喊着,"我们很知道你们这些家伙,"

---

① "绿党",指武装保安警察(据英译本)。——原版本编者

他又回转去对着马列尔和茨尔马克(这个人也是刚才来到这里):"枪毙这些骗子;如果你们没有人,我来指挥队伍带他们出去……"

"请求你们,"吓慌了的警察咕噜着,并且举起了求救的双手,"你们不要……"

"啊,现在惊慌了呀,"史尼德尔笑着,并且对茨尔马克眨了几眼,"放他们到墙脚边去,就要吓得要钻进裤子里去了。唔,离开这里罢。"

警察们的脸儿苍白了,对四周围望着:他们以为就要枪毙他们了。

"我们拿他们怎么办呢?"马列尔就向发愁的看着的茨尔马克问了这么一句。

"捉他们到监狱里去,等我们空一点儿再说。"他这样的回答。

史尼德尔很凶狠的对他们看,他说:

"等他们再得到自由?"

看起来,他的很好的情绪给弄坏了。他坐在靠近着房屋的阶沿上,从一个非常之大的袋子里摸出布来开始擦他的武器,他的鼻子里还哼着些什么。

"现在我们到市长那里去罢。"犹普·茨尔马克对马列尔说。

"你到他那里去要什么呢?"马列尔愁闷的问着。

"钱呀,我们要发饷给我们的人。"

"不太早吗?"马列尔反驳着。

"我们不能等先生们把一切都偷了出去。"

"你想一想,从市长那里可以得到些什么?"马列尔很不安的问。

"如果他说谎,就到贮藏所里去。"犹普·茨尔马克打好了主意。

他们跑到市政府,市长没有在那里。他们就走到他寓所那里,按了铃,一个丫头走出来了。

"你们要什么?"女孩子问。

"我们要同老头儿讲话。"茨尔马克回答。

"市长老爷躺着息力呢。"

"唔,要他起来。"犹普很粗鲁的说。

"市长老爷还没有休息到一个钟头,"女孩子反对的说,"早一点惊醒他是不允许的。"

茨尔马克无精打采的旋着手枪说:

"去告诉市长,执行委员会的代表希望同他讲话。"

"等一等,"女孩子说,她走到房间里去。很快的就回转来,开了门说:

"来,到办公室去,市长老爷立刻就到那边去的。"

"我们走进去罢,"茨尔马克说,"希望他不使我们久候。"

市长老爷偏要他们等得很久。茨尔马克很愤怒的从这一个屋角跑到那一个屋角,走来又走去:

"假使他想,我们很恭顺的等候他,那他是想错了。"他的手紧紧的抓住那枝手枪。

市长走进来了。

"好,先生们!"他带了虚伪的欢迎微笑着,"出了什么事了? 为什么你们这样要紧的找我?"

"我们需要钱。"茨尔马克简单的说。

"钱?!"市长很惊奇的踌躇着。

"是的,钱,并且立刻要的,我们应该发饷给我们的兵士,他们要吃饭呢。"

"这是我所办不到的,茨尔马克先生,懂不懂? 绝对的不能够。这个问题应当同别人去解决。我的权力不能有这样大,茨尔马克先生。"

"既然这样,我们不得不用武力来占领市库。"茨尔马克很坚决的说。那个老头儿带着讥笑的对他看。

"唔,茨尔马克先生,在那里你们一点也找不出来的,——我们穷得很,在市政厅只有一些债。"

茨尔马克笑着:

"你们预备得不坏,但是我们也同样的估计了。既然这样,那我们要逮捕你,并且把你交到革命法庭去。"

市长的脸苍白了,很快的在房间里前前后后的走着。

"如果没有钱,我怎么能够做出钱来呢。在市库里一个小钱都没有,茨尔马克先生。"

"我已经说过了,"茨尔马克回答,"如果你不下命令把市库里已经拿出去的钱要回来,那就对不起你。"

老头儿在房间里很惊慌的跑着。他开始对茨尔马克和他的同志解说,得钱是怎么样的困难。茨尔马克很强硬的重复他自己的威吓。

"唔,既然这样,你们去找市政会议,"市长高声的说,"我的权力不是没有限制的。"

"我们的忍耐也一样。"茨尔马克少少的恐吓了他。

"真的,也许同市政会议去说要好些。"马列尔说,他的音调是不高兴茨尔马克的粗蠢。

"是呀,去同他们说去,"市长抓住了这句话,"在那里也有你们一派的人,他们当然帮助你们的。"

"我们没有时间来召集会议,"茨尔马克站了起来说,"钱,立刻你去设法,然后你可以去通知市政会议;如果你认为不可能给我们钱,那你要知道会给你颜色看的。一切空话对于我已经讨厌得很了。"

"茨尔马克先生,谨慎些,小心些,"市长警告他而自己表示极度的威吓,"不要太乐观了。你对于这个小小的暴动看得太有意义了。"

"在这个'小小的暴动'前面,那诺斯克的军队①和警察畏缩起来了,"茨尔马克回答,偶然的他的手捏上了手枪,"而你把我们的暴动也看得太轻易了。"他的手枪在桌子上叩了几下,"钱,你给不给我们?"

老头儿用着绝望的眼光看看这一个又看看那一个。

"我试一试看,这是你们压迫着我;你们不愿意去想一想,我的责任是怎么样的。你们要相信,我是很愿意要停止这可怕的自相残杀的斗争,并且重新恢复我们的好秩序。"

"唔,自然的呵,我对于这很相信的,"茨尔马克咬紧了牙齿,"秩序,是

---

① 指国防部长诺斯克的军队,即国防军(据英译本)。——原版本编者

工人们饿死的秩序,替你们擦擦靴子,并且为了那些昏蛋把裤带子束束紧。唔,好的,你照你所说的去办,办好了通知我们的守卫所。但是你看着,不要再拖延,——你懂吗?——否则我们的忍耐很快就会爆裂的。"

"啊哈,茨尔马克,茨尔马克,"当他们走到街上的时候马列尔对他说,"你怎么把他压住了!他那么的转来转去!犹普,如果我们做不好怎么办呢?"

"而你已经忘记了自己怎样的被人拷打过?"茨尔马克很凶恶的问他。

"我?我永久不会忘记这个的。"

"那么你现在为什么这样说呢?"

马列尔不作一声,很不好意思的。

"假使我们在一九一八年的时候多残酷一些,那么,我们用不着在今天再受着新的牺牲,同志。把你自己的一切怀疑和好良心丢到鬼那里去罢。那些老爷们压迫着我们,早就没有一点儿怀疑了。你看,如果我们失败,他们怎样的来对付我们。"

二

"好得很,没有什么可说!"弗里茨·劳普在守卫所前面遇着了马列尔和茨尔马克,就很热烈的对他们说,"我看你们那么快活的逛着……"

"并且还吸着很粗的雪茄烟,"茨尔马克接下去说,同时把他嘴里嚼着的烟叶子吐到墙头上。

"同志,你要知道,队伍已经准备好,要开出去打仗了呢,但是我到处的找不到汽车来运送他们上前线去。"

"那么,随便到什么地方去征收好了,"茨尔马克说,"要请执行委员会的主席下个命令。"

"要我签字吗?"马列尔害怕的说,"你们这个办法要把我卷到漩涡里去。"

"看起来,这个事变对于你,也象老头儿所说的不过是一件'小小的不关紧要的暴动'。"茨尔马克很轻蔑的说。

"蠢话。"马列尔自卫的说。

"既然这样,你为什么怕签字呢?"

马列尔歪着脸儿走到守卫所的屋子里去了。

"他怎么样?"劳普很奇怪的问。

"他看见了自己的勇敢而害怕。"茨尔马克讥笑他。

"我们应该留意他,不让他在自己的慌张之中做出任何的蠢事情出来。"劳普说。

他们跟在马列尔后面走进屋子里去了。马列尔已经写了征收汽车的命令,并且把它拿给弗里茨·劳普,"唔,弗里茨,去试一试,我已经签了字。最好在这个字条上再请市长签名加印。"

"有你的名字就够了,"劳普回答,"我们用不着那个老头儿。"然后他唤了两个站岗的红军,"同志们,立刻去,并且把汽车找了来,如果那个汽车主人拒绝的话,那你就把他放上了汽车押送到这边来。"

"是,然而我们拿那汽车怎么办呢?"红军中的一个笑了。

劳普又碰着了困难。

"汽车夫,我们也不够,真糟糕!任何事件都要想一想。"

马列尔的脸发出了光彩。

"你们步行到爱森去,在那里也许可以找到一些。"

"每个地方都要自己照管自己,在爱森的市政厅里有几百工人都在等着开到前方去的车子,"劳普反对着,他很知道在城里的情形,"但是我们那里可以找到汽车夫呢?"

"你们要什么?"一个长长的五金工人从床上懵里懵懂的爬起来,他象一只麻袋似的一直睡到现在。

"我们要汽车夫,我们应当把汽车开到前线去。"

"我曾经在前线上做过汽车夫的助手,"那个长子说着,伸着腰,打着呵欠,"可是你们的汽车在那里?"

"我们应该先去征收,"劳普说,"假使你能开汽车,那么,你同了同志们一起去找汽车,快一点,因为可以把第二队开到战线上去。"

"好的。"长子同意了,并且同两个红军走了出去。

"没有汽车不要回来。"劳普追上前去叫着。

马列尔很紧张的摸摸头,对着窗子看,小小的队伍已经开了出去。领头的是长子汽车夫。劳普拍着茨尔马克,指着马列尔的歪脸。劳普再也不能够忍耐的了。

"唅,年青的威廉·马列尔,你怎么样? 我想,你害怕了,可恶的狗子!"

"我?"马列尔叫了起来。在他的嘴角里表示了可怀疑的战栗:"可是我想起来,你发了痴呢!"

茨尔马克笑笑,走了出去。

"振作起精神来,"劳普警告着马列尔,"矿工同志有很好的感觉而且很快的懂得:谁在那里阻碍着工作。"

弗郎茨强迫自己的同志擦枪械。夺了来的枪械上面盖着铁锈和烂泥。他自己擦着一架重机关枪。

三

一大群红军围绕在一辆灰色的装货汽车的周围。这辆汽车是那个长子汽车夫去征收来的。弗郎茨·克莱萨德听见长子工人这样骂着:

"可恶的机器,一点没有用处。同志们,它不会动的,我们只好用脚走到前线去。"

"给我来看看。"围绕着汽车的群众之中的一个人叫着。

一个穿着鹅绒衣,头上戴肮脏帽子的高大而有气力的小伙子走到机器这边来。他把汽车夫推在一边,自己握着发动机的把手。

"是呀,我已经都试验过了。"长子叫了起来,同时,怀疑的看着那个穿鹅绒衣的人怎样企图开动这机器。

"让开点地方!"他推开围着汽车的群众,这样用力的旋着那个发动机的把手,以致于大家都很奇怪的叫起来。这小伙子的气力大得很,他旋着发动机,连汽车都从这边晃到那一边,过了一分钟机器响了而且喘气了。

穿绒衣服的人用他的大手掌擦着额角,告诉长子汽车夫说:

"唔,现在可以开动了。"

"最好还是你自己来开罢?"弗里茨·劳普挤到汽车那边来问他。

"唔,我也可以的,"小伙子回答,"对于我都是一样的:或是在这里逛,或是坐在汽车里出发。我从前在战线上有三年开过这样的车子。"

"呵,出发,"弗里茨·劳普找寻弗郎茨·克莱萨德。弗郎茨不作声,同犹普·茨尔马克站在一起。

"弗郎茨,准备罢,可以走了。"当弗里茨·劳普看见他的时候叫了起来。

在五分钟之内一切都准备好了,工人们叫着跳上了车子:"霍泼,霍泼。"一个年青的工人把一面小小的红旗结在车子水箱上。在汽车夫旁边放着重机关枪,枪身对着前面,在枪的后面跟着一小群机关枪队。信号吹起来了,通知大家要出发了。史尼德尔在街上跑着。

"等一等,你们这些昏蛋,我同着你们一起去!"

"帮助史尼德尔上来。"矿工们对着站在底下的人连笑带叫的喊着。

史尼德尔靠着几只有气力的拳头的帮助,在大家的笑声中攀上了汽车,当他已经爬上车子的时候,有个人抓住了他的脚。史尼德尔摇摆着,他骂起来了。

"不要闹,我有手榴弹呀,你放了我! 狗东西……"

工人放了史尼德尔的脚,汽车一煞时开动了。"蓬!"而史尼德尔跳进车子里面去了。

"啊哈,昏蛋的匪徒!"他在同志们的笑声里坐上了车子,骂了一声。

"当心点!"汽车夫回转头来叫着。汽车叫了,喘着气,仿佛象没有耐心的马一样。

"扶好,伙计们!"弗里茨·劳普一边叫着,一边依着次序的握着每个人的手。

"你好,弗郎茨!"

"你也好,弗里茨!"

"看好,弗郎茨,好好的工作!"年老的森克挥着手叫,"呵,去呀!"

犹普·茨尔马克也跑到汽车边叫着弗郎茨·克莱萨德:

"唉,弗郎茨,祝你一切都好,拿出勇气来,好孩子。看着,什么都要好好的!"

汽笛又叫了,向前开动了。——汽车就在出发去的和留着的一些人的叫喊声中开了出去。

当车子经过廉价住宅三十五号的时候,弗郎茨似乎看见三楼的玻璃窗里有一个年老而带悲哀的脸儿,他的母亲的恐惧的脸儿在看着。他在走以前并没有回家去,因为他要避开新的责备。现在,他倒可怜了母亲。他要不再想起这件事,把他内在的弱点征服下去,他就大声的唱起红军的歌来了:

> 我们不怕,我们不怕大炮。
>
> 我们不怕爱倍尔和夏德曼!①
>
> 我们对着李白克纳希发誓,
>
> 我们同卢森保②握手。

他们遇着了受伤回来的红军,这些红军绑着不好的绷布,虽然这样,但是,每个人还拖着两件三件的武器,这是为了要给留在家里的自己的同志用的;他们之中有些人很饥饿的贪嚼着硬面包。

弗郎茨同他的同志都庆祝着回来的人,那些劳苦的士兵们用微笑来回答他们。

"同志们,很好呀,你们去帮忙。在那里打得非常热烈。——满街走

---

① 爱倍尔,当时的德国总统;夏德曼,国务总理。均为社会民主党成员,他们放任武装的资产阶级和反动派的军队压迫革命势力(参看《后记》)。——原版本编者

② 李白克纳希和卢森保,德国无产阶级革命领袖,共产主义革命团体"斯巴达克团"的创立人(参看《后记》)。——原版本编者

着武装队伍的汽车，里面还有些女人，在手臂上缚着白布，头上还扎着红布。"

"这是看护呀，"史尼德尔说，"唔，我告诉你们，那些女人什么都不怕的。我在史托朋堡看见她们过的。她们从火线上把受了伤的矿工拖出来。"

在队伍中史尼德尔是一个最不疲劳最活动的人；遇着插着红旗的汽车，他都庆祝他们。"这大概是红军的军官。"他很得劲的说。闪过汽车边的有跑得极快的邮差坐的脚踏车，有背着武器骑着马的便衣队。还有装满武装队伍的电车。在电车里的人有的唱着歌，有的庆祝着；还有很少数的吓坏了的资产者，在他们苍白的脸上带了很不好意思的客气的微笑。

"开到市政厅去！"弗郎茨对着回转头来的汽车夫说。

过了不多几分钟，汽车停了下来。弗郎茨·克莱萨德刚刚从汽车里出来，走进市政厅的走廊——充满了人的走廊，马上他就接到一个立刻开到兵营里去的命令。这兵营是在柴格罗脱地方，因为在那里可以取得不够用的枪械和军用品。当弗郎茨走到市政厅的走廊里的时候，他又回忆到自己被捕时候所受过的苦恼。象有一股火似的燃烧着他的咽喉和舌头。

"狗东西！该杀的！他们怎样的打了我呀！"他紧紧的握着自己的步枪。他在街上从一个同志手里接得一卷报纸。

"斯巴达克派①，"同志说，"我们没收了'Kleine Anzeiger'②报馆，在那里，现在印我们的战斗机关报了。"

弗郎茨把接来的报纸分配给自己队伍里的人，且下了个命令——开到兵营里去。在城市的街道上走得很久，到处都是一个样子，武装的工人唱着歌，庆祝着；手臂上缚着白布，头上扎着红布的女人；排着队伍走的

---

① "斯巴达克派"，指当时德国共产主义革命团体斯巴达克团，后来改组为德国共产党。这里指报纸。斯巴达克，公元前一世纪罗马奴隶暴动的领袖（参看《后记》）。——原版本编者

② "Kleine Anzeiger"，小通讯报。当时的一家资产阶级报纸。——原版本编者

"工人—红军";红色的旗子象火焰似的。

兵营象开战时候一样的紧张,汽车,武器,逛着笑着的群众。在兵营的门口站着武装的岗警。

"这个车子从那儿来的?"岗警问。

"从史托朋堡来的。"史尼德尔喊着,他很快的从汽车里跳了下来。弗郎茨·克莱萨德也允许别的人走出来,但是不许他们远离汽车。岗警立刻去通知了总务主任,总务主任走出来了,他是一个年青的海员。

"你们到前线去吗?"

"是的。"

"你们的领袖在那儿?"

弗郎茨·克莱萨德指着自己。

"同志,你跟我走,"海员说,"你们还需要什么?"他在路上问他。

"我们还要一架机关枪。"弗郎茨说。

"除出钱,一切都可以在我们这里拿得到的,"海员笑着,"枪械和军用品在我们这里多得很。"他叫了两个工人,并且命令他们供给队伍里所要的一切必需品。"你们已经吃了饭吗?"他问弗郎茨。

"在队伍里的人,大部分还没有吃过饭。"

"叫同志们来好了,他们可以在这里吃一顿。你们还要过许多辛苦的日子呢。"海员说。

弗郎茨·克莱萨德很奇怪,在短时期之内有这样的组织! 海员引着他进了大厅,厨房也就在这儿。六只大锅子冒着烟,而且在那里散出很香的已经烧好了的豆子气味。

头上戴着白帽子的女人,在前面一间房子里很忙乱的送饭给等着的红军吃;别的女人,有的洗着碗盏,有的削着马铃薯。

"唔,坐下吃饭。"海员带着微笑说,他的嘴里发亮的白色牙齿显露了出来。

"你们对于这一切都奇怪罢,对不对?"弗郎茨·克莱萨德点着头回答他。

"总务主任,去听电话。"一个工人对着大厅喊。

"你看罢,唔,经常都是这样的,"海员说。

他刚刚出去,又有别的工人进来了。

"葛哈尔德在那里?"

"他刚才有人来叫了去,"女人说,"他在电话那里,"她说完了就回转身来到克莱萨德的队伍的人那里。"呵,他常常这样的奔走着。"她又补充了一句。

史尼德尔已经在锅子旁边转着,他举起了锅盖,研究着里面的东西。他仿佛是一位被委派来的厨房监督。木杓子在他的额角上拍了一下。

"啊呀,你在那里找什么!"一个矮女人叫喊了起来,别的女人也在对他叫。

"我要看一看,猪油够了没有?"史尼德尔舔着稀少的胡子上的豆屑,回答着。

"去坐好,我们送给你吃。"

"史尼德尔到处弄得好。"矿工们笑了。

他坐在这儿吃着猪油炒豆子,胃口很好,而同那个女人——拿木杓子敲他额角的女人,结交了好朋友。

"你嫁了丈夫没有?"他吃完了第三份之后问她,并且他拧了一下她那肥胖的大腿,"如果你还没有丈夫,那你知道罢,我是没有了老婆的人,懂了吗……"

"吃罢,"那个女人回答他,"吃罢,吃得再胖些。"

"我已经有过三个管家婆了,"史尼德尔说,"她们都走了。而最后的一个甚至把我的熨斗都带走了。"

这一对男女使大家都高兴起来。

"唔,史尼德尔在到前线去的路上,还想再讨几次老婆呢,不过都要有猪油气味才对。"

大家笑了。史尼德尔并没有注意那些讥笑,他简直伏在盘子上,把满瓢的豆子一瓢一瓢的"哈呼哈呼"放进他那没有牙齿的嘴里去……而越来越信任的看着那矮姑娘了。

"不要注意他们，"他说着舔着，"这都是出于妒忌呀。"

"唔，什么，你还要一盘吗？"姑娘带着笑问他，可是看上去他再也不能够多吃了。

"不，够了，饱到沿喉咙了。"

"朋友，你干了什么？"一个矿工笑着，"你现在这样的吃下去，我们不能够扛你上车子的了。"

"唔，是呀，不过几瓢豆子。"史尼德尔很谦逊的说。

女人们都捧着肚子大笑的叫了起来。史尼德尔斜着身体走出去。

"唔，现在我要去同总务主任商量出发到前线去的事情了，懂吗？"他对弗郎茨说。

"现在我们要对付国防军了，"弗郎茨·克莱萨德说，"在诺斯克队伍里的小伙子很厉害呢。我在爱森一年以前就认识了他们。"

"唔，我们应该打死他们，同志。"一位不作声的大汉说，这汉子不是克莱萨德队伍里的。

因为总务主任还没有来，所以弗郎茨同坐在他旁边的这汉子讲话了。这个人叫谟尔。他还没有编入什么队伍，不过他要想加入到他们之中的一个队伍里去。

"你可以同我们一起出发，假使你愿意。"弗郎茨说，他非常之喜欢谟尔的沉静和有力量。

"在你们这里有位置吗？"

"一个位置总是有的。"他们互相的握起手来，而弗郎茨告诉他自己的被捕，以及他怎样同着"绿党"打过。

"是呀，同志，我们还应当在俄国的布尔塞维克那里多学习些，"谟尔说，"他们没有多余的谈判，而是用武器来解决一切。"

别的红军在这个时候谈着诺斯克的兵士。

"我只不过在两星期以前才离开那些昏蛋的东西，"一个青年的工人，穿着保护色的衣服和帽子的，讲了起来，"当我们驻扎在边界的时候，我看见在他们那里做了些什么。谁能够很好的拍马屁,谁就能得伍长的位子。假使你能够替长官找到有风味的姑娘,那么,你就可以做队长了。当我们经过一个城市,唱些不合式的歌儿的时候,资本家丢鲜花给我们。不过工人是很客气的,他们只对着我们的靴子吐口沫。"

矿工们笑起来了。

"不要笑,"年青的工人这样回答,"这很有帮助的,在八天之中就有一半人拒绝了工作。"

总务主任来了。

"同志们,如果已经准备好了,那就可以出发到陀尔史滕去了。那边正在要求着增加力量,"他很认真的招呼弗郎茨到自己身边去,"在那里不大好,有一部分军队不肯上前线去。"

"为什么?"弗郎茨很惊奇的问。

"关于这一点他们并不告诉我。"弗郎茨同海员两个人很认真的相互看了起来。弗郎茨不能明白,为什么工人会拒绝到前线去。

海员知道得多些。

"不是一切工人都认识这是为着解放工人的战斗,"他说,"那些车子里来的人我都看见过,有些人我简直愿意把他们送回去,放他们到一个适当的地方。群众里的每一次骚动,都仿佛是一块沉重的石头丢到静止着的池子里去,常常会使许多渣滓泛到浮面来。"

"同志,必需要更严厉的监督,"谟尔在这个时候走到他那里,"宁可给这么一个恶汉的脑袋吃颗子弹,免得有几百几千个起来发疯。还有那样的家伙,简直是受了收买的,他们故意要跟着我们去,其实是要尽可能的给我们捣乱。"

"唔,现在我们要注意队伍里的成份。"海员说。他同着弗郎茨从饭厅里出来,走到街上。穿着鹅绒衣的汽车夫已经站在汽车前面,跨开着两只脚,仿佛在地上生了根似的。他用力的开动了汽车的机器。在西边,很低的地平线上,太阳燃烧着,象非常之大的一滴血。

四

机器"拍拍拍……"好象发炮似的响起来了,还喷着气。

"坐上去!"弗郎茨叫着。

"坐上去呀!"红军们也叫了起来,他们开始爬上了很高的货车。

"同志们,留一个位子给我。"忽然有一个女人的声音叫了起来。

"呵,这……这做什么?"史尼德尔说。

在头上扎着红布的一位姑娘穿过一条街跑过来。在她的手臂上还扎了看护的标记。

"等一等,同志们! 这是看护妇!"史尼德尔从汽车里伸出去,叫着。他很高兴的伸出瘦弱的手去,要帮助那姑娘上车。

"你要什么?"弗郎茨很奇怪的问着姑娘。

"我同你们一块儿走,"她回答,"在你们这里应当要一个包扎绷带的人。"她跑到汽车边来很性急的叫着:"帮助我一下,我的脚踏在你的手掌上,那就容易爬上去了。"

弗郎茨踌躇了一下;她很高兴的笑着,抓住了他的手。

"唔,这样,手把好,少许托我一下。"

弗郎茨照她所要求的做了。当她的脚踏在他手上的时候,他少许托了一下,她就象猫一样的跳上了汽车。

"哈罗! 呜啦!"在车上的人用这样的叫喊来欢迎她。"唔,这是为着我们的史尼德尔呀! 史尼德尔,你说怎样?"

"唔,不准闹!"姑娘叫了起来,随手把一个红军推了一下,这个红军对她有了放肆的行动。

"让姑娘安静些罢。"史尼德尔责骂着。

"哈,不要你来干涉!"一个小伙子叫着,他扭着姑娘的胁子。那位姑娘的回答是一个重重的巴掌。

"鬼家伙!"史尼德尔叫了,"她是很勇敢的呀!"他跑到她那边去,很尊重的说:"谁要来缠你,我来对付他,姑娘。"

"唔,当然的呀!"一位矿工笑了,"他立刻会向你求婚呢!"

"闭嘴!"史尼德尔喊着,"你懂不懂,在每一个队伍里都应当有看护妇的。"

姑娘生得很美丽的。男人们的眼睛贪婪的盯住了她的身体。她笑起来的时候,凸出着她那双丰满的奶峰,士兵们的粗鲁的手都跃跃欲试的想碰它一下。

"你们总该停止了罢!"姑娘动了气的叫。她伸出车子外边叫着弗郎茨·克莱萨德:"唅,你听一听! 为什么在你这里是这样的猪棚? 假使再不停止,我要走了。"

"听见了吗? 让姑娘安静,不然,她会跳出车子去的。"弗郎茨说。

"不要你来干涉! 克莱萨德,我们已经说好了,"在车上的都笑了,"这不过是她的最初的感觉……"下面说的什么在机器的响声中沉没了下去。弗郎茨·克莱萨德同谟尔一同上了车子。他站在看护旁边,为着要阻碍同志们向她说笑和纠缠。

"你要同着我们出发到战线上去吗?"他问着姑娘。她点着头。

"然而你要知道,在那里会打死的呢?"

"唔,当然知道了的,"她回答说,"我已经是第二次到那里去了。我们从那里把受伤的用车子运送出来,我们之中的两个女人也受了伤。"

小伙子们都围绕着她,而且静悄悄的听她讲话。

"但是你们总没有跑到火线上去过?"弗郎茨怀疑了起来。

"怎么不呢,"姑娘说,"当然的,我们到了火线上。我听见不少子弹飞过身边,甚至有一粒子弹打碎了我的包头布,"她抬起头来用右手摸着包头布上的被打碎了的地方。"唔,在这里,再低一个生的密达,我也许已经不能够同你们闲谈了。"

红军们用了尊敬的眼光看着谈话的女人。弗郎茨·克莱萨德摇着头。

"是呀,"姑娘很活泼的说,"相信我罢,我们现在所能够做的,不仅仅是削削马铃薯和洗洗布头了。"

笑话和废话都停止了,男人们都认真的站着,甚至史尼德尔的狭窄的额角上也表示着思索的纹路。

"唔,勇敢的姑娘!"弗郎茨很注意的看着静静的嚼着面包的看护。她是很柔顺的,但是同时又是非常有力量的面目。在白白的脸上闪烁着两颗灰色的深思的眼睛。

"你在什么地方做工?"弗郎茨问她。

"在克德维格地方夏德纺织厂里做工。"

"你的父母也住在那里吗?"

她很恐怖的看着他不作声,过了一分钟她说:

"我没有父母。"

"没有?"

她对弗郎茨看着。

"唔,这有什么奇怪呢。不应当永久留在父母身边。我自己照管自己已经很久很久的了。"

弗郎茨脸红了。他想了想自己的母亲:假使他也同那位姑娘一样,完全脱离了家庭也许是很好的。

"在欧战的时候,我是装弹药的,"她指着那个克虏伯兵工厂,这个工厂在远远的发着透明的火光,"我在那里受过两次毒,几乎死了去,进了医院,我被火药薰焦了,黑得象黑种人一样。我有过未婚夫,而且应当结婚,因为受了孕……我怀了六个月身孕,可是后来小产了……那是已经死了的……他黄得象番红花的花托一样,小得只有黄鼠狼那么大。"

"那你现在呢?"弗郎茨问。

"现在我还是一个独身的人。我的未婚夫已经死了,他是死在袭击克美尔城的时候。"

弗郎茨记起了一九一八年九月袭击弗兰德尔城①的时候,自己也经过了象暴雨似的炮火。被炸弹炸裂了的一块一块的肉挂在树林上面,躺着许多脚手被炸断了的伤兵,他们一点也得不到帮助,因为在疯狂似的死的恐怖中,每个人只能够救着自己的皮肉。

"你知道吗? 为什么我们现在要打仗?"弗郎茨问。

"你不要以为我是笨货,当然知道的,我懂得现在为什么打仗。而且我也一样需要好一点。直到现在我所看见的是什么?"她不作声了,伸出她的小而带有老茧和伤痕的手给他看,"我看见过许多不幸和苦恼,你一定能够相信我的。"

他相信她,同情她,而且还是很深刻的感受着。姑娘告诉了他自己的痛苦,仿佛他俩在很久以前已经是很好的朋友了。

"最好把我的母亲介绍给你认识,"弗郎茨说,"但是我知道,她不会了解你的。"

"为什么?"

"当她看见示威运动的时候,直到如今她还是拿手盖着脸的。我时常很痛苦,她一直到现在还只想把我放在她自己的身边。"

姑娘很善意的笑了。

"唔,当然的,她不过是一个母亲。这已经没有什么办法的了。"

"是的,"弗郎茨回答说,"她是非常之爱我的。"

"唔,她是怎么样的人,你就当她怎么样的人好了。要把她换一个人已经是不可能的了。"他俩都沉默着,思索着。姑娘的脸转了颜色。她忽然间表现得老了些。两只深刻的眼睛苦闷似的发着光亮。她仿佛企图着要隐藏什么似的。她低了头。

"你做什么?"弗郎茨问。

"没有什么。"她很快的回答。

---

① 弗兰德尔城,今译佛兰德(Flandre),比利时的一个地区,毗邻法国。当时德国军队曾向此地发动进攻。——编者

"你究竟怎样了?"他把她的头旋转到自己这边来。

"不要动!"

"你在想什么?"

"啊哈,我想起了母亲,她已经死了很久。"她告诉自己的历史给弗郎茨听,"我们总共有七个人,父亲喝酒喝得很多。我们是拾煤的,出卖来的钱要养活一家人。母亲生了肺痨病,在死以前还小产了。小孩也死了,他的尸体同母亲放在一个棺材里。父亲自从经过这件事以后,酒喝得更多了。他在发狂的神经病里吊死了。然而我们孩子们呢……呵,这你也知道的,是怎么样的孩子! 他们丢下了我们,丢来丢去的从这一个身边赶到那一个身边。我们是何等苦恼呵。"

汽车发着很大的声音,沿着乡村的街道疾驰了过去。当汽车夫把汽车突然的转向城市里去的时候,在车上的人一个倒在一个身上,仿佛同麻袋一样。在左右两边接连着灰色的被烟熏黑了的前线上的房屋,木栅和石墙。小孩子叫喊着,奔跑在汽车后面。在房屋的窗门上露出怀疑而苦闷的脸在张望着,这种恐怖的现象,在整个的郊外都是一样。

在空气中充满着煤油气,在士兵们的牙齿缝里灰尘渐沥萨拉的响着。讨厌的泥沙盖住了他们的脸,胡子和眉毛。看起来,他们都变老了些,严厉了些,而且凶狠了些。

五

铁道穿过一条石子马路,横在堤岸边的树林之间。许多辆车子排成一列。穿着工人短衫的兵士在车辆之间跳来跳去,带着油腻的手正在把那些车辆连接起来。这是一种危险的把戏,一个不小心——缓冲机就可以压死工人,而把他们变为肉酱。

"我们应该要加汽油了,"穿着绒衣服的汽车夫叫着,并且从车子里跳了出来,别的人也跟了他走出来了。他们要想松动一下发麻了的四肢;他们用着快步在汽车的周围打圈子。

"你太冷,你没有暖一点的衣服吗?"弗郎茨问那位冷得缩着肩膀的姑娘。

"我这样已经过了两个星期,"她说,"我已经惯了的。"她要想讲笑话,但是她熬不住她的牙齿轻轻的打战。弗郎茨脱下自己的大衣,"唅,穿上去罢,不然你会病的。"

她很高兴的同意了,把大衣披了起来。

"唔,现在你要冻了。"她很关心的说。

"不要紧,我比你著得暖些。"弗郎茨回答她。

在这个时候,汽车夫同着两个矿工走去找汽油了。过了十分钟光景看见他在门口,手里拿了一只洋铁盆,又从洋铁盆里把汽油倒进汽车上的油箱。

"你从那里得到的?"弗郎茨很响亮的说。

"在那里,在矿坑里,"汽车夫笑了,"最初那个栈房主任不肯拿油给我们,但是我们拿手枪给他看了以后,没有一个再比他那样愿意的来伺候我的了。对不对?"他回转身来对着同他一起去的同志说。

夜象一层黑幕似的渐渐的降下来了。这里那里都点上了火。许多房屋里面燃着了洋油灯,闪烁着自来火,也许是电灯。汽车得到了新的营养,它又重新工作起来了。

"请坐呀!"汽车夫说。弗郎茨帮助那位姑娘上了车子。发动机响了,汽车也动起来了。他们遇着了一部载伤兵的汽车,两部车子都停了下来。

"唔,在战线上怎么样了?"

"不好,同志们,缺乏后备军。"

"我们的队伍埋伏在那里?"

"在廷斯拉肯和魏塞尔森林附近。"

"你们受着大的损失吗?"

"非常之大的损失。诺斯克的军队轰着大炮,从大炮里放出开花弹和榴霰弹。"

"附近的兵站在什么地方?"

"在陀尔史滕。你们沿大路去,可以一直达到我们的阵地。"

"唔,走下去。再会,同志们!"

"再会。"

汽车相互的闪了过去。一辆是装着受重伤的同志,他们还扎着带血的绷布。另外一辆是装着到前线去的队伍,这是补充前线的队伍。

从前线回来的消息,不能使他们有快乐的情绪。在弗郎茨队伍里的一切人都静了一点儿。不作声的看着围绕了他们的黑暗,这边和那边,闪着灰色的影子,或者是闪动的火光,一忽儿又熄了下去。

"来唱歌罢。"有一个发着哑声的提议。

"我们已经到了敌人的地带了呢。"从黑暗里发出来的低的声音反对着。短短的讲话中断了,只剩了汽车的声音。马路两旁的树林闪过去,乌鸦带着叫声飞了起来,围绕着树顶盘旋,又大声的叫着重新飞到树林里了。那位看护姑娘紧紧的靠着弗郎茨,睡熟了。当汽车在石块上跳蹦的时候,她有时会恐怖得发抖。

"停下来!"一个站在路当中的武装的守卫工人挥着一面小小的旗子。

汽车"轧嚓"……的停了下来。

"做什么?"

"你们从什么地方来的?"守卫的问着。

"从爱森来的。我们的兵在那里?"

"在陀尔史滕。"

"此地的兵站主任在那里?"弗郎茨问。

"你是队长吗? 如果就是你,那么同我去。"弗郎茨从汽车里出来,跟着守卫的去了。他们跑到酒馆里,兵站主任就在那里。

"不要皱眉毛,同志,在我们这里混乱得很,"守卫的告诉弗郎茨,"从爱森来了汽车。"走进屋子里去的守卫兵叫着,拥在屋子里的一堆人叫的叫,争论的争论。"唅,你们听见没有,来了汽车?"守卫的疯狂似的叫了起来,"到现在总算看见了他。"一个红着眼睛穿着脏衣服的海员走到弗郎茨这边来了。

"你们从那里来的?"他带着疲劳的哑声问。

"从爱森来的。"弗郎茨·克莱萨德回答说。海员走近了他,握着正在凝视着的弗郎茨的手。

"我们离开这里罢,同志。在这里你会发疯的。这样的情形在我们这里已经有好几个星期了。一些社会民主党的党员算是来帮助我们的,但是怎样的帮助呵!? 他们不过来塞一根棍子在车轮底下,只要什么地方塞得进,他们就来塞,现在又说同政府去谈判。"他很紧张的装着手势,他用他的龌龊的手搔着散乱的头发,他没有戴帽子。"如果照我的主张,把他们之中的一些人吊到白杨树上去好了。"

六

他们走到别的房间去,在那里放着一只打弹子的台子,破的绿呢一块块的倒挂着;放着一些龌龊的碗盏,还放了一架机关枪。一切东西都是没有秩序的,堆满在那里。

在这个混乱的情形之下,弗郎茨改变了面色。海员感觉着了,他就说:

"看见了没有? 同志,在我们这里有非常之多的正经的任务,没有时间去整埋。尽在这里争论着,吵闹着,这个工作应该给我们这些空谈家来做,再好一点,他们也不配。"

在海员的说话中带着讽刺的声调。

"唔,我们的车子怎么办呢?"弗郎茨为得要把说话转移到别的题目上去,所以这样的来问他。

"为得要给你们休息,我们领你们进宿舍去,明天早晨出发上前线。"

"我们的阵地在什么地方呢?"

"阵地?"海员说,"你们自己到魏塞尔附近去找他们。要知道在我们这里只有最高的领导机关,而领导作战的机关还在前面,在前线的同志那里。"

弗郎茨失望了。他认为这里的人一点不知道战线上的正确的消息是不对的。"这里的人忙得很,其实单是休息日的说笑忙。"他很愤怒的想了一想。

"叫自己的人到这里来,他们可以在这里吃饭。然后我给你们比较好一点的房子宿夜。"海员说。

弗郎茨在饭厅里看见了一些人,要是这些人在他自己的队伍里,他是忍耐不住的。这些人的讲话也是非常之出乎意料之外的。到处飞扬着一种不适当的粗蠢的侮辱的说笑,还断断续续的插着小伙子的哑笑声和一些女人的叫喊。她们的那种无理的谩骂和说笑一点也不比男子差些。

"什么时候你们都向前方出发了呢?"海员在这个高声的队伍中间很不友爱的问。

"看我们在什么时候愿意!"姑娘们之中的一个说,她还对着海员的脸喷香烟。

"这是你们出发到前线去的时候了,或者请你们到别的地方去,不然,我们就要自己动手来清理了。"

在他的回答中充满着不好的轻蔑。

"唔,拿他们怎么办呢?"海员发怒的说,"唔,你相信他们是有了阶级觉悟到我们这里来的吗?"

"他们怎么会在这里的呢?"弗郎茨很惊奇的问。

"是的呀,怎样的呢?这是从别的队伍里赶出来的,这是流氓无产阶级,他们的鼻子象狗似的闻着一切,到处的捣乱,做贼做强盗,还做其他的丑事情。"

坐在桌子旁边的谟尔站了起来,走到海员这边来。

"解除他们的武装。在俄国,早把他们逼到墙壁边去了。在那里早就不同他们讲礼貌了。赶他们出去,假使他们倔强的话,我来帮助。"

弗郎茨·克莱萨德很赞成的点着头;至少要把叫喊得最厉害的解除武装。

附近桌子旁边的那些人对他讲了很不好的笑话。弗郎茨站了起来,叫着：

"唅，不识羞耻的你们！"

"他要什么？"女人之中的一个叫着，"你要我们怎么样？"

"你们应该到前线去，懂了吗？你们不应当在此地弄得乱七八槽。"

"哈罗！闭嘴！""你这个猴子要什么？""把盘子丢到他头上去。"——从各处飞扬着这种叫喊。声音高了起来。

"弗郎茨，你留在这里。"罗若叫了，她要想抓住弗郎茨。但是他已经走到了叫喊的人群里面去了。他用着象铁似的手，出力的抓住那个叫喊得最厉害的人的胸部，把他拖到房间的中间。

他用着非常之大的气力摇动着那个人，摇得摆动起来了，然后劈了他一个巴掌。

"狗东西，你这样喜欢讲笑话！你就只为了这个来到这里的吗？"

那叫喊的家伙倒在地下了。

"孩子们，看好，一个都不要给他们逃出去！"弗郎茨对着围绕在自己周围的同志说。"把枪交出来！"他又回过去命令那些叫喊的家伙，而那些家伙正在想要在吵闹的声音之中偷跑出去。

他们一个个的走到弗郎茨那边来，把枪放在桌子上。

"要知道我们不过讲讲笑话的。"有一个人赔罪似的说。

"同志们在战线上牺牲的时候，讲什么笑话呢！你们应该有点廉耻。"弗郎茨骂了。那个海员很高兴的远远的看着这个惩罚，后来，他就走近来。

"假使你们在五分钟之内还不走个干净，那么谁不走，我就枪毙谁。"那个海员喊着。

威吓发生了效力。有四五个人离开了这个屋子。其余的请求赦罪。这些都是很幼稚的而头脑简单的小伙子。他们是缺乏有力的领导者，因为他们蠢的缘故，所以受了那些奸细的影响。他们总共有三十多个人。

"唔，拿他们怎么办呢？"那海员考虑着的说，他很怀疑的对他们一个个的看着。

"预备车辆,我们带他们到前线去。"弗郎茨·克莱萨德说。他就在他们之中挑了一个小伙子,——在他看起来是比较靠得住的,——他告诉他:

"对于这些同志,你来负责罢。我们可以相信你吗?"

"我送他们到前线去就是了。"那个小伙子说。

海员就同他握着手说:

"我们相信你,同志。那你就要当心,再不能做出什么蠢事情。我们这里已经有这许多工作和责任。"

女人们静了下来,她们很害怕的等着这个争论怎样结束。新的队伍准备好了,要出发的时候,一个女人就走到前面很胆小的问着:

"我们呢? 我们应该到什么地方去?"

"你们暂时留在这里;要等执行委员会来决定你们应当怎么办。"海员回答了她们。

女人们骚动着,其实她们都很满意的,甚至于她们自己提议来收拾屋子。

七

两辆车子上了路。这是在夜里。兵站主任也同着弗郎茨的队伍出发了。在路上经过一刻钟,他就命令把车子停下来,他指着那暗瞳瞳的窗子的酒馆子说:

"我们给你们在这里过夜,同志们,假使东家要反对的话,那你们好好的对他说,这是执行委员会决定的。"

"这一大班人,我把他们怎么办呢?"男主人自言自语的说着。那位女主人更加来得蠢,简直对着来的人相骂了。

"我的房子,不是各种流荡人的客栈,明天我要去告状去的。"

"那是没有用处的,老婆! 现在什么告状都没有用的了。"男主人说。他带着愁闷的脸走到屋子里去了,很冷淡的看着红军们怎样铺床过夜。

他们从邻近的小房子里搬出麦柴来铺在地板上当床铺。

"你们这里有没有另外给女人睡觉的房间?"弗郎茨问着女主人,女主人坐在柜台里面的角落里,带着苦闷的样子看守着自己的财库。

"没有。"

"唔,没有,就拉倒!"弗郎茨很愤怒的说。大房间的旁边有一间小客厅。弗郎茨搬了一束麦柴到那里去,预备给那位姑娘去睡觉。当他搬柴过去的时候,女主人咕哩咕噜的骂着:

"一切屋子都给他们弄脏了。有什么说的呢! 你们带来的多好的秩序!"

"我们对你们客气,你们也应该客气一点,"弗郎茨说,"我们总不能睡到街道上去的,这你也懂得的罢。"

"那你们做这些事出来,干吗呢?"

"什么?"弗郎茨不了解。

"为什么要这样惊动大家? 不是疯子也不会做出你们现在所做的事情。"

弗郎茨一点都不愿意同这个女人争论。

"去睡罢,今天不值得同你谈这样的事情。"

"是呀,去睡觉! 难道我能够就这么让你们这些人在这里吗?"她怕自己的货物会损失,她的眼睛里闪烁着痛恨的眼光,"就算我要坐在这角落里一个礼拜,我也不让你们留在我这屋子里而不来看守的。"

"她在发疯呢。"罗若说。

"唔,现在你睡觉罢,"弗郎茨指着麦柴堆对罗若说,"我也要去睡觉了。再会罢。"他伸手给她,她踌躇了一下。他很快的缩回了手,从房里走了出去。

弗郎茨躺在麦柴上。但是,一切同志都睡熟了,而他睡不着。女主人在柜台后面转动着,她怀疑别人会偷她的东西,她准备整夜的留在这里看守自己的宝库。她坐在凳子上半睡半醒的从这一边摇到那一边的摇着。灯熄灭了,屋子里充满着煤油的气味。

谟尔走进房间里来,叫醒那个应该去替换守夜的工人。工人起来了,打着呵欠,拿起枪走到街上去了。谟尔看了一看弗郎茨,看见他还没有睡熟,他走到他那边去,躺在他旁边的柴堆上。

"战线上的大炮在轰着呢,"他轻轻的说,"从那里来了受伤的人,他们说,我们受了很大的损失。"

"我们应该要有国防军那样的武装就好了。"弗郎茨说。

"应该要拿诺斯克一派的武装才好。"谟尔说。

"唔,诺斯克一派不会自愿的给我们武装罢。"

"这要看我们自己做得怎么样,"谟尔说,"假使魏塞尔到了我们的手里,那就有办法了。那里我们可以得到整个的炮队。"

他们谈了一些时候,谟尔睡熟了,而弗郎茨也跟着他睡了。

在静悄悄的三月的夜里,炮弹的声音很沉着的响着。——正在轰炸着铁路那边的阵线呢。

八

"起来!"弗郎茨听见了这么一声,擦着眼睛。有一个工人抽出窗闩推开了窗门。

"起来! 起来!"工人一个叫一个的叫醒起来。罗若从间壁房里走来,她的眼光在找寻着弗郎茨。

"唔,又是一夜过去了。"当她找着他的时候,她很快乐的说。

"到明天我们没有这样好好的睡觉了。"弗郎茨说。在一秒钟之中她很害怕的对他看着。

"可是我要留在你的队伍里,可以吗?"她有些担忧的问着。

"我不晓得能不能够带你到前线去。"弗郎茨回答说。

"为什么不可以呢? 我不是第一次到前线去了。"

"在那里你会遇到意外的事情呢。"

"那你不会吗? 你不要替我害怕。"她很勇敢的说。

"是呀,我担心你,这都不适宜于女人们的。"

"我要同你的队伍一道去。"她站在他的前面倔强得象孩子似的再次的要求着。谟尔走来了。

"你可以到那边去洗脸,在龙头那里,"他对弗郎茨说,他把手里的肥皂和手巾交给他,并且推他走出去,"走罢,也许我们很快的要出发上前线去。"

女主人在柜台里面很苦闷的看着工人们。罗若跑到她面前问她:

"女东家,可以给我们些开水吗?"

女主人回转去叫她的丈夫。

"他们要开水。"她说。"你们要开水做什么?"她问罗若。

"烧咖啡。"那姑娘回答说。

"你们可有咖啡吗?"那位女主人问着她,比较亲热了些。

罗若很不好意思的笑了,她这样回答说:

"是呀,我还不很知道呢,"她回过来问那站在自己铺位旁边的谟尔,"你有咖啡吗?"

"是的,我带来了一点儿。"谟尔一边说,一边打开被囊拿出黑黑的一小包,交给了那个姑娘。

男主人跑到大房间旁边的一间厨房里去了。罗若跟了他进去。过了几分钟,她就带了冒着烟的咖啡壶出来了。在房间里很快的散布出新鲜的咖啡气,使得那些缚着自己行李的人都掀起鼻子闻着香气。

当弗郎茨洗了脸之后走到房间里来的时候,麦柴已经拖到角落里去了,房子的中间放着两只桌子。

"来呀,喝杯咖啡。"罗若叫。弗郎茨坐在谟尔的旁边喝起咖啡来。因为他一点也没有预备自己的早饭,所以谟尔这样的问他:

"难道你不饿的吗,弗郎茨?"

"一点东西也没有从家里带出来,"弗郎茨说,"昨天晚上在陀尔史滕的时候,我一点也没有想到这件事情。"谟尔就切了一块面包和一块薰牛肉送给弗郎茨:

"你吃罢。"

太阳光照耀在窗门里面,使这间薰黑了的房间有了欢迎的样子。工人们的眼睛突然的发了光彩而高兴起来了。这特别影响到史尼德尔。他讲着,笑着,滑稽的玩着。大炮弹爆裂的响声从战场上送过来。咀嚼着的红军们听到了,他们很正经的相互的谈论起来。

"这是大炮,"曾经当过炮手的一个人说,"可惜我们没有这样的东西。"

"然而在战争里也有些很好的东西。"一个淡黄头发的少年说,他在史托朋堡参加了队伍,这是他生平以来第一次在手里捏着枪。

"很好的?"谟尔对这个意见的回答,"每个战争都是残酷而要流血的事情。问题只在于此,要看战争是为着什么。"红军们都回过脸来对着说话的人看。他继续着说:"假使工人们被一小部分压迫阶级所挑拨,而在自己之中相互的拿枪炮来消灭自己,那这种战争只不过是资本家所要的,工人牺牲在这种战争里,一点都不会改变自己的生活。"

"可不是现在也在打仗吗?"淡黄头发的那位少年在桌子那一边叫着。

"现在的是另外的一种战争。这战争是阶级反对阶级,被压迫者反对压迫者。为着解放创造财富的劳动者而斗争。这自然也是残酷的战争,但是同志们,这是真理的战争。"

"可是我们什么时候可以得到和平呢?"有一个没有讲过话的电车工人问着。

"只有那个时候,当全世界的工人暴动起来,拿起武器来赶跑那些昏蛋的,把工人当做自己的财产的老爷们,或者在工人把政权夺在自己手里的时候。"

"但是这到什么时候才来呢?"那个电车工人带着怀疑似的说。

"什么时候……"谟尔很严厉的看着他,"俄国的农民和工人并没有问过'什么时候',他们咬紧着牙齿,拿起武器。假使你去斗争而对于胜利是怀疑的,那么你的斗争的胜利就成为靠不住的了。我们受着大的牺牲,并不为着去失败。如果我们怀疑着胜利,那我们还是在工厂里等待别人来给一点儿恩惠好些。同志们,我们过着这样一种劳苦生活,除掉痛恨现在的秩序之外,什么别的都没有。现在这种秩序使我们担负着这样艰苦的义务,而给我们的仅仅是每天只够吃的面包。唔,这就使我们要起来消灭现在的秩序,创造出新的真理的秩序。"

工人们都很注意的看着谟尔,他的脸色常常是白的,可是在他这种激烈的演说的时候,少许有点儿红。当他讲话的时候,太阳照着了他,把他改变了;谟尔的眼睛里闪着一种痛恨的光线。

"因此,我们的战争是真理的战争,同志们,"他沉默了一忽儿之后说,"这个战争里的牺牲是光荣的牺牲。"

"可见我们的战争是很好的!"淡黄头发的少年说。谟尔看着那位受感动的少年。

"我们的战争是真理的,真理是很好的。真理给我们新的生活。我们的思想是勇敢的,是光明的。工人要成为真正的人了,在那种残酷压迫的时代是不能够成为真正的人的。"

他站起来,带着快活的微笑。

"同志们,太阳燃烧了血。"

红军们在桌子那边站了起来,分成了几组而且大家商量着谟尔的说话。在街道上听得出炮响,工人从房间里跑出来。汽车在酒馆店门前站着,武装的工人紧紧的挤着。

"呵,哈罗! 你们从那儿来的?"叫喊了起来。

"从葛尔森克尔程来的,你们呢?"

"我们是史托朋堡的,从爱森城来。"

"到战线上还很远吗?"

"我们也到那里去。有很多的车子去吗?"

"很多。到处都动员了。"

"那很好!"

到车上去的红军们重新下了车,工人们都很亲热的握着手。矿工,五金工人,纺织工人,老的和少的……各种各样口音的人群。大炮声从战场那边送了过来。躺在战壕那边的同志们都在等着代替的人。

自行车闪了过去,车上的人说:

"准备好。"

"把东西拿出来。"弗郎茨·克莱萨德通知自己的人。

穿着绒短衣的汽车夫已经转动着发动机。

"坐好。"另外一队的首领叫着。用力的握着手;队伍上了汽车。

"同志们,去打死那边的敌人!"弗郎茨队伍里的朋友叫着,"当心着一切!"

"要做到的。"从汽车那边回答过来。

"上路去呀!"仿佛发动机会说似的。葛尔森克尔程人已经走了。从陀尔史滕地方回来了两部新汽车;工人们叫喊着庆祝那些等待出发的人。很快的跑了过去,看不见了。

"坐好!"弗郎茨·克莱萨德叫着;朋友们都"踢踏踢踏"一个跟一个的爬进了高的车箱。"啊嘿!"有力气的人帮助没有力气的上车来。最后走上来的是罗若,谟尔和弗郎茨。

"准备好没有?"汽车夫一边问一边捏着橡皮喇叭。喇叭给了出发的信号,汽车就跟在第一辆车子的后面闪过去了。

九

过了一刻钟,他们遇到了一辆空车子,弗郎茨命令车子停下来,因为一个守卫兵走上前来打着招呼。

"什么事情?"

"你们应该在此地下车,到前面去要步行的。这是那边炮队轰炸的一条路。"守卫的说。弗郎茨命令队伍里的人走下车来,分成了几组。

"在前线上怎样找得到我们的阵地呢?"

"这你们走下去,走到火线上有人会来指示你们的。"

"往前走罢!"弗郎茨说,队伍里的人都背上了枪械和子弹带,经过半点钟之后,他们遇着了几个从战线上回来的红军。

"累了罢?"弗郎茨队伍里的一个人问他们。

"在那里,在前方严重得很。"有人这样回答。回来的人之中又有一个说:

"上前线去呀,赶掉那些在后方偷懒的狗东西,他们夺掉前线同志们最后的面包。"

"到战壕那边还远得很吗?"

"不过十分钟光景。"

过了一刻钟,他们看见了地洞,在这里有很多的人。他们听见远远的声音。弗郎茨走到坐在地洞里的一个红军那里,问他:

"兵站主任在那里?"

"如果你以为他会在这里,那你就可以找到他那样的人,要多少有多少。"那个家伙很粗鲁的说。周围的人都笑了。弗郎茨看看这班人。"同陀尔史滕地方的人一样。"他想,又想起了昨天晚上的事情。他对谟尔点着头。

"要知道,在这里的情形不好呢。你去告诉同志们不要把枪弹卸下来,我到兵站主任那里去问个清楚。"

他跑进了一间屋子,在那里的一群人争论的争论,叫喊的叫喊。几个工人相骂着,分着面包。

"那个还没有分得的?"

"这里! 这里!"弗郎茨看见有几个已经得到了面包的人去领第二份。

"唔,大家吃罢。"一个瘦瘦的工人很不高兴的说。他一点也得不到,离开了队伍,他的脸是很苦闷的。

"我从战线那边来,得不到一块面包,而从昨天起就坐在这里的人倒装满了肚子,滚他妈的!"

"兵站主任在那里?"弗郎茨问着那个恶狠狠的工人。

"兵站主任! 他什么也不管的坐在自己的房里,画着地图。"那个工人愤怒的说。

"唔,兄弟,不要讲蠢话,"别一个人说,"在我们这里的一切事情真可以叫人发疯的呀。"

弗郎茨费了很多的气力才找到兵站主任的房间,他开了门,看见一个人弯着背坐在铺着一张地图的那张桌子旁边。他大概没有听见有人走进房间去。直到弗郎茨叫他的时候,他才伸直起来,很忧愁的对弗郎茨看。

"你要知道,我是不许有人来惊吵我的。"

"我带了一车子人来的。"

"从那里来的?"

"从爱森来。"

"你带来的人可靠的吗? 如果不,那带了他们来是一点儿也没有用处。你要相信我! 你要相信我! 我们吃那些车子载来的人的苦头也吃够了。"

兵站主任很累的从桌子那边站了起来,很绝望的对弗郎茨·克莱萨德看着。

"你看见了在我们战壕里的情形,我正是为着这件事情担心。吃是大家要的,而到前线去,他们又是不愿意的。要强迫他们的话,你就先得枪毙几个人。"

"唔,其实这样的捣乱分子大概并不很多的。"弗郎茨说。

"我看这样,赶掉他们罢。"兵站主任很不满意的说。

"我来帮助你。我们可以把他们改变好的。"弗郎茨很自信的说。弗郎茨叫来了谟尔和新来的各队长,大家商量了,兵站主任同意清洗自己的队伍。

各队长从房子里出去,而且每个人都跑到自己队伍里,经过短短的会议之后,新来到的军队开到街上,并且断绝了交通。

走在街上的和住在坚固的战壕里的人,都感觉到有什么不妥当的情形。

"这是闹什么把戏呀?"捣乱分子中的一个这样说,兵站主任走到他跟前很简单的说:

"你的枪拿给我,立刻交出来。"

"为什么?"

"枪交到这里来。"兵站主任很严厉的说。

那个家伙卸下了枪。兵站主任从这个队伍跑到别个队伍找寻着捣乱分子,他们大家都慢慢的解除了武装。有六个人离开了大家,他们站在房屋旁边,被人家特别监视起来。其余的排着队伍,也同样的等待着。

"有廉耻吗?"兵站主任说,"在前线的同志求救兵,而你们在这里贪懒。"他同队长们讲完了话之后又对工人们说:

"快去加入自己的队伍,立刻开到前线去!谁不愿意到前方去,就缴谁的枪械。"

又逮捕了十二个人,其余的都走到要开到前线去的队伍里。兵站主任选择了最忠实的人,并且委托他们去指挥队伍。

"现在开步走!"在上阵去的军队分到了面包之后,他就下了命令。

当队伍正在开动的时候,看护跑到他那里要求加入。

"你们留在此地,在后方我们要组织伤兵收容所的。"兵站主任说。

罗若的脸发了白,她还是希望派到战地去。她对着弗郎茨看了一看,他也要去打仗了。她低了头,坐到战壕里去,就用纱布做起绷带来。

"你带着自己的队伍,去加入在铁路左边的战壕里的军队,"兵站主任对弗郎茨·克莱萨德说,"这部分军队大概在那地方的树林里。"

委任了一位熟悉地方的向导加入克莱萨德的队伍。弗郎茨看着罗若,并且叫了她。她就站了起来,跑到他跟前。

"你在这里比较好些,罗若。"弗郎茨说,并且抬起她垂下了的头。

"我要同着你去。"

"你自己知道这是不能够的。"他俩相互的握了手。

"好好的回来。"她说。

"我们希望着。"弗郎茨回答她,同时他做了一个叫大家走的手势。队伍开动了,拿机关枪的人走在前边。那看护站在砍断了的树根上,一直看着队伍沿着直线开动出去,直到道路向左弯了而队伍也看不见了。

一〇

克莱萨德的队伍从大路转到田地里,深入了树林。他们走的路是要穿过铁路的。工人们不得不时时刻刻伏在田上,因为每隔五分钟或十分钟总有轰着重炮弹的响声,而且这些炮弹炸裂在队伍的后面。弗郎茨下了命令,叫大家分成小队;而自己带了一部分可靠的人很小心的走向前面去。

过了半点钟,弗郎茨做了个记号给后面的人,要他们停下来。在他们的前面是有一个新掘的地洞,大概这个洞里是躲人的。但是洞是空的。

"我们的兵以前是在这里的,我很知道。"向导的说。他的脸很苦闷的。

"也许他们跑到前面去了。"弗郎茨说,他就在草上寻找脚迹。向导很怀疑的摇着头。

"我怕他们被捉住了。他们人很少,又没有和他们联系。"

大家很怀疑的停留着,商量着,怎么办呢,很忧虑的看着左右的矮树林。

"唔,停在这里不动,是不行的。"弗郎茨说。

"然而你要怎样?"向导的带着恐惧的说,"什么也不知道,跑到前面去也是不可以的。"

"我们应该同在这里的自己的队伍联系起来,或者要探清楚诺斯克队伍的地方。"弗郎茨很坚决的反驳了。他正要下令开动队伍的时候,忽然离开他们不远的地方,第一个炮弹炸裂了起来,接着又有几个。

"这是他们呀!"向导者叫着。

"静些,"弗郎茨命令着,"首先要小心看一看那边是怎么样的事情。"他带了谟尔和向导者,轻轻的同着小队步哨走到树林里去,而且他们就向着有子弹响的那一边走过去。他们愈向前走,炮声就愈加听得清楚。

弗郎茨等队伍走近了,他命令大家伏在田上。"爬!"他说。史尼德尔简直失了魂似的：到处他都在见鬼。他在自己的枪头上装好了刺刀，特别预防的把刺刀敲着每一堆小树林。

"停止你的蠢举动，"一位五金工人警告他，"你这样就会敲着自己的人呢。"

弗郎茨·克莱萨德同着谟尔和那位向导者，爬在大家的前面，大概有一百密达光景；看见从大的深谷里竖着高楼的屋顶。同时子弹在树顶上飞过去。弗郎茨和他的同志在低地上仰起头来，竭力的观察高楼房屋的里面和周围是在干什么。

"那边是诺斯克的队伍！"向导者用手指着那房屋的院子，在那里有穿制服的人奔跑着。

"'绿党'在那边。"谟尔说。

"'绿党'和国防军。"向导者补充的说。弗郎茨·克莱萨德委托他看好那所房屋，而自己爬到前面，带了自己的整个队伍。当大家伏好在低地上的时候，他命令去找一个摆两架机关枪的地方。

"大家站好！"弗郎茨低低的命令他们，"准备好，机关枪对准着院子，要不断的扫射；准备好了吗？ 放！"

脱尔尔——脱尔尔——脱尔尔——所有的枪都放射了。射着高楼的房屋，院子，窗子，一切"绿党"的和诺斯克国防军的障碍物上。

出其不意的袭击得到了成功。士兵们在混乱中逃出去，经过院子逃出门口逃进了树林，不见了。弗郎茨命令射击树林，在那里躲着"绿党"。他自己用着自己的枪对准了院子里的一切可疑的地方射。

"看一看，在前面有什么？"弗郎茨·克莱萨德对谟尔说。一边向着伏在他旁边的一个工人要子弹。谟尔仰起身来很小心的钻到树林里去。经过几分钟之后，他回来报告：

"在那边有河，而且在对岸我看见了我们的队伍。"

"河？"向导者问，他伏在弗郎茨旁边，"这是丽泼河，在它的后面是我们的阵地。"

"然而伏在此地洞里的同志到那里去了呢？"弗郎茨很吃惊的问。是呀,到那里去了呢?

"被俘虏了,也许死了!"向导者脸色发了白,"还会到什么地方去呢?"

弗郎茨仰起了身子,很注意的看着前面看得见的房屋。

"同志们,诺斯克的兵士放弃了这个房屋,我们应该去占领它。"

"你,要想占领房屋?"向导者带着害怕的问,"要知道兵士们会回转来的,到那时候我们将要很难逃出来。"

"朋友,是的,要知道我们占领了那里,会象老鼠一样关在笼子里的。"有一个红军叫了起来。

但是弗郎茨有计划,而且他不愿意放弃自己的计划。他计划着占领那被放弃的房子,就立刻同丽泼河对岸的工人队伍建立联系。

"两架机关枪,"弗郎茨继续说,"暂时放在这里,放在后方,只要一看见'绿党'就立刻发弹。其余的同志背着枪——跟我来,走罢!"

他做了一个手势,他第一个跑在前面,从这棵树跑到那棵树,从这个障碍物跑到那个障碍物。谟尔走在他的旁边,时时刻刻注意看着白色房屋的窗门。其余的人都走在他俩的后面,他们的手握着枪,握得紧紧的,震动得发抖。当他们跑到距离房屋五十密达的时候,弗郎茨叫:

"向前走! 向前走!"

门口已经被枪弹打坏了,半边的铰链也已经脱了下来。

"向前走! 在院子里到处都要搜查,派三个人去搜查树林。"

工人们分了几个小小的队伍,而且很热烈的开始搜查房屋去了。有很多子弹壳,子弹盒,手榴弹。在院子里到处都有血迹,特别在两架机关枪旁边有很显明的血点,机关枪是新弄坏了的,已经没有用处。但是到处没有死尸和受伤的人。

向导者对弗郎茨说:

"小心点! 这是他们的阴谋。死尸和受伤的到那里去了呢?'绿党'把他们从这里拿出去不会不给我们看见的。"谟尔在围着房屋的墙头上指出一个小小的不大看得见的门,门是开着的。

"唔,他们从这里搬掉了自己的死尸和受伤的。"

被那位向导者惊吓着的红军们现在可以喘口气了。谟尔是一切人之中最镇静的一个,他开始很认真的看着一切东西,看看上面,看看天,为的要相信"空气"是不是真的"干净"。他从袋里拿出了一把可以折叠的刀子,爬到堆好在那里的柴堆上,割断了电话上的电线。

"这样好一点,"他对弗郎茨·克莱萨德说,"看上去这些是无用的东西,但是常常会发生很大的危险。"

"到房屋里去,在那里也都要搜查一下。"弗郎茨对等着的那些同志说。他们之中的一部分立刻走到房屋里去了。这时候在宽阔的楼梯上出现了一个又长又瘦的文官。他带着惊慌的笑着,对大家说:

"在房屋里再也没有别人,那些兵士已经把这所房屋出清。"

"那,你是怎么样的人呀?"弗郎茨·克莱萨德问他,就跑到这文官那里。

"我是看管房子的。"那位文官这样解说,在他的嘴里显出一排发亮的金牙齿。

"请你弄点东西给我们吃,"弗郎茨对他说,"但是我劝告你不要同诺斯克军队有任何关系,否则我们一定要枪毙你。"

"我最好是同任何一个都没有关系,"那位文官嘻开了嘴说,"当时刻来拷问你的时候,总是不很舒服的。"

"要他不做蠢事,总得注意他才好。"小小的史尼德尔说。

看管的人跑到屋子里去,史尼德尔跟在他后面。过了没多少时候,他又带了两个受惊慌的女佣人出来。史尼德尔又追在他们后面跑了出来。女佣人带了面包,牛油和一大罐牛奶。很快的拿出两张桌子到院子里,年青的工人就吃起来了。

"我告诉你,"史尼德尔把弗郎茨拖到别方面对他低低的说,"我告诉你,这个文官完全不是一个看管房子的,而他本人就是一个房主。——伯爵,也许是男爵,也许还是一个混账的东西。"

弗郎茨·克莱萨德很注意的观察那位看管房子的,然后叫谟尔到自己这边来对他说:

"你知道：史尼德尔认为这就是房主本人，把他逮捕起来不是好些吗？要知道这个狗子会妨碍我们的。我们不知道他们的一切阴谋。"

"逮捕他，"谟尔对他说，——而他很安静的继续着吃。弗郎茨带了两个红军重新跑到看管房子的面前，那个人惊慌的看着弗郎茨。

"你们还需要些什么？"

"不，"弗郎茨回答说，"我怀疑你对我们说的不是真话。在你还没有妨碍我们之前，我们应该逮捕你。"

"我？妨碍？"那位文官现出很气愤的样子，"我一点没有什么兴趣来妨碍你们的工作。"

"是的呀，"史尼德尔打断了他的话，"我们把你放到一个可靠的地方，始终要好一些。"小脸的史尼德尔失掉了自己平日所有的慈悲性，"在我们找有来到之前，在这里的我们的同志们到那里去了呢？唔，你，自然回答说你是不知道的。"

那位文官的脸儿白得象粉笔一样。

"我……我真的不知道。"

弗郎茨发生了极大的怀疑，认为这假惺惺的看管房子的就是一个亲自参加消灭少数红军队伍的人。他对着武装的守卫兵做了一个手势。

"捉他去，好好的看守着他。"

那个文官不得不服从。弗郎茨盯住了他的眼光，他的眼光充满了致命的恐怖和痛恨。

"谁愿意到丽泼河对岸去同我们的人建立联系？"弗郎茨·克莱萨德又跑到自己的同志一边来问他们。谟尔站了起来，挑选了两个红军并且很简单的说："跟我去。"

当谟尔走了，弗郎茨·克莱萨德把自己的队伍分了开来。一半留在这个房子里：委任他们立刻在树林子那边布置步哨。把两架机关枪搬到一个可靠的有遮盖的地方，为的要在国防军有新的袭击的时候立刻对他们开枪。弗郎茨把第三架修理好的机关枪拿到自己的一队里去了，这就是在柴堆后面找到的那一架。他们向着树林那边去找寻走到铁路那边去的道路。小小的史尼德尔也参加到这一半的队伍。这个史尼德尔自从把文官逮捕之后就沉寂下去了。过了一刻多钟,他们十分小心的穿过了树林,但是到处都看不见铁路。弗郎茨·克莱萨德命令他们停下来,他们到了树林里的十字路上。

"首先应该把此地做我们的根据地,不然,我们会有遇到诺斯克步哨的狗脚爪的危险。"他说。他放了几个步哨,还寻到了放机关枪的地方,在那里向右向前开放机关枪都很方便。而他带着其他的一部分队伍向前开走了。

————

他们愈向前面走,弗郎茨就愈加担心。

"我们走到什么地方了呢?"他站了下来,最后他就这样问。

"这只有鬼知道,"一个年老的五金工人说,"大概诺斯克方面的人把这里的一切完全出清了,也许我们到了两个战线的中间。"

"然而那时候我们可以听得出枪声。"弗郎茨反驳他。

从铁路到丽泼河的前面的一带是空地。他忽然停了下来,因为他听见史尼德尔的叫声,他的叫声是经过浓密的树林,从队伍的左边出来的。大家都跑到有叫声的地方去了。他们找到了史尼德尔,他全身发抖而脸带苍白色站在树旁边,他指着上面:"那里。"在树上吊着一个穿工人服装的头破出血的人,从他的头里流出脑浆。脸已经认不清楚——脸上洒满了血。

工人们都叫了起来。

"狗东西,可恶的狗东西。"弗郎茨咕噜着,他看见了这个不成样子的死尸十分难受。年老的五金工人割断了死尸身上缚着的绳子。两个工人把死人拖到树林里。年老的五金工人解开了他腰里的捆得紧紧的一把铲子,开始来埋葬已经死的同志。弗郎茨·克莱萨德克服了自己的弱点,也来帮助他。

"唔,现在我们做什么呢?"工人们带着恐怖的问。不成样子的死尸增加了他们不安的感觉,他们简直准备回到后方去。

"不,同志们,这是不可以的,"弗郎茨说,"我们应该留在这里,布置步哨,然后送消息给我们的队伍,一到晚上我们就可以得到救兵。"

正在商量的时候,谟尔跑到了。弗郎茨就把吊死工人的那件事告诉了他。

"你以为怎么样,我们应该留在这里呢? 还是回转去?"弗郎茨问。

"我们应该留在这里,并且巩固我们的阵地。谁能够保证我们在回去的路上不会遇着更大的危险?"谟尔说。他自告奋勇的回到堡垒那里去,他要去警告同志们,使他们采取最谨慎的警卫的方法。

"在丽泼河的对岸有汉堡来的队伍,"谟尔很简单的说,"他们看见'绿党'对着堡垒袭击,在堡垒那里,没有疑问的有过我们的同志。工人队伍开了枪,'绿党'和国防军也回了枪,直到我们来到这里,出其不意的打击了匪徒。"

谟尔奔跑到后方其余的队伍那边去了。弗郎茨挑选了一个适宜的地方,在那里布置好了步哨。在树林里的一条路的路头上,留着史尼德尔和年老的五金工人,他们有很好的障碍物。给他们的任务是:只要一看见穿军衣的人立刻发出警号。弗郎茨再一次的很快的跑到所有的步哨那里,告诉每个同志:他们现在所处的地位是怎样的紧急;并且他命令他们要极严格的小心。然后他回到堡垒那里,在那里谟尔已经采取了一切方法来保卫已得的阵地。

一个电车工人担任左翼的指挥,他是一个老兵士,用不着多说他就很快的懂得情形。谟尔带着弗郎茨·克莱萨德跑到前面去了。他们从这个岗位跑到那个岗位,然后他们又往前爬了一百密达,为的要侦察国防军的阵地在什么地方。有时候听得见枪声。

"到夜里我们要做些什么呢?"弗郎茨问,他不断的这里那里跑得很累了。他们站在树林里的十字路口,这里就是带着第三架机关枪的小队伍驻扎的地方。

"我们应该要有得到救兵的把握。"谟尔说。

"怎么样呢?"

"要一个人到后方去带领同志们来。"

弗郎茨·克莱萨德立定了,他似乎不明白究竟是怎么一件事。

"难道你以为我们能够做到这个吗?假使我们能够找到一个地方给我们的换班的守卫兵去休息,那就好的了。"

"到那边去,"谟尔伸出手来,指着远处的农民的小屋,"唔,那里有农民住着。我们到那边去,可以找到休息的地方。"

他们跑到小小的房屋前面。弗郎茨叩着门。从半开的门里听出咕噜着的声音:

"你们要什么?"农民问着。

"能不能够在你们那里住宿一两个人?"弗郎茨问。

"我们自己住的都不够。"门带着响声关上了。

弗郎茨·克莱萨德愤怒了。

"开门,"他叫着,又在门上用步枪腿敲着。农民重新开了门,叽哩咕噜的说:

"唔,你们要什么?!我已经对你们说了,在我这里没有地方。"

"好好的给我们,否则我们要强占你的整所房屋。"谟尔用威吓的话说。

"鬼带了你们到这里来,"农民骂了,但是终究开了门走出来,"一忽儿国防军,一忽儿你们,之后又来国防军,这样不会完结的了。"

"我们应该要有一个地方躲避一下,"弗郎茨很镇静的说,"我们不能够整夜的冻着。"

农民很怀疑的看看这一个,又看看那一个:

"唔,再不要又象上一次那样:那些家伙拿了我六只鸡去。"

"这一次你一点也不用害怕。"弗郎茨劝他。

"是呀,那国防军也是这样说的呀,但是都拿去了。"

"你不应该用一个标准来估量一切人,好朋友,"谟尔阻碍着他们的谈话，"如果你已经知道国防军所做的一切，那你就不要拿他们的来同我们比较。"

"这边和那边都一样的不值钱。"农民愤怒似的回答。

谟尔把他们在树上找到一个死了的工人的事告诉了他。那个农民很注意的听着。

"是，我也找到一个，"他说，"跟我来。"

谟尔和弗郎茨很惊心的相互看着，跟着农民走去，他们走进了树林的深处大约有十五步的光景，农民站了下来，用他那乡下靴子踢开了一堆树叶，在叶子底下躺着一个尸首。这是一个工人。死人的头是被枪腿打破了的，象他们从树上解下来的那个一样。

农民回转头来很难过的吐了口沫。

"是的，就在那年打仗的时候，我也没有看见人会这样凶狠。"

"唔，你现在看见了，我们是来对付那一个的呀。"谟尔说。

农民想着，摇着头。他慢慢的走到自己的草舍那里去，谟尔同弗郎茨跟在他后面。在门前站着一位农妇。

"唔，那边还有什么？"她很忧愁的问。

"去预备他们要的房子。"农民说。

"他们要榨取我们的最后的牲口。"

"这是些好人，"农民这样解说，"我能够领你们到一间小屋子里去住，"后来他说，"不过要小心，不要烧了它。"

"唔，自然，我们是小心的。"弗郎茨安慰他。

农民挥着手说：

"不要说得太好。"

弗郎茨同谟尔走到自己的守卫兵那里去。他们已经冷得发抖起来了。

"唔，你不是要去找同志们吗？"克莱萨德问谟尔，"也许有新来补充的兵车。如果你去带了救兵来，那就好了。"

谟尔点着头，就把放在机关枪旁边的被囊背上，他握着弗郎茨的手说：

"假使我过了一个半钟头不到的话，那要看着，在夜里要小心，落着雾，在下雾的夜里要在树林子里找路是很不容易的。这可以阻碍我们。"他很快的沿着树林走了。

弗郎茨又从这个守卫兵走到那个守卫兵的巡查起来。他饿得很，因为他在大房子的时候没有工夫吃。不断的走着，而且谟尔去了以后，那经常的惊恐越来越凶的逼住了他，他弄得很累了。他坐在路旁的一块石头上。在石头的附近，还有一架机关枪。他自己在想着。

一点钟过去了。弗郎茨站起来又开始从这个守卫兵跑到那个守卫兵的巡查。到处都表现着恐怖的面色和疑问。第二点钟又过去了。弗郎茨有这样的一种感觉，仿佛一条绳子勒紧了他的喉咙。他又坐在石头上，下了浓雾，最后一点太阳光在雾里消失了，愈来愈冷，愈来愈暗了。雾很快的浓厚起来，以致于卫兵们互相不能看见的了。一个站岗的咕噜着："人家可以很安静的打碎你的嘴脸，而你甚至于不会知道究竟是谁干的。"

"同志们，忍耐些，等一下就有补充来的。"弗郎茨说。

谟尔去了已经有两点多钟。在前面，国防军的步哨开枪了，工人们应该采取一切警备的方法，因为子弹时常在他们的头上飞过去。

"听一听，弗郎茨，要知道诺斯克的军队会在黑暗里来袭击我们的，那时候我们简直是坐在口袋里。"有一个低低的声音咕噜着。

弗郎茨发怒了。

"现在来讲这个做什么呢？你已经知道到了生死关头的时候。忍耐着，现在不要咕噜。你们不是以前坐在战壕里几个月不作声的吗？"

大家静了下来，很紧张的听着在树林子里有什么响声。每个响声都惊吓了他们。发抖的手紧紧的握着步枪。如果忽然在脚底下的枯枝发出响声，他们会立刻跳到一边拿起枪来对着雾放去。

"小心点放枪。"弗郎茨特别警告那些年青工人，因为他们还是第一次拿起枪来。

他很惊心的穿过浓雾，跑到大房子去，把所有换班的守卫兵都派到自己的树林子里的队伍那边,为的要布置双岗。之后,他又回到十字路口,在那里史尼德尔和年老的五金工人站着。史尼德尔不能够安心的站在一个地方。他跑来跑去很紧张的叫着每一个换班的守卫兵。

"立定,来的是那一个?"

"魏塞尔。"弗郎茨把预先约定的口令告诉了他。

"听呀,朋友,在这里简直会发疯,"五金工人咕噜着,"如果我还要在这里很久,那你明天早上把我送到疯人院里去好了。"

"安静些,同志,我们等着补充。"弗郎茨说,虽然他自己已经很久就没有这样的希望。

其余工人勉强的笑了:

"你,真的,还相信这个吗?"

弗郎茨·克莱萨德什么也不回答,可是他很紧张的开始听着树林子里有些什么。在他心里又起了那个极小的希望:"也许谟尔带着新的队伍来到这里?"

第三点钟又过去了。小小的希望消灭了。弗郎茨·克莱萨德召集了一切队长并且对他们说:

"唔,大概谟尔不带救兵来了。我们现在应该靠着自己的勇气和自己的运气。同志们,我们要负起保护四十五个人的责任,他们之中的大多数是有家小的。不是可以很轻便的直接了当的解决,但是退却,我认为是非常危险,因为我们不熟悉这个地方。同志们,如果他们出其不意的来攻打我们的时候,那只好用我们的牙齿和手脚来抵抗。"

各队伍的组长决定全夜不换班的看守着。他们守住最危险的地点。弗郎茨·克莱萨德非常之疲劳,又坐到石头上去,在他手上的步枪握得紧紧的。在他前面三个密达的地方,布置好了重机关枪的队伍,这是准备作战的。

忽然间有人叫着:

"弗郎茨·克莱萨德!"弗郎茨吃了一惊,他跳了起来。

"做什么?"

在弗郎茨前面站着史尼德尔，他的全身发着抖，因为他慌了，说不出一个字来。

"你做什么？"弗郎茨叫着。

史尼德尔用手向树林的一簇指着，哑声的说：

"那里……他们来了，弗郎茨。"

"那个来了？"

"诺斯克的军队。"

"同我去。"

弗郎茨抓住了他的手，用力的把一个小小的史尼德尔拖着走。

"朋友，你发了疯吗？"史尼德尔自己保护自己的说，"你跑到他们那里简直是去送死，他们人很多呀。"

"走！"这已经是命令。

弗郎茨在史尼德尔的第一句话以后，就感觉得别的工人也起了不安。

"你们留在这里，在机关枪那里，听见树簇里有枪声，立刻就放枪。"弗郎茨·克莱萨德走到工人那边带着不允许有任何反抗的口气对他们说。之后，他赶到前面的岗位那里去了。史尼德尔跟在他后面慢慢的走着。在机关枪那边的队伍伏到障碍物的底下。这个队伍的大多数是老在战线上的有经验的兵士，他们懂得在这一次是到了生死关头的时候了。

那位五金工人在树后面象生了根似的站着，并且听着从田地里来的声音。沉重的脚步声仿佛愈来愈近，可以清楚的辨别了。大概有几百个人，而且混杂的谈话声也穿过烟雾而送来了。

"国防军，"五金工人喊喊喳喳的说，"唔，我们象装在口袋里一样，鬼都不能够帮助我们。"他举起了步枪准备着放。

"不要放。"弗郎茨阻止他。

"为什么，你要等到他们走到这里吗？"五金工人咕噜着。

"我们只要看见他们才开枪。"弗郎茨很简单的打断了他的话。

三个人都拿好了枪准备着，等着。那位五金工人耐不住的说：

"见鬼，等什么？你什么也看不见。"他举起了枪。

"停止!"弗郎茨把他的枪拿了下来,"这是我们的人!"离开他们几步已经现出了不大显明的影儿。弗郎茨跳到前面喜欢得了不得的叫了起来:"谟尔,谟尔,好兄弟,总算等到了! 我想,你不会来,什么我都准备的了,"弗郎茨·克莱萨德说,"你带了多少人来?"

"四个中队,"谟尔回答,"明天我们要进攻魏塞尔。在战线上都是很好的红军。"

小小的史尼德尔象皮球一样的跳着,笑着,简直发狂了;那些工人背着步枪,带着军用品,一批批的走过去,而他时刻跳上去要拥抱他们。克莱萨德队伍里的工人用着快活的叫声围绕着新到来的同志。

"唔,静一点,同志们,"弗郎茨·克莱萨德阻止他们,"要知道在一个基罗密达之内,都可以听得见我们的声音。"

"现在快些分成几个小队伍。"他发了命令。一共组织了四个队伍,每一队有一百二十个人。每两小队有一架机关枪。第三队还拖着一架小迫击炮。这是很好的有组织的红军部队。他们有很好的纪律,有作战经验的士兵的指挥,有政治代表的领导,因此委任他们去夺取魏塞尔城,魏塞尔是瓦德将军的根据地。

弗郎茨·克莱萨德又象以前一样的高兴,年青。

"第一队到堡垒去,"他叫了,"谟尔,你认识路的,你带他们去。"

第二第三队,照着弗郎茨·克莱萨德的分配,进了那个草屋,这草屋就是农民借给红军的。第四队向右出发,并且先派得力的前哨往前去,为得要经过铁路和占领铁路那一边的阵地的红军部队发生联系。

"你们准备完了,各队队长应该都来这里讨论一次。"弗郎茨·克莱萨德说,他开始去帮助第一第二队布置步哨。

前锋的重要地点由机关枪队守卫着。并且派了步哨到前面去侦探国防军的阵地究竟在什么地方。这是非常之困难的。

一二

弗郎茨·克莱萨德走进了农民的家里。从小屋子里送出了一种愉快的声音。工人同农民很兴奋的在那里谈论。

"我的上帝,从那儿来的这许多人?"那位农妇带着奇怪的问,"呵,如果这是兵士,我就懂得了。"

"这是我们的好的兵士。"弗郎茨·克莱萨德回答她,而且止不住的笑,因为农妇听见了从小屋子里送出来的每一个咒骂,使她的脸儿变得害怕的样子。

"是的,这些兵士,虽然没有平常的正式的军装,"弗郎茨记起了同谟尔讲过的话来了,他很高傲的说,"这是革命的兵士。"

"是的,是的,"农妇说着,摇着头,"兵士,他们要偷我们的鸡吃的。"

"唔,不要作声,"农民说,"你很知道国防军也是什么都要征收的。"

"我们极严格的禁止偷什么抢什么的。"弗郎茨·克莱萨德说,为的要解除农民的最后的怀疑。

过了一点钟,召集了各个队长。第一队的队长是高高的,宽肩膀,在鼻梁上架着眼镜的一个人,他穿着军装。第二队的队长是个海员。第三队的队长是一个老工人,他的脸是严厉的,他的行动是谨慎的。

他们大家围绕了桌子坐着,等着指挥右翼的第四队的队长。

"我们应该要选出一个同志来担任整个作战的领导。"第一队的队长说。他对那个严厉面貌的工人看着。

"这当然是必要的,"那个工人说,"尤其在明天要进攻魏塞尔的时候。"

"我们选举你。"弗郎茨插进了谈话,而且看着两个别的队长,他们点头表示同意。

第四队的队长走进了低的农家的草舍。经过一个短短的谈话之后,弗郎茨·克莱萨德已经知道这是一个五金工人。他的名字叫作蓄德。他穿着军服之类的衣服；保护色的裤子，裤脚塞在高统的步兵靴子里面，上面穿着便衣，大脑袋上戴着一顶旧的盔帽。他同史尼德尔一样，周身挂着子弹盒和手榴弹。

蓄德说得很多。他咒骂诺斯克，拥护谢魏林，还骂爱倍尔缺少勇气。

"如果曾经好好的组织，我们早就已经弄好了秩序，"他说，"自然，我只知道拥护宪法的必要，而且我认为不要把任何愚蠢的思想，关于什么自己的政府，什么夺取政权等等，灌输到无产者的头脑里去。"他大发议论。

有一个队长是一个老布尔塞维克，他用了讥讽的微笑对那个大发议论的演说家看，这被弗郎茨看见了。当蓄德还在滔滔不绝的发议论的时候，那个同志做了一个很坚决的手势说：

"唔，不要再讲这些。我们现在有重要的问题要讨论。"

"你还要讨论些什么呢？"蓄德用了不很高兴那布尔塞维克的口气问。

"我们需要说一说关于明天进攻魏塞尔的事情。"

"那照你的意思关于这个应该要多说些什么呢？"

"很多，"那布尔塞维克开尔对其余的领袖说下去，

"首先需要指出谁到前线去领导作战。"

"你。"高高的，架着眼镜的人说。

蓄德忍不住了，可也不说出自己的意见。

"然而你对于这件事已经有准备吗？"

"我想，是的。"

"没有好的领导者我们不应该去做任何冒险的事情，同志们，"蓄德说，"领导的人应该要有准备和经验的。"

"他还在俄国得到了经验的。"弗郎茨·克莱萨德说。蓄德的意见简直使他发怒了。

"要记得在国防军有军官的干部。"蓄德含着很多意思的说，挺了一挺眉毛。

"问题不在于红军的领袖带着镀银的和黄金的肩章，"开尔很厉害的反驳他，"而主要的在于他们懂得究竟为着什么去作战。"

蓄德还是那样不明不白的咕噜着,而且他带了一种被侮辱的脸色看着别的队长。他们大家都点着头,并不多说的赞成了开尔。他们开始去看地图了,这张地图是第一队的队长带来的,他把它铺在桌面上。

一三

一对农家夫妇坐在自己的卧室里。他们没有睡觉。还听得见住在草棚里面的红军的粗鲁的谈话声。队长们在微弱的烛光底下商量着,这支蜡烛是农民送给他们的。他们这样的专心致意的从事自己的工作,以致于不知夜将要完了。蓄德很寂寞,在讨论者的后面伸着懒腰而睡着了。

"唔,这个人已经睡觉了。"弗郎茨用头指着蓄德说。

"唔,让他去睡罢。"海员回答说。

"唔,什么,还没有完吗?"农民站在门边打着呵欠说。

"你没有睡吗?"弗郎茨问。

"怎能睡得着呢?"农民咕噜着,"这个草棚里象一个戏院子。还要好好照看着一切东西。"

"呵,这样的已经有三夜了。"站在丈夫背后的农妇诉苦似的说。

"这是战争呀。"开尔说。

"战争,"农妇咕噜着,"他们打架,而受苦的是我们呀。"

"如果我们打了胜仗,那对于你们是好的,"开尔说,"俄国的农民为要解放自己,着实不止牺牲这一点呢。"

"唔,我们在德国,不是在俄国。"

"德国的工人生活这样不好,象从前的俄国工人一样,倒霉,饿肚子。也许你们用了自己的手,辛苦的干着,已经积蓄了些财富了?"

"战争使我们破了产,"农民说,"一切东西都要重新制起来。"

"你们在现在的社会制度之下,什么都不能保存的,一切都被大资本家吞没去了。"

"唔,但是我们怎样能够改变这个世界呢?"农民问着。

"在俄国的贫农,同无产阶级的工人联合了,站在一起去反对共同的敌人。"

开尔讲话好象谟尔一样。弗郎茨·克莱萨德看着这讲话的人的沉静的脸色。

开尔站了起来:

"我们的阶级的敌人虽然放着谣言,诬蔑我们,诽谤我们,但是我们还是竭力要你们相信我们的坚决的意志是要看见你们的自由。我们一定要你们相信:我们不是你们的仇敌。"

"你们要不要一点热的咖啡?"那位农妇突然的问起来,她就跑到炉子那边去了。

"请你放一大壶开水,咖啡我们有的。"第一队的队长搀着海员的手说。开尔跟在他们的后面,他们都从草棚那里走出来了。弗郎茨·克莱萨德拍着那个打鼾的蓄德:

"起来!"

蓄德擦着眼睛,竭力的要明白他在什么地方。

"我们要出发吗?"他很慌乱的问。

"是的,我们很快就要出发,回到自己的队伍里去,等着命令。"弗郎茨说。

弗郎茨被委派去领导左翼。给这部分军队的任务是要去肃清丽泼河桥上的国防军,还要从铁路左面绕道过去。第一队的队长和海员,同着他们自己的队伍被派到战线的中部;在左翼执行自己任务的时候,他们就应该立刻进攻。开尔特别不放心右翼,他不相信蓄德,他决定同他单独的谈一次。

"我不允许无论那个给我任何命令,"蓄德说,"我既然是指挥队伍的,那我就担负起这个队伍的责任。"

"你这个责任就要和总的领导发生联系,"开尔说,"你应该要服从总指挥发出的命令。"

蓄德觉得在他面前的人不是那种说空话的,他会撤消他的队长的职务。他决定避开直接的回答说：

"是的,谁同你说我不愿意服从军事行动方面的总指挥?"

"你的行为。"开尔回答他。

"我的行为怎么样呢?"蓄德带着愤怒的说。

"你真是一个空谈家!"

蓄德咬着下嘴唇,而他的眼皮向下垂。开尔并不去看他,而对着蓄德队伍里的工人看着,这些工人围绕着自己的队长。他叫了一个小的,可很坚强的工人。他跑过来了。

"你是政治组织里面的人吗?"开尔问,"我是属于独立社会民主党①的。"

"同志,你担负政治的责任,你应当保证你队伍里的政治意识。"开尔说。

蓄德发了慌对他看,而且很快的打断了他的话：

"不信任我吗?"

"这不过为小心起见,"开尔回答,"这里的问题非常严重。问题并不在于某个同志的意见。你仍旧负责自己队伍里的军事领导,但是你应当服从政治的监督。"

蓄德叽哩咕噜的,他愤怒得脸色发紫了。

开尔还同那个独立社会民主党的党员谈了几分钟,他相信在他面前的同志是有确定的阶级觉悟的人。

一四

"唔,离别了。祝你们胜利!"当弗郎茨伸出手来同农民握手告别的时

---

① 独立社会民主党,从德国社会民主党内部分化出来的政党,组建于一九一五年。反对社会民主党支持帝国主义战争的政策。党内尚分为若干派,其中的左派于一九二一年加入共产党(参看《后记》)。——原版本编者

候,农民这样同他说。

"同样的祝福你们。"弗郎茨回答了他,就跑到自己的队伍里去了。在那里,大家在出发之前已经乱轰轰的了。

"我们就出发吗?"

"是的,立刻要出发。"弗郎茨说。他又召集自己队伍里的各个小组组长。他告诉他们作战的计划并且命令一切部队集中,准备起来。他们应该到那听得见枪声的前面树林里去。有时候听得见机关枪声,子弹很高的在头上飞,落到树顶上,还打断枯的树枝。重炮的射击声:"轰,轰,轰,……嘘嘘嘘……啡吁吁吁……"在树顶上飞着。工人们很低的弯着身体或者很快的伏倒在田地上,他们听见可怕的吓人的在树林里炸裂的炮弹声。

"脚踏车!"传令兵叫着。

车上的人闪过树林冲致队伍那边,他从车上跳了下来,把他的车子放在一边,跑到弗郎茨·克莱萨德的队伍里。

"队长在那里?"弗郎茨走到他面前,要发问题似的对他看。

"你的表在那里? 过三分钟就要出发。"

弗郎茨·克莱萨德把自己的表同传令兵的表对好。"八点差三分。"传令兵告诉他,又跑到自己的车子那边去了。

弗郎茨·克莱萨德下令:"准备好!"他手上拿着表,然后做了一个手势,队伍开动了。过了五分钟第一次的枪声响了。部队很小心很敏捷的对着国防军的步哨发枪,而且靠着手榴弹的帮助,把那边的一些步兵,躲在柴堆里和房屋背后的,都赶出了树林。

在丽泼河的区域,同样发着枪声。在那里汉堡来的部队开了过来,为的要肃清桥上的敌人。国防军的机关枪对着去进攻的人拼命的扫射。

工人的队伍象巨大的长蛇似的,爬过树林,枪接着枪。接着,又是第二批象潮涌似的红军队伍。在左翼的弗郎茨·克莱萨德,走到了丽泼河,而且已经能够向对岸的队伍打招呼。

这一部分的红军越走就越需要伏在田地里等着,因为国防军对着一切树林开机关枪。克莱萨德命令大家现在只能够等着炮火稀少一点，一跳一跳的前进，这就是要使队伍不因为急于猛攻而受到无益的牺牲。

他们从这棵树跑到那棵树，从这个柴堆跑到那个柴堆，伏在田地里对敌人瞄准，要打死他们的枪手，这些枪手现在还坐在树林子里好好的守卫着自己的地方，正在对着进攻的工人们开枪。

"在地上爬！"弗郎茨叫着，还指着前面，大概距离十五密达光景看得见一簇树，"看，那边横着铁路，对准着它开枪。"

看起来，铁路防守得很好的，在那里有不断的枪声；机关枪响着，而且在红军要过去的那个远处的树林里，子弹象雨似的落着。

巨大的长蛇躲进了树林里面，几百枝步枪立刻响着；打起铁路来了。克莱萨德的队伍不得不愈走愈伏倒在田上。国防军早就看见，对于进攻也准备好了，他们现在用尽一切力量来阻碍克莱萨德的队伍走近桥的那条道路。在队伍里的情形更加严重了。突然间有很大的叫声，一个红军倒了下去。他的手在空中划着，要找寻什么靠傍似的。然后他的身体向后倒下去，倒在枯草上面。

"第一个。"低低的说了一句。

弗郎茨·克莱萨德爬到伤兵那边；子弹打中了他的头部。这是一个熏讷倍克地方的工人，他是参加弗郎茨的队伍里的一个。

"打死了吗？"谟尔稍稍抬起头来问着。

"是的。"弗郎茨·克莱萨德回答，他又伏倒在低的田地里，因为敌人又很厉害的开着枪。

"同志们，立刻站到障碍物底下去，否则我们受到更多的损失。"弗郎茨警告工人们，在这个时候他瞄准了步枪。还有几个枪手，也叫了起来。受伤者的手紧紧的抓住矮树，他们还呻吟着。

"给他缚一缚绷布。"弗茨对谟尔说。谟尔爬了过去替他缚绷布。炮弹的铁音乐响得更厉害了。象一群巨大的蜜蜂，"吱吱嘘嘘"的在这些深藏在枯叶底下的身体上面叫。子弹落到树上，树上的伤痕很深；被打断的树枝飞舞在空中，带着一种干燥的爆裂声，又落在人上面，那些人简直不能够仰起头来。

国防军这样残酷的对着克莱萨德的队伍发着雨一样的子弹,以致于他们有些时候谁都不能够放一枪。

"这样我们连一个密达都不能前进。"谟尔对克莱萨德说。

"是的,要知道这里连头都抬不起来,一抬起来,就立刻会打碎你的。"他低低的说。

弗郎茨·克莱萨德向右试看了一下,他稍稍的抬起头来,那知道突然的"拍"一声,子弹恰恰在他的面孔旁边擦过,落在树身上,他就伏在这树底下。

"见鬼!"弗郎茨发怒的说,"我们怎么办呢?"谟尔重新安慰他:

"现在尽可能的放枪,等别的同志们开拔到前线来。"

"进攻,"史尼德尔劝告的说,他伏在离开他们不多远的地方。

"咄,空谈家,"低音的咕噜着,"你要一个人去进攻吗?"

"轰—轰—轰","喷—喷—喷",在他们后面几密达的地方榴霰弹响着;他们的耳朵都被震聋了,竭力的尽可能的把自己的身体深藏在树叶底下去。

又有一个人的叫声。

"应该替他缚好绷布,"右边的一个工人叫了,"看护,看护!"别的工人们也叫了起来。

"躺在那里,静一点!"谟尔说,并且爬到受伤的人那边,要想替他缚绷布。但这不是容易的,子弹炸断了他的肋骨。受伤的人象野兽似的狂叫,血流成小沟,谟尔的手上,以及周围的青泥苔上面,都是血水了。

一五

这样几乎继续了三刻钟。而靠近桥那里,愈打愈厉害了。汉堡的工人在国防军的残酷的炮火之下,不得已,已经退却了六次。他们一次次的冲锋要想同克莱萨德的队伍联络起来,然后去打击防守铁路的国防军的后方。虽然国防军对着桥那边不断的放枪,但是勇敢的队伍还是冲锋。

"我们应该首先毁坏那里的机关枪的巢穴。"谟尔说着,对那树林里的一个小小的土墩指着,所听到的机关枪声都从土墩那边来的。要取得那个土墩是可以的,不过要非常小心和灵敏。如果把这个机关枪的巢穴弄坏了,那对于进攻的汉堡工人就非常容易走过桥来了。

"这个我去试一下,"弗郎茨·克莱萨德说,他挑选了四个有力的同志,他们武装着手枪和手榴弹。

"我爬到前面去,而你们跟在我后面。"谟尔说。他就走向柴堆那边去,那边有条小沟,可以走到一所小房子去的。克莱萨德的冲锋队跑到小房子那边去应该不使别人知道。

留在后面的人,不敢喘气似的看着谟尔和五个同志离开障碍物——柴堆,——一个跟一个的爬到小房子去。克莱萨德的机关枪队疯狂的扫射那边的小土墩,土墩背后就是机关枪的巢穴。

他们六个人擦破了手,弄脏了衣服,总算走到了小房子,可以喘口气了。在他们后面离开十五密达光景的地方,两架机关枪响了起来。谟尔从障碍物的地方很注意的往前看,竭力的要想数清有几个兵士,这些兵士有时候伸出头来对着桥上看。

克莱萨德的勇敢的队伍,从右边抄过去,几乎要走到那个机关枪的巢穴了;只要再走过几个粪堆,就能够袭击那些没有预防的诺斯克兵。

"一个个的前进!"弗郎茨·克莱萨德叫着,就丢了两个手榴弹。在他后面谟尔和其余的同志奔上去。听得在桥上手榴弹爆炸了,但是冲锋队还是继续的沿着田埂爬过去,一直爬到粪堆那里。弗郎茨·克莱萨德等着,等到能够躲在粪堆后面的时候,再丢手榴弹,出其不意的打击敌人的机关枪的枪手。弗郎茨等到大家都准备好了,他就做了一个手势。手榴弹在空中飞舞。沉默一秒钟,之后——"脱拉拉——脱拉拉——脱拉拉",火和灰泥一股一股的向上冲。叫喊。有几个兵士跳了起来,象疯狂似的逃过田地。谟尔拔出手枪,打死了一个兵,离他有十密达光景。其余的兵也在工人们的射击之下,这些工人已经占领那一簇树林。

汉堡工人发觉了在机关枪的巢穴发生了什么事,他们就用着最后的拼命的力量进攻。虽然榴霰弹对着进攻的人炸裂着而受到重大的损失,然而勇敢的队伍肃清了桥上的敌人而跑到了对岸。在这一岸正在很残忍的战斗着。

谟尔和弗郎茨·克莱萨德爬到前面去,遇着了两个逃兵。他们开始肉搏,那逃兵竭力的抵抗。弗郎茨还没有来得及站起来,那个矮矮的兵就扑到他身上来,又把他推倒在地上。兵士的手抓着弗郎茨的脸,大概是要用指头来挖他的眼睛。

弗郎茨在当初吓得个半死,后来他明白了那个逃兵的用意,他用尽一切力量,把他的手从自己的脸上推开去。逃兵的指爪还是疯狂的刺到弗郎茨的脸上去。

"拿开你的脚爪。"弗郎茨·克莱萨德哑声的说,逃兵的指爪把他的下嘴唇抓破了。他也抓住逃兵的一只指头,用着全身的力量把它向后面弯过去。骨头折断了,逃兵拿开了手,高声的号哭了起来。弗郎茨立刻用两只手抓住兵士的头颈,开始压住他的呼吸。逃兵的脸肿了,发着紫青色。弗郎茨全身紧张起来,把他翻倒,压在自己身底下,蹂躏着。他的一只拳头紧紧的顶住了他,另外一只拳头打着他。这样,把逃兵打软了,他伸得笔直象死了的一样。弗郎茨拿起一枝手枪,要想打死他。

"弗郎茨,躲避。"谟尔从自己的洞里叫着。弗郎茨简直忘记自己是在露天的田上,那些国防军所以没有袭击,只因为不愿牺牲自己同伴的生命。但是现在大家开了枪。弗郎茨在这个时候伏到田里去了。

逃兵从昏迷中醒了过来,很恐怖的对弗郎茨看:

"同志,不要打死我。"他请求了。

"如果是你,当然不会来原谅我的了,狗东西。"弗郎茨看着那个敌人的肿胀的脸儿,回答他。看上去,这是个乡下的家伙。

谟尔也捉到了一个兵,看起来这是一个工人,他立刻举起了手而且请求保存他的生命。

勇敢的队伍伏在障碍物底下,还继续了几分钟,他们等着汉堡的工人和克莱萨德队伍的一部分开来,一同去进攻左方的铁路。从那里来的枪声还可以听得到。工人的队伍对着逃兵开着机关枪。

那些俘虏应该要打发出去才好。谟尔审问着一个被他捉到的兵士。

"在我们那边的人很少,"兵士说,"我们等着救兵来,我们大家相信魏塞尔城将要给你们拿去的。"

在右边开始了很激烈的炮火。那里是第一队的队长指挥着的,在这时候从树林里奔来了几个工人,他们经过露天的田地奔到铁路那边。

"准备着!"弗郎茨对着自己的同志说,这些同志是伏在障碍物后面的,"我们同着同志一起去进攻。"

命令一个传一个的传了过去。当弗郎茨举起手来的时候,大家跳起来冲上去。伏在树林后面的史尼德尔也跳了起来,但是他立刻又倒到地上去了:子弹直接的落在他的额角上。

"史尼德尔!"在他旁边的一个工人叫了,"我们的史尼德尔打死了。"但是整个队伍已经奔过了露天的田野,走到铁路那边去了,在那个地方敌人的军队还守得紧紧的。

几所农民的房子和草棚竖在荒地中间。在右边似乎堵住了进攻的人,而在左边的工人也不能够再上去,因为从铁路的信号机后面射出猛烈的枪弹。

"小心!"弗郎茨·克莱萨德叫着,"机关枪队跑到前面去! 对着信号机放!"弗郎茨命令着。一个炮兵和一个曾经参加过国防军的小兵开着机关枪。听得见远处玻璃窗和屋顶上砖瓦爆裂的声音。那个炮兵开着机关枪,坐在他旁边的一个人把一条条的子弹传给他。炮兵不断的对着信号机那边射击,当在他们那里再没有枪声的时候,他就猛烈的对逃兵开枪。

"嘘……"迫击炮弹。"轰。"弹火落到了机关枪的右边,而且泥土沾到枪手的身上。炮兵一点儿都不停的放着枪。在信号机后面的第二架机关枪又不响了。在空气中又起了声音,"嘘……"……第二个迫击炮薄。"轰",——放到了机关拍的左边。炮兵跪着,还是继续的开枪。"嘘……"……第三个迫击炮弹。弹火落在机关枪的旁边。两个工人叫了起来。站在那半堵墙头的障碍物底下的一组人被飞起来的一股股的烟气和泥土遮得看不见了。过了几秒钟,烟消散了。那组里的一部分人逃开了。有两个工人躺在墙边。他们是被打死了的。

"唔,现在一切完结了。"有一个黄头发的人发着抖,靠紧了弗郎茨。

"退! 一个个的爬!"弗郎茨·克莱萨德发命令。他发这样的命令是很不容易的。但是诺斯克的军队大概得到了援兵,而从右翼去进攻的,也已停止了。

一六

"史尼德尔死了!"工人们对弗郎茨·克莱萨德叫着,"子弹打进了他的头。"

死了一个愉快的史尼德尔大家都很悲伤的,回转头来对着躺着死人的地方看。

"要替他掘一个坟墓。"谟尔对工人们说,这些工人是在障碍物的后面靠近死人的地方。

"可怜的你,同志呀。"低低的声音咕噜着,拿起铲子掘着他的坟墓。在这个时候发现了什么事似的使弗郎茨·克莱萨德同谟尔都惊慌了起来。忽然,在前面的机关枪一个跟一个的不作声了。甚至迫击炮也不工作了。整个战线上的枪声渐渐的不响。

"在那里究竟发生了什么事呢?"弗郎茨·克莱萨德看着谟尔发了问题。

谟尔不能给他任何的回答。

"这总有什么把戏罢。"他带着愤怒似的说。

他们等着右翼那边的工人队伍开始进攻没有。可是在那里,看起来大约是停止了进攻。

"这是什么呢? 见了鬼!"弗郎茨叫着。他发了命令要大家站在一个地方,不要从障碍物那边走出来。

"兵投降了罢。"有一个工人说。

"唔，不是的，"一个低声回答，"小心点，他们会把我们引诱到一个袋子里去，截断我们退却的后路呢。"

"不要制造恐慌，"弗郎茨·克莱萨德说，"你自己在害怕。我们立刻派人到开尔那里去得些消息。"

树林里发现了一个传令兵。

"克莱萨德!"他叫着，对弗郎茨点着头。

"什么事情，见鬼吗?"弗郎茨急忙的问，他奔到传令兵的前面，"为什么停止了进攻?"

"在那里签了和约，"传令兵说，"但是开尔不相信这个传说，他命令我对你说，要你的队伍留在阵地，而你立刻到他那里去一趟。"

"和约?"谟尔恶狠狠笑了一笑，"可是同那个去讲和呢?"

"同诺斯克的拥护者，还会同那一个呢?"传令兵回答。

"同他们不能够讲什么和的。"谟尔说，他的脸都气红了，"无论如何，也应该在解除了他们武装之后。"

"同走罢。在开尔那里可以知道一切。"弗郎茨·克莱萨德说，他给自己的同志们有一个很严厉的命令：无论怎么样不能放弃一点儿阵地，如果诺斯克的兵有什么企图，立刻就对他们开火。

弗郎茨和谟尔同着那个传令兵一块儿奔到卉尔那边去，卉尔已经在第三队那里等着弗郎茨·克莱萨德。

"你去想一想，发了什么疯?"那个老布尔塞维克用了这样的口气迎着弗郎茨说，"在比列费尔德地方的几个社会民主党，还有另外一些鬼才知道是些什么人，同瓦德将军签了和约。"

"这对于我们不能给什么和平的，"谟尔同克莱萨德回答他，"如果我们同意了这个，那不过给国防军有机会去得到补充，他们到后来会很好的来'感谢'我们的这种愚蠢。"

"我想来也是这样，"开尔说，"我不能够同意这件事。我们继续去打罢。"

"我也这样想，"弗郎茨说，"现在我们能够占领丽泼河桥和铁路的时候，只要我们猛烈的去进攻，取得魏塞尔是容易的了：忽然间做出这样的蠢事情！"

"我们应该听所别的同志对于这件事的意见是怎样。"开尔说，并且决定等待其余的队长到来。

"派一个人到我们的总指挥那里去。"第一队队长说，在他的一队里特别受着了重大的损失。

"然而这对于我们有什么用呢？"海员反对说，"我们自己也能够讨论一切重要问题的。"

"什么，你用了你自己的两个拳头就可以夺取魏塞尔的吗？"蓄德插了进去，蓄德不管政治代表的反对，发了命令给自己的队伍要他们停止进攻。

"有这样的同志，他要迷醉我们。"那个小小的工人，同菁德同来的那个独立社会民主党的党员说。

"谁迷醉了你们？"蓄德叫着。

"你。"小小的工人回答他。他站在各队长的前面很愤怒似的。"你给了什么样的命令？ 在这里说一说！"

"我们准备退却，"蓄德说，"因为这是签好的条约所要求的。"

"你敢单独的给什么命令吗？"开尔的拳头在空中飞舞，"你应该拿队长会议的决议去做。"

"你们大家要什么？"蓄德带着抱怨的问，"在这里，究竟谁是指挥者？假使每个队长都单独的照自己的观察去行动，那我们的结果是怎样呢？"

"够了！"开尔对他说，"如果你要照自己的去行动，那你去行动好了。然而你要小心点，不要在同志们面前散布你自己的空话。"

"我认为什么是对的，我就去做什么。"蓄德很自信的反驳着，他看看其余各队的队长。他看出谁都没有拥护他的意见，他就走出去了。

一七

三月二十四的悲伤的日子来到了。传令的人来了,还带了一个最昏蛋的消息:"退到原来出发的那个阵地去";"谁都不该留在阵地上";"渐渐的往后退却"。

这是什么? 猴子们发了什么疯!"开尔愤怒了。

工人们奔跑了过来。

"矿工们走了。"有一个人通知着。

"在那里的矿工走了?"开尔叫着,愤恨得脸都发了白。

"在整个战线。整批的放弃了阵地。"

"这又是那一个捣的乱呢?"队长们叫着,奔到树林里去;在那里,真的,一批批的工人在肩上背了枪往后退了。

"停下来! 你们走到什么地方去?"开尔对他们叫喊,"那一个敢走! 大家留在一个地方! 这是严格的命令!"

"莫作声!"有一队的一个领袖叫,"你一个人去放枪,如果你愿意的话。我们走罢,孩子们,走罢。"

"这是蓄德,可恶的狗东西,应该拿来枪毙。"海员发恨了。

"是的,走的就是他。"谟尔指着,他看见蓄德在一个队伍的前面一步步的走着。谟尔阻挡着他的去路。

"你做什么呀?"谟尔发狂似的问他,"你的灵魂呢?"

"我已经说过,我同我的队伍退却了。"蓄德带着一半害怕,一半挑战的样子来回答他。

"你发了疯吗!"开尔叫着,他刚刚跑到这堆人里来,"你立刻带了你的队伍回到阵线上去,还是把你放到树那边,把很好的子弹放进你的胸膛去?"

"他?"队伍里的一个工人叫了起来,"枪毙人不那么容易罢。"

"你就是那一种人,在军队里捣乱的人,"蓄德说,那个工人的叫喊使他勇敢了起来，"如果你照这样做下去，那么，没有疑问的要惹起矿工们的不满意。"他推开了谟尔，对着那些等待着的工人做了一个手势。

"恶汉！"海员在后面叫喊，"你现在离开我们，但是，也许还会落到我们的手里。"

蓄德很阴险的笑了，并且很快的带着自己的队伍开步走了。开尔想要阻止其余的几组，但是只有扱少的人肯听他的话而留下来。大部分的人走过去了。

首领们带着悲伤的心绪对退却的人看着。开尔跑到同志们这里来哑声的说：

"假使这样的做下去，那在比列费尔德的我们的敌人，可以因为达到了自己的目的而快乐了。"

他坐在树桩子上，用手盖着面孔。弗郎茨·克莱萨德看见开尔，这个勇敢而严厉的人淌眼泪了。但是开尔又站了起来。"回到自己的队伍里。不要去听任何人的关于退却的话，我们要继续决斗的。"

当弗郎茨要走的时候，开尔抓住了他的手。

"你可不可以走到丽泼河那一边去，看一看在那里做些什么事情？"

弗郎茨同意了这一个委托，并且招呼谟尔到他那里去，他俩走过树林去了。

他们又遇到工人队伍，同第一次遇见的是一样。他们都不要再听关于进攻的话。"往后转，回家罢！ 我们停战了。"他们都这样的来回答弗郎茨和谟尔的一切反驳。

当他们走到自己的队伍这边来，有人发了问题："在那里有些什么，我们回家去吗？"

"我们留在这里。"弗郎茨·克莱萨德坚决的说。

"在我这里的，已经走了很多。"一个低音带了不满意的声调说。

"这是那些脑筋混乱的人。"谟尔说。

"见鬼，那些痴人想得出些什么！ 假使这样的做下去，那就很快我们大家都要退到后面去。"刚走来的那个炮兵咕噜着。

但是许许多多的工人不满意的咕噜着。

弗郎茨·克莱萨德把队伍交给炮兵指挥,很严格的命令他对于任何人的议论都不要投降,就对谟尔说:

"唔,现在我们走罢。"

经过一刻钟,他们到了丽泼河的岸边。谟尔在岸边看了一看,还找到了一只船,这只船就是他曾经在进攻堡垒那一天乘过的。他叫了弗郎茨,他们很快的过了河,在那里,他们遇到了工人。

"你们队伍里的长官在那里?"弗郎茨·克莱萨德问。

他对树林指着。在树林的后面看见了乡村的房屋。弗郎茨和谟尔跑到那边去。一切队长都聚集在那里,当弗郎茨·克莱萨德和谟尔走进那所小小的乡村的房间的时候,他们正在乱轰轰的讨论着事情。

"你们从那里来的?"有一个队长问。

"我们是占领了铁路的阵地,从丽泼河那一方面来的。"弗郎茨回答。

"你们那里的情形怎么样呢?"

"我们的队伍自从听到了停战的消息,就象发了疯。一部分工人已经跑走了。"

"但是你们对于这个允许的吗?"那个领导作战的长官在愤怒中叫了起来。"谁是你们那一部分军队里的领袖?"

"开尔,他已经尽了他的力量,"弗郎茨很激动的申辩着,"但是在我们那里另外有一些人,他们对同志乱说许多蠢话。"

"为什么你们不枪毙这些无赖的人呢?"一个军队的长官说,他的脸都气红了,"假使去了几个官僚主义的人,不会发生什么事情的。我们要继续斗争的,懂了吗?"

"这都是在哈庚地方的军事长官做出来的事情,"有一个领袖这样说,"前线的领导是在他们手里的。他们那些人应该拿来枪毙,象枪毙狗一样,"一个长官咆哮着,"这简直是叛徒! 现在,正当我们将要把城攻下的时候,做出这样的蠢事情来!"

他回过来对着弗郎茨·克莱萨德和谟尔很严厉的说:

"回到你们的队伍里去,并且告诉同志们,我们继续去杀敌。我们对于国防军提出了最后的通牒:如果在两点钟以前魏塞尔的兵不投降,那我们要开始拿大炮来轰城。"

当他俩又沿着岸走过去的时候,弗郎茨·克莱萨德深深的透出一口气对谟尔说:

"也许,还不致于都消灭。如果这里的情绪是这样,那我们的人也会清醒过来。"

"你听见了,这是谁捣的乱呀?"谟尔说,"这都是哈庚的人干得不好,因为他们在比列费尔德地方投降了那些提议讲和的人。这样的人不能够领导作战的革命军。"

他们重新渡过丽泼河。当他俩走进了树林的时候,在远远的什么地方发着很响的声音。

弗郎茨看看表——最后通牒的时期过去了。

"这是我们的枪炮攻着魏塞尔城呢。"他说。

一八

当他们走到自己的队伍里的时候,同志们正在埋葬史尼德尔。

因为被停战的消息所惹起的那种混乱,丽泼河的右边的战线是被削弱了,而且暂时不能够采取积极的进攻。丽泼河的左边的战线上,大家还是继续轰城。不过右岸的动摇的军队妨碍着更猛烈的进攻。

开尔想尽了一切方法调动新的补充。而只有几个小队伍,真正不同意哈庚人的中立态度,而自动的开上前来,帮助开尔指挥之下的军队。但是这也不能够填补那些战线上已经形成的缺陷。

这样过去了两天。克莱萨德的队伍在地上掘了一个可以躲避的战壕,现在只能够回答敌人的炮火。

三月二十七那一天,正是大家在战线上想得到新的力量的希望已经断绝了之后,因为哈庚人的消极,开尔召集了在他领导之下所留下来的队长,通知他们要退兵到夏尔摩倍克地方的决议。

海员反对,但是开尔证明这个决定是必需的,他说:

"右翼的人都没有了。没有右翼的帮助,我们不能够开到铁路那边去,而且我们有被截断后路的危险。"

谟尔站着,他仿佛被判决了死刑一样。开尔抓着他的手。

"同志,这完全不是我们就从此放弃一切去听天由命。你是到过俄国的。在那里,时常为了将来新战争的更多的成功而不得不绕远道走。"

谟尔只点着头,他看看弗郎茨·克莱萨德说:

"然而你对于这件事以为怎么样呢?"

"假使我们真的被截断的危险威吓着,那自然,应该接受开尔的提议;不过我所要反对的就是服从哈庚人以后的命令。总有一天他们会来缴我们的枪械,这些枪是我们用自己的生命冒着险得来的。"

"同志们,任何一颗子弹都不给他们来缴去的。"开尔说。

"我宁可把那些手榴弹缚到自己的喉咙口而炸毁自己,可是不愿意交出自己的枪。"海员说。

"这样的要求,自然我们是拒绝执行的。"第一队的队长也是这样说。

退兵到夏尔摩倍克已经决定的了。退却应该是渐渐的,每一队里留出一部分人来,同一架机关枪,在后面掩护退却。

弗郎茨·克莱萨德带着一个曾经在国防军那里当过兵的炮手和两个工人。他们拿了一架手提机关枪。弗郎茨用着低声指挥退却的队伍,并且开始找一个好的保护的地方来安放机关枪,从那里可以射击诺斯克兵。谟尔也留在他们一起。

在将近黄昏的时候,队伍一个跟一个的离开了战线,几乎不作声的走进了树林里。弗郎茨·克莱萨德要想带着枪在夜里退走,可是他忘记了一桩事情,就是下雾。同他出发到战线上来的第一夜一样,一切树林里充满着浓厚的密布的灰色的雾气。对于留在机关枪那边的小小队伍,唯一可以镇定的,就只是敌人的炮火比较的静了一些。

虽然有雾,但是弗郎茨·克莱萨德决定出发,并且嘱咐了炮手,万一有意外的袭击,那就用手榴弹炸毁机关枪。

将近半夜的时候在国防军的步哨那里起了一些惊慌。机关枪响了。小小的队伍应该伏倒在田里,在他们的响声中断的时候,炮手开起机关枪,为得要骗过国防军。在树林的右边,同样放着机关枪。

"这是我们的,"弗郎茨·克莱萨德说,"他们大家还在那里。"

时间过得难以支持的慢,红军穿的衣服完全被雾湿透了,他们冻着,恐怖的期待着天亮。

国防军放着不断的炮火。被子弹所打断的树枝带着声音落到地上,吓着那些听得很紧张的人。"脱拉……蓬——脱拉……"——在树林的左边突然的炸裂起来。

"这是什么?"红军一个问一个的问着,他们很害怕的听着爆裂声。

"手榴弹,"炮手说,"我们的呢? 还是诺斯克兵的?"机关枪响了,左边和右边,又是手榴弹。

"他们看见了什么?"谟尔说。

"开始罢,放一排子弹,然后应该炸毁机关枪,并且立刻离开这里。"弗郎茨·克莱萨德命令着。

炮手放起枪来了。他拿了最后的一排子弹拼命的放。

"小心点,"谟尔低低的说,"诺斯克兵在右边走着呢。向右边丢个手榴弹。"炮手把机关枪旋到那一方面,继续的放着。

"够了。放好手榴弹,把火点着。"

大家都奔逃了;在他们的后面起了很高的一股火光,机关枪毁坏了。在右边的机关枪声低了下去,但是手榴弹一个跟一个的炸裂着。

"大概这是叛徒把我们退却的消息送给我们的敌人知道了。"谟尔说着,跑进了树林。

炮手和两个别的红军已经看不见了。弗郎茨·克莱萨德还要召集他们。

"让他们逃罢,"谟尔说,"现在每一个人只好注意自己了。"

"我们走罢!"

"等一等！"弗郎茨·克莱萨德慌乱的说。他们站定了一下，喘了口气。

"我听见在树林里有什么似的，"弗郎茨·克莱萨德带着恐怖低声的说，"你没有听见叫声吗？"他的手指着右边。

"诺斯克兵抓到了我们的人呢。"谟尔叽咕着。

"但是我们到现在还不知道，我们逃到那里去好呢。"弗郎茨·克莱萨德说。

"是的呀，那你等着做什么呢，难道要叫他们在这里来抓着我们吗？"谟尔问着他。

"唔，这样，逃罢！"

他们沿着树林逃了，难得停下来听一听。

这样过了个把钟头，有了亮光。他们现在可以看得出了。弗郎茨拿出表来，可是表停了。

"唔，我们现在在时间以外了。"弗郎茨说笑着。

"拿好了枪，准备着，倒好些。"谟尔说；他们喘了几分钟的气，大家相互的看着。

"我们在什么地方呢？"弗郎茨·克莱萨德问着。

"是呀，那个地方？"谟尔咕噜着。

他们发抖了。近着他们响了两次枪声。"轻些，"谟尔伏到地上去了，把弗郎茨·克莱萨德也拖了下去。"诺斯克兵！"他说话的声音低到不过听得出。他很快的看了一看树林里，他看见了两个铁的盔帽。

在他们前面的左边听见了叫声。谟尔举起了头。一个工人逃着，五六个兵在后面追着，这些兵对他放着枪，并且叫着："狗家伙，你停下来，猪猡！昏蛋！"之后，在空中举起了枪柄，有什么东西响动了一下。骨头的响声。

"他们打死了他。"谟尔低声说，他的脸白得象粉笔。他举起了步枪，但是已经看不见一个兵士。

"你自己去送给别人知道，"弗郎茨阻止他，"假使他们人很多，那他们可以象对付那个同志一样的来对付我们。"

谟尔在周围看了一下,把枪放下了。

"但是现在怎么办呢?"他问;弗郎茨·克莱萨德听见了送过来的声音,这个声音大概远远的向左边去了,他决定:"应该等待一下。"

真奇怪,弗郎茨虽然在危险的状态中,但是他非常之镇定。谟尔却相反,他惊慌到这样,以致于难以支持。他失掉了一切的理智而要立刻对兵开枪。

"如果现在我们再向右边爬下去,也许找着一个可以躲避的地方。"弗郎茨·克莱萨德劝告他。

他们十分困难的绕了几个弯,总算没有遇到远在树林里搜索着的兵士。疲劳得半死的他们,最后在树林中找着了一个草棚。

"爬到那里去。"弗郎茨·克莱萨德说。

他们很小心的爬到了草棚,在它后面拖开了几块木板。

"爬到前面去。"谟尔说,他还向那个树林里看了一次有没有兵。之后,他们爬进了那个洞,又拿过板来盖好,板起了响声,他们闭住了气听着。"暂时得了救。"弗郎茨·克莱萨德说。他们爬过草堆,再爬下去到了草棚中间,他们听见从院子里走近来的脚步声。

当弗郎茨·克莱萨德从草堆里钻出来的时候,他看见草棚的门开着。他想要再把头躲进草堆里去,然而一个女人的很高的声音就在这一忽儿叫了起来:"我的上帝呀,贼呀,在草棚里有贼。"

"我们该死了。"弗郎茨·克莱萨德说,他看着谟尔,谟尔却非常之镇定。

"她现在要把我们吊到国防军的项颈上去了。"谟尔哑声的说,他走到草棚的门那边去,从那里可以看到院子。

在草棚后面的一所小小的农民的房屋里走出了一个带棕色脸的农民。奔跑的女人带着叫声跑进了房屋,她站在农民的后面,在告诉他什么。谟尔听见了那个农民的回答仿佛是说:"唔,唔,——再等一等。"

"哈,你们来听我说!"谟尔叫着,并且从草棚里走了出来,"不要叫。

我们不想偷你们的什么东西；我们是被人追赶着，来躲避一下的。"

"在那里！"女人叫喊着，"他们在那里！"

"唔，不要叫。"农民不自觉的说，推开了她，而不那么很相信的对着草棚走去。

"哈，你们走出来！"他叫着谟尔，"你们在那里寻找什么东西呀？"

"他们来偷东西的。"

"我已经对你们说过，我们躲到这里来，因为有人追赶我们。"谟尔说，他从草棚里面出来，走了一步走进了院子。

"谟尔，小心。诺斯克兵！"弗郎茨·克莱萨德叫着，而把谟尔拖到草棚里面去了。

"呵你！"农民咕哩咕噜的说，他回过头来对着一队兵士看，这一队有五个人，他们走进了院子。

"在此地发生了什么事呀？"走在前面的一个兵问着农民。农民不作声的向着草棚把头歪了一下。但是那个农妇的手指着草棚而且带恐怖的说：

"不知道是个什么样的家伙钻进在那里。"

有一个兵，大概这是步哨队的队长，他对着草棚看，同时对那等着的队伍做了一个手势说：

"从那里赶他们出来。"

兵士们走向草棚那边。

"站住！"谟尔叫，"我们要放枪的。"

"冲上去，"队长叫了，"拿手榴弹来炸死那些猪猡。"

"不要烧掉我们的草棚。"女人叫。农民对队长讲了什么，但是那个人象发狂似的对他叫着。

"呵，离开这里，到房屋里去。"他们并且举起了步枪。农妇吓得要死的叫着，拖着自己的丈夫走进房屋里去了。

有一个兵士解开了手榴弹，拔开了机关，其余的站着，很害怕的看着草棚。

"唔,快转过来。"队长强迫着。兵刚要丢过去的时候,从草棚里放出一枪来了。兵跌倒了,伸得笔直的。其余的兵(一个丢了自己的枪),都逃到房子后面去找障碍物。队长是第一个躲到那里去的。

"唔,现在是我们的生死关头了。"谟尔对弗郎茨说,而弗郎茨还象石头一样的对着离开他们几个密达远的那个死兵看着。"拿着枪去找一个便于你好放枪的地方。"谟尔说了,重新躺倒了,因为从房屋的角落里发现了两个盔帽。

"拍",第二次枪声响了。弗郎茨·克莱萨德爬到一架什么机器背后,举起了步枪。院子可以看得很清楚。队长在房屋后面咒骂着。谟尔听见了他的哑声:

"可恶的胆小鬼! 你们在墙背后坐得好好的,在两个家伙面前就害怕得枪都会丢。我要去告诉长官。"

"草棚里挤满了斯巴达克派!"谟尔和弗郎茨听见了一个兵带着害怕的声音说。

"冲到前面去! 开机关枪!"队长叫着。他伸头出来看看草棚。弗郎茨·克莱萨德看见了一个大的,看上去,象酒醉的面孔,他对准了他,"拍",子弹打下了一块墙上的石灰。兵的头不见了。

"可惜!"弗郎茨说,"低一个手掌,我就打着了他。"

兵,再也没有出现了。只听得出队长的声音:

"到前面去再叫些人来,把机关枪拿来。"

"我们现在怎么办呢?"弗郎茨·克莱萨德问了,而且对谟尔看了一看。

"如果我们等在这里,那就该死。应该再钻过墙去跑进树林。"

他们对着房子的角落再放了几枪,一个跟一个的爬到墙那边去了。谟尔又是不作声的抽出了几块木板,他从草棚里爬了出去,还帮助了弗郎茨。谟尔听了几分钟他们在院子里做什么,之后,他就跑进了树林。

"唔,现在逃罢。"谟尔低声说,他们穿过了围绕在房屋周围的小树林,而走进树林里面去了。

"拍",听见在院子里放了一枪。他们站住了。

"他们看见了我们吗?"弗郎茨·克莱萨德害怕的说。

"他们对着草棚放的枪,"谟尔阴险的笑着,"你看,这些狗家伙蠢到这样。"

爬得很疲倦了。衣服撕得粉碎,手也抓破得出血。

"再走下去,走下去。"谟尔对弗郎茨说。他们尽了一切力量,尽可能的快跑,跑开这危险的农民房屋的附近。他们在树林里爬了一点钟的光景,在他们的后面远远的有机关枪声。

"听一听?"弗郎茨拍着自己的同志。

"现在让他们很勇敢的去打草棚好了。"谟尔嘲笑似的说。再过了两点钟他们找着了一个柴堆,躲了起来,总算可以喘口气了。弗郎茨立刻睡着了。

可是谟尔不能够安定下来,他喘了几口气,但是没有睡得着,他很紧张的看着四周围,他的眼光在树堆里搜索着。

弗郎茨睡得很久,当谟尔叫醒他的时候,已经是黄昏。

"弗郎茨,应该向前走了,夜又快到了。"谟尔说。

今晚也许可以不怕有雾了,起了很厉害的大风,一球球的黑云在树上飞过去。

睡眠振作了弗郎茨的精神。他们两个拿起了枪,又爬过了一堆树林。他们在这个时候并不需要特别小心了,什么地方也看不见兵。

"我又重新愿意活了。"弗郎茨说。

"死也并不容易的,甚至当在诺斯克兵坐在我们的头颈上的时候,也还死不了呢。"谟尔回答他。

"不过我们在什么地方呀?"弗郎茨过了几分钟问。

"在诺斯克队伍的后面。他们距离着我们还很远。"

一九

弗郎茨·克莱萨德立定了:

"看呀,"他说,"这就是铁路。"

"这是到魏塞尔城去的铁路。"谟尔说。

谟尔躺在地上,同时决定了去的方向。

"魏塞尔在左边,如果我们要回到自己的战线上去必须向右走。"

他们躲在树林里商量着。在黑暗中的谟尔,他的宽的背和魏史脱发里亚①的口音,简直可以算是一个乡村工人。他把枪丢在铁路旁边,为要使别人看不出他。他自己又折了一根树干,拿小刀子在周围削了一削。

"唔,现在走路罢,"他说,"我走在前面,而你拿着枪跟着我走。"他们一点不能看见前面,因为黑暗又笼罩了地平线,他们最主要的是靠着自己的听觉。

"假使我们碰见了诺斯克的人,那我就要干了他。"谟尔说,他就开步向前走了。弗郎茨·兑莱萨德跟在他的后面,他肋骨旁边的枪挟得紧紧的,枪口是向下面的。他的心跳得很厉害,以致于可以听得出响声。他咬紧了牙齿,同谟尔一样的想:"或者是这样,或者是那样,始终还是要干到底的,给别人抓去是不允许的。"

在前面单个的枪声响着。谟尔向前走着。弗郎茨的血冲到了头部,在太阳穴里跳着:"假使诺斯克的队伍占领了前面的阵地,那就使我们很不好。看来,就要抓住我们的……"

但是除了铁路之外,他们再没有别的路可走了。所以他们只有向前去碰运气。

这边和那边到处发着枪声,愈来愈响了。弗郎茨·克莱萨德惊慌得双脚发抖。谟尔没有停留,用滞重的脚步往前走。弗郎茨·克莱萨德因

---

① 魏史脱发里亚,今译威斯特伐利亚(Westphalia),德意志联邦国西北部地区,文中提到的爱森、魏塞尔、鲁尔等地,均隶属此省。——编者

为看见同走着的谟尔很镇定,所以使他非常之难受。他突然的立定了,而且呆住了。

"站住!走来的是那一个!"在前面有一个人叫了起来。弗郎茨·克莱萨德对着黑暗很注意的看。他又听见了守卫兵的叫声:"站下!到什么地方去?"

"到陀尔史滕去。"谟尔咭哩咕噜的回答。

"不能够。在那里是红军……"

"见了鬼,我到什么时候才能走得到那里呢?"谟尔咕噜着。

"这里的路是关断了的,"守卫兵说,"你们到那边去会吃子弹呢。"

弗郎茨伏倒在地上,他听见很响的打了一声,还有哼着的声音。

"向前走!"谟尔叫着,在昏迷的兵那里夺过了一枝步枪。他就沿着田地很快的走了。

弗郎茨跟在他后面,几乎失了知觉。

兵醒了过来而且叫着:

"斯巴达克派!斯巴达克派!"

在前面的那两个逃兵看见了子弹的火光。

"这是我们的,"谟尔叫了起来,"前面去,到他们那边去。"

他们伏在田里又重新跳起来,在枪林弹雨之下冲上前去。

"躺下来。"弗郎茨叫着。

"冲上去!"谟尔在绝望中赶了过去。

在他们的后面机关枪响着。他们奔到泥堆后面。诺斯克的兵的叫声赶了他们出来,他们重新拼着自己的命奔跑。在逃的谟尔,他的背上中了子弹,倒在地上摊开着整个身体。弗郎茨·克莱萨德要举起他来,但是谟尔又呻吟起来落到地上去了。

"你怎么样呀?"弗郎茨在恐怖中摇着他。

"让我去罢,弗郎茨,"谟尔呻吟着,"快些逃,用着全力。"他们实在是非常之危险,——弗郎茨举起了谟尔,把受伤的沉重的身体背上了,拖着他一块儿走。

"同志们,停一下!"他对着还在放枪的那个地方哑声的叫,"停一下,不要放枪。"

磕磕碰碰的几乎倒下来,他往前奔着。奔到一群工人那里,他倒到了他们的脚上,他仿佛落到了一个深坑里,愈沉愈深,仿佛沉没到海水的漩涡之中,沉到了底又重新浮到水面。他在昏迷中,似乎明白他在斯巴达克派的营垒里了。

"唔,现在你的头脑完全的昏迷着。"有一个工人对他说,还摇着他的手。

弗郎茨·克莱萨德几乎听不出他的字句。他很注意的凝视着那个伸得笔直的用雨衣盖着的身体。这个身体离他不过几尺的光景,这就是谟尔。

"死了吗?"

"是的,"一个工人说……

二〇

那天晚上,弗郎茨·克莱萨德简直受尽了痛苦,总算走到了陀尔史滕。人家把他送到了一所房屋里去,那里面充满着烟气和臭味,挤满了受伤的和失了知觉的人。谟尔的死,象一块石头似的压在他心上。他想着这个被打死的同志,就一刻儿也不能够安宁。虽然他非常的疲倦,可是,直到快天亮的时候他才睡着。然而屋子里的骚动和声响又使得他跳起来。

"快些! 快一点儿! 大家到街上去!"一个海员站在门口叫着。

"什么事,真见了鬼?"那些红军问着,他们的肮脏的手习惯成自然的都抓住了放在旁边预备着的枪械。

"诺斯克的队伍来了。"海员叫着。

"他们这班该杀的东西!"红军都跑出了房屋,睁开着眼睛,看着那个叫喊的海员。

"快些！不要做傻瓜！站好！机关枪到前面去！占领街道！"那海员很热烈的叫着。工人们乱七八糟的跑着，互相的磕碰着，叫骂着，把机关枪往街上拖。

有几个胆小的爬上了汽车。

"你们要干什么？"那海员骂着，"下车来！汽车是不能够开到什么地方去的。"那些人咒骂着，都爬了下来。来了一个报信的，他满头是汗，满身是泥土，远远的他就叫着：

"防备着，马队！"

"唔，快些，好好的瞄准！"海员叫着。

从窗子里，从栅栏后面，从裂缝里，放起枪来了。弗郎茨·克莱萨德同着几个红军拖了一架机关枪出来。他们把这机关枪放在街道的右边。很谨慎的走来的马队，又转身过去，很快的跑走了。这里那里，从小树林后面出现了些诺斯克的兵，然而碰见了炮火，又很快的躲进去了。站在那边准备着的汽车，装满了女人和伤兵，就疯狂似的迅速的开走了。

"趁着送伤兵的时候，我们一批批的退却，"海员下了这个命令，"我们的指挥的同志怕我们在这里会被包围呢。"

街道右边的机关枪队后面，出现了诺斯克的兵。大约六七个人。弗郎茨·克莱萨德立刻看见了他们。他很快的把机关枪转过去就开火。

那些兵伏倒在地上，又爬回去了。有一个躺着不动。弗郎沈·克莱萨德又放了几枪。

"那一个是完结了。"一个工人说。

"快些从这里走开，我们要受包围了。"另外一个工人从街道那边叫着。机关枪队又等了一忽儿，街面上谁也没有出现。

"唔，上路罢。"弗郎茨·克莱萨德就叫了。

这是不容易绕过去的。耕种过的田地已经冻僵了。疲乏的机关枪队，磕磕碰碰的，在这冻僵的田地里走着。"嘶嘶嘶——嘘……"——一个榴霰弹在他们头上呼啸着。"拍拉拉"一声，在离开他一百密达光景的田地里，那榴霰弹炸开了。他们都伏倒在地上。许多泥土四面飞开去。

"好厉害的碎片!"有一个工人叫着,就赶紧走到路上去。可是,那边也有榴霰弹飞过去,就在离开那条路十密达光景的地方炸开了,发出非常之大的爆裂声。

"这些狗东西想要截断我们的路呢。"红军们叫着。

他们很快的往前跑,很吃力的背着沉重的枪械,出了满身的汗。

到处都聚着一堆堆的工人。有些地方,机关枪还在响着,在那条路上,有一辆汽车烧着。因为那车子坏了,所以乘这车子的人就索性放火烧了它。其余的一些汽车,装满了伤兵和看护,闪过去了。沿着这条路,好些红军跷着脚的往前走,威吓的姿势。咒骂。唱歌。甚至于说笑话,粗鲁的,矿工式的俏皮话,虽然情形是非常的危险。

"很快的,我们再来袭击一次爱森,这一次不过是战术上的退却。"一个红军讥笑似的说着,他的一只手裹着沾满了血迹的破布。

"这是我们接到的兴登保的公文。"

"嘶嘶嘶——嘘迂迂迂"——又是几个榴霰弹呼啸着。

"克拉克拉"——那些榴霰弹在耕种过的泥土里炸开了。

红军身上又溅着了许多泥上。

"防备着!诺斯克的兵来了!"

每一分钟都是这样。这样一直退到一条水沟的岸边。

二 一

爱森,三月二十五日,莱茵—魏史脱发里亚区域的各执行委员会的联席会议开会了。到处的,几百个工厂的革命苏维埃代表都来参加会议了。会议上的主要问题是所谓《比列费尔德协定》,那协定是出卖了革命斗争的。因为鲁尔区域不能够白白的等待着国内其余的工人的起来,所以就决定选举中央委员会,并且委托它和政府进行新的交涉。中央委员会也就立刻向政府提议开始新的谈判。这是因为战线上的工人正在绝望的抵抗着,可是混乱的停战命令的结果,已经使得战线削弱了,有些地方已经退却了，——所以逼得只能够这样办。

政府方面的答复却是最后通牒式的：

一、无条件的承认合法的国家政权。

二、恢复国家的行政机关和保安机关，只有这机关并没有用具体的行动帮助卡普—吕德维支政府的罪状。

三、立刻解散红军。

四、完全解除人民的武装，连纠察队也在内，——并且应当在相当的政府机关的监视之下执行。

五、立刻释放俘虏。

如果这些条件能够履行，那么，政府可以放弃镇压的手段。否则，行政机关的代表就有为着恢复合法秩序而有行动的自由。

签名者：帝国政府

国务总理　缪勒尔

国防总长　葛斯勒尔博士

中央委员会引证了《比列费尔德协定》，提出抗议。对于这个抗议，莱茵·鲁尔区的国防军司令瓦德将军给了一个更加无耻的哀的美敦书。瓦德将军在鲁尔工人暴动以前，差不多是公开赞助卡普—吕德维支的，现在却又做了"合法的国家政权"的代表了。

他要求：三月三十日以前应当交出四架重炮，十架轻炮，二十架机关枪，十六架迫击炮，两万枝步枪，四百颗炮弹，六百颗迫击炮弹和十万颗子弹。如果三月三十日以前，有一部分红军还保存着军械，那么，就作为没有履行条件……

劳动平民，听见了这将军的要求，都非常的愤激，把那些敢于公布这个哀的美敦书的报纸和布告都撕得粉碎。

受尽痛苦的红军，从战线上回来，——看见有些市政厅居然想不管执行委员会，竟敢贴出自己的布告——他们非常之痛恨的对这些布告吐着唾沫。红军们把好些群众召集在那些贴着广告和布告柱子的周围，向他们说战线上武装工人的困苦的流血的战斗。他们，这些红军非常之坚决的要求人民都尽可能的武装起来，赶紧开到前线去，现在前线已经很危险了。在卡泼史塔德广场上，有一个红军站在纪念碑的脚座上，用他那叫哑了的喉咙，非常之愤激的讲着：

"同志们，我们是为了什么暴动的？为了什么我们拿起枪械的？这不是为着爱倍尔政府；爱倍尔政府，在我们的总同盟罢工帮助他坐稳了总长交椅之后，立刻就把我们出卖给瓦德那只喝血的狗东西。我们拿起了枪械来，为的是要解放，脱离压迫者的压迫。同志们，瓦德的哀的美敦书——就是我们暴动的完结。假使我们交出了我们的枪械，我们就要有几千个最好的工友给这个野兽去糟蹋。如果我们服从，同志们，我们又要再做十年资本家的奴隶。同志们，那些为着鲁尔区域的每一步的胜利而在送掉自己的性命的红军们，那些流血战斗的红军们委托我来号召你们武装起来，再暴动起来。鲁尔区域已经流了许多工人的血。鲁尔区域是属于革命的无产阶级的……"

他的演说引起了高声的拥护，群众把这个哑着喉咙，满身肮脏的红军抬在自己的肩膀上，抬着他在街道上走起来。突然的示威游行起来，前面展开了一面红旗——"无产阶级专政"——游行的人非常热烈的叫着。游行的人走遍了全城，一直走到市政厅那边，那边又有几百个工人自己申明愿意到战线上去，正在要求枪械。留在那边的人又有了希望，而兴奋起来。回家来的疲乏的受伤的红军们，把自己的一切力量交给了工人的事业，他们的心里又产生了新的希望。中央委员会宣布瓦德将军的要求是昏蛋的要求，三月二十九日就号召新的总同盟罢工。

总同盟罢工。几天以前很不高兴的回到矿坑里去的矿工互相喊着这几个字："总同盟罢工。"这种声浪很深的传播到了矿坑里去，使得打坝工人在坝上听见，抽水工人在唧筒和抽水机旁边听见："总同盟罢工"，"离开矿坑"，"离开水轮子"。

群众拥到了矿场的大门口，吸引了犹豫着的工人。他们走到钢铁厂去，叫工友们不要做工了。

二二

犹普·茨尔马克同着党的代表马列尔出席了执行委员会的联席会议。

独立社会民主党右派的行动使得他非常之气愤。

"就是最蠢的蠢货也懂得他们要的是什么。"他给马列尔说,马列尔就坐在他的旁边。

"可是,假使我们停止了斗争,也许还是比较聪明的办法。"简直丧气了的马列尔说,"《比列费尔德协定》也已经给了我们一些好处。"

"你要说的好处,大概就是恐慌了,"犹普·茨尔马克恶狠狠的说了,他越看越清楚了:马列尔是在动摇,已经丧失了一切勇气。"伙计,你的眼睛和耳朵那里去了? 停战和协定整个儿的都是为着要夺掉我们手里的武器,然后更加方便的来对付我们。"

马列尔平常总是坚持自己的主张的,现在对着这位强壮的打坝工人感觉到不可克服的恐惧。

"始终也还可以试一试,"他不满意的咕噜着,"我们也不能够永久的打仗。"

"试一试什么?"

"唔,妥协。"

"我们一颗子弹一枝枪,也不能够交出去。"犹普·茨尔马克生气了。

不单是他们两个争论着。在好些桌子上,都在这样的争论。这些争论在各地方执行委员会里也在发展着,那里各种倾向和意见都有。整天的争论着。直到三月二十九日,重新宣布了总同盟罢工之后,争论部分的停止了,甚至于马列尔也声明愿意去劝告矿工罢工。

执行委员会的常务委员会里又紧张的工作着。信差来来去去的。

邻近的城市和村镇里,大家欢迎的叫喊着,脚踏车跑来跑去,装着武装队伍的汽车开到前线上去帮助疲乏的同志。

看起来,仿佛一切都变了。甚至于马列尔都快乐些了,再也不讲解除武装了。他自己也帮着供给军队,替他们找指导者。他甚至于扛着枪到街道上去守卫,因为有些地方发生抢劫的事情。三月三十一日到了。

"讷莱工厂的技师不肯停止工作。"一个五金工人跑到执行委员会的常委会里来报告。

"用枪去把他们赶出来。"犹普·茨尔马克说。

他派那五金工人同着两个红军到工厂去。在楼底下的那个"钢铁厅"里,罢工工人非常之兴奋的欢迎他们。

"把他们从工厂里拖出去,伙计们。叫他们滚。"

那些技师,很热心的在那里画着图样,看见了威吓着他们的手枪,也就不再反抗了。他们收拾着自己的东西,脱下了白色的制服,很害怕的从图样间里走出去了。只有工厂管理员兴奋的恐吓着:

"我要去告状的。"

"等我们弄好了,你尽管去告状好了。"一个武装工人答覆他。

在史托朋堡,一群工人包围着市政厅。站在群众中间的是亚珂·托劳滕,他在演说:

"这是罪恶,同志们。政府竭力要想恢复合法的秩序。它这一次无条件的保障钢铁工业方面的社会化和八小时工作制的实行,还有矿坑里的六小时换班的制度。而斯巴达克派挑拨劳动人民去干新的流血的把戏。每一个有理智的工人,只要明白斯巴达克派是完全不负责任的……"——一只沉重的手抓住了演说的人的喉咙。

"亚珂,闭起你的鸟嘴。不然,我们塞住你的喉咙。快些走开,不要等着飞上天。"

亚珂·托劳滕被人家狠命的一推,就从笑着的矿工群众之中往市政厅那边飞了过去。犹普·茨尔马克用力的把他撞了一下,自己就跳上石头阶沿,说:

"现在不要来蒙蔽真相,同志们,这是没有用处的。政府答应我们的事情,在暴动以前它就能够办得到的,它有很多的机会。可是我们将要看见的,仍旧不是什么社会化,而是瓦德将军的军队。最近鲁尔无产阶级给他们的打击,他们是要用枪柄和子弹的打击来回答我们的,——如果我们蠢到那么样,居然交出自己的武装去。空话说够了,同志们,枪械准备好了,拿枪罢,——到前线上去帮助那流血的矿工。现在我们只有一条出路:咬紧牙齿去打。"

"对呀!对呀!"犹普·茨尔马克的话重新激动了矿工。

二三

水沟里,灰色的油腻的波浪慢慢的流过去,弗郎茨·克莱萨德同着几个红军伏在自己的机关枪后面。水沟那边是诺斯克的军队。他们躲在房屋里面以及很好的障碍物后面开枪。弗郎茨·克莱萨德也放着枪,可是很节省的。子弹已经不多,他们总等到看得见那边的正确的目标然后再开枪。对大家说过的:"尽可能节省的开枪,子弹再也没有了。"

从水沟边,重炮轰过来。榴霰弹打在地上,每次都溅起许多泥土,沾到机关枪队的身上。

"找一个好些的障碍物。"弗郎茨·克莱萨德下了这样的命令。

他们满身都是肮脏,在泥地上拖着机关枪走过去。

"这有什么用处呢?"一个工人咕噜着,很心焦的望着城市那边,他们枉然等着那边来的帮助。

在城里面呢,简直是一团糟。慌慌忙忙的收缴着枪械,解散着队伍。执行委员会不但不派救兵,反而对于这些奋斗的人给了一个痛心的通知,说是斗争应当停止。

教堂里的钟响着。

"复活节!"一个老年的战士嘲笑的说,"那些酒鬼在庆祝他们的赎罪了!"

"他们已经替他们的救主戴上许多花朵了!"另外一个人说,他的脸上带着一道伤痕和好些血迹。大家都很忧郁,忿恨,然而不肯离开他们的岗位,继续着坚决的抵抗。

"我们丢着走罢,"一个搬运夫说,"这里只剩得这么一小堆人了。"

"不行,"克莱萨德说,"我们应当留在这里;假使给他们渡过了这条河,城里的几万人都要受着威迫。"

"我们现在谁也救不了,"那搬运夫解释着,"我们就要完结了。"

"我们应当拦住诺斯克的兵。"弗部茨固执的重复的说了一遍;大家又躺下去,继续战斗。

"我们再也没有子弹了。"一个青年工人说,指着剩下的几颗。

"到别人那边去看看,"弗郎茨说,"也许他们还省下了一些。"

那青年从这一堆人爬到那一堆人,恳求着他们:

"同志们,我们没有子弹了;你们能够给我们一点吗?"

"我们自己也没有了。"这是回答。

"只有一盒子了,半条罢,假使你要分的话。"

他们把一条子弹割成两半,互相均分着。那青年满意得脸上都放着光彩,爬着回去,还叫道:

"我弄到了一点了!"

他们更加节省的放着枪。在水沟那边,国防军的机关枪继续不断的扫射着;他们是用不着节省的。

"你们里面来一个掘地的人罢?"一个人,衣服上满沾着泥土的,爬过来问克莱萨德这一堆人。他们正在料理着一个同志的绷带,那同志的项颈给一颗子弹打伤了。

"他是不会长久的了。"他们之中有一个人说,指着那受伤的人的发黄的没有血色的脸。

"叫两个人来把他抬走罢,"新来的一个人命令着,"你们其余的人都到老爱森桥那里去,这桥得炸坏它。"

"机关枪呢?"弗郎茨问。

"放一个炸弹在里面!"

他们炸掉了那机关枪,低着头,急急的奔到田地里去。

"现在都好了,"一个褐色头发的人说着,他的脸色是风吹日晒的。大家正在跑着,"可是那些猪猡,要和这桥一块儿炸掉它们才行。"

他们竭力的奔跑了一阵之后,才到了桥的附近,又发现那里还有几个红军。他们立刻从附近的土坑里拿出炸药来,又向着桥那边爬过去;六个人开始工作起来。

他们的身体象一串葡萄似的挂在那起着泡沫的河水上面,他们的冻僵的手指握紧着铁柱子。他们把一盒一盒的炸药,塞到石头和三合土的柱脚上的罅隙和小洞里去。离桥不远的房屋上面炸裂着炮弹;瓦片,石块和泥土轰散开来,落在桥上。诺斯克兵方面的一架机关枪开火了;子弹打在铁上,打碎好些石片,飞散在空气里,或者落在水里。那些工作的人被威迫着,进退两难了。

"不要给打退了。"指挥的人说。他是一个很刻苦的工人,他们都听他的话。炸药装好了,导火线也接好了。

"走开罢!"那领袖命令着。那边的机关枪打得这样低,他们简直很困难后退。一阵好雨落下来了。他爬回了之后,就找出电线来,接在点着的炸药上。

"伏下!"那领袖命令着。

他们蹲伏在泥沟里。他拨动那个电机;——一点儿也没有什么。他又用力的撞了一下,象他在放枪不响的时候再推动一卜子弹膛似的,仍旧没有结果。

"有点儿弄错了,"他说,"再去看一看那个东西。"两个人咒骂着,沿着电线爬到桥那边去。

克莱萨德的头抬起了一下,胸口中了一枪。他抓着自己的身体,就又倒了下去。一阵猛烈的疼痛中伤了他;他苦痛着。痛得简直忍受不住了,他哼着,后来他简直是狂叫了。

"怎么一回事?"那领袖问,同时他很担心的看着桥那边。弗郎茨·克莱萨德的眼前发黑了。他痛得咬紧着自己的嘴唇,用发抖的手抓着自己的身体。他的手发僵了,他觉得那里麻木的肿痛。

"好了!"他听见这么一声叫喊,仿佛是离得很远似的。然后是:"躺下!"他经过一层灰褐色的雾气看见那爬回来的人的影子,此后,就是一声轰炸震动着土地。

"桥轰掉了!"那些人叫着。弗郎茨的眼睛和嘴胀紧了;他想要给同志们说话,现在好些同志围在他的身边。他失了知觉。……

"一颗子弹打中了他的胸口。"一个人说着,用一件外套盖在弗郎茨·克莱萨德身上。然后他们拿起他们的枪械,在泥沟里寻找藏躲的地方。城里教堂的钟声又殷殷的响起来了。

这是复活节的礼拜日。城里,一些脸色惨淡的人站在街上,很害怕的望着河那边,国防军的枪炮声还是听得见。店铺都关着门,门上上了铁栅,锁上了,因为有被抢的危险。

资产阶级的市民,混在工人中间,问着问题。他们恶意的嘲笑着,看着水沟那边。

"国防军在那边呢。"他们喊喊喳喳的说。

并不是大家都这么快乐的;有些很怕这城市要被轰坏。

"不要怕,"一个矿工笑他们,"至多他们只会轰我们的小屋子,象他们在爱森干的那种把戏。"

红军从卡德市场街那边来,带来了坏消息:

"诺斯克的兵在波脱洛普;他们只要闻着一点儿红党的嗅味,就把那里的什么都给捣毁了。"

"不要站在这里呆看!"一个斯巴达克派叫着,"拿起枪械去帮帮那些可怜的鬼,不然,他们都给人做死了。"

他蹲到石头阶沿上去,咽着声音的说。大家围在他的周围。在许多苍白的忧虑的脸之中,也有些从没有知道艰难痛苦的脸,这是些荣华富贵的市民。

"他干什么?喝醉了?"

"不要胡说,你这个驴子!他是从河那边来的;他受伤了。Oh!"

"这些人还有懂得什么意思的时候吗?"一个穿得很好的女人说,她一看见带着血迹的矿工，脸就发白了。

"蠢婆娘！"一个女工骂她。

"干吗，你们尽这么呆着？"那受伤的人叫着，"我这样子，对于你们还不够吗！eh？我在那最厉害的战斗里已经八天了。我愿意我就死在那边罢！我们现在给人打得象狗似的。"

他对着穿得齐整的人叫喊着这些话，而他们很不舒服的看着他。这个斯巴达克派站了起来：

"你们高兴罢？"他两只手紧紧的握着他的枪，"缴我们的械？哪，哪，哪！"他把枪在石墙上再三的打着；枪弯曲了，裂开了，落下许多碎片。

"哪，你们拿不到我的！"

"耶稣和马里亚，救救我们！"一个女人叫起来了。

"住嘴！"那斯巴达克派呛着说，"明天你们就高兴了，瓦德将军要把工人放在墙脚边枪毙的时候！滚！"

这一群人都散开了。工人们的脸是忧郁的，而资产阶级的脸惊慌似的。受伤的斯巴达克派很憎恶的瞥了他们一眼，就跷着脚走了。

二四

城里卸下了红旗，悲哀笼罩着它；红军在河边的最后的绝望的抵抗已经被克服了，完全失败了，许多人退回到矿工区域里去。

不管爱森的革命的中央委员会怎样努力，工人战线的破坏再也止不住的了，前这么几天他们还是那么英勇的坚持着的；而那种捣乱的力量，——在领导机关里得到了部分的监督权，又有政府方面的压迫和允许帮衬着，——都到处积极的活动着，尽可能的在各处促进这个崩溃。

一部分是因为反革命分子的收买，一部分是由于纯粹的贪欲，于是一班刑事犯，冒名顶替的自称为斯巴达克派，打开店铺的大门，就开始抢掠起来。最后的一批红军，非常之愤怒和烦闷，在马路上走着，毁坏着他们的枪，或者结合在一起去惩办那些抢掠人家的昏蛋。

"红军在打破克拉美和美尔曼对门的窗子了。"有一群人这么叫着。

一小批红军就跑到那边去,而那些抢东西的人挟着沉重的包裹就逃。

"站住,不准动!"这班工人跑到林白克街那边去。

抢东西的人逃到路旁边,但是那些激怒的人抓住了他们:

"你们拿着这些东西干什么?"

"我们是奉着命令的。"这些昏蛋口吃的说。

"谁的命令?"

"执行委员会。"

"来,我们同你们到执行委员会去。"那些抢犯踌躇了,互相看着,决不定似的。这时候,从林白克街那边响了两枪;第二次枪声又响的时候,工人守卫兵就也开了火,可不知道挑战的是谁。

红军捉住了这些踌躇的匪徒,抓着他们的领口,把他们带到市政厅去。这里,惊慌的兴奋着,因为有专差带了消息来,说国防军已经迫近。

于是剩下的工人,现在觉得危险了,也跟着以前的工人退避到矿工区域去。

"我们还要再来的,"城里人听见这样的绝望的叫喊,"我们还要再来的,那时候再也没有什么谈判的了!"

国防军的铁甲车在市政厅门口围成一个圈子。机关枪架在马路角上,那里有些好奇的群众围聚拢来。

在卡德市场街有一大堆人。

"什么事?"

"诺斯克派捉了人。"

"一个人的脸都破了,还有一个连走路都很艰难的了,"一个女人很兴奋的在告诉他们,"那些兵还踢他。"

另外一个女人叫了起来:

"啊呀,我的亲人,我的丈夫也在外面的。现在我不知道他在什么地方。这不要是他罢……"

克莱萨德奶奶,她也站在群众里面,听见了他们关于囚犯的谈话。她

冲开了一条路,跑到那些看见斯巴达克派被捉去的人那边,发抖的问:

"那是谁? 他们的样子是什么样的?"

"一个年青的,另外一个老一些。"

"那个年青的是高个儿吗?"克莱萨德奶奶问,她的眼睛已经突出着不成样子了,"他有这样高吗?"她把手举起来放在自己头上比着,说明她的弗郎茨有多么高。

"没有,那个人是很矮小的。"

"那就不是我的孩子,"克莱萨德奶奶很自信的这样叫着,"我的孩子最早就同他们一块儿出去的。"她告诉他们。

她跑到市政厅那里要想看看清楚究竟是怎么一回事。她在周围钻着,极注意的看诺斯克兵捉工人进去。

"滚开,你这……!"一个卫兵很粗鲁的叫着。她退后了几步,又站了下来。

"走开,"那卫兵叫着,"不然,我就抓你进去!"他把枪尖指着市政厅,囚犯都集中在里面。

"我看着我的孩子,"克莱萨德奶奶说,用绝望的眼光看了一下那个兵,"那边有没有一个高个儿,象这样高的?"她举起了手比着她儿子身量的高矮。

"一个孩子,头发生得很浓的。"她恳求着。

"他要是在那边,他总会受到他所应该受的,"那兵很粗鲁的说,"走开,滚罢,你这个老牛!"他说着,用枪威逼她。

她绝望的回到家里。

"我没有找着他。"她对马尔汀说,而马尔汀正在很担心的等着她回来。

"他要回来的。"他安慰她,虽然他自己也不再相信这是可能的了。

"他不要出了什么事情罢?"

"他会出什么事呢? 不要这样蠢。"

"他是我们最后一个了,马尔汀……"

他老婆的眼光里有很苦闷的怀疑。马尔汀不回答她。他脸上起了一阵不自然的红色,而咳嗽起来了。

虽然他的肺很弱,然而马尔汀最近这几天简直完全换了一个人似的。他勉强着自己,直着身体走路;每一个人都应当知道他的弗郎茨是在战线上。他要叫每一个人知道:他对于那些留在家里而没有象他儿子似的到红军里去的人,是个什么感想。

"你们为什么在这里转来转去,那边更需要你们呢?"他问那些青年的矿工,"我的孩子要是留在这里,他要害羞呢。可惜得很,我现在什么事情也不能够做了,也许,我就要给你们看看……"

他跑到警察处去,要看看他可以做什么事情。

"我能够帮助你们什么吗,孩子们?"他到了那里就问。

"你,马尔汀!"马尔汀被人家劝住了。

"我的弗郎茨也在那边呢,你们知道!"他说,立刻他又被一阵咳嗽塞住了。

"这里用不着,马尔汀。已经够了,同志;你回家去休息罢。"

"我的身体不行,扛不动枪了,可是我可以去放步哨,或是什么的。"

"好了,马尔汀,好了;你的弗郎茨替你担负了一份责任。"

马尔汀嘎声笑着,他咳着嗽,并且很骄傲的说:

"是的,他是他们大家的榜样。他刚刚从牢狱里出来,就捎着他的枪去了。你们得听听我的老女人。要是我的孩子不回来,她简直要发疯呢。"

二五

晚上,国防军回来了。他们到的时候,茨尔马克和劳普正在街上守卫。诺斯克兵的汽车吼的时候,他们两个人都在爱森路上。吃惊慌的矿工很急促的躲到了板墙后面,总算救了他们自己,真正只差一点儿;幸而路灯是灭了的。

他们扁着身子伏在板墙上，一直等到那些车子过去。

"我的上帝，"劳普说，他兴奋得发抖，"我们这一次真侥幸。"

他跑到警察处去。

"拿着你们的枪，走罢。"茨尔马克叫那些步哨。

天亮了。这天早上这区域里什么也看不见，只有灰褐色的制服，钢盔，一队队的骑兵在田地里跑着，还有些守卫兵挨家挨户去察看。

有一批卫兵到了劳普家里，把什么东西都兜底翻了过来。

"你的丈夫在什么地方？"N. C. O. ①问劳普奶奶。

"我不知道。"她回答着，而她的脚膝在发抖。

"我们马上就找得着他的，"N. C. O. 用一种威吓的声音说，"那时候，他要站到墙脚边去。"他回过身去对那些等着的兵说："去，把他搜出来。"

诺斯克兵把家具都翻了身，看了床铺和阁楼。他们甚至于搜查了地窖，用枪在煤堆里戳了一阵。

"他躲在什么地方？"那军官向劳普奶奶吼着，她跟着他们在全屋子里都跑遍了。

"我不知道。"

"你说鬼话。你要是不说，我们把你带去。"

"你要怎么办都由你；我不知道我的丈夫在那里。"

"你得对我们说真话。"那人暴跳着，在她胸口捶了一下。她晃了几晃，孩子们都高声的哭了起来。

"孩子们，不要吵，他们不能够拿爸爸怎么样的。"劳普奶奶安慰着他们，使他们不再害怕。

"你得知道，我们一定是要抓住他的，那时候……我们要给他'执行委员会'试试看。"

"你们去找他好了，要是你们愿意。"她恢复了自己的镇定。

兵士们转身过去，离开了劳普的家。他们刚刚出去，她立刻走到屋角

①　N.C.O.就是诺斯克派的国防军军官。

里去,翻开她的裙子,解下绑在她身上的手枪。她把这些枪包在几片破布里,急急忙忙的走了出去。她一直跑到池塘边,就把那包枪和一袋子弹丢在水里。

"这样,这样,"她满意的说,"这些东西还是放在这里好些。现在那班土匪一颗子弹也拿不回去!"

纳乌曼奶奶刚刚送了报纸回来,发现一批国防军卫兵站在街上,他们的首领在读着一张名单。"约瑟夫·茨尔马克!"那军官高声的说。

"啊呀,耶稣呀,他们要捉茨尔马克!"纳乌曼奶奶突然吃惊的按着自己的胸膛。于是她就拼命的跑,象她那样强壮的女人所能跑的。喘着气,她跑到了茨尔马克家里。

"茨尔马克奶奶! 出来! 他们来了!"纳乌曼奶奶随手碰上了门,就这么叫着。

一个矮胖子,茨尔马克的老婆从卧房里跑了出来,她坐在那里的窗帘背后看守着丈夫已经有几点钟了,她丈夫疲倦得要死的躺在床上。

"什么事?"她问。

"诺斯克兵在找你的丈夫呢。"

"谁?"

"你怎么了,昏了,还是怎么样? 诺斯克的兵。要赶快逃出去,给你的丈夫说。"

"啊呀,上帝,我的上帝!"矮小的茨尔马克奶奶奔到卧房里去。

"犹普!"她揭开丈夫身上的毯子,"犹普,诺斯克派在找你呢!"

犹普·茨尔马克从床上跳了下来,呆呆的看着这两个女人。

"你怎么啦?"纳乌曼奶奶叫着,"逃罢,快些躲起来,蠢家伙。"

"见鬼。"犹普咕噜着,踌躇不决的站在房间当中。

"逃罢。"纳乌曼奶奶指挥着,拉着他就往楼梯边走,碰到第一家工人住宅就闯进去。

那一家的女主人叫了起来:

"什么事? 怎么样了?"

"不要做声,方妮,诺斯克兵要抓茨尔马克。你现在不要开口。"纳乌曼奶奶叫着。她把犹普推了进去,而犹普还是呆站着,象是震聋了似的。她把他推进了,就把房门锁了起来,"你在这里坐着,不要做声!"她在他后面叫着。

女人们听见街上的兵的整齐的步伐,然后,脚步声沿着楼梯走上来了。

"忽然间他们跑到这里来呢?!"方妮很害怕的悄悄的说。

"唔,亏你想出来的。这镇上每一只狗都知道你和斯巴达克派是不来往的,"纳乌曼奶奶安慰她,"我们听一听,上面在说什么。"她悄悄的说。

"你的丈夫在那里?"她听见军官的粗鲁的声音。

"你们要我的丈夫干吗?"那矮小的胖女人一点儿不怕的回答。

"你的丈夫在那里? 我问你!"军官叫了起来。

"在屁股里。"茨尔马克奶奶也粗鲁的叫着。

纳乌曼奶奶听见了一声狂叫,然后是茨尔马克奶奶的激昂的声音:

"怎么? 你们这些狗东西,要打没有保护的女人吗? 你们也没有别的事情可以做了。滚开! 不然,我给你们'奏起这样的进行曲'来,教你们耳朵都要震聋,眼睛都要弄瞎。你们整队的人来捉一个人!"

军官骂了起来。楼上又听见有一声狂叫。犹普·茨尔马克听见了叫声,就在门背后敲着。

"低些,你这个小伙子,"纳乌曼奶奶禁止他,"你的老婆自己会对付的。"

"胆小鬼,"上面那矮小的胖女人骂了,"你们要拿我的丈夫怎么样? 他一点儿也不怕你们。他在希曼的酒馆子里。你们以为他听见你们要来就逃走了吗?!"

兵士们依照着长官的命令搜查了整个的房屋。纳乌曼奶奶听见楼上的脚踏声音。后来,脚步声到了楼梯上。他们下来了。纳乌曼奶奶奔到窗子边,从窗帘布底下望出去。兵士们很快的跑到酒馆子那边去了。

"唔,快些,走开罢。"她说着,就把茨尔马克放出房门。

这时候，茨尔马克奶奶也从楼上下来了。犹普·茨尔马克脸胀得通红的跑到他老婆眼前：

"他们怎么打了你？"

"没有什么，犹普，我会抵抗的，你不要担心。"那矮小的胖女人安慰着丈夫，很亲热的抚摸着他的广阔的背。

"唔，你应当赶紧飞出去，"纳乌曼奶奶说，"那些狗东西还要回来的，那时候就不容易钻出去了。"

犹普·茨尔马克犹豫着。他觉得逃避似乎是胆怯。

"如果只有一个兵，你自然对付得了他，"他老婆说，"可是他们要来，人就多着呢。走罢，犹普。"她催促着他。

"你呢？"他担心着问。

"我不怕，犹普，他们能够拿我怎么样？"

"唔，够了，"纳乌曼奶奶叫着，"快些，废话也够了。"她把帽子和大衣扔给犹普。"跟我从院子里走，我知道怎么走过去。"她知道每一个院子，知道板墙上的每一个窟窿。她拉着他，推着他，当他犹豫的时候，她劝他："快些，要是你给捉住了，他们一定要枪毙你的，诺斯克派不会饶恕你们之中的任何一个人的。"

他们跑出了城。纳乌曼奶奶很巧妙的引导着他钻过一切危险的地点。

"不要担心你的老婆，"那胖女人说，"我是个蠢女人，可是我知道象你们这样的人，是不应当去吃枪弹的。你们做的事情是每一个好好的人都应当做的。你们拥护了自己的权利。"她很热烈的握了他的手。

这天晚上，在那镇市的边境上三个同志会见了。纳乌曼奶奶做到一件困难的任务：她通知了劳普和马列尔。

诺斯克派接到了搜查家宅和逮捕的命令的时候，马列尔已经不在家里。市政府的一个职员预先通知了马列尔。

"唔，现在他们要造我们的谣言了。"马列尔咕噜着。

"这个妥协!"犹普·茨尔马克很苦痛的说。他回过身去,望着那热闹的远远的城市。比平常更浓厚的升起了烟气,一片灰黯的掩盖了钢铁厂。在矿坑里升降机的信号响了。比从前更猛烈的,升高降落着那些装满着人和煤炭的车兜。汽机上的锤子轰隆轰隆的响着。从一切的烟囱里都喷出黄黑色的烟气。在地平线那边,出现着火光。

"唔,现在他们又在机关枪的保护之下来经营了,"弗里茨·劳普很痛苦的说,"而我们却应当逃走,避开那些刽子手,他们不会送给我们什么,只会叫我们去吃几颗子弹。"

"我们还要回来的。"犹普·茨尔马克很严厉的说。

"你相信这个吗?"马列尔忧愁的问。

"我相信吗?"茨尔马克伸直了身体,撑动着自己的粗大的骨骼,伸出手去指着那闹哄哄的城市说,"你看那边,看那些巨大的火光。你试试看,吹一口气就能够吹熄吗? 这是不可能的,正象不能够吹熄我们心里燃烧的理想。几千座鲁尔的赤色叛徒的坟,永久将要是新的赤色队伍的指南针;这种赤色队伍,我们是要重新来编练的,同志们。总有那一天,无产者重新扑到兵工厂里去,那地方是在制造着对付他们的枪炮。到那时候,任何的调和也不会有的了。谁要再说起调和,我们就把他扔到鲁尔里去。空谈的家伙,我们要割断他们的喉咙。我们只叫我们的枪炮来说话。"

后　记

汉斯·马尔赫维察(Hans Marchwitza)是德国的一个矿工,他是经过工人通讯运动而成为作家的。他是个党员,并且是国际革命互济会的主席团的一个委员。《爱森的袭击》是他"成名的"大作品,是德国的第一部普洛小说。这小说所描写的是一九二〇年的事实。马尔赫维察自己亲身参加了这一次事变。在这部小说里他的表现不但有充分的艺术力量,而且有很正确的意识。这里描写着群众的英勇,社会民主独立工党的妥协和调和,群众之中的一些社会民主主义的流毒,以及那种无政府的流氓意识的害处。可是,他的描写并没有那种公式主义的流弊,他不用什么口号标语,而能够深刻的表现出为着最高理想的斗争,能够反映当时的现实力量,而不加以丝毫的夸大。

当时的事实是这样的:

一九一八至一九年,德国社会民主党帮助资产阶级用欺骗的和屠杀的手段镇压了劳动群众的真正革命运动,解散了工兵苏维埃之后,表面上建立了所谓民权共和国。但是,这个社会民主党的政府竭力的避免对于保皇党和复辟派的"恶感",简直是故意放任最反动的党派活动。因此,一九二〇年三月,卡普(Kapp)和吕德维支(Lüttwitz)将军,带着一班以前的军官,居然很容易的就把社会民主党的爱倍尔(Ebert)政府推翻了;当时的德国正式军队——国防军(Reichswehr)事实上是同情于复辟的,他们宣告"中立"。于是社会民主党政府就逃出了柏林。

然而德国工人阶级和劳动群众立刻就起来反对这个著名的"卡普盲动",他们宣布了全国的总同盟罢工。这时候,社会民主党才不得不承认而勉强来领导这个斗争。卡普和吕德维支,在这全国大罢工的打击之下,不能够不放弃中央政权;然而这复辟阴谋失败之后,接受政权的古诺博士内阁,事实上也是同样反动的政府,不过表面上假借了维持韦马宪法(共和国)的名义罢了。

当时,德国还没有群众的伟大的共产党,只有一个很小的革命团体,叫做斯巴达克团(Spartacus League)——就是加尔·李白克纳希和罗若·卢森保在欧战前所创立的。这团体改称共产党还不久,一般民众之中只知道斯巴达克派。此外,当时已经有很大的社会民主独立工党,这是从社会民主党里分化出来的。独立党之中还分好几派,其中的左派后来(一九二一年)加入了共产党。在当时——"卡普盲动"的时候,斯巴达克派和独立工党左派所领导的工人自然是反对反革命的先锋。他们要求武装工人,因为爱倍尔(总统)和夏德曼(国务总理)诺斯克(国防部长)的社会民主党政府根本不去解除复辟派的武装,而且放任武装的资产阶级匪徒横行。——最近德国希特拉法西斯蒂的专政,也就得力于十几年来社会民主党的这种一贯的赞助资产阶级的政策。

革命工人的这种要求，在当时当然被古诺政府所拒绝。卡普事变一"解决"之后，社会民主党的领袖和黄色工会的领导机关，立刻就命令停止总同盟罢工，并且调动了大批警察（所谓"绿党"——武装的保安警察）和国防军（诺斯克兵），开到工人区域来。工人已经有一部分自动的武装了起来，他们拒绝接受停止罢工的命令，而宣言必须承认全国工人的武装自卫权然后才能够上工。

有些地方，首先就是鲁尔区域——德国最大的煤矿钢铁工业区，著名的克虏伯兵工厂就在这里，——以及德国中部的工人，暴动了起来，组织了红军去抵抗武装的保安警察和国防军。这部小说的内容，就是描写这些工人革命队伍和反革命的社会民主党之间的战斗的。

这战斗的结果也是一个"毁灭"。虽然这部小说比法捷耶夫的《毁灭》要粗浅些，内容方面没有那么深刻，艺术方面也比较的狭隘，然而这里却有一个特长，就是它表现了政党的领导力量和革命战斗的成败之间的因果关系。革命战斗的领导者的稀少；妥协派领袖的动摇对于群众情绪的影响，领导机关的错误和调和政策客观上的断送革命，帮助敌人等等，——都相当的表现在具体的事变里，而且很真实的很深刻的教人感觉到这种失败的不可避免。

一九二〇年的时候，斯巴达克派在广大的群众之中还没有很大的影响。当时的群众，即使不满意公开主战的社会民主党，也还迷信考茨基。而考茨基等在一九一五年就表面上算是反对欧战的，这种欺骗政策的作用，到一九一八一二〇年就发生了"效果"了。所谓社会民主独立工党，本来是一九一五年就从社会民主党分化出来的，考茨基等等原本是这一党的领袖，他们借着"反对战争"的招牌欺骗群众。不过到一九二〇年——经过一九一八年的革命，考茨基的威信已经差得多了。当时的独立工党其实已经分裂了，少数还在考茨基和希菲亭的领导之下，后来不久就回到了社会民主党和第二国际里去了。多数呢，在那时候是和斯巴达克派联合的，不过，他们也还保存着很多的社会民主主义的遗传病。此外,还有一个工团主义的小派别,他们自称为共产主义工党。这样,在当时事实上没有统一的革命的领导政党,同时,就是革命政党里也有许多不革命的传统观念,而德国工人群众之中社会民主党的改良主义的迷药又有了那么许多年的根蒂……所有这些,都是失败的根源。于是德国资产阶级,得着了社会民主党的赞助,又重新能够恢复德国资本主义的统治,一直到十三年后的现在,又靠了社会民主党——社会法西斯蒂,而扶出了赤裸裸的资产阶级专政:希特拉的"铁腕统治"。

这部小说原本是独立的,但是在这小说之前另外还有一部前编,叫做《鲁尔的袭击》[例如一九三二年的英文译本(Martin Lawrence Limited, London)就把前后两编合订,而总名称是《鲁尔的袭击》,其中的第二部分就是这部《爱森的袭击》,不过,这里的第六,第七章合并了,因此似乎少了一章,此外,英文译本还有好些小关节目和这本译文不同的地方]。而这《爱森的袭击》在国际革命文坛特别得到一般的赞美,因为"它有明确的共产主义的意识,和一种紧急的战斗的意义"。——这是《国际革命文学》杂志给它的评语。

最后我们不能够不对"世界文学史家"赵景深先生道歉:他以前在《小说月报》介绍过这部小说,说是一部"粮食风潮",可惜,作者马尔赫维察不听赵先生的忠告,他竟没有把题目改换,现在仍旧是《爱森的袭击》——"Sturm Auf Essen"。问题是在于赵先生不大会查字典,他把地名的 Essen 当做德文的"吃"字(也是 essen),然而这也应当译做"吃的风暴",或者"吃的暴风雨",更直译些,就是"向着吃的暴风雨"。而赵先生素来喜欢"顺"的翻译,于是乎就变成了"粮食风潮"了! 至于"Sturm"在军事上是"袭击"的意思,那更是赵先生所不暇查究的。

因为这部小说有真实的历史事实做背景,所以我们把地名人名(真的假的)都注上德文的原文,以便读者高兴时可以检查:

地　名

鲁尔 Ruhr
莱茵 Rhine
爱森 Essen
魏塞尔 Wesel
克德维格 Kettwig
克美尔 Kemel
葛尔森克尔程 Gelsenkirchen
比列费尔德 Bielefeld
哈庚 Hagen

史托朋堡 Stoppenberg
廷斯拉肯 Dinslaken
柴格罗脱 Segeroth
陀尔史滕 Dorsten
夏尔摩倍克 Schermbeck
魏史脱发里亚 Westphalia
波脱洛普 Bottrop
丽泼 Lippe

人　名

爱倍尔 Ebert
夏德曼 Sheidemann
诺斯克 Nosk
弗郎茨·克莱萨德 Franz Kreusat
谟尔 Murr
马列尔 Mahler
兴登保 Hindenburg
谢魏林 Severing
瓦德 Walter
缪勒尔 Muller
葛斯勒尔 Gessler
李白克纳希 Liebeknecht
罗若·卢森保 Rosa Luxemburg
弗里茨·劳普 Fritz Raup

纳乌曼奶奶 Frau Naumann
亚诃·托劳滕 Jacob Trauten
开尔 Kehr
蓄德 Schotte
犹普·茨尔马克 Jupp Zermack
　　（犹普即约瑟夫）
史尼德尔 Schnidder
葛哈尔德 Gerhard
罗若 Rosa
仑特尔 Rentel
嘉尔·朴伏德尼 Karl Powodny
讷莱 Nölle(工厂名)
亚诃·托劳滕 Jocob Trauten
克虏伯 Krupp(工厂名)

六

不平常的故事

[苏联]高尔基

聂瓦河岸上，一所王爵的公馆里有一间五颜六色的"毛丽唐"①式的房间，这是一间肮脏的不舒服的冷落的房间；这里面，一个人穿着兵士式的灰色的呢大衣，坐在那里摇摆着，他的大衣紧紧的包在身上。他大约有四十岁光景，很矮很胖的，而且他的左脚是跷了的。他伸直了这一只脚坐在那里，在他的脚上穿着人参色的皮靴子；他的右脚紧紧的放在踏脚板上面，他说话说到起劲的时候，就用他的象马蹄那样大的脚后跟在踏脚板上踏着。

在他头上披散着干枯的头发，菩提树皮似的颜色；他的巴掌和下颚上，竖着几丛稀少的黄毛；在他的奇怪的鼻子底下，翘着剪短了的胡子，看起来象是牙刷似的。

这个人的大嘴，露着牙齿的脸孔，看上去有点讨厌，那样像鱼似的灰色的许多棱角的脸，带着不一定的颜色的眼睛——在俄国中部几省里，是很普通的。他们的眼睛总是不大的；这种精神看着天看着地，几乎总不看人的；在他的眼光里可以使人感觉到一种精神上的委靡和不信任，仿佛他屡次被人欺瞒过似的。但是在这种眼睛的瞳神的深处，常常会发出一种冷酷的象针一样尖利的眼光，用他们暗藏的理性的力量很灵敏的出于意

---

① 毛丽唐(Mauritan)是一种建筑的格式，七八世纪回教国家里曾经盛行的，这种格式的特点是把回教古代建筑的格式和东罗马的格式混合在一起。

外的透过观察他们的人。这种尖利的眼光引起了我的好奇心——这种好奇心是每个文学家的天性——我就请求这个露着牙齿的人把他的生活告诉我。

他说得不慌不忙的，一个一个字的"推敲"着，使我明白：他对于自己的意义是很自信的，而且他的说话并不是第一次叫听的人奇怪。有时候，他的说话很倔强，他的灰色胡子动着，露出他那可笑的弯曲的黑嘴唇。而说到忧郁和悲伤的时候，他就很严厉的皱着他已经有很多皱纹的额角，他的眼白上放出水汪汪的奇怪的象珍珠似的色彩，他的瞳神好象是害怕，又好象是奇怪的开展着。

他的有病了的脚，仍旧是一动也不动，而他的身体时常的旋转来，这种动作和他的凑着拍子似的讲话是不相称的。他的一双黑手很不安静的动着，摸摸他的脚膝，推推桌上摆的纸夹，墨水瓶，烟灰缸，又去摸摸木头笔架。然后，他带了很明显的懊恼，把这许多东西都推开去，用自己的手掌去摸着。或者用手指去挖着那五颜六色的——黄的红的青的——墙壁，在这墙壁上糊着有格子的图案画的纸呢。

看起来，仿佛这一间不平常的房间对于他是太狭小了。他突然的旋转他的头，望着那许多棱角的小格子的窗框子，有两分钟没有说话，仿佛他要在宽大的暗沉沉的聂瓦河里寻找什么东西似的。他解开他的外套钮扣又重新扣上，似乎要伸一个懒腰，洒脱他皮肤外面的重担。

从他的胸膛里，透出滞重的深沉的远远的声音。

照我的籍贯，照我的护照——我是西伯利亚人，但是我生长在俄国列亚赞省，萨瓦替玛县。这个"萨瓦替玛"的字眼，我从小就从父母那里听来的，他们总这么说：

"我们是萨瓦替玛来的。"

直到十七岁我不说"萨瓦替玛"而说"萨玛替玛"①；并且我还想这是一条河，在河里的水是异乎寻常的黑的，但是关于这件事我从没有告诉过一

---

① 这个"萨玛替玛"的字音，在意义上是"最黑暗的"。

个人,甚至于对小朋友也没有说过,因为在西伯利亚的河水都是光亮的,要讲黑的河水,实在没有什么光荣而且是很不好意思的。后来有一个贩卖农业机器的商人纠正了我的错误,他很粗鲁的对我说:

"傻瓜,不是萨玛替玛,而是萨瓦替玛。不是一条河,而是个县城。"

我一下子就相信了他,而且很高兴,因为我能够知道这萨瓦替玛一点也不是异乎寻常的。

我对于自己的乡村并不记得了,大概总是很平常的乡村。但是我记得,那个市镇前面是靠河的,在山脚底下,市镇的后面有个修道院,树林围绕着它半个周围;我到如今还象看得见这个市镇;不过,仿佛并不是人住的,而是一个玩具;有这样一种玩具的,房子,教堂,牲口都是木头雕出来的,而树木是拿青泥苔做的,还染了绿的红的颜色。这个市镇在我小的时候,很引诱着我的。

我的父母搬到西伯利亚去的时候,我还只有十岁光景。在路上,我的母亲和一个小弟弟就从火车上跌下去跌死了,父亲过了不久也死了,也是出于意外的,被鱼咬死了。我就同一个老头子到处逛,那个老头子很好的。他不打我。同他逛了一年;后来,在一个城市里的市场上,有一个乡下人注意了我,他的姓名是托洛芬·波耶夫,是一个旧教徒;他给了老头子十个卢布,那老头子就把我让给波耶夫了。

这是一个很有骨子的人,他的性子是强横的,吝啬的,也是那种虚伪的靠上帝吃饭的伙计:他自己并不怕什么罪过,而别人在他的旁边,却气都透不过来的。我一看见他就不喜欢,不喜欢他的一家人,因为他们待我很凶,他们很贪,因为一切都不好;我在童年时代就看出了异乎寻常的劳动真没有意思。他们有六匹马,十七只牛,还有一只雄牛,许多羊子,鸟,多得很呢;而他自己工作着,强迫大家工作着,都象做苦工似的。他们吃起来真讨厌:已经吃饱了,不要再吃了,可是还要吃进去,吃得脸都胀红了,肚子胀大了,还是哈呼哈呼的尽吃,勉强的硬吃。做起来是做不动也要做,吃起来就过度的吃,这就是他们的全部生活。逢着节气的时候,装饰得非常漂亮,一大堆人都赶到教堂里去,跑十二俄里①的路程。

他的家是一个大家庭:他的第一个老婆生了三个儿子,一个当兵去了;有两个干女儿;还有一个女婿已经死了老婆,他自己又从车子里跌出来把舌头咬掉了,所以是一个哑子。他的第二个老婆,生了一个女儿叫做刘巴沙,比我小两岁。他的老婆是象野兽一样的,象马那样的眼睛,象男子汉那样的有气力。还有一个长工马克新,也是俄国人,这个家伙爱睡觉,甚至站在那里都会睡着的。此外还有些老婆婆,象黄鼠狼似的。

当我过完了十七岁的那个时候,马克新一个不小心,用扒粪的叉子刺进了我的大腿,痛了一年,腐烂起来了;我就开始跛脚了。

有一次吃夜饭的时候,他的大儿子对波耶夫说:

"亚史卡②走起路来都轻轻的了,应该替他的脚医治一下。"

他的回答是:

"不医也可以活的,跛脚还有好处,可以不要去当兵。"

这是侮辱我;我在那时候,是一个强壮的青年小伙子,跛了脚站在姑娘们跟前,是很难为情的,她们已经笑我了。我想还是离开了波耶夫罢。我告诉了刘巴沙,她也劝我:

"当然的,你去好了,在这里,他们给你的工作要苦死你了。你看:他们——这班该咒骂的东西。"

刘巴沙是一个不强壮而很忧郁的女孩子,一点没有气力,就是叫她揩揩机器上的油,也是不能够的。她是我的知心朋友,她教我读书,几乎是强迫我的。她替我修补衣服,替我缝衬衫。她的哥哥和嫂嫂不爱她,总是讥笑我们俩的要好:

"那算什么样子的未婚夫呢!跛了脚的!"

她并没有这样的意思,她只是简单的帮助我生活。她是一个好姑娘,不爱放荡。她很瘦,眼睛很象她的母亲,大大的,在眼睛里面发着亮光。

---

① 俄里(verst),俄制长度单位。1俄里≈1.0668公里。——编者
② 史卡是亚珂夫的小名。

她很难得笑,我只要看见她微笑一下子,就好象觉得轻松一些。她也不哭的;人家打了她,她不过缩着头,发抖,遮着她的眼睛。在家庭里,她算最聪明的了。可是别人都当她是白痴,说她是学坏了的人。但是她也是很残忍的,她喜欢给小的畜生猫狗受苦,尤其喜欢抓小鸡,捉住了小鸡,她用手掌合拢来一挤就挤死了。

"你做什么?"

她并不说话,只是耸耸肩膀,大概她自己恨着一般人而想出口气罢。到了春天我就向她告别,走了。波耶夫企图阻碍我,很久不给我护照。这里还是刘巴沙帮助了我。

我过了两年很好的生活,好到没有什么可说。我住在巴尔瑙尔地方一个医生那里,他给我把脚医好了,虽然我的脚仍旧有一点儿跷。我要说:我活到二十岁,都好象在梦里一样,没有看见什么不平常的事。有时候忧闷了,记起了那个市镇,并且想:

"应该到那里去住罢。"

但是那个市镇在什么地方,我并不知道。又重新忘记了。不过关于刘巴沙,我倒不会忘记的。有一次还寄了一封信给她,可是没有回信。

那个医生亚历山大·克里莱支待我很好,工作也少;劈劈柴,烧烧炉子,帮帮厨娘,刷刷靴子和衣服,然后送给病人们去。我不是喝酒的人,唔,为了健康,一两杯是可以喝的;玩纸牌也是很谨慎的,婆娘们枉然的爱着我。我的性质是孤独的。人家以为我有点傻。我积聚了几个钱。

突然间,好象一滚滚到山脚底下,就此开始了不平常的生活。隔壁人家死了两个人,丈夫和老婆,在那一天晚上我没有在家里过夜。把我捉了去,就发见了我的护照是不中用的,字母弄错了:我的真姓名是亚珂夫·邹珂夫,而在护照上是亚珂夫·亚邹珂夫。那时候正是日俄战争开始了,检察员就对我说:

"你自己承认了,你用了别人的姓名;可见你是要躲避兵役。也许还有更不好的事。"

我说:"你看,在护照的注解上说明是跷脚的,可见得这就是我邹珂夫呀。"

在西伯利亚,谁也不相信谁的。

"即使你没有参加杀人的案子,那也要考查考查你的来历。"

医生没有在家,他到托木司克和卡赞去了;没有人可以替我说句话,就坐到监狱里去了。在监狱里的贼伯伯都笑我:

"你不是邹珂夫,也不是亚邹珂夫,而是亚邹夫,因为你的嘴巴正象那种鱼。①"

这样就称呼我"亚邹夫"了。

这种异乎寻常的愚笨是侮辱了我:在夜里我不睡觉,尽是想:怎么有这样的事呢?为了在纸上有个小小错误,就要叫人来受苦,坐监狱?我在上帝面前诉苦;我在那时候还是很相信宗教的,虽然在监狱里不能够祷告:在那里信教是大家都要笑的。可是我在躺下去睡觉的时候,不给人觉得的祷告着,躺着,在脑筋里读着祷告,两次三次,就是这个样子。我本来祷告得非常认真的,跪着祷告的。读着"我相信","我们的天父"一次,"圣母娘娘"②三次,我还会背诵对于圣母娘娘的颂圣辞。刘巴沙教过我很多,她最初是用针在树皮上划着字母教我写的。

当然的,信上帝是很蠢的,但是我在那时候年纪轻,除出上帝再没有别的兴趣。

在监狱里除出找达有七个人:四个贼,一个生肺病的偷马贼,一个流荡的老头子,还有一个充军的铁路工人,是个铜匠,要解到俄国本地去的。那些贼整天的玩纸牌,唱小曲儿;而老头子和铜匠是不理他们的,尽在争论着。那个老头子是个瘦长子,头发长得象牧师似的,鼻子是歪的,眼睛生得很严厉而且凶恶,很讨厌的。他是一个很朴实的人;早晨比大家都起身得早,用干净的手巾在水里浸湿了擦脸,梳梳头发和胡子,扣好钮子,很长久的站着做祷告,不画十字,一动也不动的祷告着;他并不对着角落里

---

① "亚邹"(Yazy)是一种鱼。英文叫做 Boach。

② 这些都是俄国希腊正教的赞美诗的题目。

的神像看,而是对着窗子,对着亮光,对着天看。自然,这是一个"小教徒"①,看来,还是一个聪明的"小教徒"!

铜匠是一个黑头发的,象茨冈人②,也许是犹太人;比我要大十岁,他很会说话,说的话也是异乎寻常的,甚至不愿意去听他。他的头发剪得象刺猬一样,牙齿发着亮光,胡须是黑的,眼睛象喀尔噶兹人③,全身光滑的象在马戏院里的会演戏的河马一样。他还爱吹口哨。

有一次当那几个贼伯伯睡着的时候,我听见那个老人叽哩咕噜的说:

"应该要的是简单,大家为了无聊的事情弄糟了,互相的压迫着,应该要做到生活简单化。"

那个铜匠很烦恼的叽咕着:

"我说的也是这个道理。"

"你说谎,你还是崇拜旧时代的人,这样的人,我不是第一次看见了。你我都是骗人的。你要求的是特别的,不平常的事情,你总要想做得和别人不同。而生活的罪过,糟糕,就在于每个人都要做特别人,每个人都想找些不同的特点。痛苦也就在这里! 从这里就来了一切的绅士,官长,指挥和暴虐,从这里就有了一切吃的不平常,穿的不平常,就有了人与人之间的区别。这许多都应该不要它,唔,应当这样才好! 什么地方有特别,那地方就有权力,什么地方有权力,那地方就有仇恨,不调和,以及一切种种疯狂的事情。这些疯子因此要互相仇恨。人只应该自己管理自己,他不应该去管理别人。唔,象你这样,给人家写在公文上,要赶你到什么地方就到什么地方,而你自己哭笑都不能做主。"

我听那老头子说的是对的,象他那样的说话仿佛同我自己想过的一样。要是真理真正是你自己的,那它就可以给你答复一切;这样的真理是

---

① "小教徒"(Sektant)是基督教的小派别的信徒;俄国以前有许多"小教",大家都是反对希腊正教的教会的,反对旧的仪式,反对旧的教条。因此政府和教会要禁止他们,常常逮捕他们。

② 茨冈人和英国的所谓吉坡赛人相仿佛的,他们是一种专门"走江湖"的民族。

③ 喀尔噶兹人(Kirgiz)是一种亚洲民族,黄种,住在土尔其斯坦,中国新疆附近。

实在的,简直可以用手拿得起来。

那些贼都笑我,认为我是个头脑糊涂的小伙子,是的,我自己装做傻瓜。这样更安静些,更加容易了解别人——在傻瓜面前,他们总是没有忌讳的说话的。那两个争论的人,也看着我仿佛没有人一样,总在很生气的叽哩咕噜——我就听着。我所懂得的是这样:仿佛他们并没有什么可以争论的,都一样的同意——世界上的一切都应该平等;特别的,不平等的——都应该取消,任何的区域都不准有,那时候人与人之间——不管他们愿意不愿意——就都平等了,一切都是简单,轻松了。把地球上的一切人,都变成很平常的人;而牧师,商人,官长,以及一般的等级,老爷等等——都废除了,用一种特别的法律去取消它。这样,要叫谁都不能够收买我的面包,劳动和良心。

“心灵要生翅膀才好,”那个老头子这样说,“最要紧的是心灵自由,没有这个就没有人!”

我把这些意见都吞到肚子里去了,好象在疲倦的时候喝了一杯烧酒似的;真的,明白的道理叫我自己的心灵一下子生了翅膀。我想:

“上帝耶稣,在这些人之中有多么样神圣的简单呵,但是大家终生终世都是那么苦恼!”

我想着,甚至于笑了,那几位贼伯伯更加笑了。

“看呀,业邹夫在那里想他的未婚妻呢!”

我不作声,更加假装着傻瓜的样子,我自己明白,我听着大家。那两个争论的人所不同的只不过一个问题:铜匠很激烈的说,上帝用不着,而那个老头子自然为了这件事生了气;我听着那个铜匠也觉得烦恼,他说得那么激烈。而在那个时候,上帝还是我的累赘。他两个都很勇敢的了解统治的害处。

后来很快的把我解到原籍地方去了,在那里当然波耶夫的家庭出来证明了我的身份。波耶夫自己躺在床上,要死了,大概是被马踢伤了的。但是他还向我提议:

“在我这里住着罢,亚珂夫,你是一个老实人,呆头呆脑,在外边流荡是不行的。"

我拒绝了他。我的眼界已经放大了些,我头脑里的思想也流动了;我只想跑到城市里去,刘巴沙也劝我:

"走罢,走罢,亚珂夫,找你自己的幸福去。"

当然,我把我的一切讲给她听,请她听我到了怎么样的地步,我同她谈了整整的一夜;我自己也觉得奇怪,我的意思这样妥当,这样流利的说了出来。刘巴沙同意我的话:

"都对的,应该这样。"

我对她说:

"你同我一块儿去罢,刘巴沙!"

她害怕了:

"我去做你的什么呢? 累赘你。我的身体很不好。我又不爱见外人,在这里我倒已经过惯了。"

唔,她不去。我说她是个多愁的姑娘,很细腻的姑娘,她的心是很殷勤的。我看到她的心,象在镜子里似的可以看见我自己的影子。我同她告别了,她哭了,但是……

我又重新回到巴尔瑙尔地方的医生那里。他是一个好人,十分聪敏,不过他有的是旧式的聪敏,而不是照我的意思那样的聪敏。他的性格很激烈,只有在习惯上象一个绅士,其实,甚至于他的脸都是象老百姓似的:强壮的,矮矮的,走起路来两只手也不乱动,脚步象鹅一样的沉着,脸是大而发红的,有胡子。他在职业上很顺利,医病的手段也高明。他喝烧酒喝得很多,但是并没有喝醉过。他爱喝红酒,比烧酒还爱得厉害。他的眼睛生得很直,带着讥笑的眼光,仿佛时常带着这种笑在对每个人说:

"不要假装罢,我看见你的诡计呢。"

婆娘们都爱他,他也贪着女色的。然而我看他的生活很寂寞,他蹙紧着眉毛,叹着气,嘴里面唱着曲子。他常常吐痰,仿佛吃着了什么腐烂的东西似的。我很喜欢他的直爽,但是我不爱他那种讥笑的态度。他用那种讥笑对着我,仿佛也当我傻瓜看待,一点儿也不相信我。这是侮辱了我。因此我也对他有点儿怕。

他很好的迎接我,讲笑话:

"啊哈,一袋肠子又来了!"

"一袋肠子",是他常常爱讲的俗话,他同大家说话都是开玩笑,仿佛同小孩子说话似的,总是两只手插在口袋里,开着玩笑。他拿一杯酒给我喝,叫那个老婆婆去烧茶炉,自己也跑进厨房里来:

"唔,讲呀!"他说。

这是在冬天的一个夜里,很大的旋风响着。我同医生坐在一张桌子旁边,仿佛同着一位知己坐在酒店里,我说,他听;他吸着纸烟,摸着胡子——他的胡子并不多,象鸡尾巴似的。

在这晚上以前,除出刘巴沙一个人以外,我没有同任何人公开的谈过话,但是这晚上我发挥起来了,涌出了我的勇敢的精神。坐在监狱里,以及在递解回去的火车里,我学会了想一切的事情。甚至于想到这个样子——仿佛我自己都不存在了,只有我的心灵在空气里活着。说得这样的勇敢,我自己都奇怪起来:唔,这样说给刘巴沙听多好呢!

我当然讲了那个老头子和铜匠,医生听着就哈哈的笑了:

"呀,你怎么翻了个身呢!唔,这很好:做傻瓜可以轻松些,做聪明人可以快活些。"他说,"亚珂夫,你现在应该读书了。唔,不过书上所证明的恰恰相反:有一个公律管理着我们,这个公律就是一切简单的之中要分出特殊的东西。有人说,在有人类以前,地球完全是一块石头,什么东西都不能生长的,到后来,才有沙呀,泥呀,然后再生有黑土。在上古世纪有一只野兽,一只鸟,后来从这两个动物里,生出了几千种不同的鸟和野兽。古时代的人也是这个样子:开始时候大家都是老百姓,到后来,从他们那里出来了王侯,皇帝,商人,官僚,机器匠,医生。那就是一个公律!"

他说得很巧妙;仿佛把我象一只口袋似的缝住了。

当然他又要开玩笑:

"应当站在这个小山儿上去看一切,在我们的烂泥塘里这是最高的了。"他说。

他对我说这种话,叫我非常的痛苦,甚至在有一个时候,使我走上了迷路。他很狡猾的给了我几本书,但是我一下子就看出了:这不是他自己读的书。他的书是很厚的,装订得很好看,放满了两书架;这几本书可是很薄的,有图画,象小孩子读的样儿。我读了。这些书的作用,是要把我自己的思想拖到别一方面去;所说的是古时代的人怎么样生活,而我,应该了解古时代的人生活得还要坏。所以这是些安慰人的书。我可想着了:

"对于我,怎样能够知道这些书写得对不对呢?这不是我眼前的事情;而且我是现在的人,过去的生活同我有什么相干呢?要把过去的事来做好也是不能够的了,你应该要教会我明天怎样去生活。"

医生问我:

"读了吗?"

"读了。"

"有趣吗?"

"有趣。"

我当然不说这些书不称我的心,我也不解说为什么我说有趣;其实有趣的,并不在于书里写的东西,而是这些书为了什么目的而写的。我说这是为了安慰我而写的。

但是,读书我倒读惯了;低着头看书,看着书里面的不同的字句,好象深坑里的水一般的流动过去,不知不觉的时候走过去了;一醒过来觉得很奇怪!仿佛在这些时间以内的我,并不存在在地球上似的。这些书上的字眼,我不喜欢记得它,也用不着去记得;是的,这对于我并不需要,我有我自己的字眼。有些字眼我完全不能了解:闪过去的字对于我一点没有什么用处,可是书上的意思我很容易懂得。当在我的头脑里,有了自己的思想的时候,那就非常容易了解别人的思想。自己的思想可象清爽的火光一样,在它底下,一下子就看得出别人的虚伪。一切别人的思想都要躲开我的思想,像臭虫在烛光底下一样,是要逃避的。这是我能够自夸的。

我觉得同医生议论的益处,要比看书大得多。医生在病院里做完了工作,到城里去看过病人之后,总是脱掉了他的外衣,皮鞋,穿上拖鞋,躺在沙发椅上。在他的旁边放着一瓶红酒,吸着烟,喝着酸的酒,笑迷迷的总是说着那一套:

"我们已经被判决了,要在过去时代的统治底下过生活,一些无聊的事情,已经生长得根深蒂固的了,要拔它们的根,应该小心些,不然,就要损害地球上面的整个的一层肥土。现在的生活被过去时代统治着;而现在的生活,一定还要统治将来。这里,无论你怎么样翻筋斗,是翻不出这个网的。"

可是,有时候他烦闷得很了,他就不小心了,在这种时候,医生就要讲出这样的话:

"当然的,最好是一下子都滚它妈的蛋……"

然而他立刻补充一句:

"唔,这是不可能的!"

我听着他的话,实在烦恼。

"看着罢,唔,"我想,"他是一个聪敏人,他也知道一切;应该的,不应该的,他都知道;好象他不满意自己的生活,但是他害怕简单的解决——我就不然,我可已经得到了解决的办法,而且已经很坚决的站在这个立场上:假使人的自由,象天堂的鸟一样,被虚伪的无聊事情的罗网缠得紧紧,以至于完全喘不出气来,那就应该割开这个网,撕破它!"

我甚至于暗示医生,给他说,再没有别的方法可以解放人类;但是直接的对他说,我是不愿意的:也许是怕他要笑我,也许有别种原因。我很尊重他在夜间的谈话之中对我很直爽,即使有时候为了做错了什么事情,他粗鲁的骂我,我也不生他的气。

我从他的书里以及同他谈话里是得到了益处的,就是在不知不觉之中的丢掉了我所信的上帝,仿佛在不知不觉之中秃了头顶一样:在昨天我还摸着头顶上的头发,而今天突然间去摸一下,变了秃头了。是的,我并不觉着害怕,可是在我的心里感觉得寒冷得不好过。然而这并不长久。很快的我猜着了,以前我活在地球上好象活在别一个世界上,总是从上帝方面来观察一切的,这好象从黑暗的角落里来观察一样;而现在,一下子就展开了我的眼光,一点也不害怕了,而理智是这样轻松。我永别了上帝,直接的说,没有什么可惜。到后来我就完全看到,信仰上帝的,只是些用不着的人,是我们的敌人。

那种把我锁到别人的事业上去的关键,我学会了发见它,无论这种关键在什么地方;我看见了医生生活里的一切琐屑的,无聊的,表面的硬壳。他积聚了许多多余的东西:书,家具,衣服,各种不平常的东西。他证明这些不平常的不需要的东西是为了生活的美丽——其实为着要生活美丽,请到树林和田地里去罢,在那里有花有草而没有一点儿灰尘的。还有星,星是用不着拿布去揩抹的。可见得地球上的各种废物,只是有害于生活的污点,和麻烦的苦工的刑罚。

医生洗脸穿衣服要五分钟的时候,而扣好衬衫的钮子和打好领结,也并不比这个时间少些,扣着,结着,自己还象乡下人似的很粗鲁的骂着。而扣好那皮鞋的钮子,又需要多少时间呢?俄国式的靴子却很简单的,把脚动一下,就穿进去了。懂吗?这一切,领结,钮子,带子,花边及一切自然生活的装饰品,我要把它们一起从人身上丢出去。陈列着大的东西,那么自己也要伟大些。那些玩耍的东西用不着,应该把它们扔出去。

我在医生说话的字句里,也看得出他那种喜欢无聊事情的老爷脾气。看起来,这个人说的话仿佛是很对,但是,要丢掉那种无聊事情,他的理智又不够了。他看不出一切统治都是用琐碎无聊的东西来维持的;书呀,家具呀,机器呀,公文呀,象一条锁链似的把人捆着。当然,他就是见到了这个也没有什么用处,他自己也是一个参加统治的人。在他的字句里面,有时候总是这样的:好象用斧头一下两下的砍着。但是,他自己马上就在砍过的地方用各种字句,象个蜘蛛网似的去蒙蔽起来,总是说要小心,一下子做好是不能够的。他是自相矛盾的。我甚至于有时候觉得他可怜。

此外,我同一位医院里的看护妇发生了关系;她的头发是人参色的,只有一只眼睛,颜色是绿的;她的左眼给她情夫用针刺过,把她的眼珠儿一下子就戳出去了,因此连她的太阳穴也瘪了进去,可是这倒并没有把她的脸弄得特别难看。她的脸瘦瘦的,鼻子有点儿大,也还不使我讨厌。她的生活是萎萎缩缩的,不多讲话,很严厉的,然而人家都说她放荡得很。不知怎样的,她把我牵住了,我觉得她的绿眼睛燃烧了我的身体,我从来都没有经过燃烧呵!我虽然是一个跷子,可是要知道我是一个强壮的乡下人。我的脸在那时候还要好看些。一些姑娘们都称赞我的眼睛。甚至于刘巴沙有一次也说过:

"你的眼睛,象小姐们的,亚珂夫。"

虽然这样,塔奇央娜却拒绝了我。我对她说:

"你是独眼,我是跷脚,我们在一块儿讲爱情罢。"

"不,"她说,"不要,我和你们这班弟兄们已经讲得累了。"

她这种倔强,更使我发火起来。在发火的时候我用了强迫手段,征服了她——仿佛滚烫的水浇在我身上一样;这女人在爱情上是非常热烈的,贪得无厌!她的爱情好象是打架:我很快就看出了她并不是为了爱情而高兴,而是为了要剥削我的气力,要挤得我不能喘气。要是办不到——不能够征服我,她就要发气了。

她的直爽是非常之好的;我问她:

"你也要欺瞒我吗?"

"不,"她说——可是她想了一想忽然间又说了:

"不过,你要知道……"

这仿佛打了我的耳光:

"我是要的。"

我几乎把她打伤;而她这样叹了口气,很不好意思的用她的独眼对我看着,仿佛要欺瞒男人也不是她自己作得来主的事情。我苦恼起来了,当然的,爱情是一桩危险的事情,一个不小心,要传染着羞耻的疾病。然而我始终喜欢她的直爽。很快的,我就看出了她的心——她的确是我的姊妹,并不是没有理智的人。

她的性情难说话得很:少许碰她一下,她就立刻会跳起来,从她嘴里喷出来的每一个字眼都是凶狠的,而且在她的眼睛里,燃烧着不好的凶狠的眼光。在亲热的时候我就问她：

"为什么你这样地凶狠？"

她就讲了她自己的不平常的历史：她是个没有爹娘的，住在姐姐家里，她的姐夫是一个机器匠，喝醉了酒强奸了她，她那时候还只有十六岁；她在羞耻与恐怖之中有两个月没有说出这桩事情来，忍耐着人家的强奸。可是后来她的姐姐猜到了，就把她赶了出来。她过了三年的娼妓生活。后来她被几个醉鬼打伤了，到医院里去医治，医生给她诊好了病，就教她在医院里当看护。医院里还闹了乱子，好些人要求医生把她赶出去，可是医生不答应。

"你同他要好过吗？"我问她；她闭着眼睛讥笑似的说：

"那儿会有这样的事，嫁丈夫要嫁那样的畜生！碰也没有碰过一次。"

"你为什么讥笑他？"我说，"你应该要谢谢他呢。"

她舔着嘴唇说：

"我还要谢他的。"

简单的说，她是一个很难得的女人，我讲到后来的事情，你就可以知道的。她的身体很细腻的，活泼得象松鼠一样，她在放假日子穿的衣服虽然并不贵重，但是很可以配得上真正的上等社会的女人。是的，刘巴沙的脸要比她好看些，可是身体是不等样的。

唔，我就这么过活，悄悄的磨炼着自己，而战争一天一天的开展着，象火炉烧柴似的，把许多人吞进它的肚子里去，把医生也叫去参加战争了。医生对我说：

"唔。一袋肠子，我们去罢，去医治那些受伤的傻瓜，还是怎么办呢？"

我们动身了，塔奇央娜也去当看护，她打着喷嚏说：

"真是傻瓜！要捣毁这些枪炮火车才好——唔，你看这就叫做打仗。"

大家知道的，我们那次打仗，什么胜仗也没有，什么秩序也没有。我们的车子从这一站到那一站，没有事的走着，许多兵象一阵阵的黑云似的，在我们跟前经过。到那里去的时候，大家唱着歌；从那里来的时候，就爬着哼着。医生生气了，拿起纸来写电报，要求委任他的工作。他对我说：

"看呀，一袋肠子，这样的对待着百姓呀！"

他的头发灰白了，颧骨突出着，他在大众面前叫着，不顾一切的骂着长官，骂着战争，骂着没有秩序的生活。我很奇怪他的勇敢：为什么他这样冒险呢？我对塔奇央娜说：

"呵，怎样的急于要事做的人！"

她闭着眼睛，从她的凶恶的牙齿里透出这样的话来：

"为着这个，人家要给他官做，给他勋章呢。"

"唔，不是的，"我想，"这里总还有些别的打算罢！"

医生讲一切东西都是很真实的，很对的；仿佛清醒的儿子对着酒醉的父亲一样。他是要承继家产呢。在车站上的职员，守街的兵士以及一切小百姓听着他的演说，完全相信他，甚至于宪兵们都同意："不好，一切都不好！"我要想警告亚历山大·克里莱支①，要他说话小心一点，但是我找不到一个适当的时候来告诉他；而且走近他都是危险的，你等着罢，他简直会打你的耳光的，完全发了狂了。

突然间车站上来了一个老头子，他袖管上有红十字的徽章，穿一件红夹里的外套，大概是个监察官，突出着眼睛，转来转去对着医生叫喊：

"到审判厅去！"

医生拿着公文塞到他的象鸟儿的鼻子眼前：

"这是什么？"

唔，对于官长，公文不是法律，好象对于画上帝神像的手艺匠，神像也不是神圣的。医生被捕了，坐到宪兵那里去了——我的塔奇央娜就在车站上大闹起来。我这才第一次看见这个姑娘勇敢到这个样子，她简直冲到随便什么人身上去，横冲直撞的乱闯，有些人还笑她：

"医生是你的什么人，他是你的情夫吗？"

他们也笑我。我很难为情，虽然我并没有看见她同医生怎么样欺瞒

---

① 亚历山大·克里莱支就是这医生的名字。

了我,是呀,这那儿会给我看见呢？悄悄的,几分钟的事情,而且姑娘们穿的衣服,比我们的更便当,更适宜于她们的放荡。我安慰着自己：

"这是她为得要感谢医生而尽力的罢。"

不知道塔奇央娜的乱闹要闹到怎么样,在那时候,全世界都飞舞着不平常的东西,仿佛太阳落山时候的乌鸦一样。在车站上,宪兵们手忙脚乱的挥着手枪,威吓着,说要开枪了。正在这时候革命起来了[①]——兵士们都从战场中逃回来。

一列火车对着我们这里冲了过来,一直冲过车站一俄里半路,在车子里没有管车的也没有开车的司机工人,只有兵士们。兵士们走到车站上来,开始了乱七八糟的情形,闹得个天昏地暗,简直形容不出来。他们一把抓住站长的喉咙：

"给一个司机工人来！"

一个宪兵是个老头子,他被别人打得要死,他是一个很凶恶的老头子。一切东西都打坏了,在水塔里的机器匠被捉了去,车子又开过去了！我们仿佛留在一个火烧场里一样,很狼狈的走着,踱着,被打碎了的玻璃在脚底下发着响声,医生已经放了出来;他的两只手插在口袋里,眨着眼睛,好象刚才睡醒过来的神气。

"我们应该离开此地罢。"我说。

他竖起了拳头指着我说：

"你给我走！"

他命令把那些受伤的人拖到我们的车子里来,刚刚拖完了他们,而另外一列车子又轰隆轰隆的来了,也是装满着那些发狂的兵士们,又闹了起来,民众简直是翻了一个身。这里用不着讲了。你知道那时候的人的旋风狂暴到什么程度。

在那几天里,我吃着了一生一世的惊吓。尤其可怕的。是那些兵士们把我们的火车赶走了,医生的助手,看护妇,卫生队,都逃走了,只剩得

---

① 这里是说的日俄战争之后一九〇五年的革命。

我们三个——医生,塔奇央娜和我,还有车站上的职员,以及已经完全疯狂了的民众。在我们跟前,尽是车子开过去,叫喊着,吵闹着,请想一想,在那些夜里是什么情形呵!车站并不大,是一个荒僻的地方,四周围都是树林;过去不多远的地方,是一个移民的乡村,逼近着那些树林;在那乡村里点起灯火来的时候,这些灯火简直象狼的眼睛一样的可怕!住在这里,黑暗的静悄悄的,好比在洞里一样;每过一两点钟就听见:野蛮的兵车又轰隆轰隆的走来了,仿佛有鬼赶着它们似的。

我们过了十天光景的恐怖生活,究竟为的是什么?我也不能懂得。总共在我们这里有十个病人,四个已经死了,所剩的并不是什么样病,而是受了惊吓。医生对一切人讲:革命起来了,国家的政权应该要改换一下,我也想着:

"这可见:人又要套上别一种马勒口了。"

这种推测在那时候伏在我的心里,已经象一块石头一样服帖。塔奇央娜很注意着听医生的说话。

那几天有一桩小事情留在我的记忆里:我走近宪兵的房间,在这里躺着病人,我就听见了塔奇央娜的干燥的声音:

"讨厌我吗?"

我在窗子里看见她站在医生的前面,立得很直的,而医生坐在那里吸着烟,讲着,眼睛看着她的脚:

"走,走……"

这独只眼睛的家伙就走出来了,站在阶沿上,拿着衣角揩着手,说:

"我们呆在这里干什么呢!"

我暗暗的笑着,我是同意的:

"当然的,干什么呢。"

我很想侦探她,而且要想捉住她同医生。要是捉住了,那时候我就要打她,因为,她总是拿了她从前自己的不幸的生活对我表示很高傲的态度。然而没有什么错处,我是没有打过她的。我有点儿讨厌她了。

我和她同医生告别了,随意的走着,塔奇央娜不同意乘车子走。她懂得她自己对于兵士,好象猪油对于老鼠一样。我们沿着铁路走,到了一个乡里,有人给我们吃喝,生活是可以的。农民们小心地好奇地来问我们:等着要来到的是什么呢?塔奇央娜用了医生的话对他们说,在我高兴的时候也对他们一些人讲:

"应该等待简单的生活,唔,这就是了。统治的力量小下来了,快要完了,你们瞧,他们现在连打仗都不会打了。他们用无聊的东西统治着我们,看罢——我们的时候就要来到。"

我们休息过了,又走了,随走随谈。我看出塔奇央娜虽然非常之愤恨的恨着医生,但是,她相信他讲的言论;她把革命简直当作一个节气看待。我对她说:

"你这个傻瓜,要记得一桩事:老爷们没有当差的是不会生活的。"

她打着喷嚏,没有听我。

后来我们慢慢的走上了平静无事的火车上,到了赤塔城,那里简直混乱得不得了;在街上,在广场上,民众都骚扰着,象在筐子里的螃蟹一样,靠在篱笆那里的中国人笑着。我要说:中国人是很聪敏的,他跟什么人都同意,可是他对任何人都不相信的。同他们玩纸牌是试也试不得,他们会把你的钱统统都赢了去。

塔奇央娜真是在过节气。她那一只绿色的眼睛里发着亮光,露出着她自己的细小的牙齿。她对一切人叫:

"老爷们讨厌我们,讨厌够了!"

我看着她,也象中国人那样的笑着。几个小卒儿变了皇后①,这对于我又有什么好处呢?我做了卖报纸的生意,我走着,看着,认识了一个青年的朋友,他是刚逃出来的政治犯,很长大很有气力,手是很大的,说起来也可笑,他却是一个做小手艺的修钟表的人。他也参加在那个垃圾桶②里

①　欧洲的象棋里面,"皇后"是横着,直着,斜着都可以走的,比中国的"车"还厉害,可是"小卒"走到了对方棋盘的尽头,就可以变成皇后。

②　一九〇五年革命的时候,俄国各地方的实际政权,有些是转移到了当时的市议会,这里的"垃圾桶"是指着市议会说的。

面,这个垃圾桶已经把这个城市里的政权拿了过来。他认为暴动是民众自由的第一步。我对他说:

"你要再走得远一些! 跨过这个垃圾桶。你同老爷之类的人坐在议会里不要就这么高兴。"

"等着罢,"他这么预言着,"我们自然要跨过去!"

他是一个很好的青年人,不过太简单了。他很性急的加入了党,那时候的党是怎么样的呢! 我知道有工人的,有农民的,有老爷们的,不止一个党呀,不过他们在那时候,大家都要拿政权,并不是为着民众的利益,只是要反对皇帝。唔,现在我们的党才是走着很对的路。

我亲眼看见在那里开始了一个不平常的屠杀民众,一个什么将军带着兵士来了,把一切把戏都打得粉碎。闹了一个大乱子。医生说过在圣彼得堡的民众被打了;唔,我想在圣彼得堡的是小事情。① 在赤塔,屠杀民众好象打树上的松子一样,碰到什么就打什么,一点儿麻烦手续也用不着的。他们这样慌忙的杀人,只有恐惧得了不得才会慌到这个样子。这种恐惧表现在大家的脸上:兵士们的,普通人的。一眼看去,仿佛人的眼睛都象玻璃似的,仿佛瞎子和死人的眼睛,可是,仔细的看一看,眼珠儿都在抖动呢。

那个钟表匠有个朋友,叫做彼得,他是一个非常聪敏的青年,是个海员,也是逃出来的,他的左手有六个指头;警察要打死他,他用了十七个卢布赎了自己的命。他说:

"呵,看呀,同志们:我们口头上什么都要破坏,可是,事实上打死一只老鼠都要怕羞呢,不要说是一个警察了;要是打死了一个什么人,我们就很不好过的;而他们打死我们,象日本人打死河马一样的厉害。"

这说得很对:我自己看见过,从政治家说的大话走到一桩小事情,中间还隔着很长的道路呢。一般的说,在赤塔的时候,对于我是很有教训的,我观察了,我想过了,因此更加坚定了我自己的思想。

---

① 这里说的一九〇五年,俄历一月九日的彼得堡大屠杀。这里,他讲到一九〇五年之后反动时期开始的情形。

我很侥幸的，从死里逃了生：和修钟表匠一块儿被捕了，而且已经拖着去枪毙；忽然那个军官对着我看看，问我：

"你是跷子，从什么地方来的？是不是从巴尔瑙尔来的？唔，"他对宪兵说，"我知道他，这是一个傻瓜！我很知道他，他在一个医生那里当马夫的。"

我高兴起来了，说着笑话：

"为什么要打死傻瓜呢？应该把聪敏人来打死，叫他们不能够来弄坏我们傻瓜的简单生活。"

那个军官把我推进了一条小弄堂，他还叫着：

"滚你的蛋，狗崽子，你应该为着我们的慈悲祷告上帝。"

我逃走了，而那个钟表匠可枪毙了。塔奇央娜走去看了他，她说：他躺着象活人一样，在手里还抓着一把泥土，而他的靴子已经脱掉了。

我同塔奇央娜离开了。她用她那个长鼻子，在那个海员那里嗅了一些政治思想来，就要来教训我了；唔，我可已经看出来——政治家都是小人，他们的理智是从书本里偷来的，他们不懂得什么是生活的简单化。我看透了一切的人，我对你说：没有再比自己的思想更正确的标准！政治——这也是要统治，要强暴。我看见许多党人怎样互相的斗争着，可是他们都有一样的目的：就是要表示比别人更聪敏。

塔奇央娜对我说：

"我知道应该要做的是什么，而你只是乱闹，除了你自己，什么也不愿意看见的了。"

她很蠢的说着；她更加凶恶了，凶恶的人常常是很蠢的。她的眼睛更尖锐了，象吃草的畜生：眼珠子里仿佛有一块锈了的铜，成了一种恶毒的水汪汪的眼睛。她的声音也象铜响。更丑了，她的身体更加干枯了，鼻子扯长了，嘴唇变薄了。

是的。

"除了自己，什么都不看见。"她说。

我们这些人，每一个傻瓜都是有皮肉的，皮肉是他的最贵重的东西，而皮肉要求着暖和柔软，只有圣人，他们仿佛是睡在石头上的，可是，看起来，谁也用不着那些圣人。

我对于这个女人简直完全讨厌的了，我离开了她，我在一个车站上当了看守的——这个车站的名字很可笑的叫做怕塔斯昆。我住着到处看看，人们都消沉了，大家的心都象掉了似的。我装着做傻瓜，做我自己的事，做得好好的，竭力的讨好着一切人，说说我的蠢话：应该要人人都平等，生活要简单化。这是大家都懂得的，我很大胆的说，甚至对着宪兵也是这样说，——在那里有个宪兵是乌克兰人，叫作克里英郭，是一个很高大的乡下人，他的嘴象鲇鱼，胡子像中国人的，这真正是一个傻瓜，突出了眼睛，他听着，哼着，而晚上——我是做夜工的——他走到我这里来，责备我：

"你所说的，正是你们这班人犯了死罪的话。这是政治家教会了你的。"

而我就心无成见的回答了他：

"沃西普·葛里郭里支①，政治家们不是我们普通人的先生，而是敌人。他们要的是政权，而我们要的是自由的心灵。"

克里英郭哼着：

"照以前经过的那些事来说，你这种话，说得真好。可是，你始终要小心点，因为你虽然是个好人，但是他们看不到这些的。"他说："我知道你的话是照着《福音经》说的，可是，现在连这个也不行。"

克里英郭用友爱的态度对我很简单的说了，这对于我很有帮助的。因为我的话迎合着人们的心理，甚至于有人从别的车站上乘着火车来听我；还有些人来教我，要我入党。我在这些人前面，用着一切理智的力量假装着傻瓜，因此，他们从我这里，除了失望之外什么也没有得到。而克里英郭对我说了两次：

"小心些！"

---

① 这是克里英郭的名字。

一切这样的过去,也许可以很好的在那里过几年安静的生活。可是,突然间出了一个鬼,这个鬼就是那个抹油工人新卡·库尔纳塞夫,他的头发密层层的,脸上象泥水匠一样,花花绿绿的,满脸生着雀斑,会跳舞,会拉手风琴。他是贪吃一类的人,但是很勇敢,他立刻就接受了我的学说,可是别的人教了他一些不好的事情。在一个春天的夜里,我听得在车站后面,靠近兵营的地方有人放枪,拍,拍! 我一点不急忙的跑过去——为什么不急忙? ——因为第一个人跑去是没有什么好处的。我看见,新卡飞奔到水塔那里去,我没有叫出来,这是他的运气,我想,不是他而是有人对他开了枪! 有人叫着:

"克里英郭打死了!"

真的,克里英郭躺着,横在一条小路里,头在矮树林里,手伸在头的前面。职员们都跑来了,大家都很害怕的互相劝告着:

"不要去动他的身体。"

大家吓得脸都白了;在那时候打死人是追究得很严厉的:打死一个,要三五个人来抵命。新卡拿了锤子跑了过来,你知道吗,是那种长柄子的锤子,是敲火车的车轮子用的,就是这么样的东西。新卡比一切人更加来得慌乱些,而且坚持的说:

"我在水塔那里,突然的听着枪声,我是在水塔那里……"

"哈哈,你是个大胆的老鼠!"我想着。

在这时候别的一个宪兵,是个老头子,叫作瓦西里耶夫。他叫着:

"找着了手枪,在手枪上面有洋油气味的,请大家注意,有气味的!"

大家去闻闻那把手枪,新卡也去闻了,他笑着:

"真的有气味!"

而瓦西里耶夫对他说:

"沾着洋油的在我们这里只有两个人,你和密赤克维茨,因此我怀疑你们。"

这老头子真是蠢极了,油不说出来也罢了。我可怜这个青年人,所以替新卡声明:在放枪的时候我看见新卡在附近水塔的地方的。但是瓦西里耶夫坚持他自己的意见：

"这里最主要的是味，和在柄上的油腻。你亚珂夫，我也要捉你，你是看守的人，应该看见的。"

新卡就从他身边跳了过去，一挥手，仿佛亮了一下，他的锤子打着了那个老头子的太阳穴，那个老头子立刻断了气，哼也没有哼一声。当然新卡被捕了，连我和那个水塔里的机匠密赤克维茨也捉了去，关我们在三等候车室里；在窗子底下，大家手里捏了棍子看守着。

密赤克维茨忧愁着，哭着，就睡着了，而我对新卡低低的说：

"为什么你要做这件事情，傻瓜？"

他叹着气不承认；我盯住了他。他不能够转弯了。他低着头说了：这件事是党劝他做的，因为跑到我这里来的几个人被克里英郭去告发了。唔，在这件事上我也有一份罪孽。我安慰他，劝他：

"莫作声！"

在那时候的审判厅，是非常严厉的——只要什么地方有犯罪的人，就拿到这里来！那个青年判决了死刑，是绞死的，虽然我替他说明不是参加这件事的人，我看见他在水塔那边。那位告发他的军官驳回了我。他说：

"大家都在这里指出来，这个看守人是半痴的，不应该信任他。"

对于密赤克维茨，并没有审判；对于我，也有人给我辩护了，我的朋友们都很奇怪：

"你装傻装到什么样的危险地步，我们都以为审判厅会干了你的！"

自然，车站里把我开除了出来，我过了七年的江湖生活——随便什么地方我都去过！到过乌拉尔，到过伏尔加，到过莫斯科两次，也到过列亚赞。在拖船上做过水手，沿着伏尔加河走，我看见了萨玛替玛，这是一个穷得很的城市。我生活着，看看一切，但是在精神上是不安定的，好象立刻有什么不幸的事情要来到的样子。

在列亚赞的一个冬天，我去当了马车夫，当然，马是东家的。有一次，我闲空的沿着街上走，看见来了一个尼姑，这是刘巴沙！甚至于把我吓了一跳，我把马停下来，叫了一声：

"刘巴沙!"

真吃了一惊,原来不是她!甚至于不象她——秃着头顶,蒙懂的眼睛。从此更加使我惊心了,而且尽想到西伯利亚去。你也许以为这是我的坏脾气,想刘巴沙?不,这里有别种原因,我想这是我心里想着做小孩子时代的念头在那里作怪。在世界上,是有这样一种特别的人,一遇到他,就仿佛从新生过一次,你的一切生活都换了一个色彩了。我在辟尔谟地方的一个工程师那里当过门房,这个工程师是造大炮的,他非常严厉,有四十岁了。有孩子,有老婆,而在他家里的第一个人,却是他的奶妈。她已经有八十岁,走路也困难的了,凶恶的,发臭气的,而那个工程师把她当作母亲。而且平常一般人对于母亲,还没有象他对于奶妈那样的敬重。

春天要完结的时候,我到了托木斯克,跑到一个医院里找工作,一下子就碰着了那个医生亚历山大·克里莱支。虽然同一些从前见过的人遇见——心上不好过,他们使我想起:你尽在这一个地方转来转去;可是,我非常之快活的。医生的头发灰白了,脸也发黄了,镶了金牙齿。他也很快活,握了我的手,拍了我的肩膀,象个老朋友的样子;自然他又说笑话了:

"唔,一袋肠子,你弄坏了许多不平常的事没有?"

他自己雇了我替他工作,因此,我又管理他的生活上的秩序。他住在医院里面的一所小房子,窗子对着院子,两间房间,一间灶间。我又对他讲,象老婆婆对着小孩子一样,把我所看见的一切,都讲给他听了,我自己听着,也非常之有趣!我还觉得这对于自己也有益处——仿佛把心上的一切多余东西,都藏到阁楼去似的,洗刷了我的真正的心灵。讲话是很有益处,说过了就忘记了,关于塔奇央娜的事情,我企图着:要打动医生!那知道一点也没有。他喷出烟气,笑迷迷的说:

"哈哈,看罢,一切都不简单呢。亚珂夫,啊?"

我看医生的聪敏并没有丢掉,而他的思想却一点也没有移动到什么地方去。我听着他都要烦恼,他总竭力的想把我缝到袋子里去,证明着到处都是些什么样的圈套,扣得牢牢的;我真不懂得:他为什么要这样?很困难同他在一起。

忽然间我一切都明白了：正确的思想就这么突然的来了。这思想是在马戏院里得到的，我时常到马戏院里去，看看打拳的人；一个芬兰人使我十分奇怪。他的气力并不大，身体也不大，而他总是打败那些比他自己气力大的人，他用了自己不平常的巧妙精细的训练去克服人家。我看见他打胜了一个强壮的俄国拳术家，我仿佛一下子惊醒了，我猜着了：

"训练是主要的作伪，在这里隐藏着生活的害处。"

我甚至于出了一身的冷汗，仿佛我全身的骨头都抖动了，撑直了。原来这几个字眼里面包含着心灵的宝贝和生活的钥匙：

"训练就是害处。"

用了训练，没有气力的人也可以克服有气力的人；用了训练，剥削了民众的自由。这个道理雪亮的照耀着，使我的眼睛都张不开来，原来一切不平常的事情，是从这里来的，原来这是人类分裂的开始。可见得：事情是这样的，应该一切人都有平常的训练，或者宣布一切训练都完全禁止。我记得那天走回家去是很小心的，仿佛头上顶着一篮子的生鸡蛋，又象是喝醉了酒。

我请医生拿些书给我看，就是在巴尔瑙尔地方已经给我看过的；我读了，觉得完全明白了：训练是分裂了人类。从这时候起，我完全的改正过来，而且坚定了我自己的一生一世的主张。我说的是对的：自己的思想是海，而别人的思想是河，不管从河里有多少水流到海里，然而海水总是咸的。

医生那里常常有客人，都是些正经人，讲的话都是关于政治的，他们并不避开我，这是他们看重我。难得有个很谨慎的老头子来到这里，他的人仿佛是灰色的，戴着眼镜，驼着背，他的头颈是不方便活动的，所以他要旋转头来的时候，总象狼一样的连着身体一同旋转过来。而且他的声音也象冬天的饿狼的叫声一样。他总是带着皮包从火车站那里走来，擦擦手，摸摸秃头和胡子，就要求报账：

"唔，生活怎么样？"

我对于老头子是不敬重的。老头子是律师一类的人：一切罪恶，一切行为,他们都会辩护的。而且是些游浪的人,我没有遇着过一个老头子是有坚强的主张的。自然,我懂得这个老头子是一只危险的政治的狼,而在赤塔之后,我完全的懂得政治是什么。

在一个夏天的晚上,他又带着皮包来了,好象从炉子里爬出来似的,他全身沾着煤灰,烘得干干的样子,他把皮包往地板上一放,不说"你好"而拿另外的一句来代替:

"唔,战争要来了。"①

真的,战争又爆发起来了,打破了我们的蠢笨。捧了十字架游行,教堂里的钟声,替自己的灭亡叫着万岁,医生眨着眼睛说:

"唔,一袋肠子,你瞧,简单化的生活。"

我发愁了。那时候,谁也不能够懂得,这战争能够有什么样的利益。虽然那个老头子指给医生看,说什么战争的结果一定是革命,可是,我觉得这也不见得是什么安慰。革命已经有过,然而没有什么结果;在革命以后更加不好了。

要医生去参加军队工作了,而他已经被这个战争打击到这样的程度,对着那狼似的老头子说:

"也许,我自己给自己吃个枪弹,还比什么都公道些。"

那个老头子坚持自己的主张:

"三个月之内我们就要吃败仗,革命就要来了。"

关于那时候的战争,没有什么可说的,异乎寻常的疯狂,痴子的慌乱,把几万西伯利亚的老百姓赶到了俄国,而从这边又把许多捷克人,匈牙利人,德国人,还有其他莫名其妙的人,都赶到西伯利亚去;各种不同的言语,疾病,呻吟,还有那些混浊的鲜血。婆娘们都野蛮起来了。我公开的说——我害怕。医生被他们从这个城市赶到那个城市,从这个兵营赶到那个兵营,他是做管理俘虏们的工作的。他解放了我的兵役,所以我不好意思离开他。他是一个非常之好的好人,夜里不睡觉,吃喝都没有时

---

① 这是说一九一四年开始的欧洲大战。

间,他的工作感动了我。不懂得人家给了他什么好处,他这样关心人家,有些什么打算;而且那些都是外国人。他自己没有什么希望,他又不是要找官位和勋章,同官长们是硬碰硬的。曾经有过这样一桩事情:把俘虏们赶到一个什么地方去,后来又忘记了他们,有个军官,找到我们这里来,抱怨着,说那些俘虏要冻僵了,要饿死了。医生就自己出了主意,从刚才到的火车上,叫卫兵们拨了两车厢的面粉和豆子,分配给了俘虏们。他为了这件事犯了罪,不过这件案子延期了,说等到战争完了再审判,一般的,他不怕破坏着法律去照应别人。

在邱明地方我碰着了塔奇央娜,她在俘虏们的附近走来走去,穿着红十字的白衣服,戴着黑眼镜,胖了些,做事很有秩序的。她说:她还是在开仗之前学会了做医生的助手。那医生自然又来笑我了:

"亚珂夫,训练呀? 看不出怎么样的简单化的生活,啊?"

我自己在这个时候——不知道是否因为疲倦的缘故——竟在这些思想上动摇起来了,我的理智消沉了下去。

突然间——仿佛魔鬼的风车停止了似的,我们到托白尔斯克去的路上,在一个车站上,人家送了一个电报给医生,他读完了,捏紧了拳头,脸都变得雪白的,摸着喉咙对我说:

"亚珂夫——皇帝赶走了……"①

我也被这句话吓了一跳。我从没有很认真的想过皇帝;而且假使有人说,一切罪恶都是从他那里出来的——那我也并不相信。罪恶,我到处看得见。而这时候我才想着:皇帝真是统治的头脑吗? 呵,头脑割掉了。

医生闹着,他的副手沃枯聂夫高兴得几乎跳舞起来,我看见大家都高兴。民众呀,难道真象马车到了站,所以把马放了下来? 我看,真是这一回事情。民众象竖起了刺的刺猬一样,抓住了田地不肯放松了,象热烈的

---

① 这是说一九一七年的二月革命。

青年抓住了姑娘似的,看起来,象十年以前那样的事情①,民众再也不容许它发生的了!从战争里逃出来的人,并没有失去理智,他们都很能干的带了步枪,有些人还有机关枪和整批的军用品。而主要的,就是不管对他们说什么,他们都了解,他们说:"对的,我们受得够了,已经忍耐到了最后一天。"我在这一年里讲的话,总要比四十三年之中,总合起来的话还要多些。我的胸口,好象有只钟在那里敲的样子。我在这一年里得着了极大的快乐,我看人家对于我都很敬重!

西伯利亚的地方是非常广阔,非常之大的,而且还是一个荒僻的地方,不是象此地这样狭窄:乡村是一个靠一个的,整个地面上横着许多道路,每十里一个市镇,每一百里一个城市。在那里并不是一切消息和事情,都能够穿过那些森林,按时的传到我那边的,所以当时又闹着开倒车的乱子②,说快要恢复到旧秩序去的时候——最初我还不相信呢。

我向医生辞了职,他也被赶到伊尔库茨克去了。我在靠近尼哥拉夫斯克的一个市镇上住着,忽然来了骑兵,他们说:"请打仗去!同谁?为什么?"那位蜷头发的军官,额角很大的,他解说:"同莫斯科的人;那里有些德国的奸细占领了政府。"③他说得十分聪敏,可是我不相信他。在西伯利亚的人不喜欢莫斯科。老百姓们咕哩咕噜的去了。我劝回了二十几个人,我说:这个战争,我们是不懂得的;谁干的这个把戏,我们也不知道;孩子们躲到树林里去,等着罢,将要来的是什么,先要看一看老爷们在什么地方。

这时候,我的好运气,仿佛从云头里飞下来似的,从城里来了两个青年,他们一下子就对我们解说了老爷们的把戏。

"这个战争是反对民众的,叫你们去掘自己的坟墓。"他们说:

"这是没有压死的蛇重新又抬起头来了。而你们农民应该帮助莫斯

---

① 这是说一九〇五—〇七年的革命,那时农民群众开始了土地革命,可是,后来反动派胜利了,土地仍旧被地主夺了回去。

② 这是说一九一七年二月革命之后临时政府的反动。

③ 这是说十月革命了。十月革命的时候,白党都说布尔塞维克是德国奸细。

科的人,在那里,他们所想的是正直的。拥护布尔塞维克,打击老爷们的后脑,捣乱他们的后方,这就是你们的工作。"

他们说得很好,老百姓看见我所想的也同他们一样,所以很满意我。

"请你不要离开我们,你的头脑对于我们很有用的。"

哥尔却克的军队①压迫一切的乡村和老百姓,收租税,强抢,拖面包,夺牲口,干草,等等一切东西! 我们听见,有些地方的农民为着保护自己的经济,打起来了,而工人来帮助他们。我们这里也来了一个工人队伍,十个人,他们的领袖是一个生火工人叫作依夫科夫,黑头发,是一个枯燥的青年,很长,坐在马上脚可以拖到地。这些青年请我们帮助他们去打强盗,强盗一共有四十个人,都是骑马的,在三十俄里远的一个乡村里捣乱。我们也不只一次受他们的侮辱了,大家同意了,聚集了六十七个人,大部分是兵士,甚至于老年人也去了。我倒并不十分愿意,可是也带着洋枪去了。

天刚亮的时候,走进了乡村,打起来了。这场战争并不大,我们打死了他们三个,五个人受了伤;在我们这边,也打死了一个,另外一个沉在井里淹死了,有四个中了枪弹,我也在其中:一个不留神,子弹"擦"的一声打进了我的肩膀的软肉里。我差不多不会放枪的,从来也没有打过猎,然而我也一样的兴奋;武器这家伙是有脾气的,只动它一下,它自己就射了出去。老百姓们关于这件事情互相的称赞着,而且非常之夸口的,他们回家的时候,唱着歌。

然而回到自己的市镇里——看一看,哥尔却克人也在那里捣乱,有两个地方着了火,闹着,女人叫喊着,唔,在这里,那个生火工人依夫科夫显出了他当首领的本事;他把我们分作两部分,向市镇那边绕过去。这样我们突然的扑进去,是出于他们不意的。这里打得很热烈,单是死的人在两方面总共有三十七个。可是,我们得到了一个大炮,两架机关枪,步枪,还

---

① 哥尔却克是一九一八年年底到一九二○年勾结日本,美国的俄国白党将军,他的军队在当时占领了西伯利亚,以托木斯克为中心。

有许多军火,而十一个哥尔却克人投降了我们。

此后我们决定跑进树林去,过着军事生活;去的一共有五十七个人,我们过着那种自由生活,打打仗,唱唱歌。

在一切形式的生活里,都有自己的缺点;我们这里也有了缺点;我们开始过惯了树林子里田地里的流荡生活,人都懒惰起来了,破破烂烂的,不愿意去缝补,直到再不能穿的了,就到死人身上去剥下来,然而死人也并没有穿得象老爷那么阔。我们离开了自己的真正的农村生活。我烦闷,晚上我总是想着:这个混乱到什么时候才完呢?我闻了许许多多的死人臭味。我对于人也觉得可怜——许多人为了自己的愚笨就这么死了,啊呀,多得很!

虽然我不是一个战斗的人,但是也兴奋起来了,很高兴去放枪,去刺死什么人;不过我看见:战争是一件又蠢又笨的事情。这里最重要的是消费了大量的枪弹——费了几百枪弹,打死什么十个人,其余的逃散了。而且,战争是很有害的事情:把人的性情都弄坏了。

在我们这里有一个青年彼替卡,他放纵到这个样子,抓着了俘虏,就一定要把他们都枪毙!他总是这样的请求依夫科夫:允许我去枪毙罢!他的眼睛燃烧着,脸是红的了。他是一个漂亮的人,脸生得不错,不大作声的。依夫科夫禁止他,然而他还是枪毙了那些俘虏,他这样的辩护着:

"这是我一个不小心!"

或者他又说:

"他反正是已经受了伤的,也许就这么也是活不了的。"

依夫科夫为了这件事曾经打了他两次。对于杀人的事情放荡到这样,在我们这里,还不只彼替卡一个。

我们的领袖依夫科夫性格是忧郁的,他的智慧是看不出来的,他总是称赞着海——他是一个军舰上的生火工人,后来犯了政治罪,在黑龙江地方当苦役。他是一个勇敢的人。后来才看出来了,原来他所以勇敢,正因他不很聪敏。他喜欢跑在一切人的前面,跑出去就拿着枪,象拿棍子似的威吓着,骂娘骂老子的骂着,而人家正在对着他放枪。人,他是不可惜的。

他说：

"真正的人都在海上。而生根在岸上的都是些混蛋。"

他不说话的时候多，总是咳着嗽，他的背脊时常要痛的，这也许是在当苦役的时候给人打伤了的。捉着了俘虏，他就派我到他们那里去：

"唔，亚邹夫·克涅邹夫①，你这个丑东西，你去劝他们到我们这边来，你告诉他们，如果不同意的话，要枪毙他们。"

有一次，我们捉了他们的步哨，一共有五个人，都是骑兵，有一个在手上和头上都受了伤的，同我争论起来了，弄得我很不好意思了。我看他不是一个普通人，我问他：

"你是老爷出身罢？"

他承认：是军官，是少尉，而且还是牧师的儿子。我恐吓了他：

"我们要枪毙你。"

他很骄傲很勇敢的，身架大方，脸又正经，他很有点气力；当捉他的时候他很好的自卫着。眼光笔直的看人，眼睛很好，虽然很生气的神气。

"当然的，"他说，"枪毙是应该的，就是这样的斗争，用不着慈悲，也用不着可怜。"

他说了这个话，我倒可惜他起来了。我同他谈得很久，很想他转变到我们这里来。而他骂我们，尤其骂依夫科夫，原来他是为着要侦探出我们的依夫科夫的队伍而来的，因为我们队伍的"名声"在他们那里，在哥尔却克的军队那里是很不好的。

"你们的领袖要送掉你们这一班傻瓜。"他说。

他这样巧妙的暴露依夫科夫的错处，说他不会保全人，还有许多许多别的错处，我一下子就觉得：一切都是对的，依夫科夫是傻瓜。而且看出这一个军官，乌斯平斯基·库德尔斯基，恨着一切人，除出打仗以外，他是什么也不需要的。他就是象我们的彼替卡一类的人。我对他说笑话：

"你要打仗吗？你到我们这边来，打你们自己的罢。"

---

① 又是亚珂夫的一个外号。

他只不过动了动眉毛。我把他的事对依夫科夫说了，我称赞他是个好人！

依夫科夫说：

"他们是没有多大的希望的。"

"我们这些领袖也不行。"我说。

"这是对的；气力很多，可没有计策。再去同他谈谈，枪毙总是来得及的。"

我款待了乌斯平斯基·库德尔斯基老爷，请他吃了，喝了烧酒，喝了茶，我对他说：真理在我们这方面。

"谁知道这个鬼东西在什么地方！"库德尔斯基咭哩咕噜的说，"也许在你们这里。我知道在我们那里是没有的。"

简单的说：库德尔斯基同意了，他当依夫科夫的副手，照军事上说起来，他是当我们的参谋。唔，他原来是一个在自己的职业里的好手。他开始这样的训练我们，指挥我们，有时候，我却后悔起来了：可惜没有杀了他。我们大家都皱着眉毛；但是在这里，他有很好的成绩，很好的计策，大家都明白：他是一个好汉！他从不站到前面去表示他自己的本领，他没有一点儿露出他的勇敢，他只是狐狸似的行动，静悄悄的偷偷摸摸的干着。真的，他会保全人，不但在战斗的时候，而且在休息的时候，他要看大家的脚揩干没有，命令我们要常常的洗澡。他教那些不会放枪的人放枪，赶我们去放步哨，简直糟糕，一点安静都没有了。

"那个身上生出虱子来，我就要打那个！"他这样解说。

好象依夫科夫在他的后面了，看不见似的。老的兵士非常的称赞他，可是一般年轻的不喜欢他。

在我们这里，有武装的只有六十七个人，呵，他领导这一些人去做那样的事，真使我们很奇怪——我们胜利的代价原来可以这样便宜。

在最初他同我说了很多的话，但是不久，就不和我多讲了——他一点儿也不能够懂得，这是他的天性不容许他罢。

"邹珂夫，你发了痴了！"他说。

他不喜欢外国人的。波兰人，捷克人，德国人，各种的外国人。可是对于俄国人，有一点儿爱惜的。他是很严厉的。他皱着眉毛，露着牙齿，用嘲笑的态度对付俘虏们！这已经是后来的事了，在他代替依夫科夫的职务之后。依夫科夫给人打死了，他和彼替卡，还有参加过日俄战争的一个兵，同在河里洗澡，有一队军官，大约十个人，来攻打我们的军营。依夫科夫听见了枪声，他不跑到树林里去躲避，而向我们这边跑过来，而那些军官正从我们这里逃出去，遇见了他——一个骑兵打死了他。彼替卡的头也给砍了，死了。我对彼替卡的死，并不怎么样可惜，因为我讨厌他的放荡。

而依夫科夫——仿佛现在我还看见他的样子：他躺在草地上，伸得有一丈长的样子，伸开了手，横着一个十字形——象要飞的样子！他只穿着一件衬衫，在他手的旁边还有一支连珠手枪。大家都可惜他，甚至于库德尔斯基自己蹲下去，给他扣好衬衫的钮子。他蹲着很久，然后，他对我们颂扬他，他演说：

"这是一个伟大的牺牲者，他是为着真理而牺牲的，他是一个真正的英雄。"

他同依夫科夫非常要好，他们睡觉都在一起的，他俩都不爱讲话，沉默着，他们时常在一起相互的保护着。库德尔斯基不喜欢我，甚至于——我这样想：——他怕我。他是应该怕我的，因为我总是不信任他。依夫科夫说得很对：不应当去相信从自己的队伍里出来的叛徒。

这样，我们这些首领就这么样过活。从俘虏那里，知道了我们附近的哥尔却克人要来找寻我们，因为我们给他们麻烦够了。库德尔斯基从俘虏那里问出了一切，就引导我们到诺沃·尼古拉斯克地方去，在路上遇见了一桩好不过的事情：碰着了一个辎重队，夺取了二十九匹马，同时还得到四五辆卫生队的装货车，九个我们这方面捉去的俘虏，游击队员。

呵，原来亚历山大·克里莱支医生躺在一辆货车上；而在俘虏之中，有那个赤塔的海员彼得；他被打伤得这个样子——我所以还认得他，只因为他的手上有一只多余的手指头。而那个医生，我也完全的不认识他了，他自己叫了我：

"唉呀，一袋肠子！"

我看见，这个老头子躺在那里，全身都发肿了，灰白的胡子，秃着的头，眼睛不大会动的了，已经不再说笑了。他叫我给他弄点儿烟抽，哑着声音的说：

"已经有三天三夜没有烟抽了，倒你们的霉……"

吸了烟，始终问了一句：

"简单化吗？"

我看他虽然是个医生，可是，他已经不是这个地球上的人了。甚至于讲话都困难的了。

那个海员问我：记不记得塔奇央娜？原来她躲避在尼古拉斯克地方，他有许多事情需要看见她，要求库德尔斯基派人去接她到这里来。我倒很有趣，来了是怎么样？在第三天她坐了四轮车子来到了。她遇见了我，仿佛是很快活！

"布尔塞维克？"

"唔，是当然的。"我说。

其实在那个时候我对于布尔塞维克还不很相信。她召集了我们一切人，对我们演说：哥尔却克的情形是不好，应该快点打倒他，来一个和平的生活。她叫着，手挥着，她巴掌上扯动着，眼睛闪着光。她老了，枯干了，脸黑得象眼镜的颜色一样，声音很尖利的，非常之使我不好过。在晚上她对我说，她早就是一个真正的党员，甚至于坐过两次监狱。这次遇着那个海员，不过是三个月以前的事情，当她受了伤躺在医院里的时候。唔，这对我是不相干的事。她问我：

"你知道，你的东家——那个医生，他也同哥尔却克的人在一起？"

这里我对她说了：

"哪，医生，他就在树林底下冰冷的地方躺着呢。"

这一来把她的全身震动了一下——可惜不能够看见她的眼镜里面的眼睛有怎么样的表情；她不能忘记那个医生轻视她那种女性的弱点，她不能忘记！这是我很久已经知道的了,而在那一忽儿,我完全的满意了。当然的,我笑了她,而她证明那个医生是敌人。我走到医生那里对他说:

"塔奇央娜在这里呢。"

他不过把舌头舔了一舔胡子,哑着声音的说了一句:

"呵,这样……"

再就一个字也没有说了。我注意她整个晚上:她跑不跑到医生那里去,她同他去讲话没有? 没有,她挥着棍子,从旁边走过去,走到自己的那个海员那里去——她躺在装货车上,她同他互相的说着话,又走来走去的象个卫兵一样。我走到医生那里去了两次——他仿佛睡着了,不答应。去惊醒他又可怜,然而我很想同他讲一些什么。甚至于在月亮底下,他的脸也是这样的红,好象烧焦了的——好人的脸在月亮底下总是青的。

到了半夜,我们开始收拾,要动身了。我问了库德尔斯基:

"马德威·尼古耶拉夫①,我们对于这些俘虏怎么办?"

有六十个人:一个波兰的军官,三个兵士,都受伤了的,医生,还有一个犹太女人,这个人也已经要死的样子,眼睛已经向上翻着。库德尔斯基叫着:

"他们那些鬼东西,有什么用处呢!"

队伍里的人提议都打死他们,而库德尔斯基摸着自己的马嘴,急着说:

"集合起来!"

我劝他们把那些病人堆在河岸上,留在那里。军官,当然枪毙了。而那个医生在临别的时候,还用了全力对我说笑:

"你,一袋肠子,应当把我简单化了罢。"

"你自己很快就会死的,亚历山大·克里莱支。"我说。

我始终是可怜他,他许多次数用自己直爽来对人,使我起了好感。他是一个好人。但是他终究给人打死了。有一个老兵士,人家叫他"日本

---

① 这是库德尔斯基的名字。

人"的,还有一个打熊的猎人,他俩悄悄的留在我们的后面,后来那个"日本人"追上来对我说:

"我把你的医生打死了,我不喜欢医生。"

他们怕有响声,所以在那里用了枪柄子把他们都打死了。我责备了他们,抱怨了几句——库德尔斯基羞着我:

"假使步哨碰见他们的活人呢?"

唔,是呀,当然杀人是一桩不好的事情。有时候也许杀掉自己倒比较得容易——唔,这在职务上是不容许的。这是没有办法的了。反对生活的残忍的最后一次战争开始了,而这种蠢笨的残忍生长在人的骨髓里——怎么办呢?许多人生着完全不能医治的传染病,他们活着只不过是为着要把病传染给别人。不,在这里一点没有别的办法,我们互相的打仗还要很长久的时候,直到生活简单化的胜利完全达到。

我认为——我想着——要不是塔奇央娜劝那个"日本人"去杀了医生的罢?因为那"日本人"原来并没有烟的,然而,忽然他抽起烟来了,而在烟匣子上的记号是塔奇央娜的朋友的。也许这是出于她的怜惜,因为不愿意徒然的苦了那个医生。有这样的事——因为可怜一个什么人,所以杀死他。

你看:我是一个温和的人,然而我用我自己的手杀死了一个不能够抵抗的老头子,说起来,这可并不是因为可怜他,而是有别种原因的。我不是已经说过不喜欢老年人吗,因为我认为他们是有害的人,我常常对我自己的人说的:

"不要可惜老头子,他们是有碍的,因为他们固执,因为老朽。年轻的人还可以改变,而老头子都这么个想头:我是老了,所以我是对的! 他们是'昨天'的人,关于'明天'的事他们怕去想的,老头子对于'明天'只有等着死。"

关于一些家具,我也这样教训别人:

"大的东西,象柜子呀,箱子呀,床呀,不要打破,不要去弄坏了;而那些小家伙,各种各样无聊的东西——打一个粉碎! 我们的一切苦恼,都是由于这些无聊东西。"

是的。我有一次遇着一个狠毒的老头子。开始是这样的,我生了病,伤寒症,别人把我安置在一个乡村里,在一个很好的主人家里,差不多躺了一个冬天。病得很厉害,我的一切记忆力,都象火烧掉了似的。醒了过来,一点都记不起来,仿佛我白白的活了这么几年。我听见老百姓叫喊着,骂着莫斯科,骂着布尔塞维克。怎么一回事呢?唉——不对,不对——而有一个戴着毛皮帽子的老年人,手里撑着一根拐杖,在这个乡村里穿来穿去,走得很快的这么一个老头子。他的眼睛黑黝黝的,毛茸茸的,在皱着的眉毛底下,眼珠儿象两个金虫似的动着——是有这样的金虫,它的翅膀仿佛象铁一样的。这个老头子穿着并不特别,但是远远就看得见他。

在春天的时候,我勉强的走着,休息着,观察观察这里的人——有些简直是别一种人,有的烦闷的看着,有的生气着;而勇敢的坚决的,一个也没有。怨恨租税和委员们,我当然对他们解说,虽然我自己也不很懂得什么是重要的。我坐在那乡村后面,靠近牧场那里,这个老头子沿着道路摇摆过来,用拐杖叩着地,看见了我,他就旋过头去,吐了一口口沫。我的好奇心动了,问我住的那家主人:

"这是你们这里的什么人?"

"这是一个有道行的聪敏人,他不准有欺骗的。"他说。

他很严厉的,不愿意多说话的样子。

在那里有一个残废的兵叫作尼古拉·拉斯卡托夫,他是一个青年小伙子,没有脚,在左手上没有手指头,他详细的对我说:

"这是一个有害的老头子,他住在此地很久了。他是充军来的犯人;从前他养蜜蜂的,而现在他在树林里造起了屋子,过隐士的生活了,削木头勺子,假装圣人。革命一开始,他就反对革命,后来他的蜂巢破产的时候——他简直凶恶起来了。现在在他的四周围的,远在一百俄里路的人,都跑到他这里来,他劝导他们,说什么莫斯科是强盗,是不信教的人在那里指挥着,还有许多胡说乱道的话,还命令他们起来反对。"

他说了这样一桩事情：有两个红兵回到乡村里来了，那些老头子就召集了许多人来开会而且对他们说："这是些混蛋。他们的同志把这个人的父亲母亲都打死了；而把那一个的父母的房子烧掉了，经济破产了，所以他的父母在城市里讨饭。他们要把我们的青年小伙子带坏的；我们提议把他们处死刑，为得要给我们的小伙子看看；结果这个捣乱！"这样，就把那两个家伙捆了起来，把他们的头放在木架子上，那一个红兵的叔叔用了斧头砍断了他们的头。

"呀！原来弄到这步田地。"我想，"我甚至于烦闷起来了。在那里，除出拉斯卡托夫之外，还有十个新派的青年，但是，他们因为年轻，又无聊，仅仅同些姑娘们吊吊膀子，除了这个，什么都不做——他们的父亲们和祖父们监视着他们，象监视着贼一样，如果这些青年要稍为照以前那样活动一下，就要挨打。"

我暗示他们：

"难道不看见凶恶的枢纽在什么地方吗？"

他们怕着，这样说：

"都要打我们的。"

"唉，鬼不是我们的上帝！"我想。

我决定自己去同这个有势力的老头子讲话，我明白，他捣乱的把戏是要开倒车，要回到几年以前去。然而我很知道乡里人是蠢笨的，我已经观察到这一点了。老百姓对于别人的一切都忍耐得住的，独有为着自己的就不愿意忍耐了。大家很性急的要安居乐业，要多吃一点。

那个老头子住在离开那村庄七里路光景的一个山脚底下，靠近树林的地方；他的房子象看守的人住的一样，只有一个窗子，菜园也不大，只有六楞地；三窝蜜蜂，一只褴褛的小狗，这些就是他的财产。在一个晴天，我跑到他那里去，那个老头子坐在树桩子上面，靠近烧着的柴堆，在这个柴堆上面用石头架着一个锅子，水滚着，把锅子里面的树胶烧软来；在篱笆上挂着几束用树皮结着的杉树枝。这大概是当作调树胶的棒用的——倒是一个有点手艺的老头子；他弯着身体削着木勺子，不对我看。他穿的是蓝色麻布衫,赤着脚,秃了头发的头顶发着亮光,在右耳朵旁边凸出着一个瘤,仿佛这是另外一个头的胚胎。我觉着——这个瘤特别的激怒了我的心。

"喂,我到这里来要同你说话。"

"谈罢。"

又不作声了。刀子动作得很快,木屑散在他的膝盖上和脚上。湿的树胶搅起来象牛油一样,刀子上一点响声也没有。在锅子里的水沸滚着,在老头子旁边的狗叫着。可是在老头子的周围却是静悄悄的。

"你干什么给人受苦呢?"我问他,"你所相信的是什么,你玩的是什么把戏?"

不作声,低着头,甚至他的眼睛都不抬起来对我看一看,仿佛在他的面前简直没有什么人似的。他用刀子搅着树胶,并不开口,象聋子一个样。那只狗对着我叫,呜呜呜的象吹笛子一样,但是,他并不叫住那只狗。他坐在那里,仅仅动着他的手,还动着他的右肩膀,除了这个以外,整个身体都是一动也不动的,简直象一块蓝的石头。这个老鬼,在他的周围是很好的,很安静的:在他的小房子的后面是树林,在前面,有沙岸,有小河,河里的水流着,太阳光照耀着。

"呀,你,这么巧妙的象个魔术家,把自己从人堆里分出来,特别起来。"我想着。

我非常之烦恼,我骂了他,而且威吓了他——但是一无结果,他一句话都不同我讲,我就这样做了半天傻瓜,跑了。我走着,向后面看看:在山脚边烧着的柴堆发着亮光。我想:

"这个老人真是一个毒害的畜生!"

公开的说:他那种故意装聋的态度伤了我的心。许许多多,几百个人听过我的讲话,然而这里一个都没有!

大约过了一昼夜,我的主人眼睛看着地,象牛一样的对我说:

"喂,克涅邹夫,你病好了,现在你要到什么地方去,也可以去了。"

而且他的老婆,他的两个女儿和他的雇工,德国人——大家对我都不亲热,同我说话也很粗鲁的了——我懂得,一定那个老头子对他们说过我的什么坏话。乡里的人,大家都好象发了牛性似的,看也不看我了,可是在不久以前,他们还自己跑来找我说话呢。我想:人是一个样的,要把我丢到地底下去,是非常简单的事。这侮辱得了什么人呢?在这样尖刻对人的世界里,谁在这一点上来诉苦呢?这时候,我的心都发火了。

我跑到拉斯卡托夫那里,我说:"唔,你把我放在一个看不见的地方,躲避两三天。"

我好好的同主人告别了,仿佛是永远的,离开了这个乡村。而拉斯卡托夫把我关在一间阁楼上,他自己的洗澡间里。坐了一天,两天,三天,第四天,等到黑暗的夜里,我就走了,把石块扎在手巾包里,做出一个武器,当做铁锤子。我有一把手枪的,我卖给了拉斯卡托夫;因为一个单身人在路上走的时候,这是一个危险的东西,可以暴露人的真相。

我走到老头子那里,大胆的敲着门,我想:夜里有客人到这里来,一定是习惯了的,他不会害怕的。果然,他开了门,虽然他的手抓紧着门的拉手,唔,当然的,我也把脚站住在门和树桩子中间,其实这倒用不着;那个老头子一下子就知道了来的是陌生人。他朦里朦懂的说:

"是谁呀?要什么?"

他的狗抓住了我的脚,这里,我用手对付着老头子,而拿棍子对付了那只狗;打狗应该要打在嘴巴上的,要从下面打上去,这样可以把它的头同脊骨一下子打断。

我走进了他的屋子,把门闩上,那个老头子也许还没有知道是我,也许他害怕了——他咕哩咕噜的说:

"为什么要把那只狗……"

划着了洋火,这时候我就可以打死了他的,然而要知道事情不是这么简单的,而且我也觉得黑暗。呵,他点着了灯,还是没有对我看,也许因为他没有什么担心,也许因为他怕。这可使我很难受,甚至于脚发抖了,尤其是他用手遮着亮光望我的时候。他坐下去,坐在凳子上,两只手撑着凳子,又不开口,而眼睛张得那么大,象女人那么的可怜。我也仿佛可怜他起来了。但是我对他说：

"唔，老头子，你的命要完了……"

而我的手并没有举起来。

他咕哩咕噜的哑着声音说：

"我不怕，不可惜自己——不过可惜人家——我死了的时候，他们就得不到安慰了……"

"你的安慰是欺骗人的，"我对他说，"你要祷告上帝呢，还是怎么样？"

他的脚膝跪了下去，这时候我就打死了他。很不好过——我的胸口象要呕吐，全身发抖。我心上不舒服到这个样子，几乎要打碎那盏灯，放起火来，烧掉这所小屋子——如果是这样，我自己也糟了！因为乡下人会看着火光跑来，一定追着我，在树林子里捉到我。

我在这地方又不熟悉，跑不远的。可是，我当时关好了门，穿过树林子跑到山上去了，到太阳上升的时候，我已经走了二十里路，我就躺下睡觉；我睡着的时候，给白党的步哨碰见了，他们大概有九个人。一醒过来——已经糟了！当然的，他们立刻叫了起来："奸细在这里，绞死他！"打了我几下。我对他们说：

"你们打什么？叫什么？离开这里七里路光景，在山脚底下，一百五十个布尔塞维克的兵在那里，他们下了动员令……我就是从他们那里逃出来的。"

我看得出他们相信了，而且害怕着。

"你的脚上从什么地方来的血呀？"

"这是，"我说，"在我旁边，一个人被人家用斧头砍开了头，溅在我这里的。"

呵——我欺骗了他们，而且威吓了他们。他们很快的走了，而且把我也带走了。在危险的时候装着傻瓜——救出我自己的性命有许多次数了，这是我的很好的习惯，到早晨，我已经同他们平等了；我同兵士们已经完全说通了。啊呀，人是蠢笨到这个地步，只要知道他们！在一切事情里都是蠢笨的：不管是在事业上，在消遣上，在犯罪上，以至于在道德上。

就是这个老头子……可是,关于他呢——已经够了。我不愿记起这件事,他是很坚强的老头子,但是……是的,人是蠢笨的……可是,都是为什么呢?他们要不平常,而且不能够懂得他们的救星,是在于简单化。对于我,这种不平常的事情,已经够受的了。如果我不知道应该怎么样生活,如果还相信上帝,那么真要请求上帝把我变成土老鼠,钻到地底下去生活。你瞧,我受着的苦处到了什么程度。

唔,现在一切鬼把戏都打得粉碎的了,都在崩溃下去,应该很快就可以等着——大家替自己造出轻松的秩序①,大家都开始了解,生活的最高意义是在于简单,而应该把我们的残酷的特性扫除得干干净净,滚蛋……不平常——是鬼想出来灭亡我们的……

好兄弟,就是这样……

---

① 这篇小说的口气是在十月革命胜利之后,一个红军兵在列宁城的休养院(王侯公馆的旧房子)里,谈他自己的历史。这里所讲的,是亚珂夫所了解的"社会主义的建设"的意思,他叫它做"轻松的秩序"——"生活的简单化"。

七

一天的工作

[苏联]绥拉菲摩维支

一

天亮了,靠近墙壁的架子上面,一些罐头,以及有塞子有标题的玻璃瓶,从暗淡的亮光里显露出来了,制药师的高的柜台也半明半暗的露出一个黑影来了。

向着街道的那扇大的玻璃门,还关闭着。另外有扇门却开在那里,可以看得见隔壁房间里的柜台上躺着一个睡熟的人影呢。这就是昨天晚上值班的一个学徒。他沉溺在早晨的梦境里,正是甜蜜的时候。

街道上的光亮了些。几月的早晨的冷气透进了房屋,卡拉谢夫扯了一下那件当着被窝盖的旧大衣,把头钻了进去。

大门那边的铃响了,应该起来了,卡拉谢夫可很不愿起来呢——如果再睡一忽儿多甜蜜呵!铃又响了。"滚你的蛋,睡都不给人睡够的。"卡拉谢夫更加把头钻进大衣里去了。可是睡在大门边的门房可听见了铃响,起来开了大门,然后跑到卡拉谢夫那边,推他起来。

"起来,卡拉谢夫先生,买药的人来了呢。"卡拉谢夫故意不做声,等了一忽儿,但是,后来没有办法,始终爬了起来。蒙里蒙懂的对着亮光挤着眼睛,他走进了药房。

"唔,你要什么?"他很不高兴的对着那个年青女人说。

"十个铜子的胭脂,七个铜子的粉。"她说得很快,而且声音来得很尖的。卡拉谢夫仍旧那样,不高兴的咕哩咕噜的说着,装满了两个小瓶:

"什么风吹来的鬼,天还没有亮呢!……拿去罢!"他说着,很烦恼的把那两个瓶在柜台上一推。

"收钱罢,"买药的女人给他十七个铜子,对他说:"我们要到市场上去,我们是乡下人,所以来的早些。"她添了这几句话,为的要说明她自己早来的理由:"再会罢。"

卡拉谢夫并没有去回答她,只把应该放到钱柜里的钱放到口袋里去了。他起劲的打着呵欠,他又得开始了这么一套了:麻烦得受不了的,累死人的,琐琐碎碎的十四个钟头的工作,学徒,制药师,副手,咒骂,不断的买主走进走出——整整的一天就是这些事情。他的心缩紧了。他挥了一挥手,爬上了柜台把大衣一拖,立刻又睡着了。看门的也把脸靠在门上。七点钟已经敲过了,应该把一天的工作都准备起来,但是,药房里还是静悄悄的。

二

制药师沿着走进药房的扶梯走下来了。他住在二层楼。他的新缝起来的文雅的衣服和清洁的衬衫,同他的灰白的疲劳的脸,实在不相称,他留意着自己的脚步,很谨慎的走下来,一面还整顿着自己的领带。他也感觉到平常的做惯的一天的工作又开始起来了,自己必要的面包全靠这种工作呢。他从早上七点钟起直到晚上十点钟止,站在药柜那边,要配六七十张药方,要分配学徒的工作,要按照药方检查每一服的药料——而且还要不断的记着:一次小小的错误,就可以打破他的饭碗,因为学徒之中的任何一个要是有些疏忽,不注意,无智识,或者简直是没有良心的捣乱,那么他的地位就会丢掉,而且还要吃官司。但是,他同一般天天做着同样工作的人一样,最少想着的正是这种问题。

特别感觉得厉害的,就是平常每一天的早晨勉强着自己开始工作,同时想到自己在药房里是唯一的上司,这种情绪充满了他,他低头看看自己的脚,恍恍惚惚的扶着很光滑的往下去的栏杆。

当他开门的时候,迎面扑来了一种混杂的药房气味,使他想起自己的整天的工作,他平心静气的,并没有特别想着什么,随手把门关上了,他不过照例感觉到自己经常工作的地方的环境。

但是这里一下子把他的心绪弄坏了,他很不满意的看见了乱七八糟的情形:药房的大门还没有开,看门的刚刚从自己床上起来,懒洋洋的卷着破烂的铺盖,那位学徒的打呼的声音充满了整个的药房。

制药师的生气和愤怒的感觉,并不是为了乱七八糟的情形而起来的,而是为了大家不急于准备着他要来,似乎没有等待他。看看那位看门的脸上很平静的,睡得蒙里蒙懂的,上面还印着硬枕上的红印子,他更加愤怒起来了,骂了他一顿,而且命令他开开药房的大门;然后他很慌忙跑到睡觉的学徒那里,很粗鲁的把他的大衣一扯。

"起来! 七点多钟了。"

那个学徒吓了一跳,呆呆的无意思的看着制药师,可是等他明白了是什么一回事,才慢慢的从柜台上爬下来,很怨恨的收拾他的铺盖。

"混蛋,你做的什么? ——药房门还关着,一点都没有准备好!"

"你这样发气干什么,七点钟还没有呢,我错了吗? 为什么没有换班的值日生? 干什么你这样盯住了我?"

卡拉谢夫恶狠狠的说得很粗鲁,不给制药师插进一句话,肝火发起来了,他想说得更粗鲁些,他不想,也不愿意去想或许是他自己有了错误。

"不准做声! 人家对你说话呢。今天我就告诉卡尔·伊凡诺维支。"

卡拉谢夫咬紧了牙齿,拿了枕头,大衣,手巾,走进了里面一扇门,到自己的房里去。他走过药房,看了看钟——真的已经七点一刻了。他自己睡迟了,是他自己不好。虽然他明白药房门应当开的时候,人家不能够允许他睡觉了,但是,他并不因此就减轻了他对制药师的愤怒——为着要给他所积聚了的怨恨找一个肉体上的出路,他走出了门,就凶恶而下作的咒骂了一顿。

制药师走过柜台那边抽出了药方簿子。他感觉非常慌乱和不安,想很快的给卡拉谢夫感觉到自己的权力,使他去后悔,这种感觉使他的愤怒不能够平静下去。

不知怎样的一下子在整个药房里,充满了一种烦恼的情绪,一种禁止不住的怨恨,大家要想相骂,大家要互相的屈辱,看起来又并没有什么原因。其余的学徒和副手都来了,他们皱着眉头,蒙里蒙懂的脸,很不满意的样子。好象在院子里从早晨就开始下了秋天的细雨,还下过了雪珠,阴暗和潮湿的天气——大家心里都非常的烦恼。

大家要做的事,都仍旧是那一套:十四个钟点的工作,称药,磨药,碾丸药,时时刻刻从这一个药柜跑到那一个药柜,到材料房又到制药房,一点没有间断和休息,一直延长到晚上十点钟。周围的环境永久是那么样,永久是那么沉闷的空气,永久是那么样的互相之间的关系,永久是那么样感觉到自己的封锁状态,和药房以外的一切都隔离着。

通常的一天工作又开始了,又单调,又气闷,很想要睡觉,一点儿事情也不想做。

三

看门的穿着又大又长的靴子,克托克托的走来;他的神气是一个什么也不关心的人,在药房里的一切事情,以及这里一切人的好不好,他是完全不管的,他拿了两把洋铁茶壶的开水和茶,很谨慎的放在柜台上,热的茶壶立刻粘住了漆布,要用气力才扯得开。大家就都在那间材料房中间的一张又狭又长的柜台上开始喝茶——那张柜台就是昨天晚上卡拉谢夫睡觉的。大家很匆忙的喝着玻璃杯里混混的热的汤水,这些汤水发出一种铜铁的气味。话是没有什么可说的,因为大家互相都已经知道,彼此都已经厌烦了,而且永久是一个老样子。买药的人已经开始到药房里来了,时常打断他们喝茶,一忽儿叫这一个伙计出去,一忽儿又叫那一个出去。

材料房里走进了一个男小孩,大约有十六岁,他是又瘦又长,弯着胸,驼着背,穿着破烂不整齐的衣服,而且他那件西装上衣披在他的驼背身上非常之不相称的。这就是一个最小的学徒。

他跑到柜台边,自己倒了一碗茶,两只眼睛找面包,但是,摊在漆布上的只有一些儿面包屑屑了。"什么鬼把面包都嚼掉了,"他自己讲着,"这算什么,要叫我饿死吗!"他努力把发抖的嗓子熬住了。

他的样子,他整个的骨架,暴露了那种过渡时期的年龄——正是身体加倍的生长,拼命的向上伸长的时候,但是他的年轻的肉体还没有坚固,他的身体的各部分发育得不平均,仿佛各个部分是分离的,是不相称的,互相赶不上似的。

灰白色的瘦长的面庞表示着天生的忠厚,软弱,服从,不独立的性质。但是,他现在的怨恨和没有用处的愿望,总还要想惩罚别几个学徒,使他们感觉到自己的错处,这些怨恨和愿望就改变了他的神气,他脸上的筋肉和嘴唇上的神经都在扯动着,而他的绝叫的声音抽咽着。

这一切的表示所发生的影响,使人家看了觉得他真是个小孩子的神气。而他,恩德雷·列夫琛珂自己也觉得无论怎么样都要换一个方式来表示,使人家不当他小孩子,使人家不笑他,但是不会这样做。他不做声了,用茶匙光郎光郎的把茶旋成一个圆的漩锅儿;然后,突然间发起恨来了,把并没有一点儿错处的茶壶一推,茶壶打开来了,水也泼出来了,他站起来,挥挥他的手。

"混蛋!只晓得吃,你们这些畜生!……为什么我从来没有吃过别人的呢?你们这些不道德的人!"

"茶壶倒翻了,死鬼!"

大家相骂起来了,卡拉谢夫的凶恶的脸对着恩德雷。值班的一夜没有好睡,早晨来买药的女人,制药师又来吵闹了他,白天还有十四个钟头的工作,恩德雷脸上的神气和他整个身体的样子——这一切一切都很奇怪的在他的心窝里混合了起来。恩德雷是个小学徒,根本就没有资格高声的说话。

"你摆什么官架子!畜生!……谁怕你呢!"

　　大家一致的攻击列夫琛珂。他应得的面包,真的不知道谁给他吃掉了,可是现在弄成这样了,仿佛倒是他自己的错处。

　　列夫琛珂努力阻止嘴唇的发抖,熬住自己理直气壮的眼泪,他没有力量保护自己。他似乎是为着要维持自己的威严,说了几句粗鲁的骂人的话,就跑到屋角里去,在空瓶堆里钻来钻去。

　　受气,孤独,没有帮助的感觉,使他的心上觉到病痛似的痛苦。他进了药房已经有半年了,直到现在,他天天一分钟都不知安静的。追究他,骂他,鄙视他,讥笑他。为的是什么呢? 他总尽可能的工作,努力讨大家的好。他的加紧工作,本来是讨好别人来保护自己的,可是,他愈是这样,就愈发受苦。甚至当他有几分钟空的时候从材料间跑到药房里来看看,学习学习配药的事情,也要被他们驱逐出去,好象他有癫病要传染似的——重新被人家赶回材料间去——洗洗橡皮泡,剪贴剪贴标记纸。大学徒,副手,制药师也曾经有过这样同样的地位,他们也都受过侮辱和屈服,当初谁比他们在职务上高一级的人,也都可以这样欺侮他们的。而现在,因为心理的反动,他们完全是无意之中在恩德雷身上来出气,仿佛是替自己的虚度的青年时期报仇。

　　但是,他并不顾到这些,在他的心上只是发生了愤激和报仇的感觉。

　　他急忙的粘贴着标记,同时一个一个奇怪的复仇的念头在他的脑筋之中经过:大学徒,副手,制药师应该碰见不幸的事情,或者火烧,或者吃错了毒药,或者更好一些——他们弄错了药方,毒死了病人,结果警察来捉他们,而他们在绝望之中将要来请求恩德雷救他们,请他说:这是他没有经验掉错了药瓶。而他恩德雷,在那时就可以跑过去问他们了:“记不记得——你们都给我吃苦头,羞辱我,戏弄我,我没有一分钟的安静;我的心痛和苦恼,谁都没有放在心上,现在你们自己来请求我了!? 你们为什么欺侮我呢?”

　　是的,他为什么应该忍受这一切呢,为什么大家都不爱他呢? 只不过为的他是一个最小的学徒。他很心痛的可怜自己起来了,可怜他自己小时候的生活,可怜他自己的过去,可怜在中学校的那几年,可怜小孩子时代的玩耍和母亲的抚爱。

他低倒了头,皱着眉头,努力的熬住了那内心之中燃烧起来的眼泪。

制药师进来了,他竭力装出严厉的不满意的样子,命令大学徒到药房里去,叫小学徒也去准备起来。卡拉谢夫同两个大学徒跑到药房里去了,开开药柜门,摆出木架子,白手巾,玻璃瓶,装药的勺子,一切都放好,摆好,象每天早上一样的开始工作。

又暗又高的天花板上,中间挂着一盏不动的灯;屋子里的光线是不充足的,一口大的药柜凸出着,光滑的柜台上反映着黑暗的光彩,周围摆着一排一排的白色玻璃瓶,上头贴了黑色的标题,一股混合的药香的气味——这一切看起来,正好配合着那种单调的平静的烦闷的情绪,这种情绪充满着这个药房。

象镜子似的玻璃门里,看得见一段马路和对面的壁板,对过的大门口挂着一块啤酒店的旧招牌,上面画着一只杯子,酒沫在向外泼着。早晨的太阳从那一方面经过药房的屋顶,很亮,很快乐很亲爱的照耀着那块招牌,排水管,石子路,发着光彩的路灯上的玻璃,对面墙头上的砖瓦,以及窗子里雪白的窗帘——而药房却在阴暗的一方面。

马路上的马车声同着城市的一般的不断的声音,却透过关着的门,送进了药房内部,这种声音一忽儿响些,一忽儿低些,窗子外忙乱的人群来往着,使街上的声音发生着一种运动和生活,而且不断地在窗台上闪过小孩们的帽子。

可是这许多仿佛都和药房没有什么关系似的,在这里一切都是有秩序的,静悄悄的,暗淡的。学徒们都站在那边,他们的苍白的脸,表示着很正经的神气,站在柜台边工作着。而制药师也仍旧是站在药柜边不断的写着和配着药。

在长凳上坐着几个普通人,等着药。他们却很注意的看那些玻璃瓶,玻璃罐子,药缸,以及一切特殊的陈设,这些情形使他们发生一种整齐清洁精确的感想,而且使他们觉到药房和其他机关不同的意义。他们闲立着无聊,注意着那些穿得很有礼貌很干净的年轻人在柜台边很快很敏捷很自信的工作着。每一次有人跑进来的时候,一开门,街上的声音就仿佛很快活的充满了整个药房,但是,门一关上,声音立刻就打断了,又重新低下去,仍旧继续那种不安宁的嘶嘶的响声。学徒们看一看进来的人,并不离开自己的工作,仍旧很忙碌的配着药,关于新来的买主的影象,一下子即被紧张的工作所消灭了;在他们眼前所闪过的人的样子,面貌,神气,以及所穿的衣服,都混成一个总的灰色的印象,发生着一种单调的习惯了的感觉。只不过年轻的姑娘们是在总的灰色的背景之外,她们所闪过的样子和面貌是年轻得可爱和风流。年轻的响亮的声音叫人听着有意外的快乐,引得起那种同情和热心的感觉。卡拉谢夫,或者其他的学徒,却很亲热的放她们进来,给她们所需要的东西。门又重新关好,又恢复了过去的灰色的平日的色调,而且一般买主们的面貌都好象成了一个样子。

每天的时间总是这样地跑过去,买主们总是这样一忽儿来一忽儿去,学徒们总是这样拿架子上的药瓶,撒撒药,调调药,贴贴标记;学徒们和副手们总是这样的在买主面前装着很严厉很有秩序的样子;到了只剩着他们自己的时候,他们互相之间骂也来,讥讽也来,笑也来,说说俏皮话,相互争论起来,他们对于老板和代表老板利益的制药师,却隐藏着一种固执的仇视的态度。

四

学徒们有时候想出些自己玩耍的事情,尤其谢里曼最会做这类的事,他是最大的学徒。他胖得圆滚滚的,凸着一个大肚子,人很矮小,他笑起来永久是会全身发抖,而且总在想开玩笑。他同卡拉谢夫在一起工作;他做得厌烦起来了,很想玩一套什么把戏,但是有买主在药店里,制药师也站在药柜边。他就把身体弯下去,好象是到地下去找药瓶子,其实他在底下一把抓住卡拉谢夫的脚,卡拉谢夫惟恐自己跌倒,也就弯身下去,倒在谢里曼的身上,而且用无情的拳头捶他的背部腹部腿部头部。站在柜台那边的买主和制药师看不见他俩,他们在地板上相互的抓着,而且十分紧张的,闭紧着嘴不敢喘气,惟恐自己要叫出来,或者大笑起来。如果制药师骤然间从柜台那边走过来看见这种情形,那他就立刻要开除他们出药房——这种危险使他们的玩耍特别有劲。后来,他们起来了,而且安安静静如无其事的重新做起打断过的工作。买主们不过觉得有些奇怪:为什么这两位学徒的面孔上忽然这样红呢?

可是有时候他们的把戏还要厉害。譬如有一次谢里曼偷着一忽儿时间,装了满袋的泻药片和同样子的巧格力糖,偷偷的从药房里出来走到门外,就把这糖片和药片沿路分送给遇到的人去吃:马夫,门房,下女,女厨子,甚至在对面的站岗警察都吃到了;经过两个钟头发觉了他请客的结果,在门外起了一个不可想象的骚乱。那位警察简直丢了自己的岗位跑走了。几家人家的主人立刻派人检查一切的锅子和暖水壶,以为这些东西里有了什么毒药。学徒们可时时刻刻跳进材料房去,伏在柜台上,脸向着下面,哈哈大笑,笑到象发神经病似的。制药师骂得很厉害;为什么他们丢了药方不做工,想不出他们是在干些什么,直到最后才推想到这个把戏是他们闹出来的。可是制药师并没有对老板去告密,他自己也害怕,知道老板并不会感谢他的,因为他不能够看管学徒们,自己也有错处。很单调很忧闷的一天之中,没有可以散心的,没有什么可以喜欢的,也没有任何精神生活的表现,学徒们就只有做做这种把戏。这种把戏是他们在自己的无聊生活之中起一点儿生趣的唯一办法。药房的生活完全是一种出卖自己的时间和劳动能力的人的生活。一百个老板之中总有九十九个看着自己的职员只是创办药房事业所必需的力量的来源,竭力的要想自己只化最少的费用,而叫他们尽可能的多做工作。一天十四个钟头的工作,没有一分钟的空闲;甚至于在很辛苦的,晚上没有睡觉的值班之后,也没有可能休息这么两三个钟头。他们住的地方只有阁楼上或地窖里的小房间;他们吃的东西都是些碗脚的剩菜。药房老板为着要使这些卖身的学徒不能够抱怨,他们定出了一种条例,叫做"药房学徒,副手,制药师的工作条例"——照这种条例,老板就可以支配这些药房职员,象他们支配玻璃瓶,玻璃罐,橡木柜以及药料一样。学徒要有投考制药师副手的资格,副手要有投考制药师的资格,都应当做满三年工作。仿佛是为着要在实习之中去研究(其实是老板要用廉价的职员),而且在每一个药房里面至少要继续工作六个月,不管这个药房的生活条件是怎么样——不然呢,所做的工作就是枉费,不能作数。药房老板尽可能的利用这个条例来裁减"不安分的分子"。这样,药房职员只要有很小的错误,甚至于没有错误,就可以有滚蛋的危险,而因为他没有做满六个月,他的名字就立刻在名单上勾消了,虽然离六个月只剩得两三天,也是一样;于是乎他能够有资格投考的时期又要延迟下去,又要重新天天去做那种麻烦的苦工。

学徒方面也就用他们自己手里所有的一切方法来改变他们的生活,即使只有很少的一点儿意思,他们也是要干的;如果不能够,那么,至少也要想法子来报仇,为着自己的生活,健康,幸福而报仇,当然这是不觉悟的报仇。学徒们不管在怎么样难堪的条件之下竭全力要完成六个月的初期的服务。可是,只要过了这个和他的命运有关系的半年,他们立刻就跳出去,寻找较好的服务地方,这个地方应当有的,而且一定要有的,因为总有些人是在过着人的生活,因为在旧的地方的生活实在过得太难堪了。最初时期的新的环境,新的关系,新的同伴,新的买主——遮盖着实际情形,仿佛此地的生活表现得有意思些;但是,这不过几天而已,最多一个星期,一个半星期。在这里,这些青年的身体康健和精力又同样的要被榨取,又同样的等待着可恶的疲劳的六个月,那时候又可以跑出这个地狱,到另外好一点的药房里去,这种药房一定要有的——这样的情形直到三年为止。不幸的药房职员只要在那个时期没有病倒,没有生痨病,没有好几十次吃错毒药,没有被药房老板冤枉或者不冤枉的取消药房职员的资格,把他的名字从名单上勾消,而能够靠朋友亲戚的帮助,拿出自己很小的薪水的一部分,积蓄起一笔款子——他就可以跑到有大学校的城市去,饿着肚子来准备考试,最后,经过了一个考试,他就变了药房副手。然后……然后又开始这一套,才可以得到制药师的资格,这种制药师的资格,很少有人可以得到的。

为着要反对老板的公开的直接的权力,什么都可以做得出来的。假使学徒们有一个小小的可能,他们就得支配账房钱柜里的钱,象支配自己的钱袋一样;在柜子里的香水,贵重的肥皂,以及生发油等等,他们不管人家需要不需要,而拿出去随便送人;药材的耗费要超过所需要的两三倍,只要一忽儿不注意,他们就立刻把些材料都扔到盆里去了,这些多余的材料在材料房里堆了许多。制药师和老板要时时刻刻看着他们,这在事实上又是不可能的。

药房里内部的生活虽然是这样的异乎寻常的情形,可是局外人在外表上看来,仍就是很单调而有秩序的。

五

象今天,在买主们的眼光看来,外表上并没有什么特别紧张。卡拉谢夫,谢里曼以及别的学徒,副手们仍旧是很寻常的很忙碌的在自己的柜台边工作着。可是,这种寻常的环境和机械式的工作,并不能集中他们全部的注意力,而且他们的脑袋并没有受到环境的束缚,片段的思想和回忆不断的在他们脑筋里闪过;所闪过的是些什么呢? 是关于放假的日子,争论,打架,夜里的散步,关于自己将来的命运,幻想最快乐的意外的生活,以及模糊的希望着能够换一个环境,换一个地位。

卡拉谢夫一方面在漏斗里滤着浑浊的液汁,这种液汁已经发着亮光,一滴一滴的掉到玻璃瓶里去,另一方面他正在想着:"我做了副手,有人借我五百个卢布去租一个药房,出卖些便宜的药——只要卖得便宜,就是掺点儿粪进去也不要紧。不然呢,养些猪也可以,猪油可以卖到莫斯科去……叫我的那位可怜的受苦的母亲同住在一起,可以离开那种穷苦的生活。这样的过着好生活! 到白洛克公司去买辆自行车——兜兜圈子,这倒可以不要喂养它的——很好:周围有荒野,有小河,有新鲜的空气,有碧青的天空,自由自在的坐在那里吹吹口哨! ……"

他竭力的熬住自己的手发抖,很当心的把瓶里的药水倒在漏斗里去,漏斗里的水一滴一滴的漏到玻璃瓶里去,散出发亮的模糊的斑点。

有人很急忙的进来了,跟着他突然闯进来的街道里的喧闹声,一忽儿又重新退去了,药房里的声音又重新低下去,象人在那里自言自语似的;这样一来,使人想起别的地方的自得其乐的生活。

制药师拿一张药方放到卡拉谢夫面前。在药方上写着"Statum."——这就是说要把药立刻配好,用不着挂号——因为这是病危的药方。卡拉谢夫拿来看了一看,他的思想立刻转移了。他已经不想着将来的药房,养猪,坐自行车等等事情了,他拿着梯子很急忙的爬到最高的一格,上面写着"Opii Croati"①。他很快的爬下来,继续着工作。放在那里一大堆的药方惹起了一种催促的感想。

同伴们在旁边工作着,他们跑来跑去,弯着身子拿这个瓶那个瓶,倒出些药粉放到极小的天秤上去称,轻轻的用手指尖敲着,又重新把那些瓶放到原位上去。这些,使人感觉着那种不变的情绪,机械的紧张,以及不知道为什么的等待着工作快些做完。

有时候,卡拉谢夫忽然发生着一种不能克服的愿望:呸!什么都要丢掉,不管制药师,不管药房,不管世界上的一切药方,快些披起衣服跑出去混在那些活泼的敏捷的在街道上的人堆里去,同他们一道去很快活的吸一口新鲜空气——这两天的太阳这样好,这样清爽。但是,他继续做的仍旧是那样紧张的工作,仍旧要磨着,称着,撒着药粉,倒着丸药。一忽儿又一忽儿的看着那口壁上的挂钟。一支短针竟是前进得那样慢,卡拉谢夫心里推动了它一下,但是,再去一看,它仍旧在老地方。

无论时间走得怎样慢,可是总在走过去。这时间跟着街上声音的印象,跟着马路上的景致,跟着窗口经过的人群,跟着经常变换的买主,一块儿走过去,而且跟着工作的顺序走下去,疲倦的感觉渐渐的厉害起来了。看起来:周围的整个环境,买主,学徒,柜子,制药师,窗门,以及挂在中间的灯,都是慢慢的向前去,走到吃中饭的时候了;吃中饭确有一种特别的意义——总算一天之中有了一个界限。

———————————

① "Opii Croati",药名:克罗地亚鸦片。系用俄文的拉丁拼音写的。

一点半了,要想吃中饭,胃里觉得病态似的收缩起来了。卡拉谢夫忽然想起了不知道什么人吃掉了恩德溜史卡的早饭,卡拉谢夫也曾经骂过他的。他现在想起来很可怜他,大家都攻击他,因为他是个最小的学徒,卡拉谢夫一面快快拿了颜色纸包在瓶口上,一面这样想:"混蛋,他们找着他来攻击!"

六

平常在下午三点钟的时候,买主的数目就少下来了。学徒们很疲倦的,肚子也饿了,配着最后的几张药方。楼上有人来叫制药师和副手去吃中饭,他们是同老板在一起吃饭的。

"先生们,白烧儿!"制药师刚刚进去,最后的买主刚刚走出大门,谢里曼就跑进材料房高声的叫着。

"去,去!"

"喂,列夫琛珂你去!"

列夫琛珂很快的爬到最高的架子上,用自造的钥匙去开那上面的药橱门,这药橱里藏的是酒精,他就拿了一瓶百分之九十五的酒精倒在另外一个玻璃瓶里,并且在里面加上樱桃色的糖蜜和有一点香气的炭轻油。做成了一种很浓厚的饮料,这种饮料在药房里有一种"科学的"名称,叫做"白烧"。

看门的和下女把中饭送来了。学徒们搬好凳子,都坐在柜台的周围,他们都很快活的等着喝酒。当看门的和下女走出去了之后,谢里曼不知道从什么地底下拿出那瓶酒来倒在量药的杯子里,那杯子至少可以盛大酒杯一杯半。每一个人都很快活的把这满杯的酒精一下就倒在肚里去了。燃烧得很厉害的感觉,呼吸几乎被纯粹的酒精逼住了,各人的眼睛里发着黑暗,经过一分钟以后,他们大大地快活起来了,他们打开了话箱。一下子都说起话来了,但是,谁都不听谁的话。讲了许多无耻的笑话,很尖刻的,骂娘骂祖宗的都骂了出来。什么无聊的工作,互相的排挤,互相的欺侮,和制药师的冲突,悲哀的等待着休息日的希望,一切一切都忘掉了。大家忽然间在压迫的环境之中解放了出来;可以使人想得起和药房生活有关系的那些瓶子,杯子,罐子等等都丧失了意义,而且现在看起来都没有什么意思了,也没有什么必要了。站在柜子上架子上和抽屉里的这些东西都在偷偷的对着他们看。学徒们把碟子,刀子碰得很响,很有胃口的贪吃着,就这么用手拖着一块一块的肉吃,这些肉究竟新鲜不新鲜还是成问题的。大家都赶紧的吃着,因为买主们会来打断他们的中饭,而且他们也正在抢菜吃,惟恐别人抢去了。

列夫琛珂忘记了自己今天的受气,而且没有原因的哈哈大笑起来,在他的青白色的面上燃烧着一些病态的红晕。卡拉谢夫很暗淡地看着壁角,他平常酒喝得愈多就愈加愁闷。可是,谢里曼象鬼一样的转来转去,他提议对于制药师和副手再来一个把戏——把蓖麻油放到他们喝茶的杯子里去,或者再比这种油还要厉害的东西,他自己想起这种把戏的结果,就捧着肚子大笑了。

药房里的铃很急的得郎郎的响了。一种习惯了的感觉——应当立刻就跳起来跑去放买主们进来——就把醉意赶跑了,而且一下子出现在眼前的又是从前的环境。每一个人在无意之中觉得自己又在斗争的状况里面了,这种状况,是整个药房生活的条件所造成的。

"卡拉谢夫,难道不听见吗?你这个混蛋!"

"你去罢,又来了,我值班值了一夜,混蛋!"

"谢里曼,你去,要知道人家在那里等着呢。"

"列夫琛珂,你去罢!"

列夫琛珂也张开了口表示着反抗的意思,但是,没有讲话,就被他们从材料房里推了出来。他给了买主所需要的东西,等买主跑出去了,就把一部分的钱放进钱柜里去,放得那么响——使材料房里的人都听得着掉钱的响声;而另外多余的一部分钱就轻轻的放进自己的袋里,回到材料房来了。

卡拉谢夫又倒了白烧,大家都喝了。他们都要想再来一次那样的快活和痛快的情绪,但是,喝醉酒的第一分钟的快活已经不能够再恢复了。头脑发重了。制药师和副手快要来了。

"孩子们,卡奇卡来了!"

学徒们都拥挤到窗前来看,有一位涂粉点胭脂的"半小姐"在行人道上走过来了。她有点儿跷脚,看起来,她用尽一切力量要想走得平些。

"跷脚的女人!"

"没有脚的女人!"

"卡奇卡走过来!"

谢里曼跳到窗台上去,并且做出没有礼貌的手势。

"孩子们,把卡奇卡——来灌一灌白烧!"

她走过了,头也不抬,可是很得意的样子,因为大家都在注意她。

"卡拉谢夫,她在等你呢!"

"哪,见什么鬼!"卡拉谢夫不满意的说着。大家都盯住了卡拉谢夫。

"立刻叫她到这里来,听见吗? 去同她来。"

"先生们! 她脚跷得好一点了呢。"

"叫她来!"

大家拉着卡拉谢夫,而他开始发恨并且骂起来了。同平常一样,在无意之中玩笑变成了相骂。

药房里又来了买主。制药师与副手吃了中饭走下来了。制药师立刻指挥他们工作,大家都站到柜台旁边。头脑里轰隆隆的响起来了,非常要想躺下来,并且眼睛也要闭下来,真想去尝一尝醉醺醺的骚乱的味儿。

"我发寒热了,头在晕着……请准许我……我不能工作。"卡拉谢夫走到制药师的面前说。

制药师很凶恶的看着他,并且身体凑近了他,可是,卡拉谢夫很小心的轻轻抑止着呼吸,呼出的气竭力的避开制药师的脸。

"又喝了酒!? 哼,不知道象什么东西! ……猪猡! 我说过谁都不准拿滴酒精。"

"谁拿呢? 钥匙在你那里。"卡拉谢夫很粗鲁的说了,又重新走到自己的位子里,故意不留心的把玻璃瓶子和天秤磕碰着,乒乒乓乓的发响。

七

吃中饭以后的时间更拖得长了。太阳从低处倾斜到屋后面,照耀着屋顶和教堂上的十字架,城里的房屋和街道上面都布满了阴影。暗淡的微光在不知不觉中充满了药房。在架子上的药罐和一切东西的棱角却丧失了显现的状态,而在精神上印着一种慢性的悲哀,不满意的混乱的情绪。

卡拉谢夫想起了自己的房间,在他的幻想之中发见了在他房间里的贫困的环境,一张桌子上堆满着空的药瓶,许多医药上的书籍和一切零碎的废物,一张跷了脚的椅子,床上破烂的粗布被单,并且想到十点钟之后关了药房门大家都上楼去的时候,平常总有一种安静和轻松的感觉,这种感觉现在引起了他的一忽儿的幻想。后来,他又记起老板卡尔·伊凡诺维支面上的表示,想起他那走路的神气,他那白胡子,常常皱着的灰白眉毛。当他同学徒们讲话的时候总是这样的看着,仿佛在他面前的是一匹顽强的懒惰的马;这匹马,应当要拿着鞭子来对付似的。卡尔·伊凡诺维支是一个德国人。卡拉谢夫想:"如果把一切德国人都从俄国赶出去,那时候,或许学徒们在药房里的生活就比较的要好些。可是,制药师不是德国人,而也是一个混蛋。"

卡拉谢夫设想着自己做制药师的时候,他想得仔仔细细——想到他将来生活上的一切,他将来要穿什么衣服,要怎样走路,怎样来对付卡尔·伊凡诺维支,怎样说话,以及怎样来赶这许多学徒。

半明半暗的光线充满着药房,被这光线所引起的情绪已经到了这样的程度:简直遮盖了一切实际情形,虽然他的手还在机械的很快的做着自己的工作,但是,他完全忘记了他自己在什么地方,忘记了在他的周围有些什么东西——在他的面前完全是一个另外的景象和状态。当有人叫着了他,问他要什么东西的时候,这种叫声才突然把他从幻想中叫回来,这种幻想是一种疲劳和孤独的环境所形成的。

看门的跑来,摆着梯子,爬了很久,后来总算点着了灯。那时,窗子上一下子发了暗,而在街道上的路灯也点着了。凡是经过药店门口的人,只要他走进了从窗子里射出去的那道亮光,在里面的人就可以把他看得很清楚,但是,一忽儿他又跑到黑暗里去了。马车的声音渐渐地在城里低下去了。

到十点钟还远得很,卡拉谢夫工作着,一下子又沉醉在他自己的回忆和幻想中。买主们也是如此的萎缩着,真的他们也同样的无聊。好象这样的时间过不完似的。"最好现在就跑出去,到一个和现在完全不同的环境里去,为什么一切都是这样呢?如果这样下去真要死呢。"

那些事情离得很远很远呢,可是,现在不知道为什么都想起来了,而且不知不觉的和买主们的无聊的神气联系起来,并且和黑暗以及无穷无尽的长夜联系起来。卡拉谢夫觉得很不舒服,他转变了一个思想,而想到别方面去了。

一个大学生走到制药师面前低低地说了一些什么。制药师很有礼貌的注意着听他。大学生制服的大衣,上面钉着白铜钮扣,学生装的帽子上有一道蓝箍,他嘴巴上的青年人的胡子刚刚透出皮肤,所有这些惊醒了卡拉谢夫的回忆,这对于他是非常感伤的。如果能够换一换生活,他也许现在叮以和这位大学生有同样的地位,也是这样走到药房里来,而且有同样的自由和不拘束的态度同制药师讲话。卡拉谢夫同他的同伴们都属于那些不幸的人——中学校对于这些不幸的人不是母亲而是后母了。青年学生之中有极大的百分数就是药房学徒这一类的人,他们每一年被中学校赶出来,使他们不能够读完。

大学生出去了,而制药师叫卡拉谢夫跑到他面前去,开始检查他刚刚配完了的药方。制药师看看药方,而卡拉谢夫背诵着,他说:"Sachari(糖)……"

卡拉谢夫踌躇了一秒钟。他现在很清楚的回忆了起来,在药方里应该要放乳糖的地方,他放进了普通的糖。"Sachari Iast"(乳糖)——他直接的很有勇气的对着制药师的脸坚决的说出了。

"那里,别怕,这是不会毒死的,我还是不说出来好,如果说出来——又要强迫我重新配一次。"制药师在纸上打好了印,并且指挥他包好药瓶。

通常人说:"正确得象在药房里一样。"但是,这太天真了。服务的职员和应做的工作比较起来,常常觉得职员太少。为要赶着配药,他们走来走去的走得很疲劳,而且慌忙的不得了,只要制药师转身一下,学徒们就在背后做错了(至于买主们,他们本来一点儿不知道这些专门技术的);称得最正确的只不过最毒的物质。

卡拉谢夫感觉得脚筋抽起来了,腰也酸了。整个身体里充满着消沉和疲倦。看起来只想要爬到床上去——立刻就会睡得象死人一样。现在世界上无论怎样满意的事都不能来诱惑的了;只要睡觉,睡觉,睡觉。白天里,尤其在吃中饭以前,时间过得非常慢,而且疲倦得很。现在看起来,太阳没有落山,一天竟不知不觉的过去了;但是黄昏,尤其是晚上——又象过不完了似的。许多配好的药方已经拿去了,许多买主已经来过了,而透过黑暗的那些零零落落的路灯的火光,仍旧可以在窗子里看得见,药房中间的那盏很大的煤气灯仍旧点着,学徒们,副手们,买主们仍旧是那么样走来走去,他们的脸,衣服和手里的包裹在晚上的光线之下还有一种特殊的色彩,黑暗的阴影也仍旧一动也不动的躲在壁角落里和橱柜之间,而且最主要的是:所有这些情形都永久是自然的,必要的,不可避免的。这个晚上,看起来,简直是无穷无尽的了。

经过半开着的材料房的门,可以看得见恩德雷·列夫琛珂的瘦长的不相称的身子。他在门和柜台之间走来走去,做着很奇怪的手势,身子低下去,手伸出来,仿佛是在空气里指手划脚的。

坐在药房里的人,看着他的动作,觉得可笑而想象不到的;他们都看不见材料房里到处都挂着绳子,恩德雷是在这些绳子上用阿拉伯胶水把标记纸的一头粘在上面晾干。恩德雷在门口走过的时候,在他一方面可以看见两三个买主的身影,一动不动的坐在椅子上,可以看见在柜台后面工作着的学徒,以及一半被药柜遮住的制药师,他老是那么一个姿势,一点儿没有什么变化的。许多瓶的草麻油,亚摩尼亚酒精,白德京药水,吴利斯林油,现在放在他面前的柜台上,叫人得到这一天工作的成绩的印象。疲倦之外还加上一种孤独的感觉;人家做工还有些同伴,而他一天到晚只是一个人在这个肮脏的杂乱的光线很暗的非常闷气的材料房里转来转去。

八

"……一……二……三……四……九……十!"钟敲得很准,很清楚,很有劲,明明白白的要大家懂这几下敲得特别有意义。在这一秒钟里面,一切——凡是这一忽儿以前的,工作时间所特别有的,那种影响到整个环境的情调都消灭了;而站着不动的天秤,瓶瓶罐罐,量药水的杯子,药柜,椅子和坐在上面等着的买主,黑暗的窗门,一下子都丧失了自己的表现力量和影响——这些东西,在一秒钟以前,对于学徒们还有那么厉害的力量和影响呢。一种脱卸了劳动责任的感觉——可以立刻就走的可能,把大家都笼罩着了,使过去一天的印象都模糊了。

买主丧失了自己的威权,他们的身子都仿佛缩小了,比较没有意义了,比较客气了。学徒们互相高声的谈话起来了,无拘无束的了。看门的把多余的灯灭了,站到门口去等最后的几个买主出去,就好关上门,就好在门旁边的地板上躺下。开始算钱。值班的副手,表示着不高兴的神气,在半明不暗的材料房的柜台上操开自己的铺盖,而其余的学徒走出药房,很亲热的很快活的很兴奋的,沿着黑暗的扶梯上楼去,互相赶着,笑着,说着笑话。

眼睛在乌暗大黑之中,什么也看不清楚,可是脚步走惯了,自然而然一步一步的走到靠近屋顶的阁楼上去。大家都非常之想要运动一下,热闹一下,换一个环境,换一些印象。一分钟以前还觉得是求不到的幸福——可以躺到床上去睡觉,可以象死人似的睡倒一直到早晨——现在可又消灭得无影无踪了。

　　狭隘的拥挤的肮脏的阁楼现在充满着声音,叫喊和烟气。很低的天花板底下,缭绕着青隐隐的动着的一股股的烟气,这个天花板斜凑着接住屋顶的墙头,所以谁要走到窗口去,就要低着头。

　　学徒们很高声的讲着话,叫喊着,笑着,抽着烟,互相说着刻薄的话。

　　屋子中间放着一张很小的桌子,上面铺一块破毡单,还有一瓶白烧,一段香肠,几条腌鱼,很有味的放在窗台上。学徒们很忙碌的脱掉干净的上衣,解开白色的硬领和硬袖;如果有谁来看一看阁楼的情形,他简直要吓退了:现在已经不是穿得很整齐的青年人,而是些破破烂烂的赤脚鬼。大家的衬衫是龌龊的,都是破的,一块一块的破布挂在同样龌龊的身体上。学徒们做着苦工似的工作,只有很少很少的薪水,差不多完全只够做一套外衣,因为老板一定要他们在买主面前穿得齐齐整整干干净净的,而在药房里面衣服是很容易坏的,常常要沾着污点,各种药水和酸类要侵蚀衣服,因此,要买最必需的衬衣钱就不够了。最小的学徒恩德雷穿的一件衬衫已经有一年没有脱过了,简直只是一块破烂的龌龊的布披在他的身上,那一股恶劣的臭气全靠药房里面常有的一种气息遮盖着,他在这个城里,没有一个亲人,没有什么人来招呼他,一直要等到衬衫完全破烂没有用了,他才去买一件新的。

　　大家围着桌子坐下来,倒着酒就喝起来。一瓶快空了,而大家的脸红了,眼睛发光了。恩德雷的脸绯红,他转动着,给大家分牌——平常在药房里大家认为骂他,赶他,用一切种种方法压迫他是自己的神圣的责任,而现在的恩德雷可已经不是那样的恩德雷了。他有一点儿钱,现在别人和他赌钱,大家都是平等的了;他赶紧利用这个地位,笑着,说着。

　　赌钱是越赌越长久,通常总是这样的。大家总发生一种特别的情绪,这是赌钱引起来的:很久的坐着,输钱的冒险,赢钱的高兴,赌的单调,大家移动着脚,摇摆着身子,发出不成句子的声音,开始哼一只歌曲,一忽儿又换一只,没有哼完,又打断了。

　　"发牌了……唉,鬼家伙,糟了!'唉咿,你,小野果儿,红草樱儿,蒲公英儿。'鸡心! 你有什么? 来了!"

阁楼里很挤很气闷，抽烟抽得满屋子都是烟气。空气里面飞着白粉似的灰尘和灯里的煤气。白烧的空瓶在桌子底下滚来滚去。到处都是香肠的皮和腌鱼的骨头。时间早已过得半夜了。仿佛是从城里很远的地方——上帝才知道究竟是在那里——只听得从那黑暗的窗子里传进来，很微弱的钟声敲了一下，两下，两点钟了。

大家都醉得厉害。列夫琛珂输了，向大家要借钱。

"唔，滚你的蛋！再多我是不给的了。"卡拉谢夫说。

"我还你就是了。"

"滚蛋！"

"唔，你们都滚罢！"

列夫琛珂站起来走了。卡拉谢夫也站起来要走了，他也输了。只有谢里曼一个人赢。赌钱的兴奋过去了，大家在这个闷气的满屋子烟气的空气里，在这个又小又肮脏的屋子里，都觉得非常之疲倦，非常之衰弱。明天早上七点钟就要爬起来，重新又是这么一套。该死的生活！

卡拉谢夫走出去了。脑袋里面被酒醉和输钱的感觉扰乱得非常之不舒服，很想要些夜里的新鲜空气。似乎觉得失掉了什么东西，周围的一切都觉得不是现实的，不是应当有的情形，不是应当占的地位，而只是暂时的，临时的。

他站在梯了上听着。一人座房子里的人都睡着了，周围都已经非常的寂静。他设想往楼下去的扶梯，设想老板的房间——很大的，很宽敞的，桃木地板，弹簧家具，很高的天花板。那里现在已经睡着了：老板自己，他的老婆，孩子，仆人。

如果现在下边的门里面轻轻的走出那个很漂亮的丫头安纽塔，而在黑暗里碰着了他："呀，谁？""我……我……"那又怎么样呢？他一定要抓住她的手。卡拉谢夫很紧张的闭住了呼吸，听着。每一秒钟他都觉得底下的门在响起来了。然而周围仍旧是静悄悄的。他感觉到非常之孤独。他走到自己的房间里去，脱掉了衣服躺到床上去，很疲倦的睡着了。

恩德雷也睡下了。他早就想好好的睡着，但躺下了之后，无论如何睡不着。受着酒精的毒的脑筋尽在病态的工作着,把睡梦都赶走了,不给他一刻儿安宁。白天里不以为意的事情——因为工作的关系,没有工夫想到的事情,现在出现在眼睛前面了,引起他的可惜和痛苦。一切都是刚刚相反的:很想要有个人亲热亲热,要幸福,要光明,要清洁,而在回忆之中只有些丑恶的畸形的景象。动作的需要,以及体力上多余的力量的紧张——这种只有年轻人才有的情形,总在不安宁的要求出路的——而对于他,可已经被一天十四小时的工作所吞没了,被那药房里工作的机械,单调,烦闷,经常的谩骂,冲突,对于老板的毒恨和恐惧所吞没了。酒馆子,热闹地方,弹子房,家里的赌牌和"白烧"——燃烧着脏腑的酒精和酒性油……周围都是死的,龌龊的,下流的。

为什么?

他不能够答复,他在被窝里呼吸着,觉着黑暗和狭隘的空间里空气都发热了,要闭住他的呼吸了。呼吸很困难了,他熬了一些时候,可是后来,熬不住了,他才把被窝推开些。窗子,椅子,堆着的衣服,睡在床上的卡拉谢夫的影子,在黑暗里面似乎现得更清楚了,然而这不过一忽儿的工夫,到了第二分钟,一切都表现着夜里的安静的那种不动不做声不清楚的样子。睡不着,想着自己的地位,想着药房,制药师,学徒,想着幸福——远远的模糊的不可几及的美丽和新鲜——不给他一刻儿安静;所有这些很奇怪的和夜里的环境,和屋子里的半明不暗的光线,以及沉寂的情景联系着。昨天的一天过去了,过去了,就这么在灰色的单调的日子里面消失了,只剩下一种忧郁的感觉,叫人觉得总有些什么东西缺少似的,而且正是生活之中所必需的东西,于是乎这一天只能够算是白过,不作数的。

一直到窗子上悄悄有一点儿发亮,窗子在黑暗墙壁中间已经更清楚的显现出来,而底下路灯里的火光已经熄了——他然后睡着。可是他在梦里,也在觉着那种单调的永久是仇视的情绪,孤独,以及一去不再来的时间压迫着他。

译者后记

绥拉菲摩维支是《铁流》的作者,这是用不着介绍的了。可是,《铁流》出版的时候已经在"十月"之后;《铁流》的题材也已经是"十月"之后的题材了。中国的读者,尤其是中国的作家,也许很愿意知道:人家在"十月"之前是怎么样写的。是的!他们应当知道,他们必须知道。至于那些以为不必知道这个问题的中国作家,那我们本来没有这种闲工夫来替他们打算——他们自己会找着李完用文集或者吉百林小说集……去学习,学习那种特别的巧妙的修辞和布局。骗人,尤其是骗群众的,的确要有点儿本事!至于绥拉菲摩维支,他是不要骗人的,他要替群众说话,他并且能够说出群众所要说的话。可是,他在当时——"十月"之前,应当有骗狗的本事。当时的文字狱是多么残酷,当时的书报检查是多么严厉,而他还能够写,自然并不能够"畅所欲言",然而写始终能够写的,而且能够写出暴露社会生活的强有力的作品,能够不断的揭穿一切种种的假面具。

这篇小说——《一天的工作》,就是这种作品之中的一篇。出版的时候是一八九七年十月十二日——登载在《亚佐夫海边报》上。这个日报不过是顿河边的洛斯托夫地方的一个普通的自由主义的日报。读者如果仔细的读一读这篇小说,他所得的印象是什么呢?难道不是那种旧制度各方面的罪恶的一幅画像!这里没有"英雄",没有标语,没有鼓动,没有"文明戏"里的演说草稿。但是……

这篇小说的题材是真实的事实,是诺沃赤尔卡斯克城里的药房学徒的生活。作者的兄弟,谢尔盖,在一千八百九十几年的时候,正是在这地方当药房的学徒,他亲身受到一切种种的剥削。谢尔盖的生活是非常苦的。父亲死了之后,他就不能够再读书,中学都没有毕业,就到处找事做,换过好几种职业,当过水手;后来还是靠他哥哥(作者)的帮助,方才考进了药房,要想熬到制药师副手的资格。后来,绥拉菲摩维支帮助他在郭铁尔尼珂华站上自己开办一个农村药房。绥拉菲摩维支时常到那地方去的;一九〇八年他就在这地方收集了材料,写了他那第一篇长篇小说:《旷野里的城市》。

范易嘉志一九三二,三,三〇。

第三编

戏　剧

仆御室

[俄国]果戈理

一

戏台上设一应接室。右侧门向楼梯,左侧门向客厅。后幕某侧有门往书室。这几个门之间沿墙都有长板凳。彼得,伊凡,格里国里坐在那板凳上睡着了,头碰头的乱滚。楼梯边的门那边铃声大震。这几位当差的都惊醒了。

格里　去,去,开门! 铃声响了。

彼得　你怎么坐着呢? 脚上长了疮吗? 怎么呢? 不能站起来吗?

伊凡　(摇摇手)哦! 又是怎么着,我去,我去,我就去开!(开门,大嚷起来)原是安德尔。

【外仆走进来,头上戴着兵式帽子,身上穿着外套,手里拿着一个包裹。

格里　呀!"莫司科的老鸦"①! 那儿把你弄来了?

外仆　咄! 你这个"分纳的鸥枭"! 你同我跑了。(举起手里的包裹)我们小姐叫我到彼得堡街花儿匠那里送这个去了。唔,有钱也叫不着车。到你们这儿又是这样。怎么都睡了么?

① 那人的诨号。

格里 谁？熊吗？不是的，还在熊窝里没有叫呢。

彼得 是不是你们小姐给你双长袜子补呢？（大家笑）

格里 唔，好兄弟，你就做了补袜子的女工罢。我们下次就叫你这个名字。

外仆 胡说，永世也没有补过袜子。

彼得 你可知道：老管家在吃饭前是个厨子，吃过饭就当车夫，有时还是跟班，还得缝鞋呢。

外仆 这有什么，有一种职业再兼别种也不要紧。不要坐着不做事就好了。自然，我是个当差的，也是个裁缝。可是给小姐缝件东西，也得些钱。你们怎么样，可不是一件事都不做。

格里 不对的，好兄弟。老爷好，当差的便可不做工哩。这才是老手呢。譬如蒲金老爷那里，一共有三十个当差的呢。可不能这个样："喂，彼得，上那儿去罢！"就得说："不是，不是，这不是我的事；请老爷叫伊凡去罢。"这是应当这样的！难道不是这样，老爷要摆他老爷的架子，就得这么着。你们那位要去莫司科可得有那轧碎核桃似的车子，用绳捆着马尾巴呢。（大家一笑）

外仆 哼，你笑！这什么，成天的躺着吗？可不要拿人家的钱。

格里 我要你的钱吗？老爷又为的什么呢？即使我做事或者不做事，他总得给我工钱哩。我又为什么积蓄养老金呢？难道老爷又不给当差的养老金吗？

外仆 是么？人家说小孩子们①企图着跳舞会呢？

彼得 是呀。你怎么样呢？

外仆 跳舞会又怎么样，不过喝茶，谈话，跳舞罢了。

格里 不对，好兄弟，跳舞会好办哩。好叫他们化二十多卢布。上面厨房给了五卢布，就自己预备饭菜起来。请客，可不是核桃！已经买了半

———————

① 说当差的。

铺得①方糖,亦有冰激凌……(听得老爷书室里铃声轻轻的响)

外仆　去罢! 老爷按铃了。

格里　等一等。点起花灯,摆起乐器,不过不合奏,也没有提琴,还有……

　　(书室里的铃比前次响得厉害些)

外仆　去罢,去罢! 铃响了。

格里　等一等。唔,你出多少钱?

外仆　这跳舞会又怎么样?大概老是那个样子。

格里　唔,你去赶你的蚊虫罢,你真是个补衣服的女工。喂,彼得,你看,他是个怎么样的……(一个指头指着他。这时候门开开了,老爷穿着寝衣,露出一只手,走进来,一把扭住格里的耳朵;大家都站起来)

二

老爷　怎么,你们这些没事做的?三个人,一个都不会动一动的!

　　我知道,有法子,皮鞭子好久没有抽了。

格里　什么都没有听见呀! 老爷!

老爷　胡说!

格里　真的。我怎么敢说谎?彼得也在这儿坐着呢。老爷,那个铃一点用处都没有;常常的听不见。要去叫修铃匠了。

老爷　那么叫修铃匠吧。

格里　我给管家说过几次了。他怎么呢?你给他说,他就骂人。

老爷　(看见外来的仆人)这是谁?

格里　这是安娜·彼洛甫讷那儿来的人,到老爷这里来有点事。

老爷　你说罢,什么事?

外仆　小姐叫我过来请请安,说今天他要到老爷这边来。

---

①　铺得,今译普特(pound),是沙皇时期俄国的重量单位,1 普特 = 40 俄磅≈16.38 千克。——编者

老爷 不知道为什么事吗？

外仆 不知道。小姐只说："你给弗陀尔老爷说，我叫你来请请安的，我自己还到他那儿去呢。"

老爷 什么时候，几点钟呢？

外仆 不知道。小姐只说，去给弗陀尔老爷讲，我自己要上他那儿去呢……

老爷 好罢。彼得，快伺候我穿衣服，我上衙门里走走去。你呢，谁都不要接待！听好，无论谁来，你说我不在家！（*走出，彼得跟在后面*）

三

外仆 （*向格里说*）唔，你看，可受着了。

格里 （*摇摇手*）呀！是怎样的差使！不小心，就是挨骂。（*楼梯边门房铃响*）

格里 又是什么魔鬼爬来了！（*向伊凡*）去开门！怎么你尽打呵欠？（*伊凡开门；一个穿皮袄的客人走进*）

四

客人 弗陀尔先生在家吗？

格里 不在家。

客人 不凑巧。不知道他上那儿去了吗？

格里 不知道，也许上议院去了。怎么样给你通报？

客人 你说年维莲司察金来了。没有遇见，很抱歉的。听见没有？不会忘记吗？年维莲司察金（Nyevelechtchagin）。

格里 是不是灵觉金（Lentyagin）？

客人 （*声音放重些说*）年维莲司察金（Nyevelechtchagin）。

格里 先生是德国人。

客人　怎么是德国人！明明是俄国人：年—维—莲—司—察—金(Nye-ve-le-ch-tcha-gin)。

格里　听见了,伊凡,不要忘记了：燕尔达司察金(Erdachtchagin)！（客走出）

五

外仆　兄弟们！再见,我要走了。

格里　跳舞会怎么呢？

外仆　随后再看罢。伊凡,再会！

伊凡　再会！（走去开门）

六

【上房婢女跑过那仆御室。

格里　那儿去,那儿去？看看我呵！（抓住了他的裙子）

婢女　不能,不能,格里！不要抓我,什么时候都是这样。（撒开了,跑进楼梯边的门）

格里　他走了,跑得这样慢！（笑）嘻嘻嘻！

伊凡　（笑）嘻嘻嘻！（老爷走出来；格里和伊凡立时站好了,装出正经的样子。格里从衣架上取下皮外套披在老爷肩上；老爷走出去；格里站在屋子中间,用指头擦擦鼻子）

格里　这才是玩儿的时候了；老爷出去了,再也没有好的时机了？——不是,处置处置那个魔鬼,大肚皮管家。

【幕后听得管家的声音。"这真是上帝的天命：家里有十个人,即使一个人也得收拾收拾东西呵。"

格里　这个大肚皮已经来叫唤了。

七

管家　（摇摇摆摆走进来,摇摇手）不怕上帝,也得怕自己的良心呵。到现在地毡也没有扫干净。格里,你得做个榜样给他们看,你怎么反而一天睡到晚,眼睛迷迷糊糊的做梦呢,真的,你简直是个下流,格里!

格里　怎么呢,我不是人,不应当睡觉的吗?

管家　谁说不要睡觉,谁说这个话来的? 为什么不睡觉? 可不要整天的睡。彼得! 你呢,你知道……不说坏话,你真象只猪,真的! 你有什么担心? 两三个蜡台也得擦擦。唔,你又烦什么?（彼得慢慢的走出去）黄克①你呢,简直得赶你出去。

格里　（走出去）唉,你这个,活着活着! 一起身就要叫唤!

管家　（只剩他一个人）这是有监察的,人总得知道责任。当差,当差的象个当差的! 贵族象个贵族;大主教象个大主教。就是这样……我现在譬如说:"不是,我不是管家,是个上将或者是个什么兵官。"无论什么人都要损我说:"不对,胡说,你是个管家,不是什么将军。"这不是了么!"你的责任就是看屋子,监察当差的。"这不是了么!"你不是什么 Bonjour, comment allez-vous②,你去收拾整理你的。"这不是了么! 是呀。

八

【安奴,别人家一个婢女,走进来。

管家　呀,安奴,你来了! 我得见你很光荣的。

安奴　不客气,腊甫! 我特地趁这个时候到你这儿来的。我遇着你们老爷的车子,我知道他不在家呀。

---

① 婢名。

② Bonjour, comment allez-vous,法语:日安,你好。——原版本编者

管家　很好很好。我和贱内都极其欢迎,请坐请坐!

安奴　(坐下)这两天不是说要开跳舞会么?请你给我说说。

管家　怎么,这就是这样:一个人,三个人跳舞。自然,这要得很多的人数。和我贱内共出五卢布。那自然,这就叫做跳舞会,或者平常叫做晚会。自然要请客,清清爽爽的请客。跳舞呀,还有别的呀,这是年轻人总高兴做的。

安奴　一定,一定,我一定来!我不过跟着学学。你们请亚茄弗·伊凡罗吗?

管家　是的,不多时亚茄弗还谈起你呢。

安奴　我就怕许多人聚会。

管家　不要紧,我们是很好的聚会。虽然说不一定,可是听说有托尔斯托古家的侍从,白刘霍甫家的侍者和车夫,某王爵家里的婢女……我想还有几位官。

安奴　我只不喜欢有一种人,就是车夫:他们老有烟味酒气;他们又这样无教育,又不干净。

管家　安奴,请听我说,车夫和车夫也不是一样的。自然因为他是车夫,离不开马,我出言鲁莽,不要见怪,就是他们有时还刷粪呢。自然哩,平常人也常有时喝杯烧酒,不够也许再多喝些,抽抽平常的菇烟,这大概平常人是常常有的。这自然,他们有时还要洗粪泼水,自然是这个样。可是你请放心,安奴,有那样的车夫,虽然是车夫,然而大概他的事情,所谓掌马,不比平常的车夫。他们的职务,似乎是,检查检查马食料,督责这件事,或者有时车夫有过失,他就斥骂他们。

安奴　你说得这样好,腊甫!我永久要听你的。

管家　(微笑)不值什么谢的,姑娘!这自然,不是人人有的,说话就是吃舌。自然,有时候有……平常叫做口吃……然而也有时有这样说话是天生的……你不愿意到我屋子里去坐坐吗?

【安奴走出,腊甫跟着后面去。

　　鄂歌黎 Gogol（Nicolas）①,一八〇九——一八五二,是俄国极有名的戏曲家,诗家,小说家,有人称他为俄国写实主义派的第一人。这一篇作于一千八百三十九年,描写当时下流社会的情形很微细,又很平淡,可是能现出下流社会的真相。他有一篇名剧《检查官》（Revisenr）也是描写当时俄国官场里的怪现状的。他艺术上的本领就在于描写刻画"社会的恶"而又没有过强的刺激。于平淡中含有很深的意境,还常常能与读者以一种道德上的感动。他的艺术所以能有价值,也就在此。现在中国的社会还不算"恶"吗？假使你说中国社会是恶的,请问恶在什么地方？这一个问题不能直截了当的回答,不是回答不上来,就是无从回答起。说"恶",不知道究竟什么是恶,也许是自己天天做的事,所以回答不上来。说"恶"便觉着处处是恶,连自己在内,所以无从回答起。况且即使直截了当回答出来,也仍旧和不回答一样,仍旧"恶"是"恶",讨论研究是讨论研究,两不相涉。而且直指出来,"恶"不但不能去,更可公然不避,不必遮掩,反正如此罢了。因此不能不在侧面着笔,以文学的艺术的方法变更人生观,打破社会习惯。那么,现在中国实在很需要这一种文学。不过文学这门学问,有人说还未成一种科学,更因为国界言语的不同,环境的不同,所以翻译外国文实在还不能满足这一种需要。这是我个人的私见,我不是研究文学的,所说或者全是外行话,更希望现在研究文学的诸君注意到这一层。

　　　　　　　　　　　　　　　　译者志。一九二〇,二,十四。

　　　　　　　　　　　　　　　　伦敦,一八九〇年六月五日。

---

① 鄂歌黎,今译果戈理（Nikolai Vasilievich Gogol-Anovskii,1809—1852）,俄国批判主义作家,代表作有《死魂灵》与《钦差大臣》等。——编者

二

解放了的董吉诃德

[苏联]卢那察尔斯基

供献给我的亲爱的知己——安娜·亚列山大洛夫娜·卢那察尔斯嘉。

人物　国公。

公夫人。

伯爵谟尔却·魏斯孔新(简称谟尔却)。

巴玻的帕波,国公的侍医(简称帕波)。

董娜①米拉贝拉,国公的侄女(简称米拉贝拉)。

董娜马理亚·斯德拉,国公的侄女(简称斯德拉)。

董吉诃德,拉曼伽的,巡行的武士(简称吉诃德)。

山嘉·班沙,吉诃德的侍从(简称山嘉)。

董巴勒塔萨,革命党(简称巴勒塔萨)

德里戈·帕支,革命党(简称德里戈)。

斯德洛·魏尔米龙,革命党(简称魏尔米龙)。

兵官。

第一兵士,第二兵士,第三兵士,第四兵士。

国公的秘书。

---

① 西班牙的"董"是一种贵族的尊称,对于女人,就称"董娜"。这里依照英文的"密斯式",用音译的办法,而不当作专用名词用,下同。

祭司。

肥胖的黑人。

金发的侍者,黑发的侍者。

狱卒蒲巴。

报信的。

瓦斯珂。

亚菲利坚。

拿火把的,拿旗的,吹喇叭的,敲锣鼓的;公府的淑女,绅士等等。

地方　西班牙。

时候　十七世纪末。

第一场

青色的天空。左边是松林,它的黑影落在草地和小路上。右边是往下斜的山坡。后面的背景是乱石嶒峻的火烧似的红褐色的山景。

静场。四个兵士拿着斧钺看守着三个犯人。远远的坐着一个兵官。

犯人:董巴勒塔萨,萨拉曼伽的学生,二十六岁,瘦瘦的,很饿的样子,穿着狭长的黑衣服,衣服弄得很绉,有几处破绽;他的头发很长,很脏,笔直的披在肩膀上;脸是苍白的美丽的;很大的两只眼睛,高高的额角,坚决的嘴唇。铁匠德里戈·帕支,滞重的,阴郁的,穿得破破烂烂的男子汉,他低着头斜着眼光的看着,蓬蓬松松的眉毛;他的胸膛差不多全露了出来,生着一层浓浓的毛。流液的强盗斯德洛·魏尔米龙,穿着稀奇古怪的服装,脸皮象红种人似的。

兵官　太热了。这几个月西班牙简直是地狱,上帝保佑罢。

第一兵士　没有东西喝哪,中尉老爷。

兵官　这是顶要紧的……自然,我要是骑了马去,不上一个钟头,就可以跑到最近的酒店,可是,有这些乱党绊住了脚……(*少停*)我想出来了:我骑着马先走一步罢。这会出什么乱子呢?随便他们是什么样的大匪徒,三个捆了起来的东西,有你们这样四个武装的好汉看守着,想来总是逃不掉的罢。

第一兵士　请你放心好了,中尉老爷。

兵官　(*站起来*)那么,一忽儿再见罢,弟兄们。我在路上的最近一爿酒店里等你们。你们还可以在这里休息这么个把钟头。我吃着鸡喝着酒,和漂亮的姑娘谈谈心,倒还能够忍耐的。

第一兵士　忍耐是伟大的道德呀,中尉先生。

【*兵官从左边走进后台。*】

第一兵士　我们在这里喝风罢。

第二兵士　世界上最倒霉的人就是看犯人的解差。犯人过什么样的生活,看犯人的小兵也要过什么样的生活。可是,犯人倒还可以自己安慰一下:他是犯了法,该受罪。解差的小兵儿可……

第三兵士　我现在真是气得很,时时刻刻想打破这几个坏蛋的一个脑袋。

第四兵士　和平和安静!可怜的乱党反正逃不了绳子。

第三兵士　也就只因为这个原故,我才熬着哩。

第一兵士　喂,你这个流浪鬼,听着。你这个红皮脸。你就是那个强盗魏尔米龙罢?你的匪党围攻亚卡库安侯爵的堡垒,给赫曼达德神圣军打散了,你就逃了的罢。中尉给我说的。

魏尔米龙　中尉老爷是个圣人,他还通晓天文哩。中尉老爷知道的比我自己还清楚。我自己呢,照我看起来,我知道我自己不过是个普通的贩马商人。大家叫我鲁德·白拉·摩腊。可是,人家要把我绞死了。有什么办法呢。我也不是审判错误的第一个牺牲。

第三兵士　但愿也不是末一个。就算你不是魏尔米龙,你也一定是个坏蛋。你这家伙自然人家不会让你思想那么长久,等你去猜到为什么鬼使神差的请你上绞架。审判官会错,可是,上帝的意思永久不会错的。没有上帝的意思,人头上的一根头发也不会掉下来的。

【兵士一个个的脱了盔帽,画十字,魏尔米龙也一样的画十字。

魏尔米龙　可是我请你们相信,兵士老爷,我是个和平的老实商人。

第一兵士　老实商人!(哈哈的笑着)你要是真是个强盗,我也许还相信你的老实,这倒是会有的事;可是,老实的商人……

【四个兵士都笑着。

魏尔米龙　你们不要以为个个商人都该绞死罢。

第一兵士　我的意思差不多是这样,圣母娘娘会饶恕我的。

第二兵士　倒霉的是总得有人来做买卖。

第三兵士　说得对。把个个商人都绞死,又会有别人来做买卖的。我们把毛尔人①赶掉了,难道现在"自己人"刮削小百姓比他们少些吗? 乡下人恨死了审判官,教士,兵士……"卡朗巴!"人可以换几个,秩序可仍旧是那个样子:现在又说乱党要暴动了,可是我知道这些家伙的把戏:他们要把上司推翻了,自己来做上司。乡下人永久也不会好过些。随便什么时候,总有人来剪羊子身上的毛的。你看,它们讨厌那看羊子的狗。好罢,狼来了就更好了。

第一兵士　小百姓苦呀。他们总在翻来倒去,象病人躺在床上似的,虽则他们也知道两边都是一样睡得痛,还是要一忽儿翻过来,一忽儿翻过去。小百姓苦呀,所以到处都骚扰起来了。

第二兵士　现在的新公爷,同着他的董谟尔却,实在太贪心,太浪费了。而且他的荒淫无道,真象卡普清地方的人说花姑娘的话一样,叫做臭气冲天。

第一兵士　谁好些? 他的父亲是个假圣人,一天到晚不离教士的,又吃斋又做苦行。这一个是个玩相公的,是个醉鬼。可是,小百姓一样的苦。我们兵士倒好过些。兵士会寻快乐,公爷还喜欢呢。

第三兵士　我们赶掉了市镇联盟的军队,进了瓦里亚陀林城,军官去请示

———————

①　毛尔(Maurs)是一种民族。

兵队驻扎的兵营和粮饷。公爷说："瓦里亚陀林的人以前很可疑的；要是兵士自己去想办法，我和你们大家都看着快乐。"我们就这么自己想办法了。我们越是醉得凶，越要尝着了那个滋味，城里的百姓越是来得少了。后来，女人和姑娘们也不敢躲藏，不敢抵抗了。做丈夫的，做兄弟的，做父亲的，一点儿也不反对了。他们的脸都是灰白的，走来走去，乖乖的替咱们做事，咱们个个兵士任性胡闹，他们都得听话。咱们可喝得红红的脸，吃得肚子都要胀破，嚷着，打着。咱们还要强迫这些小鬼头说笑，唱歌，跳舞。个个兵士肚子里都是只野兽，自己都怕得发抖，可是，个个兵士都让这个野兽自由，让它去压制别人，这才觉得甜蜜呢。这样过了两天两夜的节。第三天有命令要开出去。要服从命令真有点儿困难。在空场上绞死了六十六个兵，我们这才开了出去。

魏尔米龙 如果人家硬派我是那个魏尔米龙，是强盗，那么，公爷殿下就是……

第三兵士 说出来，说出来，坏蛋！你还没有懂得，统治的大人老爷什么都可以干，仍旧是合于道德法律和宗教的。他们不是抢劫，他们是打仗。他们不是杀人，他们是正法。他们不是强奸，他们是宠幸。他们不是偷，他们是没收。他们不是撒谎，他们是表示外交的天才。他们不是刮削，他们是收税……是呀……没有一个政府不是上帝派定的。

第四兵士 阿们！

巴勒塔萨 都对。可是，谁说政府是上帝派定的？

第三兵士 谁？教堂，——要是你愿意知道。

巴勒塔萨 政府得着的权力和财富，教堂也有份。我们为什么不可以假定，教堂是在撒谎呢？

第一兵士 说这样的话——要下油锅。

巴勒塔萨 我反正是要上绞架的了。为什么我还不谈谈哲学？

第一兵士 你是什么人？

巴勒塔萨 我是萨拉曼伽地方的人，巴勒塔萨。哲学和神学的大学生。

第一兵士　为着什么，人家要把你解到公爷那里去？

巴勒塔萨　我是暴动家。我在全国宣传：要为着上帝和正义暴动起来。

第二兵士　可见你只是胡说了一顿，不然，上帝不会叫你落到你的敌人手里的。神学家呢！滚到鬼那儿去罢。你要是个大学生，你回答我一个问题：上帝是不是万能的？

巴勒塔萨　（站起来，跪下去；第四兵士也是这个样子）唔？

第四兵士　你给人问住了。如果他是万能的，那么，世界上一切事情都是照着他的意旨做的。政权既然在公爷手里，那就用不着神甫来说什么，——这政权自然是照着上帝的意旨给他的，不会有什么别的原故。

巴勒塔萨　这倒有趣。我们来开始辩论。兵士老爷，请你给我讲，世界上究竟有没有犯罪的事情？

第四兵士　假使我说——是的？

巴勒塔萨　那么，犯罪也和世界上的一切事情一样，也是照着上帝的意旨的。可是，谁要是照着上帝的意旨做事，那就不能说他是犯人，ERGO（因此）——世界上没有犯罪这件事。

第四兵士　假使我同意——说没有？

巴勒塔萨　假使没有犯罪这件事，那么，王上，审判官，刽子手，兵士，他们惩办的是好人。可是，惩办好人是犯罪的；ERGO（因此）——又有了犯罪这件事。

第四兵士　狡猾……

巴勒塔萨　有一个问题：世界上一切都是好的么？

第四兵士　我有点儿不相信。

巴勒塔萨　那么，上帝既然是万能的，他大概愿意世界上不好。

第四兵士　我常常想上帝也不这么善心。

巴勒塔萨　可怕的想头呀。有这种想头——要下油锅，兵士老爷。如果上帝自己不是善心的，那么，生活就是地狱。一切生活都是糟蹋人啦。

第四兵士　有点儿象,我的学生老爷——要上绞架的学生老爷。

巴勒塔萨　不对。既然要做个异端,那就不是这个样子。假使上帝自己
　　是恶的,那么,我们心里的善意从什么地方来的呢?为什么我们大家
　　喜欢善呢?为什么人人想起世界永久是恶的就要害怕呢?为什么无
　　论是谁,只要给他说:你不懂得罢了,其实世界上一切都很好,因为伟
　　大的温和的天爷照顾着世界呢,——他的心就要快乐得发抖呢?(巴
　　勒塔萨跳了起来)人的心里从那儿来的爱呢。后悔罢。你们之中每
　　一个人都有很多的爱,虽然生活的外表是发硬了,发锈了。O!诸位,
　　人不会比上帝更好些;可是,我给你们讲,也给你讲,好朋友德里戈,
　　也给你讲,流浪鬼,也给你们——天,树林,太阳,乱石嶙峋的谢腊山
　　讲:上帝是善的,上帝是善的。

德里戈　你安静些罢,董巴勒塔萨,不要做声了。

第四兵士　没有脑袋的哲学家。如果上帝是善的,那里来的恶呢?

巴勒塔萨　我已经给你讲过了,戴着盔帽的哲学家,我挑选的异端是另外
　　一种的。咱们把你刚才的那种想头来怀疑一下罢。

第四兵士　怎么样呢?

巴勒塔萨　假定:至善的并不万能。那就一切都明白的了。(严肃的稍
　　歇)他是善的。从黑暗里面慢慢的竖立起秩序和幸福来呢。从物质
　　的冷酷的空虚之中,他创造着温暖,光明,生命,精神,以及世界上至
　　高无上的东西——爱。然而,黑暗和冷酷是厉害得很呢。黑暗和冷
　　酷摧残着他所想好了的事业。而我们是他的火焰里的火星,我们是
　　他的帮手,我们是"爱"的武士。所以我在大小道路上用博爱的名义
　　宣传暴动,——暴动起来反对压迫者。我是对的。我做得很少。然
　　而我做了我应当做的事情。绞架万岁!死我是不怕的;我怕的是做
　　光明的叛徒,做"爱"的胆小而不忠实的臣仆。

【稍歇。

第一兵士　蝉在叫哩……

【稍歇。

魏尔米龙　这样静悄悄的。好象有个大怪物在这里呼吸着呢。

第二兵士　看,你们看,山坡上两个骑马的人向这里走来呢。

【大家站起来,很好奇的往山坡底下看。

第二兵士　哪,骑马的。那骑在白马上的瘦子瘦得那么样,简直是《默示录》上说的瘟神。

魏尔米龙　那一个骑着驴子的胖得那么圆滚滚的。把我绞死了,我还要哈哈大笑呢。

第一兵士　他们总算爬了上来了。

第二兵士　那个奇妙的武士在拴马了。

第三兵士　那个胖子揩汗了。

第一兵士　他们走到这里来了。

第二兵士　我们应不应当让他们来?

第一兵士　为什么不呢? 咱们看看那些古怪打扮的人儿是些什么家伙,也是好玩的。

【董吉诃德和山嘉·班沙出现。

吉诃德　(很有礼貌的鞠躬)诸位,这样热,这样沉寂的荒野里,我有光荣会见的是谁呢?

第一兵士　老爷,我们是兵士,解送这三个犯人到城里去。公爷大概要把他们绞死呢。

吉诃德　(坐到草地上,从他那流着汗的头上脱下"芒白棱盔帽"——其实是个理发匠用的钵头;扇着刚才摘下的一张很大的牛蒡草的叶子)这倒很有意思。也许,这是武士的三个俘虏,要捉去弄死,可是,他们的寿命没有完,死得勉强罢;他们可愿意给我讲讲自己一生的历史呢。我呢,我是著名的拉曼伽的董吉诃德,慈悲相的武士。那一个也是全世界知名的,我的侍从山嘉·班沙。

巴勒塔萨　我听见过伟大的董吉诃德,被压迫者的保护人。

吉诃德　我尽我自己的力量,惩罚恶的,创造善的。

山嘉　我们是大傻瓜。我们是出色的家伙。

吉诃德　山嘉，不要你做声，别做声，好朋友。我觉得，我们今天听见的是奇妙的事情。

山嘉　我和我的灰色驴子一样，竖起着耳朵在听。

吉诃德　这样，曾经听见过我们的这位老爷，你的运气为什么对你这样残忍？你为了什么触犯了你们的王上，叫他这样生气呢？或者，这是冤枉你的？

巴勒塔萨　一点儿也不冤枉，我敢用耶稣圣母的神位来罚咒。我想了一切情形，我得到了一个结论，就是这个国家里的一切痛苦的来源正是公爷自己，以及他的公室，他的各省总督，贵族，审判厅等等。全国在他们的所谓合法的抢掠之下叫苦呢。这是些野兽，残杀羊群的野兽。可敬的武士，我的思想是人民早就应当自己来管理自己，象以前古代的制度。我象德腊西布尔和白鲁德一样①，是个共和主义者。现在，人民的敌人，为着我宣传这个主义，以及类似的思想，要把我绞死呢。这是当然的事情。战争就是战争，我对他们宣战。

吉诃德　（思索着，卷着胡子，看着空洞的地方）你的思想是勇敢的。我不能够赞成。王位是神圣的。对于凶恶的王上，应当用好话去劝他，说服他。无政府比任何坏的政府还要坏。人是生来就只要自由的。无论怎么样，总要先改造人的天性。否则，他们要互相杀戮起来，诸如此类的胡闹。虽然如此，我说的这一切，也许是错误的。（看着巴勒塔萨，很慈善的，慈善得无以复加的笑）谁是对的——我可不知道。无论什么意见，都可以拥护。老实的人对于自己，总是对的；而博爱的人对于人类和自然界，也总是对的。可是两个老实的博爱的人却可以互相痛恨——呜呼！这一个人的真理，对于另外一个人，可以是殊堪痛恨的谎话。怎样才能够联合那对于别人的信仰的容忍和对于

---

① 德腊西布尔（Thrasybulus），纪元前三九〇年死的，希腊人；白鲁德（Brutus），生于纪元前八十五年，死于四十二年，杀死凯撒的，罗马人。

自己的信仰的热烈宣传呢？这两件事都是必需的,都是高尚的。怎样才能够做自己的口号的号召者,同时,不要伤害别种口号的战士?这是很难的。智识是很薄弱的,它不能够回答这种问题。心的权力是黑暗的……我们是些可怜的人。然而,我们要直接的做好事,不管别的。兵士们! 我请你们释放这三个好人,让他们自由。

第一兵士 先生,你胡涂了罢。这几个人是交给了我们的。要是我们不把他们照着命令解到那里去,我们自己要被绞死哩。

吉诃德 这样……(想了一下)这样。你们不能够自动的放他们。既然如此,我来攻打你们,夺下俘虏。你们可以向国公说这是董吉诃德的新的"功绩"。我取消我自己以前的绝不再进宫廷的决定,马上就来见你们公爷:我亲自和国公谈判这件事好了。

第一兵士 我们四个人总不能够投降你一个人。

吉诃德 我——董吉诃德是巡行的武士。许多好汉听见我喝一声就逃跑呢。只要给你们公爷说,攻打你们的是董吉诃德,他自然就明白的。

第四兵士 喂,武士,我想你简直是痴子。

山嘉 唉,要是这么简单倒好了!

吉诃德 这样,我要骑上马了。无论怎么样,可怜的乱党是要释放的。(他站起来)诸位,我劝你们还是不要交手的好。我很不愿意你们吃苦。(把山嘉引到旁边,低低的向他说)我在这里和他们打,你去把捆着俘虏的绳子割断,等他们的最后一个都逃进了树林,你吹一声哨子好了。

山嘉 着,着,老爷,不过……我们要挨打的呀。

吉诃德 别做声,又是一次"功绩"。

山嘉 要是只不过打得鼻青眼肿,肋骨总算……那就算好的了。

吉诃德 你要保持你的身份!

山嘉 要是肋骨不打断,那就算好的。哈哈哈。我班沙还是坐在家里无花果树底下好些哩。

吉诃德 这样,你记住了我的训令了。(往右边走下去;兵士们很慌乱的

商量着）

巴勒塔萨 （对德里戈说）好朋友,你想这个呆子不会出于意外的救了我们么?

德里戈 很少希望罢。

巴勒塔萨 嘿,国公的宝座都全靠这一段笑话呢!如果我晚上能够逃到山洞里,明天就要在各村庄里吹起号筒来,整个的卡司谛利亚要哄动起来。

德里戈 明天乌鸦要来啄我们的眼睛了。

【董吉诃德全副武装,骑着罗息南德马再上。

吉诃德 诸位。拉曼伽的董吉诃德,慈悲相的武士,现在对你们讲和平友爱的话。我用慈善的最高原则的名义,命令你们释放这些人。我答应:由我来对上帝对官厅负责。他们被人家宽宏大量的赦了死罪,自然要更加聪慧,更加慈善的。我的良心对我说,我的心愿是对的,以后一切都要依照至高无上的力量的意旨。武装的同人,我请你们自动的释放他们,不要强迫我,使得我除出说服之外还要用我的枪头。然而,假使你们不听忠告,那么,天上的安琪儿要帮助我打胜你们,而不流你们的血。

第一兵士 我们不能够放他们。我们自己的性命要紧。你这个说废话的家伙,我们是不怕的。

吉诃德 这样,我进攻了,你们防御罢。

第二兵士 揍他。

【兵士们立刻把武士从罗息南德马上打下来,把他掼在地上,用斧钺的木柄拼命的打他。这时候,山嘉把俘虏解开了;俘虏逃到树林里去。魏尔米龙沿着山坡往下走。

第三兵士 我打断你全身的骨头,你这倒运的家伙,戳穿你这鬼家伙的盔甲。

第四兵士 轻些,轻些。够了!别把这个痴子打死了。看,他似乎没有气了罢。

【山嘉吹哨子。

吉诃德　山嘉,山嘉,来帮一帮。

第三兵士　嘿,还活着呢。咱们来揍这个跟班的。

山嘉　(往后退)你们怎么啦!怎么啦,你们,好个基督教徒!还是去看着你们的犯人罢,我看他们已经逃走了。

第一兵士　混蛋!圣母娘娘呀!他把犯人放走了。(打山嘉,用斧钺的木柄拼命的打他的胸膛,山嘉跌倒来,高高的举起两只脚在空气里划来划去。)

第三兵士　他还送给他们自己的驴子哩。

山嘉　(立刻跳起来)谁把驴子给了他们?

第二兵士　自然是那红皮脸骑着驴子跑了。看,他还在山脚下。现在已经追不到了。

山嘉　他把我的驴子拿去了,我的灰色驴,我的好朋友,我的好兄弟!他这个天杀的混蛋,天杀的,天杀的,一百个天杀的。这样,以后再做所谓好事罢。再做乱七八糟的功绩罢。圣母娘娘呀!我没有了灰色驴,怎么办呢!

【象小孩子似的大声的哭。

第一兵士　不要慢了。要把逃犯追回来。

第四兵士　空话。现在追不上他们了。咱们不如把这个武士,和他这个皮球似的跟班,逮捕起来罢。也许公爷可以把他们俩绞死,还会饶恕我们呢。

第三兵士　是个办法。

吉诃德　(慢慢的爬起来)我站得住吗?站得住……山嘉。

山嘉　老爷,我可打坏了,我的驴子给赶走了;现在要捉我们去见公爷呢,公爷不见得会摸摸咱们的头皮呀。

吉诃德　犯人自由了么?

山嘉　他们豁开腿就跑了,还把我的灰色驴子也带走了。天杀的吊死鬼!

吉诃德　山嘉,山嘉,给我抱一抱你。

山嘉　你高兴些什么,武士老爷?

吉诃德　胜利,山嘉,胜利了呀。

——幕下

第二场

　　国公的书房。国公坐在椅子上,靠近一张大桌子。他的对面坐着很漂亮的象女人的美男子谟尔却伯爵和医生巴玻的帕波。

国公　无味的事情完了。(很舒畅的伸着懒腰)谟尔却,你有什么好玩的把戏叫我快活快活?

谟尔却　来源都用尽的了。(剔着手指甲)

国公　你这迷人的罪过,你是用不尽的。

谟尔却　(只管自己剔着指甲,不看国公)太恭维了……

国公　不要装腔了,安廷瑙,来一个快乐的提议。

谟尔却　我今天只想着残忍的思想。

国公　残忍的思想很容易快乐的。猫耍着老鼠才快乐呢。

谟尔却　(皱着眉头的笑着)我们总算不是老鼠,想起来多么侥幸。

国公　我是老虎大王。你是调皮的小猫儿,我的迷人的谟尔却。今天晚上我再叫你穿上女人的衣服。

谟尔却　(生气似的)多么无味。倒不如叫帕波老爷穿上女人的衣服罢。

国公　(哈哈的笑着)他,他那个大胡子,毛茸茸的脸儿!?

帕波　(很谄媚的笑着)为什么不呢?德莱齐被上帝暂时变成了女人,据纳松说,这是要他经验一下:男女之间在"爱情的行动"里面,究竟是那一方面更加快活些。

国公　O! 关于这一点,我的谟尔却知道得最清楚了。

谟尔却　(恶狠狠的)够了,老家伙,你太粗鲁了。

国公　我发抖了。帕波,我怕他。他耍着我。我怕他,比怕公夫人还厉害。在这世界上我只怕他们两个儿。我觉得,我总有时候要把他们这两颗漂亮的脑袋砍下来。

谟尔却 那你自己就要烦闷死呢,对于死的害怕也要叫你死呢。

国公 是呀。还……还有死,我也怕的。可是,不要讲死罢。咱们还是讲活罢。谟尔却,你的提议呢?

【秘书上,很低的鞠了几个躬。

秘书 殿下,惊动你……极,极端重要,极,极端不幸的事情。

国公 说出来。

秘书 一位中尉将军同着解差到了,他们本来是从河边的乡村里解送了乱党来的。董吉诃德,那个自称巡行的武士,拉曼伽地方的一个小地主的贵族,攻打了解差,使乱党得到了逃走的可能。可是,犯罪的武士和他的跟班已经被兵士捉住,解送到了此地。

国公 谁,谁?董吉诃德! 这是个发痴的巡行的贵族。谟尔却,恭喜,恭喜,野兽自己投到网里来了。我为着他可以出一千金镑的赏格。你还记得罢:我们听着美桂尔·沙维德腊讲他的故事,是多么发笑? 叫他上来,请到此地来。咱们恭恭敬敬的,堂而皇之的迎接他。咱们有的笑呢,咱们有的笑呢。

【秘书下。

帕波 那还用说。要把这个武士来请全宫的贵人享用。

谟尔却 还要加点儿好汤儿。这可叫我快乐了。老家伙,给我亲个嘴罢。

(亲嘴)

秘书 (又走上来)董吉诃德,拉曼伽的慈悲相的武士,他请殿下原谅他穿着旅行的军装。

【董吉诃德走进来,很神气的跪下一只腿。

国公 英雄,请了。

吉诃德 请赦罪,殿下!

国公 我赦免你的一切罪过。

吉诃德 不是我的,请赦免兵士们的罪。

国公　一切都赦。谁能够抵敌得住你的手呢。

吉诃德　（站起来）我罚咒：从此之后我的手不是我的了，是你的了。我感激你，国王的宽宏大量。你的仇敌在那里？他们就是我董吉诃德的仇敌。

国公　让他们发抖罢。可是关于仇敌，以后再讲；先讲朋友。他们在这里：这迷人的美少年是我的宠儿，谟尔却·魏斯孔新伯爵。而这个可敬的大丈夫，是我的医生，巴玻的帕波博士老爷，佛罗棱萨人之中的最博学的。

【大家鞠躬。

吉诃德　恭喜大量贤德的王上的朋友。

国公　咱们坐下来，谈这么半点钟。然后我放你去休息，勇敢的武士，之后再请你随随便便的去见见公夫人。

【大家坐下。

帕波　最光荣的董吉诃律，你知道么，我是一个医生，知道很多种学问……公开的说，我研究学问完全是想很幸运的找着磁气的道路，就可以经过对于鬼神的权力而得到对于人，对于畜生，对于东西的权力……总而言之，我幻想着得到创造神奇的法术。四十年来的工作叫我得到了很不足以安慰的结论：世界上没有神奇，一切都不过照着各种东西各种力量的相对关系而变动着罢了，无论怎样也看不见天神意旨的干涉，不管这天神的意旨是善的还是恶的。这样，我相信了鲁克莱谛①的学说。可是我知道古代的巡行的武士，譬如说罢，你比古化学大师和天文学大师都更加围绕着许多神奇的奇迹，简直不能够比较呢，我很想知道知道你的经验，无上光荣的董吉诃德。武士小说里说得那么有趣的神奇的事迹，你经验过了没有呢？或者实际生活对于你，也和对于我们这些会死的普通人一样，仍旧是这样灰色的呢？

---

①　鲁克莱谛（Lucretius），罗马诗人，生于纪元前九十五年到五十二年。

吉诃德　我懂了你的问题,博学先生。如果公爷应许,我可以回答你。

国公　可以,可以,我很心急的等着你的回答。

吉诃德　诸位大人,我可以开始就说:世界上一切都是神奇的。可是,对着这样文明的听众,我说这句话难道还新鲜吗? 要我来讲这种普通的思想? 神奇是什么? ——一切不可了解的东西。可是,什么东西是可以了解的呢,老爷们? 我们不过不去问那些习惯的东西,并且用这些东西来解释不习惯的东西罢了。可是,习惯的难道就可以叫我们了解什么吗? 或者,没有原因的才算做神奇的? 可是一切事情的原因在那里呢? 谁看见了或是看得见最初的原因? 或者,把异乎寻常的少见的算做神奇的? 世界上的新的东西是异乎寻常的,然而一切发生的事情都只发生一次。或者,奇妙的或是奇怪的都算是神奇的? 还有什么比白天和太阳更神奇的呢? 还有什么比晚上和星更奇怪的呢? 还有什么比思想和幻想更神奇的呢? 还有什么比爱更奇怪的呢?

帕波　是的,是的,可是武士懂得……

吉诃德　我懂得你的问题。你实际上是问:巡行的武士是不是能够碰见别人所碰不见的实际生活的某些方面?

帕波　是的,大意是这样。

吉诃德　然而,假使有人把大家都不知道的东西发见了出来,并且说出这种秘密,——人家不要叫这个人是疯子么? 这个秘密——也许是个玉球,象《新约》圣经说的:人家不用脚去踏它,它自己会转过身来,不会叫你们昏迷的。譬如:有一次我在圣耶哥地方走进了一座庙。我在这个庙里,很静穆很凉爽的思量着。山嘉走来对我说,这城里的许多讨饭的在庙门口等着我的赈济,我身边什么也没有。庙里很暗,可是,从那很高的窗子里,透进一条斜柱子似的鲜明光线。我心上想要有许多金子来安慰安慰那些苦人。我跑到那光线底下。——谁知道立刻就出了神奇的事情:我整个儿的被金子包围了起来,金链子挂满了我的肩头,我的手,我的手指头;金蝶儿,金条儿,金环子,金锁链,金腰带，金帽子，金碗盏，——一切都发着光，闪烁着，鲜明得象太阳光似的，我抬起头来看那个窗子，就看见瀑布似的叮呤当郎的金子直泻下来，真叫人头昏眼花……我要想抓住它也不能够：它一直往我的脚底下泻下来，一大堆闪烁着的亮光，越来越多。我就叫起来："山嘉，你叫那些，叫那些讨饭的穷人到这里来。金子，金子。"他把他们叫了来。先进来的是瞎子，他们用棒试着，用发抖的手摸索着。后进来的是没有腿的残废的，他们说没有见金子，瞎子们还很久很久的不相信他们呢。这班有眼睛的人其实真是瞎子，呜呼！只有我一个人看得见金子。唉，他们这些可怜的人儿，竟非常的不高兴。他们饿得生气，他们听见了金子立刻兴奋得不得了，随后这个希望又是空的，他们自然更加生气。如果我没有记错，那么，当时他们还把我和我的好跟班的打了一顿。老爷们瞧着罢，这是一个神奇的现象呀。我再也忘记不了那金子的洪流，那金子多得简直是神话。假定，那窗子里流下来的是真正的金子，那倒不过是一半的神奇。很普通的金子，算得什么没有见过的东西呢！……那不过是一种分量很重的物质，滴粒搭拉的会发响的一种金属，乒乒乒乒的掉在地板上来罢了。大家都看得见它，大家都摸得着它，你抢我夺的瓜分了它，吃吃用用，用完了它罢了。这也要算神奇，那可太无聊了；那一个安琪儿，那一个仙女，愿意创造这种尤聊的神奇呢？这不过是世界上普通的金子大王的事情……我那一次是：金子放着光，抖动着，它的光线象在笑，象在烧，它似乎是在响，好象是音乐，好象是歌唱……我现在还听得见它的叮叮当当。它流动着，真来得亲热；它的各种各式的形状，真来得迷人；它很温暖很温柔的碰着我的手，和我的手亲嘴……这金子只给我一个人，只给我一个人。这，我才叫做神奇。

国公　就为着这种样子的神奇，所以那些贱货叫你疯子呢。

帕波　干吗你问那些贱货？

吉诃德　老爷们！普通小百姓比有学问的贵人更加接近些神奇哩。圣保罗没有说错的。有一天，我曾在树林里看见了一位奇怪的武士。他也是全身放着金子的光彩。他骑着一匹强壮的红马。整个儿的他，都是金光灿烂的，很沉重，很漂亮，血红的羽毛插在放着火焰的盔帽上。我还看见他的金光的绸缎似的头发，蓬蓬松松的披在他的开阔的肩膀上。多么威武！他一只手戴着金手套，插在金腰带里。他在我前面走着；虽然我几次很恭敬的叫他，他可没有回过头来。很可惜，忽然间我看不见他了。就在附近，我看见一个穷苦的女人同着一个小孩子——一个很小的女孩子。她们在拣着野果子。我问她们看见了没有那个神奇的骑着马的金人儿，那个母亲问我："他是个什么样子？"我详详细细的讲了。那个女孩子可高兴得不得了，拍着手的叫："我看见了，看见了，他还向我笑了一笑……嗳，嗳，"她叫着，"我还给了他野果子呢。是呀，他在我的篮子里抓了一大把野果子。"那母亲可只笑了笑，只有一半儿相信我们的话——我们，就是我这个可怜的武士，可怜的战士，和她那个可爱的小孩子……（*不做声的一忽儿，听的人大家互相挤眉弄眼的笑着*）而且，我的老爷们，有好些声音，有在心里的，有在耳朵里的，这些声音讲着许多深奥的话，常常这样深奥；甚至于我都不懂了。有些字眼，我听不懂。这些声音是在歌唱着……此外，还有魔鬼……狡猾的，很凶恶的……可怜的，愚蠢的，然而又是骄傲的，倔强的……唉，这班家伙是劝不信的。他们瞧不起人的笑着来听你。你给他们宣传罢，他们会用许多龌龊的混话回答你，象些无聊的小学生在课堂里作弄好先生。谟尔却伯爵饶恕我……这是很奇怪的，可是，伯爵的美丽的脸蛋儿上面有点儿这样的神气，叫我记起一些儿魔鬼，这些魔鬼是我认得的，他们是我的可怜的仇敌呵。

国公　一点儿也不奇怪。谟尔却本来是小鬼头。

谟尔却　董吉诃德，看你把我们的乱党放掉这件事，可见你不但是个痴子，痴子是只会说痴话，活见鬼；你而且是个呆子，呆子要想在这世界上来干什么所谓"渴求正义"的把戏。

吉诃德　呜呼！我在这些问题里是多么胡涂呵。人世间的不公道是这么多。应当要改造社会,改造天地。谈到黄金时代的时候——请上天的力量呀,就算我们进了棺材,就算在阴间,就算再过一千年,总要请你老天爷给我们没有野兽没有牺牲的世界:凉爽的小树林儿,满开着花的地毯,溪水的潺湲,小鸟的飞鸣。请给我们没有痛苦的生活,而现在的世界上,最寂静的穷乡僻壤也充满着痛苦。给我们看见这么一对爱人儿,爱得不会妒忌,不会荒淫。我们现在的世界,也算得是那么美满的生活的一点儿影子呢。小孩子……青年……女人……花……亲嘴……可能是多么大! 可是,为什么一切都要蒙着一层罪恶的露水,跟着还有眼泪,还有血? 为什么弟兄们要互相仇视,为什么要有强暴,要有奴隶? ——要有愚蠢穷苦和没有良心? 为什么要有病,要有老,要有死? 幸福放着光,天说着博爱和仁慈。理想是这么清楚。可是我们是这样的没有力量! 也许这个生活不过是个严厉的准备学校? 咱们呼吸着,咱们就得努力。小小的好事,咱们一件一件的做去罢。咱们有多少痛苦,就受多少;能够怎么爱,就怎么爱罢!

谟尔却 武士,你的人生观不是大丈夫的。

吉诃德 怎么呢?

谟尔却 你难道以为除出牛羊式的平等幸福之外,就没有一种野兽的幸福吗? 这种野兽的幸福,你大概是把它从你的蠢牛的天堂里一笔勾消了罢? 我懂得,一只小羊子,要是它想着会有和平的同狮子在一块儿吃草的前途,它心上自然很快乐。但是,狮子呢? ……O! 董吉诃德,你不知道我们野兽。粗暴的野兽,咬着小鹿儿的脑袋,啃断它的喉咙,慢慢的喝它的热血,感觉到自己爪牙底下它的小腿儿在抖动,渐渐的死下去,——那真正是非常之甜蜜。然而人是细腻的野兽。统治着,过着奢华的生活。强迫人家对着你祷告,对着你恐惧而鞠躬,而卑躬屈节。幸福就在于感觉到几百万人的力量都集中到你的手里,都无条件的交给了你,他们象奴隶,而你象上帝。世界上最幸福最舒服的人就是罗马皇帝。我们的国公能够象复活的尼罗一样,至少也要和赫里沃哈巴尔一样。可是,我们的宫廷很小,离这个还远哩,毁坏上帝和人的一切法律,照着自己的意旨的法律,替别人打出新的锁链出来! 权力! 这个字眼里面包含一切:这是个神妙的使人沉醉的字眼。生活要用权力的程度来量它。谁没有权力,他就是个死尸。

帕波 （笑着）伯爵,你把老实的好武士吓坏了。

谟尔却 我对天罚咒,这是出于我的真心的意见。董吉诃德,人家叫你疯子。可是,你不过是个一无成就的诗人,吃草的幻想家。我们,也许才是疯子呢,我们是金光灿烂的。我相信:你在树林里看见的那个红武士正是我们一种的人。如果他回头过来看见了你,你这副吃长斋的脸,够他哈哈大笑的了。

国公 谟尔却是在讲笑话呢。武士,我看见你的慈悲的样子,是表示着深刻的惶恐。谟尔却是开玩笑的家伙。可是,他自己的确是这么样的:是个有脾气的残忍的小猫儿,他是我心窝里的毛茸茸的最危险的小野兽,抱在手里的小野兽,可是是个危险的……

吉诃德 公开的说,我很可惜。伯爵,这种精神对于我是受不了的。无论什么人都有他的天性,他的感觉跟着自己的天性的。我不说野兽不好。可是,和平的牛羊的牧童要打死那些野兽的时候,我是不奇怪的。

谟尔却 （骄傲的卷着披着的鬏发,闪烁着眼睛,吹着鼻孔)原来这样! 这可说得厉害。这地方的牧童,听见没有? 公爷,我希望,他说的这地方的牛羊的牧童,这是你呀,……哈哈哈! ……而我这个肉食的小鹰儿在这些牛羊之上盘旋着?

吉诃德 而牧童没有了保护牛羊的栅栏的地方,牛羊自己要竭力的防御呢。

谟尔却 嗳哈! 我知道了,董吉诃德,拉曼伽的,要来给乱党辩护了,他自作主张的把那些乱党放掉的。O! 董吉诃德,慈悲相的武士,并没有象传说里说得那么蠢,也没有象那些笨人所想象的那样笨。

国公 （笑着)小孩子,干什么你无缘无故的生气。难道我们大家这么样的好人会齐了,不是来开开玩笑的么?

谟尔却　开玩笑的时候也就要来的,这些玩笑要叫那个人不这么好受哩。可是,现在还有一个正经问题。董吉诃德,你跑进来的时候很郑重的声明了:"国公,你的仇敌就是我的仇敌。"哪!国公的仇敌就是那些乱党。刽子手现在失望了,你是不是担任重新捉住你所放掉的那些昏蛋,拿来送给他们的刽子手,你是不是担负这个功绩?

吉诃德　我相信殿下的宽宏大量。造反来反对仁爱的王上,这是罪恶。然而王上的仁爱是不惩罚乱党的。他用他的仁爱镇压他们。你讲的话要受到公爷的严厉的批驳,因为照你所讲的那些主义的行为,真正要使每一个正直人的心里,都把造反变成了责任。

　　【国公,帕波,谟尔却都勉强的笑着。

国公　英雄,已经给你预备了安息的地方,你可以找到你要休息,要打扮的一切需要的东西,你现在不要去休息一下吗?公夫人吃饭的时间快到了。

吉诃德　(站起来,很有礼貌的鞠躬)我能够在公夫人殿下之前屈膝,那就不胜荣幸之至了。殿下,老爷们,我现在告辞了。

　　【直着腰,矫揉做作的,很担心似的走下。

国公　要想出一大套的把戏来,和这个呆子开开玩笑。

谟尔却　糟蹋他一下,这倒可以有点儿兴趣的。全于耍老鼠——呸!耍一下这个道学家,这个傻瓜的圣人,可真是个好玩意儿。

帕波　咱们定一个计画出来……知道吗,咱们把公夫人,米拉贝拉小姐,马理亚·斯德拉小姐都请来。

谟尔却　可不要请马理亚·斯德拉。她恶得不够程度哩。

　　【三个人走拢来。

　　　　　　　　　　　　　　　　　　　　　　　——幕下

第三场

国公宫廷里的大厅。

山嘉摇摇摆摆的走进来。他后面紧跟着两个小侍者：一个金头发，一个黑头发的。

山嘉　这才叫做吃饭。喂，小孩子，难道公爷天天这样子吃的么？

金侍者　有时候还要好些哩。

黑侍者　你很喜欢今天的饭，董山嘉？

山嘉　那还用说！

金侍者　难道拉曼伽的英雄不请你吃山珍海味么？

山嘉　我不说我们难得和神仙好汉一块儿吃饭。可是，你们得知道，神仙吃的东西只有空想才会吃得饱。有时候，坐在什么拖着长胡子的道士的桌子上，眼睛前面只有一块苎麻的桌布：仿佛是在吃，仿佛是在喝，其实肚皮里空洞洞的越来越大。简直要请那个老家伙，和神仙的饭菜，一箍脑儿的滚蛋。

金侍者　好汉呢？

山嘉　好汉？我倒想看看！你在好汉那里怎么吃饭呢，好汉会把你赶到牛那里去，给你说：哪，这是肉。因为他自己抓住了牛的两支角就吃起来。从牛尾巴那里咬起。

金侍者　就这么活的吃？

山嘉　那还有什么别的吃法？难道好汉还给它客气么？你去跟他吃罢。

黑侍者　你平常吃什么过活的呢，董山嘉？

山嘉　牛油糕，面包和水。董吉诃德，我的仁爱的老爷，上帝保护他胜利和成功！他说的：水代表自然界，面包代表植物界，牛油糕代表动物界。吃了这三种东西，我们就贯通了看得见的世界。只要再做点儿好事，就可以贯通天堂的世界。这样。真来得妙。妙得很。一片"植物界",薄薄的一层"动物界","自然界"却爱吃多少有多少。公爷的筵席上,这三界可代表得特别丰富。你们笑什么? 不要骄傲。象你们这样的饭菜,吃得叫人家的灵魂都滞钝起来呢。譬如,我现在就很想睡觉了。

黑侍者 跟我们来,董山嘉,我们给你去睡。

【搀了他的手,拉着他下去。从别一扇门里面,嘻嘻哈哈的米拉贝拉和发愁的马理亚・斯德拉走出来。

米拉贝拉 O! 真是少见少有。这个傻家伙,竟不知道人家是在开他的玩笑。天下的蠢笨,还有限度吗? 在这样没有完结的郑重的宴会上,给大家玩笑了这么大半天,他还会保存着他那郑重的傻相,一点儿也不生气!

斯德拉 我真受不了的难过。今天这样的粗鲁,向来没有见过,我很生气。唉,我真想回到法国去,回到我那个白寺院里去。

米拉贝拉 你还是嫁给董吉诃德好了。两个傻圣人。难道不是一对?

斯德拉 可怜的米拉贝拉,可怜的妹妹,人家怎么把你弄到这个样子的呢?

米拉贝拉 O,你这个圣人。可是,你也看谟尔却呢。他是我们贵人们大家的中心,他叫公爷都给他比下去了。我们大家都脸红了! 大家爱上了谟尔却:公爷,公夫人,太太们,公子们,侍者们,我,你,大家。他真是个迷人的妖精,蛮横不怕丑,没有心肝,风流,美丽,又可怕,又引人的。

斯德拉 我可怜伯爵,和可怜你一样。如果说句真话,他倒是你们大家玩的小丑,可不是那位刚来的武士。今天整天的糟蹋人家,我可一次也没有为着那位客人红脸。他对付那些狡猾到极端的把戏,始终要算对付过了,可是,我倒替你和魏斯孔新伯爵①害羞呢。

米拉贝拉 嘘……等一等……我听见有人说话……这是公夫人和谟尔

---

① 魏斯孔新伯爵就是谟尔却。

却。O,多么有趣:咱们躲到窗帘后面去。

斯德拉 你这算什么? 放我!

米拉贝拉 走,走。(把她拉到窗帘后面。公夫人和谟尔却走上)

谟尔却 公夫人,你不要说:我的火焰似的眼睛——你并没有猜着是为的什么。

公夫人 你的蛮横,真使我奇怪。

谟尔却 蛮横是我最喜欢的道德。只有蛮横的人配活在世界上。为什么不呢,公夫人? 为什么咱们不尝尝这么样配合的滋味呢? 殿下给我"要好"的时候,讲了你的;我整个儿只想闻闻你的身体的香气,那又有什么奇怪呢? 你不会忠实的爱公爷的。我有充分的理由断定你对于他的爱不是绝对的……是的,是的,你不要来回驳我。咱们只有两个人在这里;还要什么假面具,那岂不可笑。也许,他表现出来的那种真实的爱的艺术,吸引了你。可是,在这方面他不过是我的学生,而且只是刚刚开始学习,不见得怎样能干。咱们宫廷里,如果我们两个人直接发生了关系,那还有更有趣更得劲的事么! 即使公爷知道了,他起初自然要发火,可是跟着就要大笑的。

公夫人 你心里藏着的简直是魔鬼,谟尔却!

谟尔却 魔鬼的名字叫……你,你看:我们的超等滑稽名角董吉诃德,呆呆的出神,走到这里来呢。这倒来得凑巧。你请坐着。你马上可以看一幕蛮横的滑稽戏,可以给你散散心。

公夫人 你又想出了什么把戏了,小鬼头?

谟尔却 你不要做声。你不要捣乱,求求你,不要捣乱我的把戏,这把戏做开来才有味呢。

【董吉诃德走上来,很出神的头垂在胸口。

谟尔却 (站在他的面前)真正仁慈的武士! 天叫你到我们这里来了。我和公夫人殿下正在争论一件事,这是关于我们这里的一位太太的地位的。我能不能够给你讲这一件事情的经过,听听你圣贤的意见? 这个问题真叫我和我们的夫人苦死了。

吉诃德　我能够替夫人殿下尽力,那就高兴极了。

谟尔却　这样。刚才所说的那位太太的丈夫,是个极可敬重的人;那位太太真正象女儿似的敬重他,爱他。可是,她用另外一种爱情爱着一个青年的军官,那军官也爱她爱得不得了。刚刚是昨天晚上,这个军官和那位太太说:没有她的亲热他是活不了的了。她看他那种发疯的眼睛,知道他说的悲剧的确是真话。然而,责任……武士,你说罢:能不能够为着责任而和一个自己不爱的人同住,其实这也是欺骗他?——拒绝满足自己的厉害到极点的情欲,拒绝自己所爱的并且也是爱自己的人的爱情,同时又拒绝另外一个人的爱情。这是要害死一个人,等于做凶手,而且是做自己所爱的人的凶手?——这个人自杀的原因,就是叫他的罪过的心灵永久的受苦……其实是有一个出路的:让自己和那一个人极快乐的享受,叫自己的丈夫仍旧象现在一样的有一个安慰的幻想。他其实并不因此就有什么损失……

吉诃德　(皱着眉头)我对于这类的事情,知道得太少了。

谟尔却　可是,始终是……

吉诃德　我永久是赞成诚实的。叫那位太太和丈夫公开的说出来,请求他的宽恕。

谟尔却　那可没有疑问的;丈夫一定把那个军官绞死,把那位太太关到尼姑庵里去。

吉诃德　(思索着)生活是复杂的,伯爵……上帝保佑,让他自己来证明自己的存在……我对于别人的事情是不会判断的。

谟尔却　董吉诃德,你要知道——你这几句话是送掉一个人,也许是两个人的命。

吉诃德　(吓了一跳)怎么呢?

谟尔却　不要装假,不要说笑话罢。心对着心。咱们拿出心肝来。咱们这里是三个正直的人。这是我爱着公夫人,她也爱着我。

公夫人　O!

谟尔却　求求你……你判决我的死刑,并且叫她永久的忏悔罢。或者,你说出我等着你说的话。你说罢:青年有了享福的权利,谁又吃了亏了? 我们欺侮了谁? 我们对于公爷的身份和权利,十分小心的保护着。他自己,以及世界上任何一个人,永久不会知道这个秘密。董吉诃德,你为着什么,为着什么样的理想,敢于来杀死这个幸福呢,也许,这就是杀死我们这位青年的美丽的花朵儿似的夫人呢? O! 公夫人,你说罢。难道我没有猜到,是的,我知道,我觉得,你已经决定跟着我死的了。说罢,公夫人,你说罢!

公夫人　(竭力装着正经的样子)是的。

谟尔却　你看罢。残酷的道德家的武士,你为着迂腐的神圣,要杀死人呢。

吉诃德　(非常激动的)命运不要使我这样罢。咱们三个人都到公爷那里去跪下来。

谟尔却　好稚气的武士! 这仍旧是个死……也许是三个人的死。

吉诃德　如果我同你们一块儿死,你们会觉得有点儿安慰,那么,咱们就去死罢。咱们的死不是枉然的。咱们给大家看:爱情比死还有力量。而且,对于正义的渴望,甚至于比对于爱情的渴望,还要有力量。功绩万岁! 咱们去罢,到公爷那边去跪在他脚底下。或者,他饶恕你们,放你们到远远的海岛上去享你们的幸福;或者,叫咱们三个人死,——死得象殉难的人一样。我们的棺材上要生出灵感的嘉禾,要听得见教训世界上的人的歌曲:歌颂永久的爱,永久的正义,咒骂强暴和成见。

谟尔却　董吉诃德,董吉诃德! 公夫人还会做出一件事情来,这就是叫她所敬重的丈夫和王上不幸福。她给他说:我不爱你——这就是用一把尖刀戳进他的心。咱们三个人就算为着正义死了。而她怎么能够杀死她自己敬重得象父亲似的人呢?

吉诃德　又是一个复杂的情形。O! 青年们。那么,为着爱公爷起见,你们抛弃自己的情爱罢! 自己牺牲罢,自己受苦罢,自己忍耐罢。还是一切都照旧罢。

谟尔却　O! 董吉诃德,我看你不知道什么叫做情欲! 对于我只有一种抛弃情爱的方法——我时时刻刻都立刻可以办到的——这就是死。可是,我很害怕的预料到:我的死,命里注定要引起公夫人的死;出路只有一个,伟大的英雄,出路只有一个。幸福的,温柔的,秘密的爱。这里,谎话是神圣的。要使公夫人达到这个谎话的神圣的甜蜜境界。所以我请你,神圣的武士,替我们的欺骗来祷告。

吉诃德　(思索着)生活是多么可怕的东西! 这是多么纠缠的事情——德里斯丹小说①都没有这样复杂。良心,良心,给我个决定罢!(深沉的思索着。谟尔却向公夫人眨着眼睛,公夫人稍微向他笑了一笑)孩子们,到我这里来,低着头。(他们两个人低下头去)为着反对死——死太时常的糟蹋了青春,还为着可怜和敬重,我痛心的替你们的秘密恋爱祷告。你们,祷告着,忏悔着,甜甜蜜蜜的深切的追求自己的苦痛,——走上你们的秘密道路罢,自己保重,保重那第三个亲爱的心。(谟尔却,公夫人,在吉诃德替他们祷告的时候,互相看着笑,做眉眼)我在这一忽儿,真觉得害怕! 我是谁的牧师? 难道不是魔鬼的牧师? 可是,我在苍天之下号召永久的力量;永久的力量呀,现在做着的事情,它的一切结果,我都是负责任的,我的心灵负起这个责任。如果我的头脑把他们引到了迷途上去,我这个胡涂的头脑是要负责任的。我替他们在末日审判的时候去回答;我的胸膛替他们去挡那公平直道的箭,因为他们是可怜的,可怜的孩子。

【用手掩着脸,很快的走下。公夫人和谟尔却大笑。

公夫人　伯爵,你这个人真是谁都学不象的。

谟尔却　我难道没有答应你吗? 美人儿,咱们什么时候会面呢? 你知道——这里马上就要照我的计画来这么一个玩笑,比我刚才的表演,要来得粗暴些。可是,也很神妙的。我们的会面……

公夫人　半夜里,花园里那个波莫纳亭附近,简单的谈几句罢。

_____

① 德里斯丹(Tristan)是中古时代一种极流行的小说里的主人翁。德里斯丹小说就成了一切艳情武士小说的通称。

谟尔却　十万万个谢谢!

公夫人　现在咱们走开罢。

谟尔却　我一定在花园里,迷人的殿下! 我要有意外的成功。我很幸福。

【两个人走开。马理亚·斯德拉和米拉贝拉上。

米拉贝拉　你那儿去,傻瓜? 你这么整个身子的抖着,流着眼泪。

斯德拉　别管我。我看见了极端的卑鄙,人家的精神可也是真正高尚。

米拉贝拉　高明得很。不要走。你看:一大堆人到这里来了,公爷已经看
　　见了我们。

【国公同着一大群宫廷的太太和公子走上。

国公　米拉贝拉和马理亚,我们到处找你们,你们可已经在这里了,这里
　　是蒲复董吉诃德武士①要来做主人翁的大滑稽戏的戏台。都准备好
　　了吗?

祭司　什么都已经准备好了,殿下。

国公　大家都知道了自己要扮的脚色了吗?

大家　大家,大家,殿下。

国公　(坐到椅子上去)米拉贝拉,你坐在我的左手。公夫人坐在右
　　手……公夫人在那里?

公夫人　(走近去)我在这里,董亚龙若②。(在他旁边坐下)

国公　你在这里,帕波? 谟尔却呢?

公夫人　我来的时候,看见他在图书馆里。他和我们的可笑的客人在谈
　　话呢。

国公　好极了……现在去找他的跟班的来。

【大家坐下来。笑着,谈着话。两个小侍者扶着山嘉的手走上。

国公　我的好朋友山嘉! 你休息了,看你的头发就看得出来……你睡得
　　好吗,我的好朋友?

————————

①　这是吉诃德的整个儿的姓名。
②　亚龙若是国公的名字。

山嘉 不好,殿下:这两个顽皮的家伙,他们服侍了我舒舒服服的睡下,可是,后来两个人不断的问我做了什么梦,一忽儿这个问,一忽儿那一个问,弄得我一分钟也没有睡着。我已经想打他们几下。可是,他们太可爱了。(侍者笑着)

国公 唔,不要紧,好朋友山嘉,要休息有的是功夫;现在可不是做梦的时候。我们的国家现在非常的危险,只有你的老爷能够救她。快一点儿去找他。他仿佛同着魏斯孔新伯爵在图书馆里面。你给他讲:我请他立刻到这里来,我对慈悲相的武士有重要的恭敬的请求。

山嘉 我在风的翅膀上飞过去,我的老爷要在狂风的翅膀上冲过来……说得好。我听得多了,说话跟念书差不多了……我慌哪……(走下)

斯德拉 殿下,请你允许我走开……

国公 为什么呢,难道你不要玩笑玩笑。可爱的马理亚·斯德拉?

斯德拉 殿下,请你饶恕我;你们的玩笑,我看,比罗马马戏院里的把戏还要残酷……我不能够来笑一个高尚的人,虽然他是有点儿奇怪。董吉诃德使我感动。

国公 O!这是法国寺院里的细腻的教育!马理亚·斯德拉,人家把你的生活里的直接的快乐都弄掉了,消灭了。有人说,你甚至于不吃肉不喝酒?!(大家笑着)

斯德拉 肉和酒,我都不喜欢。

国公 这倒有趣……马理亚·斯德拉,你真可以和我们的朋友董吉诃德配对。我命令你留在这里……是的……我禁止你批评我们,批评我们的玩意和趣味。马理亚·斯德拉,你会惯的,很快的你就要笑你自己这种小孩子的脾气。坐罢。

【斯德拉鞠躬,坐下,眼光是暗淡的。谟尔却,吉诃德和山嘉走上。

谟尔却 (警告吉诃德)我们是慌慌忙忙走来的。这里出了什么大乱子了?他来了——我的伟大的朋友董吉诃德。他在我们这里——就是个保障:无论什么危险对于我们都是不怕的了。

【吉诃德鞠躬。

国公 希望是这样,拉曼伽的英雄,注意的听我的话。你看坐在我左手的董娜米拉贝拉——她是我的亲戚,是我的禁卫军副官长的夫人,董沃斯的第埃果夫人;他已经上了天堂了,她现在是个寡妇。我们想起来很悲伤的:我们的那位副官长,真使人忘记不了,他很爱吃,吃得太多的野鸭子和鱼儿。就这么抛弃了人世,上帝把他叫了去,这实在太早了。他给我们的遗嘱说,要好好的保护他的年轻的夫人的平安。他这位夫人米拉贝拉是我们心上的爱宠,她不管一切,总是很快乐的。O! 她甚至于在这个郑重的屈辱的时候,还是赶不掉自己的"桃腮"上的迷人的笑涡。我们的国家难道能够不保护这样的美人儿? 而且还是我的朋友的夫人,而且她已经有个儿子,虽然这个儿子,因为天文上的原因,在他丈夫——善良的第埃果死了之后十三个月才生出来的。可是,我们担任了保护美人的责任,我们就知道自己要受着什么样的灾祸。因为很早就有个大汉亚菲利坚,他那种畜生似的爱情要想用到迷人的米拉贝拉身上来;——这个人不是什么别人,他正是威胁西班牙人和萨腊清人的异端魔道。这个人就是那个黑种的大汉,他天天早晨用拳头打象的额角,就这么一只一只的打,每天要打死十二只象来玩呢;而且,他是菲洲内地的黑种,黄黑种,绿黑种人的首领,他还带着黑种女人的鸵鸟队,这些女人骑鸵鸟的本领实在大,真是个危险的军队。我们早就料到,早晚一定要为着可怜的米拉贝拉,和这个敌人冲突起来。现在,果不其然! 他这个一丈半的大汉的公使,刚才咬牙切齿的走出去。在这里的人,差不多大家都听见他最后说的几句话。"你们既然不愿意好好的把米拉贝拉交出来,"这个昏蛋的异端叫着,"那就听我们主子的命令:叫一个西班牙人出来和我决斗。让剑来决定——是我空手回到沙漠里去,还是你们把我所要的那个女人交出来,再拿出你们的三分之一的领土来做她的嫁妆?"这个昏蛋的异端,竟没有想到我们可以拒绝他的挑战。他也知道,西班牙的光荣不许我们这么办的。如果我们的伟大的客人不在我们宫里,那我们只好自己穿起祖宗的盔甲来,我们的基督教的剑要和那个没有信仰的异教徒的刀交锋了。但是,董吉诃德是被压迫者的保护人,他所在的地方,自然要委托他来保护董娜米拉贝拉的贞节,保护西班牙国家的完整和光荣,同样也就保护基督教堂的尊严。吉诃德武士,你同意不同意担任这一个功绩呢?

吉诃德 伟大的主上!在这个可怕的时候,我心上非常的气愤,我请你估量估量:你的臣子之中有没有比我更高明的人?我是谁?我只有一个决心罢。命运和良心叫我去为着慈善而斗争的时候,——我是去的。我怕的是逃避这种命运的命令,这对于我比死还可怕,怕得没有限度呢。我的全副本领不过这样罢了。对于良心的声音,绝对的服从!如果冒险的只是我的衰老的身体,那有什么可怕。然而,我的失败要连带到一位夫人的幸福,要连带到主上的声名,要使国家受着极大的损失,要使教堂受到侮辱,这可不同了。只有我相信实在没有人可以代替我的时候,我才能够承认:我的良心的确叫我去冒这样大的险。你们,武士们,有着钢铁似的筋肉和宽阔的胸膛,你们,青年们,有着敏捷的眼光和闪电似的动作,——你们去罢,去和那个蛮横的怪物亚菲利坚打仗罢。

国公 谁敢以为自己比慈悲相的武士董吉诃德还高明呢?

【沉默。

我们,上帝,声名,良心,都在叫你呢。董吉诃德。

吉诃德 国公,请你允许我祷告。(*极端郑重的跪下去。大家在他背后做着眉眼,熬着不笑*)

吉诃德 (*站起来*)为着全宇宙的全部幸福,我决定了。我不相信:上天的力量会使我这一次的斗争成为最后的一次,因为我的牺牲的决心是纯洁的。我愿意牺牲的,不但是这个泡影似的痛苦的人间的生命,而且是那个永久的心灵的生命。然而,我一定要胜利的,这个胜利对于慈善和光明是需要的,对于爱是需要的。

【一个胖黑人,头上扎着包头布戴着一个奇怪的别针,走上。

国公 这是谁?

祭司　你是谁,很蛮横的走进来的人?

黑人　最伟大的黑人马赫谟德·赛赫·亚菲利坚的公使。发抖罢,他来了。

【而吹喇叭的拿着喇叭;两个打鼓的;一个穿着得稀奇古怪的掌旗的,拿着一面花花绿绿的旗子;最后是一个高大的黑人,穿着金色的盔甲,他那蜷头发的头上戴着一顶锯齿状的王冕。

国公　呵!你在这里,可恨的吃人的亚菲利坚?你在这里碰着了第一个克服你的人了。

吉诃德　山嘉,把我的盔甲和武器给我。

【山嘉慌忙的走下。

这就是他,这个克服不了的黑人。O!如果只靠体力就可以打胜仗,那他是很容易打碎我这个衰老的没有力量的身体的。然而,慈善的——表面上总是很衰弱的,慈善拼命的要争得自己的胜利的。发抖罢,亚菲利坚,难道你不看见我背后的安琪儿?

【亚菲利坚很快乐的很蠢笨的笑着,露出雪白的牙齿。

吉诃德　你笑罢,异教徒;我在祷告。

【山嘉拿着武器走上。他帮助吉诃德穿上铠甲。

吉诃德　我的可怜的护胸甲,你要比金刚石还硬才好;精神上的坚定和信仰叫你巩固呢。英雄的盔帽,被野蛮人的手变成了剃发师父的洋铁盆,可是,在上天选定的为着正义而斗争的战士的头上,你发光罢。我的慈善的老剑,爱的力量指挥着你……唔……我来了。

胖黑人　最强的亚菲利坚,天神的赛赫,超等的武士。

【开始打起来。吉诃德方面是很认真的。黑人方面显然是故意开玩笑的。到处都是勉强熬住着的笑声。吉诃德累得受不住了。

【黑人把他的剑打掉。

胖黑人　把剑拣起来,武士。低下头去。拣起来。伟大的亚菲利坚准许你的。

【大家大笑。

吉诃德　上天的力量！难道我心上还有个人的高傲：我低下头，拣起来。死或是胜利？

【黑人立刻又把他的剑打掉。

【大笑。

胖黑人　低下头去，拣起来罢，武士。

吉诃德　这是怎么一回事？——干到底好了。为着什么命运这样惩罚那位夫人，主上，西班牙和教堂？——不要是为着我这个区区小人罢！

【黑人第三次把他的剑打掉。

吉诃德　完了完了……打死我罢！

【黑人用刀平着打他的头，很用劲的一下，打得吉诃德倒在地上，象给雷打的似的，失了知觉。大家哈哈大笑。可是这个大笑中间忽然听见斯德拉的抽搐的哭声，她逃了下去。黑人都走下。

国公　山嘉，用水泼泼你老爷的头，叫他醒过来。他打败了。他把我们大家都害死了，山嘉，可耻呀，可耻呀！

山嘉　仁慈的大人老爷们，我看你们故意糟蹋我的好老爷呀。

国公　这样吗？把这个混蛋带下去。

【有人抓住山嘉，把他拖下。

帕波，把这个吃饱了的老驴子弄醒过来，现在我想最有趣的把戏要来了……

【帕波走到吉诃德身边，给他闻一种什么药，用什么东西替他擦着太阳穴。

帕波　这个样子。我的可怜的柏拉廷①。你的眼睛张开了。坐起来罢。不要，不要，暂时不要站起来。你还太衰弱呢，要跌倒的。

吉诃德　给我死罢。

帕波　干吗？你的死是没有用处的。你的活自然也是同样的没有用处。

———————

① 帕拉廷是希腊雅典的一种神像，是一般的"保护神"的代名词，因为有一种神话的传说，说 Troy 地方没有失陷，全靠这种神的保佑。

输是已经输定了。

吉诃德 （用手遮着脸）可耻！如果我的心是彻底纯洁的，上天的力量不会不管我的！

帕波 上天的力量，上天的力量。这都是无聊的，你这个可怜的人，你自己身体的力量早就不管你了，你根本就不应当去和那个大汉打仗的。

吉诃德 （勉强的站起来）那打胜的人那里去了？

帕波 他已经走了，可是，他要求把他所要求的拿去的。

吉诃德 （对米拉贝拉说）美丽的夫人，你还在这里？我只请求一件事：那个恶汉再回来的时候，叫他跨过我的尸首才能够碰着你。

国公 这都是多余的了，董吉诃德，你已经打败了，我们自然都跟着你败了。我们太信仰了你。

吉诃德 安琪儿，安琪儿，你们为什么不管我了呢？

米拉贝拉 我不反对：准许董吉诃德到那个亭子那边去勇敢的看守一夜，——我是要躲在亭子里的。我可怜这位英雄，让他再保护我一次而死罢。

吉诃德 O！慈善得神奇呵！给我舐一舐你的衣服的边沿罢。

国公 一切都完了，甚至于我们的声名。武士，不要走近我罢。你还是走开些好了。你要懂得：我看着你，心上是多么难过呵。

吉诃德 （摇摆着，很胆小的对着走回来的山嘉说）山嘉……你的肩头。

【他们两个人走下。

【哈哈大笑。

公夫人 这些眉眼，真是学都学不象的。

谟尔却 这真要笑得人出眼泪。可怜得人肚子痛。

【哈哈哈。

——幕下

第四场

　　国公的花园。右边是雕刻得很精致的房屋——波莫纳亭；左边是几堆草树。舞台深处是池子和秋天的浓密的树林。董吉诃德在月光底下看守着。

吉诃德　我想已经是半夜了。谁也没有来过。只有两个影子闪了过去，一下子就过去了……我觉得这就是白天里我联合了的那两位。正当吗？谁知道……我想着：上天就是为着这件事所以罚我失败的。让它去罢——幸福是他们两个儿的，责任由我来负。我自己愿意的。然而我的胜败所牵连到的人呢？谁知道。命运是真奇怪。我有许多次这样的经验了。也许，今天那个恶汉就要自己摔坏自己的骨头，变成个残废的人。那就大家都得救了，自然要除出我，我是该受羞辱的。（稍停）真的，我为着我自己再也不找一丝一毫的幸福。所以我很容易说：命运，拿我这条命去罢，赎赎我的罪罢……这条命，我还要它干吗，这又算什么功绩？象伯爵和公夫人那样花朵儿似的，放着光彩的青年，要是能够为着别人的罪过牺牲自己，——唉！这才真正神奇；我相信：命运一定很慈善的接受这种牺牲。然而，让他们享福罢。谁能够享福，让谁享福好了……而我们……我们是谦让的。我想自己始终还是想得太多。（稍停）世界上一切都是神秘的，这在月亮底下是很清楚的。神悟……这对于人是死灭了的。我嘴里讲出这样的话来，虽然太激烈，然而我不大相信《圣经》了。可是，我相信上天的力量。有时候我简直觉得这些力量在我的旁边。我爱它们。固然，它们一次也没有给我什么类似于幸福的东西……这个世界上大多数的人，甚至于一切有知觉的生物，——结构得真正奇妙，这也是对的。可是，我时常觉得很清楚的是：我们是在经过痛苦的试验。这又有什么结果呢？上帝，或者天神，饶恕我罢，——然而我有时候觉着，我经过了这些试验,始终证明我是纯洁的:这种时候,我对于新的生活的某种极高尚的幸福,就有了深刻的信仰,我就觉得到沸腾起来的快乐。(稍停)在月亮底下我常常一个人自己给自己说话。我很年轻的时候,我往往对着月亮念诗。诗思象泉水似的涌出来,简直是禁止不住的。我自己被我自己的灵感吓住了,差不多要以为有一个神仙在那里给我的心说出这些字句和调头。(稍停)我还记得起几段……我十六岁的时候,我的姊姊嫁给董西尔阀。董西尔阀已经老了。她哭着。我尽我的力量安慰她。可是,自己心上难受。那天有月亮的夜里,她走了,我很久很久的在大门口看着街上……那时候我忽然间说出诗来了……我现在还记得几句:

> 好姊姊,月亮底下我们的路是清楚的,
> 这条路上笼罩着的是悲哀,
> 和远远的烟雾混合了起来:
> 看罢,一点儿休息的地方也找不出的,
> 好姊姊,我们要走上无穷的道路,
> 这条道路一直的往下斜,要是
> 再过去,就靠紧了倒挂的岩石,
> 一直到那个急遽的河流的去处。
> 左边是石头,赤裸裸的峭壁,
> 右边是大海,深得看不见底……
> 谁要是走到了这个尽头,
> 他就没有路了;这种时候
> 我们就摔下去也是当然的,
> 咱们俩,整个儿的要摔得粉碎;
> 没有用的,争斗是要丢脸的,
> 你还是高傲的熬住你的眼泪。

我记得,我念到这个地方就哭了。也象现在一样,我看着月亮。后

来,突然唱出了这首诗的末尾一段:

> 我们摔下去,可是,好姊姊,听着罢,
>
> 为什么我这样突然间的快乐哪?
>
> 那认不得的朋友,低低的给我说了什么,
>
> 那看不见的鸟儿,唱来唱去唱了些什么?
>
> "你摔下去。"鸟儿唱着:
>
> "我们用翅膀来挡着,
>
> 把你和你姊姊伊纳济利亚
>
> 抬起来就往天堂里飞去呀,
>
> 天堂的大门给你们敞开:
>
> 荣华正从悲哀的路上来。"
>
> 这样? 好姊姊,尽头快来了,
>
> 准备着,咱们要飞起来了。

(稍停)我一直要把这首诗告诉我姊姊,可是,我后来就永久没有看见她。我现在真正快到尽头了,老实说,虽然我的身体已经打坏了,我还是决心要飞的……我是有决心的。(思索着)

米拉贝拉 (在亭子的窗子里)嘶嘶。武士吉诃德,这是你?

吉诃德 我在服侍董娜米拉贝拉。

米拉贝拉 你一个人在保护我?

吉诃德 我没有看见别人。

米拉贝拉 这些胆小鬼!

吉诃德 不是的,他们是受着条约的束缚,他们没有权利来保护你,我失败了的那一次的决斗是有这么样的条件的。然而我在这里,准备着死。

米拉贝拉 那个大汉怎么倒不来?

吉诃德 天亮还早呢。而且他白天里也会来的。

米拉贝拉 董吉诃德!

吉诃德　沃斯的董娜！

米拉贝拉　你就算是打败了，你始终是伟大的英雄。

吉诃德　我是区区小武士。然而，如果你的清白的心灵饶恕了我，上天也
　　　　一定饶恕我的。

米拉贝拉　完全，完全饶恕。给我的手亲个嘴罢。

吉诃德　窗子太高了。

米拉贝拉　你站到小台阶上来。把你的剑丢掉，把武器拿开。这个样子，
　　　　站上小台阶来。哈哈。他要摔下去。你抓紧了那个小柱子，唔，给我
　　　　的手亲个嘴罢。这样。把你的手给我。好，伸到这边来。

吉诃德　你要干什么？

米拉贝拉　给恩人的手亲个嘴，这只手为着我打了仗，并且还要打呢。

吉诃德　我不能够允许……

米拉贝拉　我要求。我请求。

吉诃德　亲爱的姑娘，我真想要有这样的一个女儿。哪，这是我的手，可
　　　　怜的发皱的很瘦的手，这只手还没有做到它所要做的十万分之一的
　　　　好事。

　　　　【米拉贝拉抓住他的手，用一根橡皮条把它扣住，捆在窗环子上。很
　　　　放纵的哈哈大笑。

吉诃德　这是干吗？为什么你把我捆住了，米拉贝拉。（很害怕的）沃斯
　　　　的董娜！她走掉了……她把我的手捆住了……这是干吗？我很不方
　　　　便……又痛……痛死了……脚要滑下去了……立刻要吊起来了……
　　　　O！刑罚，刑罚，身体上的心灵上的刑罚……可笑的刑罚……痛……
　　　　忍耐罢，董吉诃德，忍耐着你的滑稽的刑罚罢。（稍停。他熬着痛，随
　　　　后又哼起来）O！我痛……血管要爆开了……苦呀……上天的力量，
　　　　给我忍耐的精神——或是失掉知觉，或是死罢。

　　　　【稍停，斯德拉很快的走上。

斯德拉　董吉诃德，你在这里干什么？你那个样子算什么，你在窗子里找
　　　　什么？

【吉诃德不做声。

斯德拉　(看)阿！上帝。你苦死了……你被人家捆住了……武士,我马上来给你解开。

【跑进亭子,过一忽儿在窗子里出现,解开那个结,吉诃德跌倒。

斯德拉　跌倒了。——你摔着了？董吉诃德,你活着？

吉诃德　我活着,好孩子。

斯德拉　谢谢圣母马丽！

吉诃德　我还活着,可是我被人家消灭了。

斯德拉　她很混账的开你的玩笑。残忍,卑鄙……你懂得吗？

吉诃德　好孩子,我宁可不懂罢。

斯德拉　走罢,快些走罢。我因为听见她的凶恶的快乐的笑声,所以跑来的,并且听见宫里都在哈哈大笑,听见伯爵的激烈的声音……我知道他们又想出什么恶主意来对付你了,所以我来了……谢谢圣母娘娘,我居然来救了你的痛苦。快些走罢。

吉诃德　他们想出了……(还站着不动)我不走,马理亚·斯德拉。

斯德拉　求求你……

吉诃德　我看见一大堆火把的光头。他们来了。我们给他们谈谈好了。

斯德拉　可怜的武士,又要受苦了。

【火把。国公,公夫人,帕波,谟尔却,公子们,夫人们,几个仆人一同走上。

国公　等一等。谁把他解开了,把我们的玩笑弄坏了一半。唔,反正一样……(走近吉诃德)基督教的叛徒！(一分钟的沉默)你挣脱了橡皮带,你就想躲避吗！你这只狗,竟敢看相我的侄女。不要脸的给她说那些鬼话？爬到她的窗子里去。

吉诃德　够了！

国公　什么？

吉诃德　殿下,够了。我懂得了。你们一直是在糟蹋我。你们因为我把你们当正经人,把你们的话当正经话,你们就糟蹋我。好的,过去的不必再谈了。我的罪过比你们还大。然而,从此之后,我禁止你们和我开玩笑,就算你们是皇帝和教皇。

国公　这是什么话?他这样淫贱,这样卑鄙,还要威吓。

吉诃德　这样的滑稽戏的腔调,一句都不用说。我要把这个变成悲剧,你侮辱了武士,公爷。你侮辱了巡行武士的尊严。你,或者谁愿意代替你的,——我提议给他来一个拼命的决斗。哪,这是我的手套。(他把一只手套丢在地下①。大家大笑)

国公　(笑得摇摇摆摆的)这……这就是他的所谓悲剧。唔,好的,好的,老家伙。拿你的铁叉子罢。我公爷给你面子。喂,大家听着,我要打掉他的剑,我用我自己的剑打他,象打小学生一样。

吉诃德　殿下,准备着。

【打起来,吉诃德用极大的力量把公爷的剑打成两段。

国公　喂,谁在那边,把这个混蛋抓住! 抓住这个疯子,他竟敢抬起手来打自己的主上!

吉诃德　(安心下来)你的王位是偶然得来的。O,小丑的宫廷,统治着这个倒运的国家! 哪,我丢掉我的剑。不要怕我这个老吉诃德。我甚至于没有武装了。我只有那一忽儿可怕,因为愤怒的安琪儿同着我。

国公　(尖厉的叫着)把他带到监狱里去。锁起来!

【差役抓住吉诃德,往下拖。

吉诃德　小姐,马理亚·斯德拉,我恭敬的给你鞠躬,愿意你有幸福,我的亲爱的孩子。

斯德拉　我要跑,要赶紧……我不准他们。(她从窗子里走开)

【吉诃德被人家拖了下去。国公和他的侍从走下。

斯德拉　(跑上,只碰着一个谟尔却)你。你。O……O……O……我怎么说得出我对于你的极端的轻视……吃人的小丑!(走下)

---

① 中古世纪决斗的规矩:丢一只手套是决斗之前的挑战,谁拣起这只手套就是接受挑战。

【稍停。

谟尔却　多么美的美人儿！……她这一忽儿是多么体面。愤怒的安琪儿也同着……她是怎么轻视我。我要怎么报她的仇！谟尔却！谟尔却！难道你不轻视你自己！吃人的——小丑。还要坏些，还要坏些……纯洁的姑娘是不知道的……谟尔却，谟尔却，你是多么脏，多么卑鄙，多么讨厌……

【伏在凳子上哭。

——幕下

第五场

　　监狱里的一间屋子。董吉诃德躺在床板上。从窗子里面透进一些暗淡的黄昏时候的光线。山嘉和狱卒低低的谈着话。

山嘉　是的……很，很慈善的武士。世界上最热心最慈爱的人哪。可是，总是要闯祸——不是坐牢，就是挨打。我给他说："武士老爷，你错了：现在真正的世界，不是你心上想的世界。"他的回答是："这是世界错了。"我给他说："反对世界是不行的。"他说："反对良心也是不行的。"

狱卒　良心！没有良心也不好，因为三心两意的——什么事都要干，那就容易受罪呢。可是，有了良心也不好，因为良心不肯安分守己的和大家一样的想法。没有良心要犯罪，良心太多了也要犯罪。

山嘉　我讲的也就是这个：要聪明一点儿的过活——就不要什么良心。要知道人家要你干的是什么；你就干自己的事情，别给人家去捣乱。要做羊子，不要做狼，也不要做看家狗。自然，做羊子也要做聪明的羊子，不然人家又要干你。

狱卒　也要会露出些牙齿给人家看看，要是用得着的话。不过，牙齿只好露给最没有用的人看：对小家伙挺胸凸肚，对大人物卑躬屈膝，——那就一定长命百岁的了。

山嘉　我和你真是知己。我就是这么样,以前在自己的无花果树底下就是这么过活的。我的孩子和老婆也和我一样,都是安分守己的。现在……唉,典狱老爷,这个生活多么苦啊。

狱卒　山嘉,为什么你不丢着他走呢?难道他给你这样多的钱吗?

山嘉　他什么也不给我,不过答应派我做一个海岛上的省长呢。

【狱卒笑着。

我自己也知道,省长是做不成的了!假使我现在还跟着他,那倒也不是为着什么海岛,而是为着可怜他。他的人真是太好了。

狱卒　山嘉,那些打你们的人的确打得不错。做人要做个实际的人。你既然跟着这个呆子,还说是为着什么感情,——那你自己也是个痴子。

山嘉　(胡涂到万分样子)是呀,是呀。

狱卒　我是讲实际的。可以做好人的时候,就做做好人;应该要干点儿卑鄙的把戏的时候,我也就干,这就是讲实际。这才是真正的聪明。

山嘉　不错,的确不错。现在我们坐牢也坐了两个礼拜了,我的老爷一天天的坏下来了。给我们谈得起劲。他起身就要问:"我做了个什么梦呀?"就这么谈起来了,谈那许多稀奇古怪的事情。他叫我听得这么许多,我真不知道怎么办才好,学我那匹灰色驴子爬在地上叫呢,还是喝得个大醉去做小鬼?

狱卒　他睡得那么多。

山嘉　典狱老爷,他是为着要做梦呢。他说:"监狱算什么,我在梦里还是自由的,甚至于还飞呢。"

狱卒　(看看吉诃德,笑着)他也许现在就在飞哪。

山嘉　有什么好处……等一忽儿又要做许多诗了。我以前倒没有见过他这个样子。现在,他差不多时时刻刻都在押着韵的说话了。有时候我求他:"武士老爷,我崇拜的好老爷,至高无上的董吉诃德,你不要说'诗话'罢,可怜可怜你的苦跟班的罢!"一点儿也没有用处。(思索着)我已经觉得我自己也在做诗起来了。

狱卒　有点儿不妙罢。

山嘉　譬如——

　　　O,上帝,上帝呀,我的上帝,

　　　我要擦靴子,可没有东西;

　　或者——

　　　以前,我也吃的,可是象一只野鸟;

　　　现在,关在监狱里面,吃葱和面包!

狱卒　你倒做得不错。

山嘉　(有一点儿不好意思)我还做了一首诗,是说你的呢。

狱卒　怎么样的?

山嘉　(朗诵)

　　　要是监狱胀破啦,

　　　那才乱七八糟哪。

　　　这里要突然跑一个空。

　　　当心些,典狱的老公公:

　　　要胀破的呀! 马也摔得下来,

　　　闻一闻试试看,来,来,臭得来!

狱卒　很好。内容有意思,形式也漂亮。我尤其喜欢你那末了一
　　　句——"来,来……来。"

山嘉　(很得意的)"闻一闻试试看,来,来,臭得来。"

狱卒　你听见吗?

山嘉　这是牧童在吹"画角"呢。

　　【窗子外面很凄惨的吹着牧童的"画角"。

狱卒　他吹得无聊得很。要寻死哪。

山嘉　是啊……可怜。

　　【两个人都听着。

山嘉　我在无花果树底下……也有过多么快乐的日子呵。(叹气)

狱卒　我从来也没有过自己的屋子,自己的无花果树。

【吉诃德抬起头来。

山嘉　他醒了。典狱老爷,你去罢。

【狱卒向吉诃德那边看了一看,走下。吉诃德在床上坐起来,向四边看。

吉诃德　山嘉! 我早就张着眼睛躺在这里听了,那牧童吹得多么好,啊! 我心上是那么复杂那么细腻的情感。我想这样来说……

山嘉　慈悲的大老爷,你又要说"诗话"了?

吉诃德　是啊,这种"诗的话"是叫人和安琪儿亲近的话哪。

山嘉　安琪儿说的话是诗吗?

吉诃德　正是;而且他们还唱呢。

山嘉　这倒有趣得很,可是,后来……也许要厌烦的罢。如果世界上大家都要唱诗,那我宁可搬到月亮上去了,人家说月亮上一切都是不做声的。

吉诃德　你现在还在世界上,请你自己别做声罢,听着:

　　　O! 你唱的是普通的可怜罢?

　　　你心里可有的是忧愁和慈爱,

　　　你给我说:可怜些苦人罢。

　　　让心窝里生长那慈爱的悲哀,

　　　象花一样的生长——

　　　没有罪过的喷香;

　　　要知道:在这个震荡变幻的人世间,

　　　人是多么可怜,多么可怜,多么可怜!

山嘉　(思索着)这一次我有点儿懂得了。平常,你说"诗话"的时候,我什么也不懂。

吉诃德　可是,你用"心"去感觉呀。

山嘉　用"心"……还是用的鼻子罢……你抬起了头这么叫喊的时候,你的灵感特别得劲的时候,——我的鼻孔里面就要发痒起来,我赶紧要摸摸鼻头,叫它不要打喷嚏。

吉诃德 可怜的山嘉。有一个问题叫我为难:你的灵魂也是不死的吗?

山嘉 啊哈!

吉诃德 我们死了之后,你不能够再做我的跟班的了。山嘉,你是要落后的⋯⋯你想想看:假使我们死了⋯⋯

山嘉 上帝保佑!

吉诃德 我的灵魂,我是知道的,它一定要飞的。也许它的翅膀不这么结实,象小鸟儿似的。可是,天上的朋友,有原谅我的,会来帮忙,我的灵魂始终会飞的。而你的灵魂呢?你的灵魂,我怕,还是一条毛虫,可不是蝴蝶儿哪。

山嘉 我无论如何不离开你的,无论如何,无论如何! 自然,我的灰色驴子赶得上你的罗息南德马,大概是因为你的马是诺亚的"柜子船"①上的马种。可是,我自己也会想点儿法子的。我的灵魂,无论怎么样,也要向着你的灵魂去的地方爬过去的。你总有休息的歇脚的时候,我的灵魂总有追上你的希望。我的灵魂是要一直爬,爬,一刻儿也不休息。

吉诃德 好山嘉。安琪儿会把你载在他们的大翅膀上,一块儿飞去的。

山嘉 阿们! 现在我去看一看,蒲巴太太②给什么东西吃。

吉诃德 去罢,山嘉。

【剩得吉诃德一个人。

我做着神奇的梦,有预兆的梦。刚才我梦见末日审判⋯⋯我在很高的白云堆里,站在一个什么人的面前,他脸上放着那么亮的光,看都不能够看他。他给我讲得很严厉,很威严。他说我的慈爱⋯⋯我的慈爱⋯⋯可是我不懂得为什么说我的慈爱不好。打雷的声音震动了天地,另外有

---

① 诺亚(Noah)的"柜子船",是《圣经》上的一种传说,说诺亚一家人在大洪水的时候,躲在柜子里流荡而得救的。这里是说那匹马特别走得慢,所以说它是"柜子船"上的种。

② 蒲巴是狱卒的名字。

一个人用淡红的云彩很温柔的包围了我,他请求审判官不要罚我的正直:"不要,不要,你不要罚他的……他的……他的正直。"他说了什么样的正直,可是我不记得了……奇怪的梦,厉害的梦。监狱里的生活比世界上更加丰富,在世界上有许多事情打扰着我的心灵。(稍停)我要是想起什么熟人来,我要是想他们也在这监狱里,他们的神气就忽然活龙活现的出现在我的面前,简直象活人一样。(闭着眼睛)譬如马理亚·斯德拉——她那种皮色多么迷人,可爱的额角,悲哀的樱桃似的嘴唇,那个眼睛,碧蓝的象两颗星!多么神奇的象安琪儿似的姑娘!

【监狱的门轻轻的开开,斯德拉提着一只篮走进来。

吉诃德 (闭着眼睛)O,可爱的马理亚·斯德拉,愿意你有幸福罢。我要你有时候想起这么一忽儿……不要,不要,这一定是痛苦的一忽儿。你已经吃着许多苦头,可爱的,没有人保护的心肝……

斯德拉 董吉诃德!

吉诃德 (睁开眼睛)这是做梦!

斯德拉 是我自己。

【稍停。

我给你拿了些果子,软面包,一点儿野味,一点儿酒。我不能够得到公爷的准许,他不许我来见你。他一听见你的名字就叫喊起来。我这是买通了典狱官来的。这当然是不好的,可是圣人说的:为着好的目的可以用坏的手段。

吉诃德 什么? O,姑娘!这种可怕的话再也不要上你的干净的嘴。你能够讲什么目的呢?目的是在命运的手里。做好事,说直话,其余的事总凭上天去安排。

斯德拉 你是个直心直肚肠的人。

吉诃德 可是,我谢谢你,公主,谢谢你来看我。你的欺骗是可以饶恕的,不过不是因为目的好,而是因为动机好。你是因为可怜我而来的。

斯德拉 不是,不是,董吉诃德,不是可怜。自从看见了你那一次的可怕的样子,象上帝的震怒的大安琪儿的神气,我对于你就不是可怜,而是无限的敬重和崇拜。

吉诃德　圣母娘娘！你在我这种黑暗的地底里,送给了我多么宝贵的精神！

斯德拉　董吉诃德,把你的手给我,我要和它们亲嘴,请你准许我滚进你的心窝。我没有父亲,O,董吉诃德！我的周围,我看不见一个好人。我是这样希望有父亲的慈爱。

吉诃德　(很小心的抱她)到我这里来,我的可爱的宝贝的女儿。(他坐到凳上去,她坐到他的腿上去)我在自己的膝盖上觉着有个孩子坐上来,也是很甜蜜的。

斯德拉　董吉诃德,你不要太相信人。如果我是你的女儿,跟着你到处去,人家就不会那样欺骗你了。你的人可那么好,那么聪明,那么有力量,大家马上就不再当你是傻瓜了。笑你的人是多么卑鄙。你的声名是多么容易得到尊贵的光荣呵。

吉诃德　我知道人家当我是痴子。

斯德拉　(靠紧他的身体)这是因为你那么好,那么光明,象天神似的尊贵,慈悲相的武士！(和他亲嘴)

吉诃德　公主,太亲热了,心上都痛呢。

斯德拉　我是多么孤独！你的亲爱是多么甜蜜！董吉诃德。你已经上了年纪了,你是个游行的武士,有着可笑的声名,我可愿意整个身体都交给你……一切……一切都……我们俩都是孤独的,都是和大家合不来的。

吉诃德　(突然间站起来)望你走开罢,公主,我是不配的,我是有罪过的。

(走到壁角里去,两只手遮着脸)

斯德拉　出了什么事情了?

吉诃德　我请求你,我哀求你,现在就去罢,现在就去。你也不用再来了,永久不要再来了。

斯德拉　我的上帝！我怎么得罪了你?

吉诃德　安琪儿,我求求你。你碰着了龌龊的,什么也不配的人……

走罢。

斯德拉　可是,亲爱的武士,亲爱的武士……

吉诃德　O,你走罢。不要叫我受罪了!

斯德拉　(走到门口,回转身去,向着吉诃德做着激动的手势)

吉诃德　(往后退。她走下)

吉诃德　(大踏步的在屋子里走来走去,站住,用手抓着头)不得了! 糟糕,糟糕! 真古怪! 向谁去忏悔呢? 你们,监狱的墙壁呀,你们看见了我的受苦;你们,鬼神呀,你们是到处都在的;你们看见了我这样的老年人,在膝盖上抱着一个姑娘,自己说要做她的父亲,可是感觉到了……到了……兽欲的冲动……你们要说什么……O,不得了……

山嘉　(学着猫叫,走进来)蒲巴太太脸上的笑涡儿,味道真不错。好老爷,恭喜恭喜你的跟班罢,我刚才把蒲巴太太的两边的嘴巴都亲了个嘴。我似乎给你散了心了罢!

吉诃德　别做声,混蛋! 不要忘记对着天忏悔你这种罪过。

山嘉　好老爷! 如果你说话的意思是叫我懂得蒲巴太太不是我自己的老婆,这固然不错。可是,典狱老爷该着这位太太,简直是不喝酒的人该着酒窖,好老爷,你得知道。如果你以为和女人亲嘴都是罪过,那可要……请天老爷想个办法,把我们改变一下。

吉诃德　许多事情多会诱惑你。可是,天老爷把我们生得这样会犯罪,正要叫我们克服罪过,建立功绩。

山嘉　既然这样,我敢说——我十分敬重十分坚决的说:——罪过是比功绩好些。你还是不敢管什么功绩好了。无论天神是怎么给你说的,人的第一等的功绩,就是他把天生的一切本领都拿出来。

【稍停。

今天怎么特别这样吵闹,叫喊,甚至于听得见枪声:典狱老爷也不知道是怎么一回事。有人说是公爷在打猎。有人说是荒野里忽然来了大批的土匪凶犯,他们在抢掠圣安东尼寺院。

【稍停。

董吉诃德！你从没有爱过女人？

【稍停。

你以前也常常给我说起托波沙的美人,杜尔清妮,她……

吉诃德　别做声！不要你做声,因为你讲的都是混话,你的说话凑在一
　　　起,也有点儿的鬼聪明,——也许真是魔鬼的聪明。

山嘉　（赶紧在嘴上画了个十字)这样吵闹！你听见枪声吗？一定在附近
　　　闹了什么乱子。

狱卒　（跑进来)把咱们这监狱围了起来了。好些人拿着武器,包围着监
　　　狱。卫兵都逃走了。啊呀,这是我的责任呀,我宁可死,——没有通
　　　行证是谁也不让进来,谁也不让出去的。

山嘉　忽然间真的要你的命呢？

狱卒　我想还是开门罢。

山嘉　这叫做讲实际。

狱卒　正是……(很快的走下)

吉诃德　这是些什么人？

山嘉　我们不用怕。皇帝也不能够来抢我们的东西,因为咱们这里什么
　　　也没有,皇帝的权力就都取消了。还用说普通的强盗吗？打死我们
　　　也就犯不着。他们自己是逃犯,一定是来放我们出去的。

　　　【门大开,武装的巴勒塔萨走进来,跟着他还有两个武装的人。

巴勒塔萨　董吉诃德,好人,尊贵的人;你放了我们,我们是感谢的！武
　　　士,你现在自由了！

吉诃德　老爷们,你们用了强暴的力量了罢？如果你们是为着正义而行
　　　动的,那么,你们不要忘记了仁爱！

巴勒塔萨　（大笑)傻瓜！现在我们在这城里到处开枪杀头呢。

——幕下

第六场

　　很大的一间屋子。到处堆着许多武器,稍微有点儿十七世纪式的火器。中间放着一张桌子,巴勒塔萨坐在桌子边,用一枝鹅毛笔写字。德里戈·帕支穿着护胸甲,披着红大氅,毛茸茸的,很忧郁的,走来走去,象一阵乌云。他念着,叫巴勒塔萨写。

德里戈　乡村的村长,守卫或者地保之中,谁要是不立刻执行平民行政会的这条命令,他就是平民的敌人,一有可能,立刻要象狗一样的绞死。

巴勒塔萨　我简单的写:"立刻要绞死。"

德里戈　"象狗一样",这样好些。唔,这样。

　　【报信的走上。

报信的　我是英菲诺的黄恩派来的。他请你们赶紧送马去给他。一定要猛烈的进攻莫伦纳公爵的军队,叫他们不能够转身,叫另外的反革命军队不敢起来。

德里戈　昨天送了五百匹马去。难道你没有碰见它们?

报信的　没有。

德里戈　你走的那一条路?

报信的　山路。

德里戈　(走近他,把一只手放在他的肩膀上)听着,同志,你下次再这样避开危险而绕这么远的远路,我可要从最近的近路上送你去见你的老祖宗!

报信的　听着,军长。黄恩看见有马去,要高兴的不得了了。

德里戈　走罢。(在屋子里不做声的走了几步)巴勒塔萨!要想法子叫医生到军队里去服务。我们的病人很多哪。

巴勒塔萨　你下个命令。

德里戈　下命令是不够的。该死的地方!要在这地方锻炼出力量来保障平民的自由,必须要有纪律。不威吓他们一下,这些混蛋只想躲在树林里去,或者自己去掳掠。乱七八糟! 我相信:不绞死几个临阵脱逃的家伙,大家不会懂得自己的公民的责任。

巴勒塔萨 等一等,帕支①。我有一个主意!(叫喊)喂,外面有人吗?(一个兵走上)把地窖里的巴玻的柏波医生快一点带上来。

兵士 立刻。(走下)

德里戈 唔,干罢;我要和咱们的魏尔米龙谈一谈。(走近另外一扇门)军长老爷,请进来。

【魏尔米龙走上,穿着草鞋;他满脸发着光,满身丁玲当郎的,盔帽上插着一根很大的红羽毛。

魏尔米龙 军长老爷,等你的指示。

德里戈 董斯德洛,恭喜你打下了六个寺院,四个堡垒,两个城市。

魏尔米龙 我尽我的力量,替革命服务,军长老爷。我魏尔米龙的头可以砍下来,可是我们的尊贵的子孙……

德里戈 (大声的)混蛋!

魏尔米龙 这算什么?

德里戈 混蛋! 你乱抢了一顿。你和你的一班家伙酗酒胡闹。你强奸妇女。你欺侮农民和牧童。你以为革命准许你把尼姑脱光了从寺院里扔出来的吗? 你这个畜生得意了? 啊! 你在这乱七八糟的时候,把金子都积聚在你那个鬼祖母那里。

魏尔米龙 我没有……这又何必呢。

德里戈 别做声! 我相信:穷苦的平民一定要胜利。你现在污辱了平民革命军的名誉。假使不看你是有过功劳的……简直要把你绞死,挂在军营里的旗杆上。现在,我"红铁匠"给你一句最后的话:假使你和你那一班流氓敢再来这么一件混蛋的把戏,我一定严厉的办你。

魏尔米龙 可是,我拿我那一班混蛋又有什么办法? 我是从许多凶犯的

---

① 德里戈的姓。

监狱里去招来的,在许多流氓的窝里去拖来的。咱们自伙儿里面讲,——他们只顾着自己发财,那儿管什么革命不革命。

德里戈 听着,斯德洛! 平民是慈善的,虽然没有智识。头几天的自由只表示些痛恨和报仇的心理,——奴隶虽然被解放了,可还有几天仍旧是奴隶。平民行政会现在实行铁一般的法令,这是为着平民的幸福。市民和农民为着我们创造了新的政权,所以感激我们。谁在现在来抢劫,他就是革命的最可恨的罪人。我们这种半野蛮的国家里,只有最严厉的办法能够创造出秩序来。这是我德里戈·帕支对你讲的话。我德里戈或者把我自己的灵魂送给鬼去吃,或者能够在西班牙造出个共和国来。不管这对于我和别人要出多么大的代价。我代表的是平民。平民要正义和幸福,愿意牺牲一切来达到这个目的。谁敢来妨碍这件事,——就请他滚出这个地球。懂了没有?

魏尔米龙 懂了,军长。我尽我的力量,叫你用不着请我滚出地球好了。要是办不到,那又有什么办法——你请我滚就是了。

德里戈 还有你的军队,军长。你们不要来试我的……

魏尔米龙 那还用说? 你是有力量的人,帕支。西班牙渐渐的在你的指挥底下跳舞呢。

德里戈 因为我的音乐是穷苦平民的调子。现在请你去罢!

【魏尔米龙走下。

兵士 (走上)帕波医生等了好久了。

巴勒塔萨 放他进来。

【帕波医生走上,委靡的瘦削的;低低的鞠躬。

巴勒塔萨 最博学的医生,我们现在给你自由。对不起,因为有许多事情,所以把你忘掉了。

帕波 没有什么,没有什么。我倒没有烦闷,我想了许多问题。

巴勒塔萨 有这许多新思想,世界都更加丰富了。医生老爷,你现在就去召集京城里的一切民族一切宗教的医生。请你给他们讲:我们要在他们之中挑选出四分之三的人到军队里去,军队里的病人多着呢。

至于谁能够去,由他们自己报名好了。

帕波 O! 这是些偷懒的人呀,亲爱的领袖! 这些都是富贵人的朋友,那些富贵的人已经给你们杀掉了,赶掉了。医生对于你们只会有害处。至少,他们也要逃散的。

巴勒塔萨 帕波老爷,我想召集一个会议,我来说服他们,——医生的责任是要帮助为着平民的自由而斗争的战士。我想,有许多人是不会反对的。并不是所有的医生都是些贪财的家伙和贵族的奴才。可是,你是他们的首领,我们叫你负责。故意临阵脱逃,妨害我们的事业的人,将要受着极严厉的惩罚。请你努力,要有劳动的保证,要有严格的检查,叫他们每一个人都要实行"仁爱"的责任。

帕波 关于我自己,我倒是一个特别赞成自由的人。我在现在的公爷的父亲的时候——换句话说,已经不是现在的公爷,而是不久以前的公爷,或者,最后的公爷的父亲的时候——我常常讲些这类的话,甚至于使老公爷,打我这个学者的嘴巴。我也算是红党呢。因为这个缘故,新公爷生出来的时候,不是我招呼的,是耶古达·朋·乔伯招呼的。我是赞成你们的。可是,我怎么能够保证呢,我问你? 会出事情的,譬如……

巴勒塔萨 医生总是个好医生。要记着:大多数的医生是犹太人和毛尔人,而我们首先给了他们完全的自由和安全。

帕波 O! 犹太人! 你们知道他们是多么狡猾的人?

德里戈 还用说么! 把他们解除了武装,抢掠了他们,糟蹋了他们。你们剩给他们的,除出狡猾还有什么? 他们只好用狡猾来保护自己的老婆和孩子了。

帕波 饶恕我。我不知道勇敢的军长是个伊斯兰尔德派①。

德里戈 巴勒塔萨,你看,谁要替犹太人说句好话,人家马上就说他自己

---

① 中世纪的一种学派,主张保护犹太教的。

也是犹太人。不是的。我是老老实实的卡塔龙派①，可是，我是个正直的铁匠，我主张要给大家都能够呼吸。

巴勒塔萨　我和医生们去谈一谈。可是帕波医生，你记着：和平的说服没有用的时候，就要用强迫的办法的。我们需要胜利……

帕波　……我一定尽力赞助这个胜利，恭贺这个胜利。你们尽管用严厉的办法好了，你们是人类幸福的伟大的铁匠！目的伟大，什么手段都可以用的。

吉诃德　（走上，在门口站住）一走进来我就听着这种不道德的学说。

巴勒塔萨　医生，我们不留你了，你的事情很忙呢。

【帕波走下。

唔，可爱的董吉诃德，我们的事情不错哪。伟大的德里戈（手指着德里戈）编好了很大的军队，比国王的军队还厉害。秩序，新的秩序，到处都在恢复起来。一片荒凉的火烧场，到处血腥气的土地上，现在将要有从来没有见过的好收成了。帕支，你真好极了。你是平民出身的人，象上帝的雷电一样。

德里戈　别做声，你这个学生子！

吉诃德　你们早就答应听我说一番话。现在轮着我的一点钟……我要说了。

德里戈　对不起，不是一点钟，是一刻钟，我们给你约好了的。

吉诃德　（坐到椅子上去。稍停）我预先要申明，我想了好久好久，现在又想不起来了。你们并不是杀人的凶犯，并不是天生的恶人。我想，你们的犯罪，是因为自己有一种特别的慈善。这是可以使人敬重的。而且对于这种蒙着一层错误信仰的心，——真理的宣传反而难于透得进去。

德里戈　我预先申明：我是忙得很，只因为巴勒塔萨竭力的主张，才答应你枉化一刻钟来听这种没有用处的废话。

---

①　也是中世纪一种学派。

吉诃德　那对于你更坏,帕支,如果我的话是没有用处的废话。我诚恳的对你们说:我站在你们跟前,并不是简单的拉曼伽的董吉诃德,而是真理的公使。

巴勒塔萨　(笑着)……我们一定很注意的听你这个真理的公使。我们很爱你,董吉诃德;我们知道,你是赞成我们的。

吉诃德　我赞成你们,也反对你们。我是不是拥护国公和他的专制呢?我是不是认为富人的统治是老天爷决定的,是不能够动摇的呢?假使这种坏的秩序,值得肃清一下,象我们这样的地球,也的确要肃清一下,因此要推翻这种秩序,那么,我自然只会高兴;可是,有一个条件:就是这种秩序不要推翻到了地狱里去,而要把它的地位让给天堂。我和你们讲话,我是要很清醒的,很理智的。我们大家是什么?在我们面前不断的只是些穷困,凶恶,昏乱的景象。难道我说这是你们不好吗?你们爱怎么干,就怎么干好了。可是,为什么你们拿着不中用的材料就动手工作呢?现在这样的人,还不能够造成尊贵的人类。

巴勒塔萨　O!是的,这一次次董吉诃德总算是清醒的,理智的了。怎么人家叫你痴子,会叫出了名的呢?这难道是你吗?从拉曼伽地方出来,为着要做些功绩,帮助慈善,无论怎么样,为着这个目的居然还用剑和枪武装了起来,——这难道就是你吗?董吉诃德!假使你的话是对的,假使我们很亲密的开始这种工作是用的没有成熟的材料,那你可要知道:将来大家要叫我们什么?将来人家要很滑稽的表示着尊敬,叫我们是董吉诃德了。

吉诃德　哼……是的……你的刻薄话是要骂我;可是,我不过要纠正些个别的不公平的事情;你们可动手来改造一切了。所以我要来阻挡我的这些发疯的徒弟,如果你们都已经是……董吉诃德。

德里戈　我们并不是董吉诃德。平民的忍耐已经到了极度,他们暴动了起来。我们尽自己的力量,用自己的武器,替平民服务。难道让贵族回来,让他们的马蹄来践踏,让平民在这种无政府状态之下灭亡;难道这样让平民灭亡！就更好些吗？

吉诃德　不是；可是，事情既然开始了，就要把它好好的办。你们应当用新世界的慈爱，去对抗旧世界的强暴。现在你们的监狱可装满了为着政见而被监禁的人。你们的那些人，都在流着自己的和别人的血。你们有的是死刑和正法。所以，我这个老武士不能够不出来反对你们，因为现在你们，你们，你们是强暴的人，而他们是被压迫者了。

德里戈　（跳起来）我没有功夫听这些废话。为着最伟大的幸福的战争正在进行着。要胜利，要镇压敌人，不然，敌人就要打倒我们和我们的希望。一切都为着胜利！意志薄弱的人，请他们去见鬼好了……或者……去见上帝好了。贵族和平民不能够互相饶恕的。不是水就是火。不是我们，就是他们……够了！

巴勒塔萨　董吉诃德，你说的话是对的。你，零零碎碎的做些好事，甚至于会不怕强暴的，可是，一看见广阔的天空，你就头晕了。你是个近视眼，武士！

吉诃德　（也站起来）我请求你们想一想。就算你们的目的是高尚的，可是你们一定达不到这个目的。你们要想领导着平民过黑海，你们一定要沉在黑海里面。

巴勒塔萨　董吉诃德，你的信仰这样薄弱。你是"太理智"了。也许，这是因为你自己始终是个贵族，你是贵族的公馆，贵族的传统思想和传奇小说所教育出来的。

吉诃德　我预先告诉你们：我只要看见有被压迫者，就算是被你们所压迫的，就算是用一种新的正义的名目来压迫的，——其实这种新的正义也不过是旧的正义的同胞姊妹，——那我就一定要帮助他们，象以前帮助过你们一样。

德里戈　我们也要和国公一样，把你关在监狱里去。

吉诃德　这是你们自己要和专制魔王一样，不是我来说你们的。

德里戈　是的，我们是专制魔王，我们是专政的。你看这把剑——看见罢？——它和贵族的剑一样，杀起人来是很准的；不过他们的剑是为着奴隶制度去杀人,我们的剑是为着自由去杀人。你的老脑袋要改变是很难的了。你是个好人;好人总喜欢帮助被压迫者。现在,我们在这个短期间是压迫者。你和我们来斗争罢。我们也一定要和你斗争,因为我们的压迫,是为着要叫这个世界上很快就没有人能够压迫。

吉诃德 现在就把我送到监狱里去好了,你们枉然的把我请来了。

巴勒塔萨 董吉诃德,平心静气些。

吉诃德 监狱里去,董吉诃德到监狱里去! 或者,到断头台上去! 因为我是你们的敌人! 目的是空洞的;可是凡是有强暴的地方,我总要反对。

德里戈 你这个老昏蛋!

吉诃德 你这个穿着红大氅的残忍的专制魔王。

巴勒塔萨 算了罢。(笑)我给你讲:我们是一个营垒里的人。董吉诃德,你等一等。

吉诃德 不行! 不是监狱,就是自由。对于我,自由就是反对你们的斗争。

德里戈 同着贵族的匪徒一块儿来反对我们?

吉诃德 我就算只有一个人,可是,一定反对一切强暴。把我董吉诃德关到监狱里去罢,到监狱去罢!

德里戈 唉,够了!(很坚决的走到门那边去)

巴勒塔萨 (抓住他的衣服)帕支,帕支! 你生气了。董吉诃德,你走罢,你爱怎么干就怎么干罢。我们懂得你,敬重你;你可不能够懂得我们;然而我知道,你的心会感觉到你那快要瞎的眼睛所看不见的东西。……

吉诃德 我走了,你们没有接受真理的呼声。你们是要失败的。

巴勒塔萨 这也说不定。可是我宁可同着我们的可怕的真理失败,不愿意同着你的小……

吉诃德 我的真理是最伟大的。它是超越一切时间和空间的,它说:不要做凶恶的事情。

德里戈 我们的真理是有空间有时间的;它说——现在在西班牙是革命。你是革命的兵士,你就应当把一切牺牲给革命。一切为着胜利! 只有这样才能够铲除凶恶……就算要经过许多许多的战斗……

吉诃德 你们真是疯子……

巴勒塔萨 哈哈哈! 这是疯子和好人谈话。大家都是一家人。

德里戈 说什么鬼话,你这个学生子! 他那种琐琐屑屑的慈善,在这种时候可是毒药。而我们为着大家而表现的深刻的痛恨,——这才是神圣的牺牲精神。

吉诃德 帕支,你们是在牺牲别人。

德里戈 老头儿,你要懂得,你要懂得,你看看我的狼一样的眼睛,你就懂得:杀别人比自己受苦的牺牲更加大。或者,你已经是个鬼,你已经不能够感觉到我们的道路是痛苦的荆棘的道路,我们自己的每一件强暴的事情,都象针一样戳着我们的太阳穴……空话讲够了! 同这个老傻瓜在一块,自己也要变成感情主义者了。(墙外吹号筒)吹号筒了! 要去巡夜班了。(走到门口去)

巴勒塔萨 帕支,你什么也没有吃哪。到了那边去又走不脱身的。

德里戈 别做声,学生子!(走下)

吉诃德 他象铁一样的粗鲁。

巴勒塔萨 我爱你,董吉诃德,我爱你。可是我老实对你说,你的心比起他的来,不过象一支小蜡烛去比大火把。

吉诃德 (思索着)我的良心讲什么? 良心动摇了? 不! 它说:反对他们罢,因为他们不人道。巴勒塔萨,我是你的敌人。

巴勒塔萨 董吉诃德,你这样倔强,——我可是你的朋友!

——幕下

第七场

　　董吉诃德的一间很大的房间,一张大椅子,许多书,这是各方面送来给他的,一堆一堆,一幢一幢,乱七八糟的堆着。一张床,还有其他的东西。山嘉跪在地上,翻着书。他在笑。

山嘉　奇怪。我真不懂。可是,随便什么书,随便那一页上,总有些字眼是可以懂得的。你看,这本书多么大。这样沉重的家伙,(他用手惦掂书的分量)要是装在头脑里面,该有多么粗的脖子才载得起它? 这里是诗。(他用手指头指着书上)哪……哪……哪……啊,还有……这么长得吓人。押着韵讲了这么许多话! 该是个多么空闲的人,有那么许多空闲的功夫!(四周围看了一看)哼,送了这么多的宝贝来。(从地上站起来)可是,真没有什么可以抱怨的。虽然城里面有点儿饥荒,我们昨天可还吃了老母鸡;说不定,今天还有肉有酒送来呢。(坐到椅子上去,架起了一条腿)我坚决的赞成革命! 现在,正是叫我去做省长的时候了。不然,那里去请新的省长呢! 假使不委任我山嘉去做省长,那还有谁呢! 我是平民出身的人,在上流社会里面也弄惯了。唉,做省长是多么好啊! 假使叫我做了省长,我要多么出力拥护革命! 不过……该学一学文章。那也没有什么要紧! 可以用一个秘书,或者……用一个漂亮的女秘书。

　　【董吉诃德很兴奋的走进来。山嘉从椅子上跳起来。

山嘉　请……

吉诃德　等一等。(走到舞台前面,出神的想着)我站在红云里面,见一个大丈夫,脸上放着炫眼的光彩,对着我很严厉的讲话,甚至于发怒似的。山嘉,他给我讲了什么? 我做梦有人给我讲了很重要的事情……而今天帕支的话使我心里的梦又惊醒了……

山嘉　打死我,我也不记得。吓,这才奇怪呢! 醒着,我差不多一刻也不离开你的;可是做梦,咱们是各做各的。不过有的时候,我也梦见你,也许你也梦见我。可是,这有什么意思呢? 就算你的梦里有我,而那个"我"看见的东西,这个"我"可并没有看见。唉,上帝造出来的世界真是奥妙,真是胡涂……

吉诃德　别多嘴……

【稍停。

是呀,他讲了战争。他也生气了,因为我……我……没有担负时代的责任。是呀,是呀。山嘉,我的好朋友……我记起来了。他给我讲:"你是个正直的好人——不过太不行了,因为你不担负你的时代的责任。"(走来走去)山嘉,我是他们的仇敌。

山嘉　仙人和好汉的仇敌?

吉诃德　我是革命政权的仇敌。

山嘉　何必呢?

吉诃德　(站在他面前)你以为这样吗? 我的心乱了,简直象海里的风浪。他们的人是很好的。

山嘉　很好。他们天天送那样好的饭来,待你也……

吉诃德　别做声,你这个无意识的东西! 天天有死刑。死刑是什么? ——这是最卑鄙的杀人的办法。这是杀不能够抵抗的人。

山嘉　可是,这是很简单的事情,我的好老爷。他们怕的是:假使在他们胜利的时候不打倒他们的敌人,那么,他们的敌人一定会来打倒他们,只要西班牙别的地方或者法兰西国王的救兵来到这里。

吉诃德　吓,甚至于这个山嘉也会来磨难我。如果这个半吊子的人的理性,也会提出一些问题来中伤我的良心,那么,我的良心是不是保护得太不周到呢? (坐在椅子上去,很深沉的思索着。稍停。过一忽儿,有人来敲门)

山嘉　(走到门跟前去,喊喊喳喳的一忽儿,又回转来)我的好老爷,这是马理亚·斯德拉小姐,请你……

吉诃德　(很快的站起来,走到门跟前,同着马理亚·斯德拉进来)我的小孩子,可怜的小孩子,没有爹娘的小孩子!（他使马理亚·斯德拉坐在椅子里,自己站在她的旁边）你没有危险吗,马理亚?

斯德拉 （表示否认的摇摇头）

吉诃德 你哭你的亲人?

斯德拉 （含着眼泪）董吉诃德,我可怜国公和公夫人,他们那样的荣华富贵享受过的,现在关在黑洞里,给下流人作践;然而,我哭的不是他们。

吉诃德 什么事情叫你这样受苦呢?

斯德拉 这里有一封信。（她拿出来）唉,神圣的武士,请准我读给你听罢。

吉诃德 我注意的听着。

斯德拉 （读信）"马理亚!我在黑洞里。我的日子是有限的了;你不要以为我怕死;可是我要生活,因为我还没有活过呢。我的少年时代是糟蹋掉了,那时候只知道荒淫。我竭力要求的不是幸福,不是胜利。不是的!我要的是德行,德行是我所要求的东西。马理亚,救救我的灵魂!给我几年忏悔的功夫,甚至于是神圣的几年。极大的对于功绩的渴望,极大的痛苦,充满着我的心灵。救救我!"

吉诃德 这是谁写的?董谟尔却?

斯德拉 （点点头）

山嘉 （用拳头揩着眼泪）这真是革命的成绩。这样的家伙也会变成了圣人。

斯德拉 他请你帮助。

吉诃德 我怎样能够呢?

斯德拉 每一天他都会被杀的。他为的要拖延几天的功夫,故意供出些消息,可是这都是假口供。那些暴徒很快就会发见他的狡猾,那时候他就完了。

吉诃德 然而我怎么能够呢……上帝看见,我是愿意干的。

斯德拉 他请你和医生巴玻的帕波谈一谈,他也已经给医生写了信。

山嘉　这都是那个靠得住的人经手的,他假装了狱卒。

吉诃德　我和医生去谈一谈好了。

斯德拉　有没有侦探跟着你?

吉诃德　可能的。

斯德拉　不怀疑吗?

吉诃德　我给他们说了,我是他们的仇敌。

斯德拉　你总是这样直爽的。

山嘉　不实际的。

斯德拉　还迟延些什么呢? 要赶紧进行! 每一分钟都是贵重的! 我已经
　　　同了医生到这里来。我们可以说,他来是因为你不舒服。他们对于
　　　我是宽容的,因为我以前对于下流人是心肠很好的,那时候下流人还
　　　在人家的鞭子底下过活呢。可恨的这些怪物。他们现在把我们都关
　　　在肮脏的监狱里。

山嘉　(在吉诃德跟前跪下)董吉诃德,慈悲相的武士,拉曼伽的英雄,西
　　　班牙的英雄,天下大英雄! 我对着上帝罚咒,我对着你武士的靴子祷
　　　告,我用我可怜的脑袋请求,——随便什么都可以! 求求你,不要参
　　　预阴谋。人家要叫你加入阴谋呀。

吉诃德　滚出去,闭起你的鸟嘴。

山嘉　(站起来)唔,现在革命了;我的好老爷,我,……所谓……,不是你
　　　的所谓奴才,因为所谓……因为老爷已经没有了,……所谓……我还
　　　是你的,所谓同志呢。所以请你别这样叫喊。我劝你,因为我的肩
　　　膀上的脑袋不这么样笨,而且它也不愿意搬家,还得好好的装在这个
　　　肩膀上。是呀。(沉默)这,所谓……

吉诃德　你怎么啦,暴动起来了。

山嘉　不,我不过站起罢了。难道我抢了你什么? 一点儿也没有。难道
　　　我不肯做你的年轻的同志吗? 也没有这么一回事。可是,我们得有
　　　宪法。

吉诃德　(重重的打他一个巴掌)哪,给你这个宪法!

斯德拉 山嘉,害臊罢!

山嘉 你打人。很好。是,是,好得很。我到巴勒塔萨老爷那儿去,把我在这里听见的话,都告诉他。

吉诃德 混蛋!你说过,你还敢说你爱我。你把这个"爱"字都糟蹋了,要你那样的厚嘴唇来说这个字,——你那两片厚嘴唇,已经会说出刚才在这儿说的一篇话!马理亚·斯德拉,你看,我是多么孤独。要知道这个驴子,总算是唯一的一个人,他恋着我,我也恋着他。要知道,我真的爱他,象爱兄弟一样,虽然他是那么蠢,那么贪,那么胆小,那么爱多嘴等等等等。我爱他。我没有一次忘记替他祷告的。当他生病的时候,发热,说梦话,——我整天整夜的陪着他。

山嘉 (哭着跪下来)饶了我罢,噢咿,饶了我罢,只要你能够! 自然……我这样恋着你……这样……象只狗拴在走江湖的绳子上。噢咿,饶了我罢,好老爷。

吉诃德 好了,好了,山嘉,好好的。(把他从地上搀起来,在他的额角上亲嘴)自然,你是我的同志,你是我的兄弟。这样,你不要来管你懂不了的事情。唉,可怜的家伙,出去罢,去洗一洗脸,去看看厨房里烧些什么菜,总要听我的命令。

山嘉 (喘着气,象个刚刚哭过的小孩子)是,是,我的好老爷。

斯德拉 你请医生进来,他在门外边等着呢。

【山嘉走下去。

斯德拉 我知道你能够救他。

吉诃德 我的责任是很明显的。

【医生进来,鞠躬。

帕波 伟大的英雄。我没有披上雨衣,也没有盖上帽子,为的是不要引起人家的怀疑。我到你这里来是简单的,因为你有些不舒服。

斯德拉 医生老爷,董谟尔却的请求是什么?

帕波 要解放他。他这个人读了不少书,而且是个浪漫主义家,他发明了一个方法,值得写冒险小说的作家称赞的。

斯德拉　怎么一回事？

帕波　可敬的董吉诃德要求和谟尔却会见，最好是要求和国公家族以及谟尔却一块儿会见。

吉诃德　可是他们不准我的。

帕波　为什么呢？你可以说真话，就是你因为仁爱起见，要去安慰安慰他们，仿佛……牧师似的。

吉诃德　要是昨天，我只要要求，巴勒塔萨是会答应我的。可是，医生，今天我已经公开的和他们宣战了。

帕波　原来这样。哼……哼……这很好，也很不好。可敬的武士，这很好，因为你赞成我们，你也反对野蛮人，反对流氓，反对绞犯，反对出卖基督的犹大，反对荒唐的家伙，淫荡的家伙，我给他们……（咳嗽）噢咿，我恨得要死。我恨这些恶魔，这些混蛋，简直要气死。呸……呸咿……

吉诃德　你不喜欢他们？

帕波　要是他们落到了我手里，可敬的武士，那我才不枉做一辈子医生呢。我要想出一切方法，叫他们的身体多受些痛苦。

斯德拉　医生，你真可怕，你是个恶人……我们……和董吉诃德……是好人。

帕波　对得很……嘻嘻嘻……对不起，对不起。我太兴奋了。虽然我的兴奋原是出于真心的。这样，这样，这样……我们讲到了什么地方？是了，就这样罢。这是非常之开心的。单是这一件事：你已经公开的和他们斗争。我们是弱者，他们是有力量的。那儿会有什么公开的战争呢？应当说谎话。

吉诃德　只管目的，不管手段？是吗？

帕波　唔，自然哪。你要不要救董谟尔却？

吉诃德　全心全意。

帕波　不说诳话，不设骗局——就不行。

吉诃德　即使为着最神圣的事业而应当说诳，或者应当用另外的方法去杀人,不象公开的战斗一样,那么,我也只有让开,这是我的原则。

帕波 这好极了。我戴上帽子就回家去。明天或者后天,我们的谟尔却就要吃暴徒的斧头。怎么样! 完了! 再见罢,关于有德行的生活的幻想! (向门那边去)

斯德拉 董吉诃德。发发善心罢。发发善心罢。(抓着他的手。医生一只手扶着门环,站住了)

吉诃德 可是,你们要记得,他们本来也是要给人类造幸福的;我所以成了这些理想家的敌人,就只因为我是要求干净的手段的人。我已经给你们说过了,这是我的原则。背叛自己的原则的人,甚至于不配进地狱,而要完完全全的死灭。

帕波 可是,我们都只配完完全全的死灭,不管有没有原则。

斯德拉 董吉诃德! 发发善心罢! 发发善心罢! (跪下来,含着眼泪望着他)

帕波 要知道值不值得干这件事,至少你要听完我的话。

吉诃德 (搀起斯德拉)我听你,可是我……

帕波 这样,你拿着谟尔却的信去见巴勒塔萨,不要去见那个头脑帕支——他是石头做的,要见就去见那个空洞的巴勒塔萨——他是泥做的。你给他说,谟尔却忏悔了。也许你还可以说,国公家族的心灵也改好了。你要求去见他们。你怎么会有害处呢? 你和革命的敌人并没有关系。卫兵只管可以多添几个。你甚至于可以给他们……搜查一下……进去的时候和出来的时候……这样……难道巴勒塔萨不会软下来吗? 不肯宽容一些吗? 他可以给你办这么一件事,你是他的朋友,武士,你是他所感激的人,他想你们两个人的友谊可以恢复,他动摇着……啊? (很狡猾的挤着眼睛)

斯德拉 说下去,说下去。

帕波 之后呢。我给你一个小纸包,只有小核桃那么大,只有豌豆那么大。你可以把它放在嘴里,夹在牙齿和巴掌里面。你把这纸包给谟尔却。在监狱里随便你说句什么话,就走好了。哼。(举起一个指头向着天）这是毒药。

斯德拉　这是毒药！

帕波　这是毒药。谟尔却吃了它就要死的。

斯德拉　啊！

帕波　可是没有完全死。他要死三天。自然大家当他是死尸，要把他葬起来。他们会准他葬在自己的家墓里。为什么不呢？到第三天，说得清楚些，到第三天晚上，我们这些阴谋家到他的坟上去……你们懂得了罢？自然，要准备几匹好马。（举起一个指头，向着天）这对于谁也没有害处，因为谟尔却复活起来，要过的是正当的生活，要干神圣的事业。

斯德拉　谟尔却以前荒唐的时候，你记得罢？他为着爱上了公夫人来麻烦你，那时候我因为你说的话那么好，所以爱你。你记得罢？那时候，你也担任了欺骗的罪恶，也违背了自己的原则。董吉诃德，你是伟大的人物。现在呢？唔，自然，你要离开自己的原则，你要说谎话，可是你是良善的，你甚至于把自己的心灵都委托给别人。

吉诃德　唉，没有罪过的嘴里，讲出这样的诡辩！唉，青天白日的理由！唉，每天的悲伤压在我的心上！（坐在一堆书上，很深沉的思索着）

帕波　而纸包是小得很，真正是小把戏，你看？这就是。这里面就包含着三天的死和复活。嘻嘻嘻！差不多是整个的基督教教义。

斯德拉　董吉诃德，你看看我的眼睛。我差不多还是小孩子。我的心是小孩子的心。上帝说的："汝其有赤子之心。"你相信我：如果你说不，那我就离开你，当你是假圣人，或者……如果你说是，那我就给你辩护。我愿意用世界的幸福替你洗刷罪过，我用我的头发替你揩干净。董吉诃德，你记得吗：是礼拜六为着人的，不是人为着礼拜六的。

帕波　（向着旁边说）或者……不是人为着原则。随便什么也比不上天真烂漫的狡猾。

吉诃德　（很深沉的叹了一口气）我同意了。

斯德拉 Gloria Mariae Virgini！（圣母马丽万岁①）

帕波 这是胜利。

吉诃德 谁的？

斯德拉 噢咿，仁爱的胜利。

——幕下

第八场

谟尔却 （跪着。祷告了一忽儿。站起来，发恨的踏着脚）唔，我有什么办法呢？烦闷……我没有那样的天才……我愿意给许多钱，只要能够使我变成神秘家。（稍停）魏斯孔新伯爵，咱们还是玩一下弹子球罢。（从枕头底下摸出弹子球来）这样。先来的是好谟尔却，他只要想做个好小子。第二个来的是恶谟尔却，他要想……噢咿，他的想头多得很呢。来罢，安琪儿的谟尔却，福音的谟尔却……一……二……丢了！不，这不算。我重新再来。一，二，三，四。丢了！没有办法。现在，恶魔的谟尔却，地狱里的谟尔却，你来罢。一，二，三，四，五，六，等等。（继续打着弹子球）

【门开开了。狱卒走进来。他站在门口，嘻着嘴笑。

狱卒 伯爵操练呢！

谟尔却 这是你，是呀，我在这里玩。还有什么别的好干呢？

狱卒 你马上就要有不少消遣的事情哪。我不知道怎么样，也不知道为什么；不过有命令，叫我把以前的国公和夫人带到你这儿来这么一点钟。

谟尔却 唔？当真的吗？

---

① 拉丁文，直译是"处女马丽（耶稣的妈妈）的光荣"，等于中国人说"阿弥陀佛"的意思。

狱卒　我怎么敢……

谟尔却　要是他们来我这里,我赏你一个"赤欣"①。

狱卒　噢,他们很快就要来的。

谟尔却　给我记上数目……(又打球)一,二,三。(继续低声的数着)

狱卒　仿佛有个客人应当来看你们大家。

谟尔却　啊呀,丢了!客人?这一定是那个长子——董吉诃德。(拍拍狱卒的肩膀)什么都好起来了。基督给强盗说的,叫他在自己的天堂里记着基督。

狱卒　对不起,你说错了:这是强盗请求基督的……

谟尔却　你不是强盗,你甚至于和他是相反的,你是狱卒哪,可是你始终是个痞子。这样,(很滑稽的高兴着)你快要跟我一块儿喝酒吃鸡哪。

狱卒　多谢多谢。你看:国公和夫人来了,他们那么响的争论着。

　　【国公很暴躁的走进来;国公夫人跟在后面,也很兴奋。狱卒走下。

国公　这是干什么,是不是叫我们来大家见一见,就要永诀了?

谟尔却　(滑稽的悲伤着)永诀了,国公。

国公　你知道他们要干什么?

谟尔却　他们要把你绞死。

国公　绞死?这算什么样子!这不行!他们不敢的!至多呢,他们也应当杀我的头!

谟尔却　还不是一样么?

国公　不。我要抗议。夫人,不要你说话!我们倒运了,你就变了这么一个蠢女人。放荡鬼。我们现在的政策只有一个:保全性命,以后再看。就是这样。唔,谟尔却,请你听我的计画,我已经详详细细的想好了;固然,我要承认,用这样一个不稳定的脑袋来想,实在有点儿困难。夫人,不要你说话!我完全确定的承认:我实在怕死。我怕,我怕!把人关在监狱里,叫他知道要处死刑了,——这实在是难受。我

---

① 西班牙古代的一种货币,约值五块中国钱。

抗议！就是这样！（把手放在额角上）我现在是满头冷汗。谟尔却，他们给酒吗？我，他们是给的，你叫他们拿些酒来。

【谟尔却走到门跟前，敲了几下，狱卒立刻就出现了。

谟尔却　畜生，你在这里偷听？（狱卒不做声。谟尔却对国公说）这个人是世界上最混蛋的两面三刀的家伙。他，什么人都服侍。（对狱卒说）拿一杯黑莲丝酒来给殿下！

狱卒　立刻就有。（鞠躬，走下）

谟尔却　假使你有计画，低低的给我讲。

国公　这是那么好的计画，就使站在屋顶上叫也不要紧的。

谟尔却　（很滑稽的）唔？

公夫人　羞得很，羞得很。

国公　不要你说话。这个女人听了我的最精细的自卫的方法，她还不佩服。她只在破坏这个计画。你知道，她想在监狱里来表演一套武侠小说。

【狱卒拿了酒上来。国公很口渴似的喝着；狱卒用茶盘托着酒杯走下。

国公　这样。我念着，你用心听好了，谟尔却。我不写，而只是宣读一个文件，在这个文件里，我讲我自己的所谓罪恶，说出一切可以说的事情。我要骂君主政体，骂教堂，骂我自己的父亲。我要向那些混蛋提议，请他们也在这个宣言上签名，如果他们能够放我。哪？他们能够把这种宣言印出来吗？呵？难道这不是他们的利益吗？呵？

谟尔却　他们会懂得的：你以后要否认这个宣言，要说这原是他们自己写的，而你不过是在死刑的威迫之下签名的。固然，这也可以在精神上破坏你的信用。可是，殿下的精神上的信用早就破产了。

公夫人　不的，他们的办法还不是这样的。他们把你宣读的文件公布出去，并且说这是你要想赎命，所以把这种无耻的文件出卖给他们的。

国公　人家不会相信他们的……

公夫人　会相信的！

谟尔却　会相信的。

国公　那我还有什么方法赎命呢？

谟尔却　要是慢慢的继续的暴露你的统治的秘密,再加上西班牙和欧洲的其他君主的秘密,——还可以自己杜造出一些故事来,——其实,就使没有什么掺杂的东西,也就够得上一千零一夜的了,甚至于还不止呢。你去做他们的希赫莱萨达①罢。哈哈哈。

国公　你笑吗？你想出了什么法子,好宝贝？你听我的话：如果谁要是从这里逃走了,那其余的人都要立刻绞死罢？呵？（揩揩额角）我们大家约好了,不要互相牵累呀。

谟尔却　我是要逃的。我自己不知道：能不能够娶马理亚·斯德拉做老婆,我醒着也在梦见她。我也不知道：能不能移住到普洛望斯地方去,在海边的橄榄树底下,渐渐修成圣人,平心静气的过日子。或者,我再来冒一次险：暴动起来反对暴动的平民,烧掉乡村,斫杀乡下人,戳死革命党,渐渐的打到帕支那里去。

公夫人　谟尔却,如果你逃得脱,你一定要打死他们。他们就完了。

国公　谟尔却,你逃不掉的……你不要打仗呀……你还没有打到他们身上,我早就被绞死了,——我又正是你要救的人,为着救我,你才要打仗呢……

谟尔却　为着救你？呸。国公,你知道吗：你要是死了,我才快乐呢。

国公　（退后几步）什么？

谟尔却　我才快乐呢。你是恶人,荒唐鬼,又可怜又蠢笨。你有什么用处？只有美丽的公夫人,我倒替她可惜。第一,因为她美丽,第二,因为她勇敢。（向国公说）你似乎要坐一坐罢,殿下？你不舒服？坐在

---

①　希赫莱萨达是《天方夜谭》——《一千零一夜》的小说里的一个姑娘,她给阿拉伯皇帝讲的故事,就是这部连续不断的小说；阿拉伯皇帝的上谕是,每一个姑娘给他睡过一夜就要杀头,独有这位姑娘能够讲故事,越讲越多,因为皇帝要留着她到“明天”讲故事,所以不杀她,这样一夜一夜的过去,到了第一千零一夜,就饶了她的命,取消了以前的上谕。这里是谟尔却借此讥笑国公要想赎命的意思。

床上罢,不要客气。(向公夫人说)可是,美人儿的太太,应当挑选一下:如果我逃掉了就隐居起来,你的头也许可以保全;如果我要和他们打仗,我在第一天就要准备替你开追悼会。

公夫人 我痛恨他们,恨得自己都受不了。简直要气死。假使我死的时候能够知道:我已经抓住了革命的衣服——我的死能够拖着革命一同进坟墓,那么,我死也快乐的。

谟尔却 女英雄。(向国公说)你要不要和我玩一会儿弹子球?

国公 弹子球?

谟尔却 是的。你看。(拿出球来)要不要赌个东道?你赢了,我就隐居;我赢了,——我就去打仗。来罢。一,二,三,四,五,糟糕。丢了! 你要来吗,殿下?

国公 (跳起来)滚你的蛋,见鬼。你这个没有心肝的,杂种,不中用的东西。

谟尔却 哈哈哈! 你说我是这样的人,——我倒以为你是这样呢。公夫人的光荣的伟大,比我们稍微高尚一点。可是,要是我知道一切人都是这样龌龊,卑鄙,我可要说我们这些人只配……究竟配干什么? 有一个正直的人——马理亚·斯德拉。要教会她情爱的罪过,同着她一块儿去犯罪,所谓心灵暗淡的罪,——那才甜蜜呢。(打球)一,二,……(继续打球,低低的数着)

狱卒 (走进来)董吉诃德,拉曼伽的武士。

【门跟前立刻出现了吉诃德,和向来一样,直挺挺的。

谟尔却 (丢下了弹子球,跑到他跟前,郑重的鞠躬,在他的手背上亲嘴)噢咿,武士,噢咿,我的光明的英雄……(哭着)

【国公和公夫人很奇怪的看着这一套把戏。

吉诃德 (很感动的)安心罢,谟尔却,安心罢,我的孩子。

谟尔却 孩子,孩子,孩子……

吉诃德 请坐罢……公爷,公夫人,伯爵。平民行政会的代表巴勒塔萨,人是正直的,心是软的,他虽然有许多迷误,可是准我到这里来,安慰安慰你们。

国公　他们准备绞死我吗？

吉诃德　我的安慰和这方面并没有关系，可是我也可以回答你。董帕支说的：如果我们自己的情形不好，那我们就结果他。如果保存了他，附近各国的君主就不来干涉我们，那么，他还可以有活命。

公夫人　你看！

国公　我看见的……这很聪明……这样，好武士，请你和他们说，我愿意写信给附近各国的君王，叫他们不要……

公夫人　（把两只手遮着脸）

吉诃德　我不是这类事情的中间人。我不是政治家。我再说一遍：我的安慰和这一方面的事情是没有关系的。今天，在这样侮辱的地方，这里的三个人，都是上帝委任的高等的公侯，可是上帝的手段又把他们推倒下来，他们差不多已经接近死灭的道路，——我想在这样的三个人的跟前，最好是谈一谈心灵的不死。

国公　滚蛋，见鬼！我不愿意。也许我已经活不了几天了！与其听这样无聊的话，还不如向着天花板吐几口口沫！谟尔却，你还是劝董吉诃德来玩一下弹子球罢。（回转身去）

吉诃德　这样，甚至于在这种时候，也许你们在这里说笑话，而……

国公　（很兴奋的跳起来）你敢讲这个！（揩着额角）

吉诃德　你，以前正是宗教的正式保护人……

国公　无论什么时候，无论是以前，是现在，是将来，我统没有相信不相信，也不要相信什么"不死"。我要活，要吃，要喝，要爱，要打猎。我们的祖宗早就以为这些事情到阴间也是要做的，而僧侣——只是没有肉体的心灵。我看没有什么必要……

谟尔却　（向吉诃德说）忏悔的，罪过的人，在天堂里会不会给个安琪儿做他老婆呢？譬如人家把赫巴给了赫腊克里德，把一千个"古丽"给了沃斯曼①?

吉诃德 安琪儿? 做老婆?

谟尔却 饶恕我的不适当的问题! 为着要安琪儿做老婆,可以去干最伟大的功绩。照古代的神话说起来,许多英雄和神女仙女做夫妻,可是这都不算。《圣经》上说安琪儿也做人的女儿,可是,这也不算。可是,爱上一个真正的基督教的安琪儿,最神圣的,最光明的,最清净的,没有肉欲的;而把这个差不多熄灭了罪恶的火炭,竭力去吹着来,煽动那清白的心胸……

吉诃德 (受着侮辱似的)青年! 你爱上了马理亚·斯德拉?

谟尔却 是的。她才是我的救星。我的这个救星,能不能够引导我脱离罪恶,而走上英雄的正直的道路,接近高尚的生活呢?

吉诃德 (长久的思索之后)她能够引导你的。为着爱和仁慈,为着改过的诚心。噢咿,还要为着牺牲……还要……请你接受我的这一颗豌豆。这是……

谟尔却 (象猫一样的从他的手里把"豌豆"抢了过去)豌豆! 幸福! 胜利! (很久的跳舞,唱)

　　豌豆,豌豆,

　　好豆,好豆,

　　不管上帝还是鬼,

　　送来的是救命豆。

　　滴粒搭拉,滴粒搭拉。

(坐在床沿上,喘着气)现在我怎么办呢? 死? 之后呢? 我要怎么办就怎么办。懂了? 滚,滚,滚出我的签押房。大家都走罢,孔雀,天鹅和鹭鸶。嘶! 让我一个人死罢。走罢。我的脚已经僵了。滚!

国公 我真不懂是怎么一回事。(赶紧的走出去)

公夫人 (向谟尔却那边走过去)谟尔却。

―――――――――――

① "古丽"是回教仙女的意思;沃斯曼是回教的圣人。

谟尔却　滚！（她走下）

吉诃德　（很认真的很威严的）伯爵！

【吉诃德张开着两只手，走下。

谟尔却　我僵了。呜，呜，这样冷。牙牙牙齿对牙牙牙齿都都碰不不上了。白儿儿儿。格儿儿儿。（躺在床上，盖起毯子）呜，呜，呜。脚没有了。

【狱卒走上。

谟尔却　滚！

狱卒　不行，你应当知道。那个小丸药是医生帕波做的。

谟尔却　我知道。

狱卒　可是他都给平民行政会说出来了，所以换了真正的毒药。

谟尔却　（象闪电似的极快的坐起来）什么？

狱卒　你是死定的了。

谟尔却　什么，什么？（倒下去）

狱卒　（低下身子去看他）死了。我以为他还要受一忽儿苦呢？这是我特为开开玩笑的。我也想笑笑这个……荒唐鬼儿。

——幕下

第九场

　　坟山。杉树，玫瑰花，大理石的墓碑。新近做好的谟尔却的坟，上面竖着木头的十字架，一个白色的花圈。月亮照着。远远的听见小琵琶和孟达玲的声音。董吉诃德和山嘉穿着雨衣走上。

山嘉　夜里逛坟山——我实在有点儿不愿意。我想，总得逛惯才行。

吉诃德　啊嘿！山嘉！（深深的叹了一口气，坐在坟山上的一块石头上去）这里的世界，只闻得玫瑰香。你听见吗：谁在那里开心呢，给他的爱人唱歌呢？

山嘉　那多么好。只有我们才象僵尸似的坐在坟山里。请你不要这样看
　　　我：你那双眼睛象玻璃似的；你那么瘦的脖子和干枯的脸！——简直
　　　是个阴灵。

吉诃德　想起来世界上一切都是阴灵，那是多么安心。可是，山嘉，并不
　　　是一切都是这个样子呵，唉，不是呀。痛苦始终还是痛苦。山嘉，也
　　　许忽然向我做了空前的新的痛苦的原因呢。

山嘉　我已经给你说过，叫你不要参加阴谋……

吉诃德　我已经脱离了。我不参预他们的阴谋。甚至于不管马理亚·斯
　　　德拉。

山嘉　那我们为什么又到这里来呢？难道就是来唉声叹气的吗？

吉诃德　（不做声。稍停之后）唉，山嘉，我要知道，也许还可以纠正呢？

山嘉　（把帽子扔在地上）唉，你的心灵受罪啦，你是个多么不幸的人，班
　　　沙呀。你同谁混在一起过日子呢？

【沉默。

　　　我们怎么办呢？或者你自己决定变成谟尔却伯爵坟上的墓碑吗？

吉诃德　唉，要是这样就好了！我想要变成很沉重的石像，压住了他——
　　　叫他不要爬起来，因为我怕！他复活起来，大半还是个恶魔，不会是
　　　安琪儿的。

山嘉　是呀，自然哪。（和他并排的坐下）唔，你说罢：他没有真正死罢？
　　　啊？我已经猜到了，其实关于这个秘密已经说了不少冤枉话，就是我
　　　的那匹驴子也已经懂得是怎么一回事了，我想。谟尔却还活着。是
　　　这样罢？这才可怕呢。不行，叫我是再也不干这样的事情，——醒过
　　　来是在棺材里，盖着面纱。

吉诃德　是呀，这真可怕。可是，今天夜里就要这个样子。也许，他已经
　　　在这个坟里张开了眼睛了。山嘉，你听一听地底下，听得见什么声
　　　音吗？

山嘉　不行，我怕听得，地是湿的。

吉诃德　（躺到谟尔却的坟上去，用耳朵贴着地）不做声，湿的地不做声。

山嘉　好老爷！有人打着一盏暗暗的灯笼来了。光线一直射到我眼睛里
　　　来了。也许这是平民行政会的警官呢。

吉诃德　这一定是巴玻的帕波。

　　　【马理亚·斯德拉拿着一把铲子，披着雨衣，打着灯笼走上。

斯德拉　谁在这里？这是你，武士？你始终来了？这多么好！医生不知
　　　道为什么还不来。我好容易弄着了一把铲子，自己先来了。唉，上
　　　帝，我是多么苦呀！我觉得立刻就要死了。

吉诃德　把铲子给我。就要掘起来。早些掘，总比迟了好些。

斯德拉　（把铲子给了他，他就掘起来，而她提着灯笼照着）

吉诃德　我现在记起了我的一个非常之奇怪的伟大的梦。

斯德拉　你不听见坟里面有什么响动么？

吉诃德　不。可是泥土爆裂得太响了。

斯德拉　什么下作东西在那里弹着"西赫第里亚"的曲子。

吉诃德　我那次做梦，仿佛我在红云堆里，站在一个光华耀眼的审判官眼
　　　前。雷声轰隆轰隆的响着。那人的威严的声音给我讲着："你敢自己
　　　以为是正直的吗？你没有了解你的时代责任。你那种腐败的正
　　　直——他正是这样说的，——你那种腐败的正直，只会产生死灭——
　　　正是当代伟大的幸福的创造者的死灭。"我全身都发抖了。我觉得我
　　　立刻要掉下去，而我的掉下去是没有穷尽的，没有尽头的……那时
　　　候，一个很温柔的……

斯德拉　掘呀，掘呀，董吉诃德。

吉诃德　（不做声的掘着）

斯德拉　这坟有多么深？

吉诃德　（满脚膝都是泥土了）我没有看见怎么样埋葬他的。

斯德拉　你不听见什么吗？

吉诃德　不。马理亚·斯德拉，我给你说，你同坟墓……

斯德拉　多么可怕。

吉诃德　你在上面，而我在坟墓里。（他的全身照在月亮的光线里，他看着她）

斯德拉　掘呀,掘呀,董吉诃德。

山嘉　还是给我来掘罢。你简直在喘气。你的声音都哑了,好象罗息南德生了流涎病似的。嗳唷!(卷着袖子)把铲子给我,从坟里爬出来罢。

吉诃德　(走出来。山嘉走下去)

山嘉　唔,这是我干的事情吗,掘死尸,也许还要更坏呢?(起劲的掘着)

吉诃德　(走到马理亚·斯德拉跟前)是呀,当时我正觉得非常之不幸,觉得受了人家的咒骂,受了人家的判决,这时候来了一个温柔的……

山嘉　(从坟里面跳出来,仿佛被什么东西咬了一口似的)他在敲着!我的妈呀,他在敲着。多么怕人呀!

吉诃德　(抓住了他的铲子,跳进坟里去,竭力的掘。停止了,低下身子去)董谟尔却!董谟尔却!你听得见我的声音吗?(又很快的掘着)哪,已经是棺材盖了。弄干净它。这样,这样。山嘉,来帮我把棺材抬出来。

山嘉　不行,不行。我无论怎么样也不干了。我还是赶紧跑路的好。

吉诃德　山嘉!

山嘉　我们两个人也抬不起这具棺材。

吉诃德　(低下身子去)这棺材只是马马虎虎的钉着。这里有没有开螺丝钉的家伙?什么?你讲什么?

斯德拉　他讲话吗?我的上帝,他讲些什么,他说什么?

吉诃德　(立直起来)他在骂人……很下作的话。你有没有开螺丝钉的家伙?

斯德拉　我没有。

吉诃德　(又低下身子去)棺材盖上有四只螺丝钉钉着。大概故意没有用大钉钉牢;可是我枉然用指头在这里旋,一点儿没有用处,要用旋螺丝钉的家伙。

山嘉　我这把刀有用吗?(吉诃德接了他的刀)打这把刀的好铁匠,做梦也不曾想到这把刀有这样的用处。

吉诃德　这把刀有用处。这样,这样。一个!(把一个螺丝钉扔出来)

斯德拉　上帝呀,我的心这样的跳!

山嘉　我也是这样,公主。

【他们两个人都低下身子去,看着坟坑里面。

吉诃德　(又扔出一只螺丝钉)又是一个!

山嘉　他在棺材里面吵闹呢;死人,其实要说是活鬼?啊?

吉诃德　啊呀,刀断了。

山嘉　断了?唉,多倒霉!这把刀,我用了它十一年了。

吉诃德　怎么办呢?

山嘉　我还是在拉曼伽的市场上买的,真是一把好极的基督教的刀。我用它切了多少面包和牛油糕呵!

吉诃德　怎么办呢?

山嘉　你至少也得说一说——刀是怎么样断的呢。

吉诃德　难就难在不是断成两段的,不然,还可以用半段头的刀来旋呢,——刀身脱出了刀柄,刀柄破了。

山嘉　这还好。

吉诃德　这真不好,没有办法旋了。

山嘉　这还好,我给你说;我再去配一个刀柄。快些把刀身给我罢。

吉诃德　可是谟尔却呢?

山嘉　那关我什么事?(很快的把刀放到袋里去)

【一阵爆裂的声音。吉诃德从坟里面跳出来。山嘉很快的往旁边逃,躲在杉树背后去。

斯德拉　怎么一回事?

吉诃德　他把棺材盖掀起了!(跳在坟那边去)是呀,是呀,他把棺材盖弄破了。他走出来了。

谟尔却　(披着面纱从坟里走出来,就坐在坟沿上。月亮的光线照着他。他不做声,皱着眉头)

【稍停。

斯德拉　谟尔却?

谟尔却　我总算是没有死。

斯德拉　你活着么,伯爵?

谟尔却　(咳嗽,吐口沫)要喝!

吉诃德　我们这里什么也没有。把面纱撕下了罢,我们到城里去。

谟尔却　混蛋,酒也没有带一瓶,就算水也是好的!(坐着,弯着身体)我累得很。我老了一百年了。我的头发没有发白吗?

斯德拉　没有,伯爵。

谟尔却　不会的!你走近些。怕么?走近些,好好的看一看,给我讲真话。

斯德拉　(走近去抚摸着谟尔却的头)我的可怜的伯爵。你有了好些灰白的头发。

谟尔却　我就说的。可是,总有人要用他的脑袋,来赔偿我的每一根发了白的头发,要受着地狱里似的痛苦而叫喊起来,来赔偿我在棺材里过的每一分钟。

吉诃德　伯爵,我对于你做了两件好事:我给你带了丸药,我……几乎是违背着我的良心把你掘了出来,因为医生没有来。我要是没有来到这儿,你也许已经闷死在棺材里了。我有理由要求你听一听我的话。

谟尔却　没有什么理由!不要你做声,讨厌的光棍,发了痴的无聊的家伙!

山嘉　(从树背后跳出来)你知道吗:为什么他这个好汉这样骂你?因为他知道,你的气量太大了,不会去告诉守卫的兵的。我可要去告发了。我受够了!这一次,这个好汉要多躺一忽儿了。(逃去)

吉诃德　山嘉,山嘉,你干什么?山嘉,回来,山山嘉!

谟尔却　你那么哑着的声音,别叫了。马呢?

斯德拉　马还没有呢。

谟尔却　这可糟了。董吉诃德到什么地方,就一定要做蠢事,一定要糟糕。怎么办呢?

斯德拉　他们已经来了。

谟尔却　我没有气力,逃不了了。给我一把大刀,或者随便什么,——得回到棺材里去。自己不好。没有立刻戴上假面具。我谟尔却·魏斯孔新伯爵是怎样的人;蛇的头,我都拗得断,这一次可断送在班沙那样的小子手里。

斯德拉　他们骑着马呢。

【巴玻的帕波走上。

帕波　这是怎么一回事?已经都弄好了!我的可爱的董吉诃德,你是多么好呵。大家赶快些。上马罢!马刚刚够骑,很好的马,飞也似的,我们就走罢。我这里通行证也都有:我自己是医生领袖的通行证,还有两张医生的,一张看护妇的,一张当差的。我们刚好是这几个人。

谟尔却　可见得世界上是有鬼的,至少恶魔是有的。马理亚·斯德拉,你同我走罢。

吉诃德　我不去。

谟尔却　我也不要你去,医生帕波请你去逛逛,本来是说得玩的。

吉诃德　马理亚!

谟尔却　嘶。哈哈哈!(揽着马理亚·斯德拉的手)

斯德拉　我要谢谢他,至少。

谟尔却　有什么谢不谢。这个老货一个钱也不值。(走下)

帕波　老货?啊哈?这是他骂你的。我给你鞠躬,不胜荣幸之至,董吉诃德。(讥笑的神气,鞠躬,走下)

吉诃德　(坐在坟边,听着)马跑着呢。这样。他们已经在教堂那边转弯了。这样……已经听不见了。什么也听不见了。地上已经没有声音了……小琵琶也不做声了……我的心灵也不做声了。

【稍停。等一忽儿,吵闹的声音又来了。山嘉,武装兵士,火把。

山嘉　捉,捉,一起都捉去,别管什么;都拖到德里戈老爷那儿去,他会审问的。

【大家用火把到处照着。

第一兵士　这里什么人也没有,只有慈悲相的武士。

山嘉　啊呀,这么样! 唉,处罚罢!（把帽子扔在地上）

第二兵士　现在怎么办呢?

第一兵士　只有把留在这儿的人抓去,见德里戈老爷去。

——幕下

尾声（Epilogue）

　　布景和第七场相同。董吉诃德坐在椅子上,很愁闷的,很懊丧的神气。山嘉站在舞台深处的门跟前。

吉诃德　这一个梦在我的眼前这么长久,象个威严的预言家。现在应了这个预言,我想起来,总算是个预先的安慰,因为那威严的云彩在我的脚底下散开的时候,我觉得我要掉下去了,这一掉要掉好几年,要掉好几年,掉到深坑里去,忽然一个很温柔的人用轻松的云雾围住了我,我就听见非常之妙的声音——在地上向来没有听见过的声音说着:"审判官,噢咿,他完完全全值得我用怜惜的爱情去爱他。"

【稍停。

山嘉　干什么把你叫到这里来?（沉默）不要对我们有什么不好罢? 第一次审问的时候,我们都说了,之后……

吉诃德　你说的。

山嘉　我一定要讲"我们"说的……可是,我本来要说,叫他们不要管我们好了,仿佛我们什么坏事也没有做。

吉诃德　怎么不管我们? 唔,自然,他们并没有把我们关在黑洞里去,可是他们是怎么样对待我的? 简直象对付有传染病的人似的。

山嘉　你最近的那次"功绩"之后,自然人家不会来和你亲嘴。可是为什么叫我们到这里来呢?

【巴勒塔萨开了旁边的一扇门,看了一看,然后走进来。

巴勒塔萨　董吉诃德,你在这里? 好的。我要你听一听一个报告。（向着门那边说)瓦斯珂,进来罢。

【报信人进来。巴勒塔萨坐到椅子里去。

巴勒塔萨 你讲罢。

瓦斯珂 魏斯孔新伯爵的军队,说老实话,真是一帮匪徒,占领了齐河之后,往东进兵,简直象湖水似的涌过来。一些苦得要命的穷得精光的难民,拼命的逃。而他们占领了村庄就到处放火;捉住的男人,都强迫加入军队,稍微有一点儿反抗,就要绞死。小孩子没有人管,几千几千的死掉。而女人和姑娘,给武士和匪徒当玩物。要是抓住一个有革命党嫌疑的人,那就带到大本营里的伯爵那儿去,当着他严刑拷打,简直是异想天开的 Auto da fe,——活炮烙。我总算是见识不少的了,可是听了人家讲的情形,真要恶心,真难受,还是不要详细的讲罢。可是,有一点我要说明的,就是伯爵夫人——马理亚·斯德拉公主也必须参观这种刑罚。她每一次,一开始就是这样子,都是要晕过去的。又把她弄醒过来,再叫她看这样的活地狱。人家说,有一次她哭叫了起来,她的哭声把犯人的叫喊都盖住了,她倒在地下,哀求那个魔王饶恕。这位公主的心里,有什么黑暗的秘密隐藏着,——我可不知道。然而我想,她也快要死了。魏斯孔新伯爵的白旗上,绣着几个字,叫做"恐怖的胜利"。

巴勒塔萨 够了,瓦斯珂。你去休息一下罢;而关于魏斯孔新军队的布置,你是不是要去告诉应当知道的人?

瓦斯珂 那自然。

巴勒塔萨 你去罢。(瓦斯珂走下)董吉诃德,我们的事情不好。德里戈·帕支,我的好朋友,今天一清早,自己亲自去打仗了。现在在我们旗帜之下的人,比魏斯孔新那里的要少两倍。自然,我们用不着他那种恐怖的手段,也不肯用;然而我们应当肃清后方。我难道能够稍微抗议这么一下吗? 固然,董吉诃德,我们这儿也流着血。我们不肃清后方的阴谋,就要弄到我们的军队完全灭亡。唉,董吉诃德! 我并不要加重你的罪过,但是,你在这里起了很坏的作用。我不能不直说。严厉的德里戈为着要教训一般软心肠的人，——这种人的慈善只会来捣乱严重的复杂的要十分负责的实际生活，——所以他想要把你交给严厉的审判委员会。

吉诃德　我总是准备着的。

巴勒塔萨　谁又怀疑你没有这样的决心呢？谁需要你这种决心？我劝德里戈不必这样办。可是，董吉诃德，你不能够同我们在一块了。谁知道你，不要又起了什么最慈善的最仁爱的念头？……

吉诃德　驱逐出境？

巴勒塔萨　是了……唉，董吉诃德，你不能够做饥荒的流血的共和国的国民；这种共和国的领导者，要求民众的怒潮无论怎么样也要得到胜利，他们要领导着民众，经过赤尔谟海，经过大沙漠，经过残酷的战斗，达到自己的目的地。可是，等到我们到了目的地，我们就要脱掉染着血腥的盔甲，那时候，我们来叫你，可怜的董吉诃德，那时候我们给你说：走进我们争得的篷帐里来罢，来帮助我们的建设。那时候，你的胸口呼吸起来要多么舒畅；四周围的情形，叫你看起来，又是多么自然呵。噢咿，那时候，你才是真正解放的董吉诃德。可是，那时候，你想必还要皱着眉头，记起经过的事情，记起许多恐怖的事实，虽则这种事实，你是没有经过的。唉，你不能够了解我们是在出着代价——不出这种代价是不能够跑进那样世界的，而只有那样的世界里面，真正解放了的董吉诃德才可以找着和谐和光明。

吉诃德　是了，董巴勒塔萨，我有什么话可以以给你说呢。我是这样想的：他们跑进了伟大的事业的海洋里去游泳了。那是很容易迷路的，很容易使自己和别人都在痛苦里面沉醉着，因为我知道：就是做着好事，最直接的好事，人也会种下极大的恶的种子。你们的信仰——和我的是不同。可是，我们人本来又能够做什么呢？我现在什么都不知道。我真正成了瞎子了。

【稍停。

巴勒塔萨　你到什么地方去呢？

吉诃德　不知道。

巴勒塔萨　唉，又是晒得滚热的马车，在熔化的黄金似的暑天底下；又是
　　　　骑着马，一个长子，一个胖子，同着两个影子，不知道往什么地方去。
　　　　（稍停）我可怜你，董吉诃德。也许，我来冒险担保你罢。

吉诃德　不要，我走好了。我不能够答应你说：我明天就一定不把你们的
　　　　牺牲品藏在我的床底下。而我又怎么能够知道，这不是第二个谟尔
　　　　却呢？

山嘉　　（跑进来）伟大的武士。我已经把行李都准备好了。芒白棱的盔
　　　　帽，我早就用白粉擦干净了，它放着光呢，叫人看着眼睛都要发痛。
　　　　罗息南德照旧有点跷脚，它那样子，看……看起来真可怜。你的甲
　　　　胄，我也常常擦着，可以说是亮到极点了。上路罢，我的好老爷。再
　　　　去干新的冒险事业，趁现在——上帝老爷还没有请我们两个离开这
　　　　个世界。

巴勒塔萨　再见罢，好山嘉。

山嘉　　唉，董巴勒塔萨，我昨天晚上想了很久。我……眼睛都没有闭。甚
　　　　至于我跑去看我的灰色驴子，想同它商量商量，可是它是只驴子，拿
　　　　它有什么办法？我不是军人，可是我想不再跟董吉诃德了，今天一早
　　　　就可以同军队一起出发，去到西方战线，跟着董德里戈·帕支的脚
　　　　蹬，跟着我们老百姓的军长，跟着这个红铁匠去。可是不行。我把董
　　　　吉诃德丢在什么地方呢？

巴勒塔萨　（给山嘉亲嘴）你有幸福罢，好心肠。

吉诃德　我也给你亲个嘴，董巴勒塔萨。（亲嘴）要我给你们辩护，我是不
　　　　能够的；要我骂你们，我也不能够，我不能够替你们祷告。我只能够
　　　　和你亲个嘴，表示我们一般人都应当承认自己的弱点，表示我们的
　　　　亲爱。

巴勒塔萨　现在，或者经过一个时期，我们一定达到我们人能够支配命运
　　　　的权力。我们达得到这个目的，只有我们能够达到这个目的。不管
　　　　是胜利还是失败，最后的胜利者总是我们。

吉诃德　高傲的说话。唔，又怎么啦。将来人家要叫你们是痴子。你们的道路上有过许多错误，将来还要有错误。可是，你们有你们的美丽的杜尔清妮，——象我的武士道里的奇怪的同伴。噢咿，我的佳人要低微得多……可是……可是……我始终没有得到她。是时候了。啊呀，山嘉，这次的大冒险叫我累死了，我觉得我的胸口有一个心灵上的致命伤。上帝要是还顾到亚当的子孙，他总要来救你们的。

【走下。

山嘉　老头儿不好过。他本来有点儿疯，而你们又是一阵旋风，把他的疯病都给旋进旋风里去了。唔，有什么就算什么。你们打死那个该杀的谟尔却罢。假使你们真正达到了目的地，不要忘记叫我做卡信闹谟岛的省长呀。（鞠躬，走下）

【稍停。

——幕下

一九三二年五月十五日译完。

第四编

马克思主义文艺理论

恩格斯论巴尔札克

——给哈克纳斯女士的信

[德国]恩格斯

亲爱的哈克纳斯女士,谢谢你经过维藉德莱先生送给我你的《城市姑娘》。

我非常之快意,非常之起劲的读完了这篇小说。这真象你的翻译,也就是我的朋友爱赫哥夫所说的,是一件小小的艺术作品;他还说,他的翻译一定要个个字忠实的译出来,因为每一个疏忽或者删改的企图,只会损害原文的价值(这种态度应当使你满意的罢)。

你的小说里面,除开现实主义的真实以外,首先使我注意的——就是表现了真正的艺术家的勇敢。你对于"救世军"的解释,和那些自以为是的市侩的概念大不相同,他们也许要从你的小说里,才第一次发见为什么"救世军"在民众里面有这样的赞助;不但如此,最主要的,还是你在毫不掩饰的形式里面——你的小说的全部都是在这种形式里面,布置了自己的基础——叙述了无产阶级的姑娘被一个中等阶级出身的人所诱惑的陈旧的历史,这是很陈旧的历史。次等的作家,一定要用许多杜撰出来的琐屑事情和修饰,来掩盖小说里的情节的滥调,而其实,还是要被读者猜出来的。而你却觉得自己能够叙说这样陈旧的历史,因为你的叙说的真实性能够使它变成新鲜的内容。

你的格郎德先生①——的确是个"赛得物儿"。

---

① 格郎德先生是哈克纳斯女士那篇小说里的人物。

如果我还有什么要批评的地方,那么,也许只有这么一点事实——就是这篇小说不是充分的现实主义的。照我看起来,现实主义除开详细情节的真实性以外,还要表现典型的环境之中的典型的性格。你所描写的性格,在你所给的范围之内是充分的典型性的了。然而说到他们周围的环境,驱使他们的行动的环境,那就不能够说是典型性的。在《城市姑娘》里面,工人阶级是些消极的群众,不能够帮助自己什么,甚至于并不企图帮助自己。一切企图——要想从那种麻木的穷困之中挽救出来的企图——都是从外面来的,从上面去的①。然而,假使在圣西门,欧文的时期,一八〇〇年到一八一〇年的时候,这是正确的描写,那么,到了一八八七年,一个人已经参加了五十年光景的战斗化的无产阶级的斗争,而且一直认为"解放工人阶级是工人阶级自己的事情"是领导的原则——这种描写就不对的了。工人阶级对于压迫他们的环境的革命的抵抗,他们的紧张的尝试——不论是半自觉的或是自觉的——都在争取自己的人的权利,这些事实已经是历史的一部分,应当要求现实主义文学之中的地位了。

我决不责备你,怪你没有写一部纯粹社会主义的小说,象我们德国人所说的"有倾向的小说",就是一定要在小说里面,宣布作者的社会思想和政治思想。我完全不是这样想法……②我所认为的现实主义,是不管作者的观点怎么样,而始终要表现出来的。请你准许我引出一个例子。巴尔札克——我认为他比较过去的,现在的,将来的一切左拉都要伟大得多,他是伟大的现实主义的艺术家,他在《人的滑稽戏》那部大著作里面给了我们一部最好的法国"社会"的现实主义的历史,用纪录"风尚"的形式,一年一年的,从一八一六年到一八四八年,描写着逐渐得势的资产阶级对于

---

① 这里,在恩格斯的原稿里还有几句话,被恩格斯自己勾消了的;这几句话是:"的确,这个阶级是最穷的,最受苦的,最多数的,这是圣西门说的;这个阶级是最穷的,最受屈辱的,这是欧文说的。"

② 这里,恩格斯还在稿纸的边上添了一句,不过字迹很模糊,简直看不清楚,勉强可以猜到是下面的一句:"The more the opinions of the author remain hidden, the better for the work of art."(作者的意见越是隐藏,对于艺术作品也就越发好。)

贵族社会的逼迫,那贵族社会在一八一五年之后又恢复了元气,而尽可能的(tant bien que mal)重新树起旧式的法国政策的旗帜。他描写着这个对于他是模范的社会,怎么样在庸俗的铜臭的暴发户的逼迫之下灭亡下去,或者自己转变成为这种人物;他描写着 grande dame——这些夫人的偷情不过是支持自己的一种方法,而且是完全适合于她们在婚姻之中的地位的方法——他描写了这些夫人怎么样让开自己的地位给那些资产阶级的妇女,而资产阶级妇女的出嫁,已经是为着金钱或者首饰衣装的了;他在这个中心问题的周围布置了法国社会的全部历史。从这个历史里,我才知道了更多的经济上的详细情节(例如"真实的"——Real——财产和私人的财产在革命之后的重新分配),这里,甚至于比一切职业的历史家,经济学家,统计学家在这时期里的著作合拢起来的材料还要多些。固然,巴尔札克在政治上是个保王主义者。他的伟大著作,是不断的对于崩溃得不可救药的高等社会的挽歌;他的同情,是在于注定要死亡的阶级方面。然而不管这些,他对于他所深切同情的贵族,男人和女人,描写他们的动作的时候,他的讽刺再没有更尖利的了,他的反话再没有更挖苦的了。他用一种掩藏不了的赞赏的态度去叙说的唯一人物,却只有他的最明显的敌人——共和主义的英雄 Cloître Saint Merri,这些人在那时候(一八三〇至一八三六年)却真正是民众的代表。巴尔札克不能够不违背他自己的阶级同情和政治成见,他见到了自己所心爱的贵族不可避免的堕落,而描写了他们的不会有更好的命运,他见到了当时所仅仅能够找得着的真正的将来人物——这些,正是我所认为现实主义的伟大胜利之一,老头儿巴尔札克的伟大特点之一。

我应当承认,在文明的世界里,无论什么地方也比不上伦敦的东头(East End),这地方的工人阶级表现着最少的积极抵抗,表现着对于命运的最大的消极,最大的屈服,这是你可以辩护的地方。我怎么知道呢,你也许有充分的理由,要想先描写工人阶级生活的消极方面,而留着这个生活的积极方面给别一部作品。

一八八八年四月初。

二

伯纳·萧的戏剧

［苏联］列维它夫

英国著名的剑桥市，向来是以自己的大学出名的，最近发生了一件不这么重要而始终登载了报纸的事变：在剑桥大学的物理数学科之下开办了一个新的实验室，将要进行大规模的科学研究，其中就有分解原子的实验。关于这件事情，英国二月四日的报纸都记载了。

同一天，报纸上还有一个关于这著名的剑桥市的消息。这就是剑桥市议会通过了一个特别决议，叫剑桥市立图书馆取去伯纳·萧最近的著作《黑女寻神记》，因为这部著作包含着对于宗教的讥笑。

在剑桥可以分解原子。然而在剑桥不准不信仰上帝。这一件本身很小的事实，在资本主义制度所产生的文化，倒是表现它的特点的。

伯纳·萧的全部创作生活，都是在指出，说明，分析那些构成资产阶级文化的本质的矛盾，那就是产生象上面所说的两件事实之类的矛盾。这一类的事实里，难道不象一点水里反映着整个海洋似的，反映那文化的全部本质吗？而萧的全部创作生活，就在指出，说明，分析这些矛盾，却并不是用外表的客观主义去估定这些矛盾，也不是被自己的创作才能俘虏了而在鉴赏这些矛盾，他是完全为着要同这些矛盾斗争，总之最后结算起来——就是同这个文化以及产生这个文化的制度斗争。

这样，第一，萧是个思想家；第二，萧是个论坛。他在思想，是为着斗争；他是用思想在斗争。萧的戏剧创作就是斗争着的思想。

萧的成为戏剧作家完全因为他是个思想家和战士而并不是因为戏剧

的体裁合于他的创作性格。照他自己所承认的来说，他的开始写剧本完全是因为他觉得经过戏剧可以达到他这个思想家战士的目的；如果他有别种更适当的可能，那末，他简直会不再写剧本的。因此，萧的戏剧作品，在世界文学里，是创作之中意识性和目的性胜利的唯一的标本。这里是他的作品的优点和缺点的根源。

我们说——白葡萄酒。我们说——白种。而事实上，这所谓"白"葡萄酒却大半是黄色的。那属于所谓"白"种的人的皮肤也并非白的，而是淡红而带黄的。这是言语的条件性，言语的呆笨。假定有一个人，他跑到店铺里去要黄的葡萄酒，或是在科学研究上宣称欧洲人是属于淡红种的，那末，大家一定会笑他，说他是戆大①。

然而你们想罢，现在这个人，不愿意把黄的叫做白的，而从这种观点上去校正他当时的整个社会制度，因而发见了这个制度的社会风俗和伦理道德上的一切层次都充满着那种条件性和呆笨性，他就公开的说出来。立刻，大家都会说他是 Paradoxer——"帕拉多克斯"家（怪僻家）。萧就是这么一回事。可是，关于萧的唯一"帕拉多克斯"，却在于他是世界文学里最不"帕拉多克斯"的作家。他只是简单地不愿意遵守已经固定的"游戏条例"，就是资产阶级文化所造成的那些规矩。这里可以看见他和托尔斯泰的奇怪的相象，不过应当说明：他在艺术的才能上虽然并不接近托尔斯泰，而在毁坏游戏条例的勇敢方面，以及无情的把黄的叫做黄的的本领方面，却比托尔斯泰强得多。

萧的戏剧里有些什么？人们在冲突——在斗争——在受苦——在胜利——在死亡？不是的。人们只在谈论。就是借着这些人的嘴，萧自己在同社会谈论。因此，一些戏剧精髓的护法神就说，萧的剧本没有行动性，不真实，他的戏剧并不是戏剧，因为戏剧的本质——是行动，是冲突。

――――――――――

① 戆大，上海方言，意即傻瓜。——原版本编者

是的,他们说得对,可是萧的戏剧也是戏剧。因为在萧的剧本里,也在冲突——斗争——受苦——死亡,不过这不是人,而是思想,观念。萧的戏剧里,没有人的典型,而只是观念的典型;这戏剧里所展开的,并非人的运命,而是观念的运命。正因为这个缘故,世界戏剧作家之中没有一个人比得上萧,他真能够在自己的创作里达到不妥协和最大限度的一贯性:要知道他决不受外表的象征主义的束缚,他没有戴上剧场条件性的脚镣,他只说他所要说的,而结束一本剧本的时候,也并不是因为他已经把题材写周到了,的确要"解结"了,而是因为他把这个"思想的结"里他所想要说的一切,已经都说出来了。任何一个戏剧作家都比不上他,他是自己材料的主人,他能够把自己的任务执行到底,完全写出自己的题旨。普通的戏剧作家,总有人物方面的无穷的麻烦,他们时常,太时常地,会把作家占领,而牵着作家走到他所并不要去的地方。这在易卜生是时常会发生的。而在萧就不会的。他所要打死的那个人物,就是一个观念,他能够很准确的打死它,而他所要赞美的那个,他也能够吹着喇叭打着铜鼓的颂扬它的全部伟大。

因此,萧的戏剧是最大的限度的有结果而又有行动性的。这里又要说到萧和易卜生的对比,这也是自然的,因为,易卜生和萧是资产阶级戏剧创作的顶点。然而这个顶点——易卜生——被浓密的永久的云雾掩蔽者。易卜生——是个天才的问号"?",没有答案的问题,没有解决的疑问。照易卜生的道理,提出伦理道德的疑问(别的疑问他是不知道的),就等于拒绝解决这个疑问,因为疑问越是提得激烈,真实,那就越要发生更多数量的可能的答案,而唯一的,能够解决的答案却越发不可能。萧——却是个伟大的惊叹号"!"——这一个顶点被斗争化的思想的灿烂光线镀了金了;对于他,提出疑问,也大半是伦理道德的疑问,就等于解决这个疑问,因为疑问的解决就包含在疑问的正确的提出,象蝴蝶包含在蛹里面一样。要知道易卜生,在他的创作的全部伟大上结算起来,他是个小资产者,被他当时社会制度里的矛盾所吓坏了的,弄慌了的。而萧,结算起来——是个智识份子的合理主义者,嘲笑他当时社会制度里的矛盾的。然而不止这一点。

因为如果是思想的争斗，观念的冲突，那也可以写哲学的对话，象柏拉图，福禄特尔，莱南……干吗把这些思想人类化呢，干吗使得这些思想穿上人的服装呢？这是因为萧不但嘲笑，并且打击；不但打击，并且打死。因为萧的思想是为着争斗。

同谁呢？同自己的看客。同整个剧场。在他每一本剧本里开展着的冲突里，他都把剧场看客当做参加这个冲突的人。而且正是他所要攻击的所要打死的那个观念的一派人。在这方面，萧也是世界戏剧作家之中的唯一的作家，因为剧场看客对于他永久是敌人，他要想说服他们，征服他们，俘虏他们。这却是柏拉图，蒙吞，柏斯卡尔，叔本华，尼采——这些道德思想家所没有想的，萧也属于这一批思想家；可是，对于他们，思想的世界是封锁的自足的境界，他们也就不象萧似的是个思想家战士。

然而无论什么斗争都必须在斗争者之间有一点儿出发点上的统一性，有一点儿所谓共同的领域。萧就在创造这种领域，使得观念人格化，思想变成两脚动物，仿佛是些活的东西。因为他知道他的看客一定要观念是照着他们的形象和类似铸出来的，一定要观念从看客的观点上看来似乎具体化的成了活人，然后才会接受这个观念。"似乎"——因为对于萧，这种活人的存在，只有在他扮演"桑德维支"观念的广告者的脚色的时候，才有兴趣。为着要说服你们——萧正是这样对付剧场看客的，说你们在某某事情上做了错误了，说这是幻想，这是条件性的谎骗，说这是黄的，而你们倔强的叫它是白的，为着这个单只有观念冲突的逻辑是不够的，你们一定还要活的冲突的假情绪，舞台上的剧情的条件性，戏剧式的纠纷的消遣。好极了，你们可以得到所有这些东西，你们享受罢，笑罢，哭罢，如果这可以帮助你们思想。然而你们始终是要思想的，无论你们怎样想避免，而且你们一定会照着我所要的那样去思想。

如果萧强迫看客和他战斗，那末，自然，他总是胜利的，他用自己的辩证法的打破一切的力量，用自己的说服力的锐利的锋芒，用自己的意志的力的无穷的能力得到胜利。

如果……他能够强迫人家接受这个战斗吗？他会有剧场看客吗？如果他们很沉闷,如果他们打呵欠,如果他们觉得没有兴趣,如果他们不激动,那就是看客不接受战斗,那就是萧失败了。而客观上萧的失败的可能是很大的,因为看客很容易发见萧的戏剧不是平常的戏剧,萧的戏剧世界里的人不是平常的活人。

可是萧大半仍旧是胜利的。他四十年来的戏剧创作生活,已经得到了世界的剧场看客。这还不是说程度很高的智识阶层之中的读者和崇拜者(这位思想家战士在智识阶层之中引起的兴趣最少)而是说广泛的看客,"街道上的人",他们到戏院里去就只是到戏院去,就只是去看戏。

然而,萧是用了很冒险的手段得到的这个胜利。这手段的冒险实在太厉害了,以致于使资产阶级的混蛋和俗物有所借口而说他是耶主爷派,估定他是"彷徨中的耶利米亚①"。

的确,不能够不想一想:萧的戏剧,这个高度的有思想的,贯穿着疑问性的,非常之聪明的戏剧,却密密的蒙上了一大层浓浓的搀杂着许多很放肆的成分,放肆得很狂暴,狂暴得很低级的趣味。这些成分是那么多,那么喧宾夺主,以致于不能够使人觉得:数量是不是变成了质量,作者的任务是不是变成了它的反面呢？在那趣味背后还看得见强有力的辩证法吗,在滑稽化的背后,还听得见思想上的疑问的斗争化的情感吗？可以很轻蔑的走过那些混蛋的恶毒的讥笑,"高尚艺术"的崇拜者的讥笑,象萧自己就是这样的态度,然而这个问题还是有的。

而且不能够无条件的回答这个问题说:没有,数量没有变成质量,是的,辩证法还看得见,疑问还听得见。无条件地,一定数量的看客认为萧是个"发笑"的作家,而从消遣这方面去了解他的戏剧的。没有疑问的,这不但是看客不好,作家自己也不好,因为萧有时候沉溺在趣味主义里,把它当做目的的本身,而成了自己的手艺的牺牲。这是这样的。

然而这个结果是什么呢？每一个艺术家,而尤其是这一位艺术家,都

---

① 耶利米亚是以色列民族衰亡时的哀歌作家(见《旧约》)。

必须在他的弱点上去研究他,在他的强点上去判断他,这就是萧的戏剧的弱点——他的弱点并不象通常所想的,说他的作品里没有"活人",没有"生活的冲突",没有"真正的热情"(其实这倒是他的强点和特色),他的弱点是在于他没有一种限度的感觉,往往使得自己的戏剧过分的充塞了趣味。但是这些趣味成分——并非萧自己发明的,并非他所造出来的,而是他从外面拿来的,从一些现成的体裁,印板的公式里拿来,装进自己的戏剧,差不多是机械地穿插进去的,因此,这在他是并非典型的,并不是他的特点。而他的强点——上面已经说过了——这却正是他自己的,正是他的特性,正是规定他的创作力量的。萧在戏剧创作方面,弱点是他所采取了来的,而强点却是个性的,在这个意思上来说,他正是辟朗德洛①的鲜明的反面,要知道辟朗德洛也是个剧作家的思想家,聪明戏剧的明星。然而糟糕的就在于他的强点——他的聪明——辟朗德洛是从叔本华和蒿普德曼②那里租来的,而且这些叔本华和蒿普德曼已经被"欧洲日暮"的情绪所扩大了(或是缩小了);至于辟朗德洛的弱点——是沉溺在形式的构成主义里面,这是他自己的弱点,是辟朗德洛所专利的。而萧呢,他的强处是他萧自己,他的弱点——唔,象随便那一个法国轻松的滑稽戏的导演。然而关于"导演"我们可以忘记的,因为这个弱点,是萧故意拿来放在自己的肩膀上的,为的要使自己的强点更加有行动性,更加有真正的感动力,更加达得到目的。如果萧有时候使自己的人物颠倒的站着,头放在地下,为的要使看客的脑筋搅动起来(萧认为这是把脑筋弄清楚的必要条件),那末,你自然不会来反对他这个方法的。而资产阶级的脑筋,萧的确搅动了;这是他四十年的工作所达到的成绩。

然而还有一个最后的问题:搅动是搅动的了,是不是弄清楚了呢?

这里,历史的过程就来干涉了:不管萧的全部巨大的例外的能力,简

---

① 辟朗德洛是有名的意大利戏剧作家。

② 蒿普德曼,今译霍普特曼(G. Hauptmann,1862—1946),德国著名剧作家。著有《织工》《沉钟》和《日出之前》等。——编者

直可以说是世界文学史上的唯一的作家,而历史过程始终比这位英国剧作家要聪明些。

这个历史过程规定了萧的创作的社会上的限制性,他的戏剧创作完全只有破坏的作用。他想要造成什么积极哲学的系统的企图,把个别的"黄的就是黄的"的格言联络起来做成整个的练条的企图——通常总是得着很苦痛的失败。然而应当说明:他也不坚持这些企图,自己觉得这不是他的强处。萧该着很大数量的杠杆,他用这些杠杆推动思想世界的各个个别的方面,而且很有效的;然而在统一的整个的过程之中去振作这个世界所必需的那个支点,他却没有找到,虽然他一直在这支点的周围和附近绕着圈子,因为萧对于马克斯主义宇宙观的态度永久只是一种好玩的态度。对于这种关系为什么没有更加认真些的态度,这不是由他自己决定的——那是另外一个题目。可是,还用得着说萧能够成为什么样的人吗?难道单是萧是什么样的人这个题目不已经够广泛,够丰富的了吗?

剑桥实验室将要干那种有世界的重要意义的工作,分解原子核的工作,这些原子核将要受着攻击,受着特别光线的结合体的轰炸。而剑桥市议会禁止萧的书又是什么意思呢?要知道萧也是一个实验室,强有力的实验室,他用他自己的创作的目的倾向性和目的射击性的例外的贯彻一切的光线,在那里轰炸和破坏资产阶级文化的伦理道德和社会风俗的价值的原子。

这里是萧的伟大的革命意义。他是现代资产阶级戏剧里的唯一的思想家战士。

上面所说的一切,只不过是说出来的,宣言的,规定的,还一点没有证明,没有指出根据,没有描写。这不是偶然的:这篇文章只是研究伯纳·萧的创作的导言和提纲式的摘记。没有疑问的,这个研究是马克斯主义艺术学的重要任务。这几行文章就是写给将来的研究者的。

恩格斯论易卜生的信

——给爱伦斯德

[德国]恩格斯

仁爱的先生：

可惜我不能够答应你的请求——写一封信给你,使你能够利用它去反对巴尔先生。这将要使我加入公开的争论;而参加公开的争论,那简直要我自己偷我自己的时间。因此,我现在写给你的信,只是给你个人的。

而且你所说的斯肯狄纳维亚的妇女运动,我完全不熟悉,我只知道易卜生的几篇戏剧,而绝对的不能够想象:在什么程度里可以认为易卜生应当负起资产阶级和市侩的升官主义妇女的"歇斯迭里"的"觉悟"的责任,这种歇斯迭里——神经病似的情形当然是多多少少各自不同的。

通常说惯了的所谓妇女问题的全部,它的范围是非常之广泛的,在这么一封信里面是不能够说得尽的,甚至于要说得自己满意也是不可能的。然而无论怎样,有一点是没有疑问的,这就是马克斯不会"站在"巴尔先生所给他的"观点之上"。除非马克斯发了疯。

至于你用唯物论的方法去分析这个问题的尝试,那么,首先我就应当说明,唯物论的方法变成了它的反面了,因为运用这个方法的时候不把它当做研究历史的指导的线索,而把它当做现成的滥调,就这么勉强的去凑合历史上的事实。假使巴尔先生以为他把你在犯罪的地方当场捉住了,那么,我觉得他是有点儿理由的。

整个的挪威,以及挪威的一切,你都把它归到"市侩"的范畴里去,然后,不管一切的,又把你所认识的德国市侩的特性都归到挪威的市侩身上去。可是,这里有两种情形妨碍着你。

第一,整个的欧洲克服拿破仑的时候,对于拿破仑的胜利就等于反动对于革命的胜利,只在拿破仑的本国,就是法国里面,革命还有一点儿威势,所以从那复活的保王党的政权手里,还得到了资产阶级自由主义的宪法;而挪威却能够争到了最民权主义的宪法,在当时的欧洲宪法之中比较是最民权主义的。

第二,最近的二十年当中,挪威的文学非常之发达,除俄国之外,没有一国能够象它那样享受文学的光荣。不管你把挪威人当做市侩看待,还是不当做市侩,总之,他们比较其余的民族,的确造出了更多的精神上的宝贝,而且使别国的文学也露出挪威影响的痕迹,德国文学也是如此。

如果你估量了这些事实,那么,你就应当承认:这些事实,和把挪威人归到市侩的范畴,而且是德国式的市侩的范畴,是不大相称的;照我的意见,这些事实使得我们有一种责任——必须更精确的决定挪威市侩的特殊性质。

你大概可以在这里找到很大的区别。德国的市侩,是失败了的革命的产物,是打断了的停滞住的发展的产物;德国的市侩,得到了自己的别致的,表显得极厉害的懦弱,狭隘,无用和无能的性质,他们不能够有任何的发动力量,这是由于"三十年战争"和它以后的时代;而在那个时代,其余的伟大民族却正在猛烈的生长。德国市侩的这种性质一直保存到后来,又是历史发展的潮流来冲动了德国;这种市侩的力量足以使德国的其他社会阶层都受着他的影响,简直成了一种一般的德国式的典型,直到后来,我们的工人阶级才出来冲破了这些狭隘的范围。德国的工人,正因为他们丢掉了那种德国式的市侩的狭隘性,所以他们是最激烈的"祖国否认者"。

这样,德国的市侩不应当认为是一种正轨的历史阶段,而是一种变态——变到极端的滑稽画,它是变种的标本。英国的,法国的小资产阶级等等并不和德国的小资产阶级站在同一个水平线上。

挪威的小农和小资产阶级,混杂着一点儿中等资产阶级——却是相反的,他们很象英国和法国十七世纪的情形——几百年来都是社会的正轨状态。这里,说不上因为伟大运动的失败,因为什么"三十年战争"而勉强回复到发展上的陈旧阶段上去。这个国家,因为自己的隔离状态和自然条件,所以落后了;然而它的一般状态,永久是和生产条件符合的,因此,也就是正轨的。直到最近,这个国家里方才出现一些大工业的萌芽,而且是散漫的;然而最有力的资本集中的动机——所谓交易所——在这里是没有地位的;不但如此,巨大规模的海外商业还有一种保守主义的影响。各国到处都是轮船排斥了帆船,而在挪威还正在增加着帆船的航业;全世界之中,挪威的帆船数量即使占不到第一位,至少也要算第二位,而这些帆船,主要的是属于小船主和中等的船主的。无论怎么样,这种情形使得陈旧的停滞状态开始运动起来;而这种运动就反映到了文学的发达上了。

挪威的农民从没有做过农奴,而这个事实——在加斯替利亚也是一样的——就在整个的发展上留下了自己的痕迹。挪威的小资产阶级是自由的农民的儿子,因此,他比较起德国的市侩来,他是个真正的人。同样,挪威小资产阶级之中的妇女,比较起德国的女市侩来,也要站得高得多,简直不能够比较,无论易卜生的戏剧有什么样的缺点,这些戏剧之中所反映的世界——虽然是中等资产阶级的小小世界——可是,比德国的要高得多,简直不能够比较;易卜生戏剧里所反映的世界之中的人物,还有他自己的性格,还能够有发动的力量,能够独立的行动,虽然从外国人的眼光看起来,他们都有点儿奇怪。所有这些,我认为必须根本上去研究一下,然后再发表自己的意见。

现在,再回过去说一说起先说的事情,就是关于巴尔先生的问题。我应当说:我是觉得很奇怪的——现代德国人互相对付的态度是认真到了什么程度。讽刺和幽默大概是禁止得比任何时候都严厉了,沉闷的口气成了国民的天责。不然呢,没有疑问的,你一定会更注意些去观察巴尔先生的"妇女";他的"妇女"简直没有"历史的发展的"痕迹。妇女的皮肤是历史的发展的,因为这个皮肤应当是白的或者黑的,黄色的,棕色的,或者红色的——所以不会有简单的人的皮肤。她的头发也是历史的发展的——蓬松的或者波纹的,蜷曲的或者笔直的,黑的,黄的或者淡黄的。因此,妇女不应当有简单的人的头发。如果把妇女的皮肤,头发和一切历史的发展的东西除开之后,那么,在我们前面的所谓"就是这么样的妇女",还剩得什么呢?简简单单只是 Anthropopitheca① 的猴子,请巴尔先生抱着"这个容易摸着的彻底透明的"她,到自己的床铺上去,并且连她的"自然本能"也带了去罢。

伦敦,一八九〇年六月五日。

---

①   Anthropopitheca,即类人猿,此处为译者用俄文的拉丁音标拼写。——编者

四

马德志尼论"不死"书

[意大利]马德志尼

这封信最初是在英国 *Labor Prophet* 杂志上发表的。俄文译本载在《星期》(*Nedeyly*)小册子里,还附着托尔斯泰(Tolstoy)寄给《星期》编辑者一封信:

"我从英文译了一篇《马德志尼论'不死'书》,现在寄上给你。似乎这一篇文章还没有到过俄国。我以为这封信不但是很有意味,而且有益于读者。"

绪言(英文原本的绪言)

这封信是爱美松(F. Emillson)校对的。我们更当感谢著者的情意,他编了这封信。我们同样感谢这封信里所论的事情。这封信表示马德志尼的信仰,是他对于"不死"的信仰。所以决不能没有意味,真正的信仰决不在于教义的学说。真正的信仰是在我们的心灵里,与我们的"道德经验"和"道德胜利"一同生长的。

马德志尼的信仰既是如此,所以他能说"我于现在的宗教都不信仰",而仍旧是深信宗教的人。有一个英国人,他很认识马德志尼,他说马德志尼决不能有不满意(失望)的时候,而这封信里,那温雅的意想,也足以使我们领会些那种性格的"非常之美"。然而许多人,他所竭力救的,他们看着马德志尼,好像是残暴的革命党,为浮夸之言所吞灭的。我们直到现在竟受了预言者的影响。

马德志尼到伦教的时候，他遇见他的一个朋友，是沤文（Robert Owen）派的社会主义者，是一个急进党党员；马德志尼同他谈话，他很受感动。

过了几个星期，马德志尼知道上次同他谈话很受感动的人正在极痛苦的时候，他新丧一个独子。马德志尼听了这个消息，心上很难受，轻轻的离开他的朋友们，走进别间屋子，过了些时候，就拿了一封信走出来，这封信就是请他们送去的。

马德志尼死后，得这封信的人已经穷困了，在某地做生意。有一个富人知道了这封信，跑到他铺子里要想买那封信。那掌柜的回答他道："即使你给我做一座金柜台，我也不给你那封信。"

马德志尼的信

仁爱的先生！

虽然我们只见了一面，我们相见真是情意相投，这是我永久不忘记的。现在呢，你很痛苦，我想到这件事，就很愿意与你握手言哀，和你分些悲痛。你千万振作精神，"死"是神圣的事情，我们应当领会到的。你丧你的幼子，你悲痛。可是你的悲痛千万不要是枯寂无着的悲痛，不要是无神论者的悲痛，那是不能离地远瞩的人才有呢。那是你的灵魂和死者的灵魂都受屈辱了。我不知道你所信仰的是什么。我于现在的宗教都不信仰，因此我决不能迷惑，而去盲从某种传说或教育的势力。然而终我一生，我寻思我们生活的正道，能怎样深切便怎样深切。我于人类的历史里和我自己的意识里寻思那生活的正道。我决定这不变不坏的定义，就是："死"不能存在。所谓生活不外乎永久的生活。无限的进步就是生活的正道；一切方法，一切意想，一切志趣，凡是我所有的都应当"有"自己证验的发明。我们统率得住观念，意想，志趣；这些都高出于我们物质的（地上的、尘世的）生活能力万倍。我们统率观念，意想，志趣，而不能由我们的感觉去随顺着这些观念,意想,志趣的来源,这一件事,就足以证明这些观念,意想,志趣发生于我们心里,是在于物质(地上)以外的范围内;这一件事就足以证明这些观念,意想,志趣只有在于物质(地上)以外,方才能够证实。除形式以外,大地之上没有能消灭的东西;因为我们的形式死了就以为"我们"死了,这正和因为工人的工具用坏了就以为工人死了一样的。

从此,我丧亡我祖国故乡的亲戚(所剩的就只一个妹子),这个信仰,所谓我的信仰因以判断,理性,心灵,爱情去试验而成立了。我很悲痛直到现在还是悲痛,然而不失望。我觉着"死"是神圣的。我觉着爱情的新责任涌现于我之前。我觉着我应当永久不忘掉我所丧失的亲友;我应当更信实更挚爱对于别人的关系:应当更真实去履行我的责任,为着他们,为着我自己。我觉着假使我不这样去做,他们就很受苦。我觉着我这样去做,我们相遇的时候就快到了,我就去履行我的责任,这个责任持续于真实的地上的(物质的)爱情之中。

于每人坟墓之前,我尽力思善。我是为逝者所信的,因此见他们一个一个的逝世,我更一天一天的伤心。然而我深信我的爱情不仅是情感,而是高尚神圣的事。爱情是花的萌芽,是盟约,是责任,他从这地生长到别处。好像是每棵花有在地下的根,就在开在地上的花。

我愿意你也有这样的感想。我不能信你已经领悟到这个感想。假使没有这个感想,虽使像我一样的去宣言那万能的灵魂,那生在地上的人的灵魂,有他们尊贵的传说,这是终究不能领悟的。但是,我的试验现在我告诉你,是竭诚证实我永久不忘我们的相遇;我对于你,你夫人丧失你们的独子,我对于你们痛苦表极端的同情。

马德志尼上。

五

社会之社会化

[德国]伯伯尔

伯伯尔①(Fordinand-Auguste Bebel)生于一千八百四十年,为德国社会党首领。这一篇是他的杰作,还有一篇《妇女与社会主义》(*Femme et Socialisme*)也狠有名的。

这篇又名 *Lasociétéfuture*②,是俄国《钟》杂志社丛书初集之十;《妇女与社会主义》是丛书初集之九,都是一九〇五年俄国政府书籍检阅局批准发行之本。我现在所译的就是俄文本,德文原本我没有看见过。读者如能搜着德文本参看,校正我的错误,就不胜感激了。现在可以把《钟》杂志社的情形稍微写一点,以作参考。俄国文学界在欠鲁塞(Nicolai Tchemyshevsky)③及陀字洛留伯夫(Nicolai Dobrolierboff)④之前,赫尔岑(Herzen)⑤负极盛的盛名,著作编辑,做当时文化运动的前躯。亚历山

---

① 伯伯尔,今译倍倍尔(Fordinand-Auguste Bebel,1840—1913),德国社会民主党和第二国际的创始人和领导人之一。著有《自传》《妇女与社会主义》《基督教与社会主义》等。——编者

② 即《未来社会》。——编者

③ 欠鲁塞,今译车尔尼雪夫斯基(Nikolay Gavrilovich Chernyshevsky,1828—1889),俄国唯物主义哲学家、文艺批评家、作家和革命民主主义者。——编者

④ 陀字洛留伯夫,今译杜勃罗留波夫(Nikolay Alexandrovich Dobrolyubov,1836—1861),俄国著名的革命民主主义者和文艺批评家。——编者

⑤ 赫尔岑(Alexander Herzen,1812—1870),俄国革命民主主义者、唯物主义思想家、作家。——编者

大二世热心改革新政的时候,赫尔岑住在伦敦,创刊自由主义的机关报即名《钟》(Kolokol)。一八五七年十一月二十日农奴解放之诏①下,赫尔岑大为所动,曾作有名的《亚历山大二世之祝词》,第一句引罗马齐利安帝(I'Empereur Julian)的话:"加利纳衣人呵! ……你们胜了。"当时政府也非常注意这个杂志,曾经以《钟》杂志中所载关于农奴解放问题的论文颁发于农奴解放案起草委员。那时朝野人物都视《钟》为高等法院。他所发行的丛书,约有三十余种。他是输入社会主义于俄国最早的杂志。由今日看来,《钟》确是有功于宝雪维几②呵!

一九二〇,四,十三,译者志。

一

　　一切资本及工具让渡于社会的利益。——一切宜于劳动者之劳动责任,不分男女。——每日社会必需的平均劳动时间。——互助工作。——工作时间的减少。——全社会的生产方法及需要者的充分满足。

改变一切劳动的资本为共有,就能创立社会的新基础。对于男女两性的生活及劳动境况,在工业,农业,运输,教育,婚姻,科学,艺术,娱乐上,一概根本上改革。人类的生存便得一种新境地。渐渐地国家的组织失去它的根据,而国家消灭,国家以某种方法自然自行消灭了。

国家——是初民共产社会以来社会的发展之产物,初民社会破坏,而私有财产制发达起来。社会中因私有制的发现,于是发生相反的利益。于是发生职业阶级的对抗,因此利益相异的团体之间不免于阶级斗争,而且威迫新秩序的存在。因为要压迫新秩序里的反抗者,保护他们所威迫

---

① 农奴解放之诏,俄国沙皇亚历山大二世(Александр Ⅱ,1818—1881)于 1861 年签署"农奴解放诏",此处"1857 年"说,时间有误。——原版本编者
② 宝雪维几,今译布尔什维克(Bolshevik)。——编者

而成的私有财产制,于是要求一种组织,可以决胜这些攻击,而宣告私有财产制是"合法的,神圣的"。这一种组织就是保护维持私有财产制的力量,于是成为国家。国家以法律保证私有财产者的所有权,于是有抗拒破坏法律上已成秩序者的人,如审判官,执法官。其实实在情形呢,就是统治阶级私有财产者及统治权力的利益因此而永久保存。国家组织的变更,只有私有利益要求他的时候。所以,假使国家是根据于阶级统治的社会秩序所必要的组织,那么,设阶级对抗与私有财产制的消灭一旦实现,国家就立刻失去他存在的"必要"及"可能",国家因统治所生关系的移转而渐次消灭,正如,设若没有对于超自然神或天赋理性及超自然力的信仰,宗教就即消灭一般。文字须有涵义,没有涵义,文字就不能表示意思。至此,资本主义化的读者或者要说:这也狠好,然而依何种正当的理由,而社会应以这些破坏基础的变更及改造来整理呢? 这正当的理由,也就是一切相似的变更及改造的——就是公共幸福。权利的来源不是国家,是社会,国家的权力只是社会的代理者,有权去管理及处置的。统治阶级的社会以前都是有限的少数人,然而他却以全社会(人民)的名义行事,自己算是"社会",正如路易十四(Louis XIV)①自以为是国家"L'étatc'est moi"(朕即国家)。假使我们报纸上写着:一季已到,社会到城里来了;或者:一季已完,社会到乡里去了;这些记载,不是说全人民,而是说数万上等人而已,他们代表"社会",他们也就代表"国家"。群众呢——那是平民(Piébeien),贱民(Vile Multitude),细民(Canaille),人民。照此情形,所谓国家以社会的名义,为公共幸福而建立,不过统治阶级,却先一切人而受利益幸福。"Salus reipublicae suprema lex esto"(公众幸福将为最高的法律),是大家知道的,古罗马的法律原理。可是,谁是罗马的公众呢? 是被治的人民? 是百万奴隶? 不是! 是比较少数的罗马市民,最先是罗马贵族,而这些市民衣食生活都得自被治者的。

当中世纪时,贵族及封建诸侯掠夺社会的财产,他们却算是"依法"

---

① 路易十四(Louis XIV,1638—1715),1643—1715 年为法国国王。——编者

的,是"为公共幸福的利益"的,因此他们得切实支配共有私产以及无助的农人之私产;中世纪历史家人人都如此说,直到新时代。最后一千年间,均产历史其实非他,就是无间断的共有私产及农人私产的掠夺史,这种掠夺乃各文明的贵族,僧侣所实行。欧洲当法国大革命①的时候,没收贵族,教会的财产,是"以公共幸福为名的",而八百万地主的大部分就组成法国资产阶级,依赖这没收事业为生。"以公共幸福为名",西班牙屡次禁止教会的私产,而意大利收买他,又简直受那热诚的"神圣私有制"保护者的欢迎。英国贵族一千年来掠夺爱尔兰及英吉利人民的私产,从一八〇四到一八三二年又以"公共幸福的利益为名",与"法律上"自己规定得3,511,713亚克(Acres 地亩名)的地。当北美释奴大战②之后,释放几百万奴隶,获得自治的特权,而无所报酬,这才是"以公共幸福为名"呢。我们资产阶级的发展——不间断的收买及没收的进程;工厂主收买吞噬工人,大地主收买吞噬农夫,大商贾收买吞噬店伙;毕竟——一方资本家,一方别一等人——就是一方愈强大,一方愈弱小。假使要听着我们资产阶级的话,他们总是说"为公共幸福","为着社会利益"。

"白鲁梅"(Brumaire)③的十八日及那年十二月二日说是拿破仑军"救了""社会",而社会感谢他们。假使在将来,社会只是自己救自己而已,自己掌握特权,即以此创立社会,那社会才真在历史上有非常的价值;那社会不是为一部分的利益压迫别一部分,而是平等的保证全体之生存条件,使人人能得生存。从道德的观察点上看来,这是最尊贵的"极度",至某时期就能为"社会"所达到了。

---

① 法国大革命,此处指 1789—1794 年法国推翻封建专制制度,确立资本主义制度的革命。——原版本编者
② 北美释奴大战,1862 年 2 月,维护农奴制度的美国南方各州发动叛乱。总统林肯(北方)为挽回战争初期的失利,于 1862 年先后颁布了《宅地法》和《解放黑奴宣言》,从而大大鼓舞了工人、农民和黑人参战的积极性,最终赢得了战争。——原版本编者
③ 白鲁梅(Brumaire),法国帝政后,拿破仑从埃及返国,恢复政权的那一天叫做白鲁梅(意即 dix-huit 18),即共和八年十一月九日。

这巨大的财产没收之社会的进程以怎样的形式实行,他又有怎样的特色,却不能预言。谁能知道那时的情形怎样。

罗伯都(Rodbertus)①致基尔黑孟(Kirhman)《论社会书》第四函,题为《资本》,一百十七页上说:"废除土地,资本的私有制,不是空想,而是经济学上完完全全有意义的。废私有制是社会的最澈底的辅助,可绝无疑义,社会受土地及资本所有利息的痛苦,狠简单而易见。所以废私有制只是以唯一的废除土地资本私有为方式,私有制没有时候不侵坏国家资产的发展及改良。"我们的均产说者,看了他们以前同党者的这种观察,又要说什么呢?

设以类似的办法处置一切之后,事物的大概情形又是个什么样子,这是不能完全预定的。谁也不能知道,下一辈人对于各人的境况,将要创立一种什么样的社会组织,以及他们用什么方法去满足自己的需要。在社会里,就是在自然里,都是渐次迁流变化,一种现象显出来,别种现象就倒下去,旧的死去,新的更适于生活的就代替他。渐次而有各式各样无数的发明,发见,改良,这些影响及意义,谁都不能预测,他们却总是革新及变化。

以前的学说,只以为一切事物依着共同的原理发展,都导源于已成的解释,生活中原理的说明也是能达到预先知道的程度的。社会直到如今还是存在,它却没有预定的方针,个人不能以自己的观察指导他的,虽则"他们想去解说而自去解说他";社会是一种组织,依着确定的道理发展,他自有一种道理;将来呢,关于个人自由的指导及方针更没有意义了。那时社会成为德谟克拉西②,他达到自己存在的玄理,他开放自己特别发展的道理,为着他久远的进步,现在可以适当改革那些道理。

假使能狠快的以一切劳动的工具管理社会,根据于社会化的社会之

---

① 罗伯都,今译洛贝尔图斯(Johann Karl Rodbertus,1805—1875),德国经济学家、社会主义者。——编者

② 德谟克拉西,即英文 democracy 的音译,意为"民主"。——编者

道理,就能成立一切适于工作者的劳动责任,没有男女两性的分别。无劳动,社会不能存在。自然,社会就有权要求各人,他愿意满足他的需要,他就应当尽他物质上及精神上的适宜性,去参与工作,制造满足一切人需要的东西。他们说社会党要废除劳动,那是完全不合理的。游手好闲的人只能存在于资产阶级化的世界里。社会主义正如《圣经》,就是说:"谁不劳动,他就不应当吃饭。"不过劳动,应当为有益的生产的行为。所以新社会要使人人都做一定的工业,技艺,农业或者别种的有益行动,借此才能履行一定的劳动职务,以满足生存的需要。无劳动就没有安乐,无安乐也没有劳动。

因为大家有负责的劳动,于是大家同样享受利益而实行三个劳动的条件:(一)工作有相当的休息,不致于过劳;(二)工作能有兴味,能变换样式;(三)工作就能为生产的,因为适合于工作时间及工作兴趣。这三条件又都适合于管理工作方法及工作力之中的种类及数量,适合于社会所要求于生活状况的。建立社会主义的社会不是要大家生活于无产阶级的状况中,而是要消灭那大多数人的无产阶级生活状况。社会主义的社会竭力要使人人得到最大可能的生活安乐,于是发生一个问题:社会的要求有怎样高呢?

要回答这一个问题,必须有管理社会事业的一切范围。对这个关系,我们的市区可算是适当的根据;假使以为他太大,不便调查,可以把他分析开来。要像古代初民社会里一样,现代市区的居民,没有男女两性之别,大家参与选举,推定管理的委员。各地方管理之上有中央管理,可不是有统治权的政府,而是集议的执行管理处。中央管理处或者由全社会直接推定,或者仅由各市区管理处推定,这没有什么区别。这些根本上的问题又不是像现在这些问题的意义,并不是代理职务者就有特定的尊荣,较大的权势,较多的收入,而是信用委任,任用能办事的——男子或妇女无所区别——轮流担任或者再行选举,专视选举人的需要及观察。一切地方都是暂时代理……至于那些适用能力,我们看来没有分别,那个问题,不过是中央与地方之间应当不应当有空间的阶级,譬如省区管理等等。显得这些阶级是不必要的,只使他有用于生活;这些都是多余的,可以不必建立。一切议决的意思就充分见之于实行。因社会的发展,一切旧的建设用不着了,就废除他,无所争论——不能因某人私自的利益而保存他——而后代之以新的。因此呢,这样的管理,是建筑于最宽的德谟克拉西的基础上,根本上与现在的不同。现在呢,因为管理最无意义的变更,就必要有我们报纸上那么许多争辩,我们议会里那么许多争论怒骂,我们国务院里那么许多官样文章!

最紧要的——就是在管理之下确定有劳力者的种类及数量,正如劳动的工具及资本的数量性质,就是工厂,技术家,交通事业,土地,地基等等,以及工作适性的数量性质。其次就要确定现时的贮蓄,以及在一定期间社会生存所必要的各种生活需要东西的限度。更有,像现在的国家及别种社会的组合,确定每年度的预算,也要按计全社会的关系制造,才可以不要除出各种因扩充的或新的需要而附加条件的变更案。统计因此更为重要;他依着最重要辅助的科学去做,在新社会里,他与一切社会事业以计划。

现在的统计已经有这样广大的类似目的。国家及公共的统计已完全根据于统计学,每年分支管理。向来的试验及已成的成绩于日用的需要,能轻减他们的工作。每一个稍大的工厂企业家及商人,于有规律的条件之下,切实预定他前一季所需要的以及他以后所要生产及购买的东西。他能很容易的,绝无困难,预先估定一切,除出例外,偶然发生某种重大异常的变更。

因于那种盲目生产及无政府状态的生产的危险——就是无意识的购买,贮蓄,需求一切世界大市场上的东西——使以前的大工业家,各种工业分支的工业家,联合而为托拉斯,卡德尔及工团——显得,能一方面价格有定,别一方面整理生产,使合于公共试验及订购的方便。适合于各单独企业的生产力及大约的销路,规定各支店最近几月中的生产量。如毁弃条约者,就科他以多量的罚金,堕落他的信用。可是企业家订定这些条约,不是为公众的利益,而是妨害他,只顾自己的利益罢了。他们的目的是在于利用同盟的能力,去取得最大利润。所谓整理生产,却是迫着公众出狠高的价钱,这是单独的企业家,在市场竞争之下,永久不能得着的。这就使他们消费者所必要的生产品强迫着要出那些价钱,真是敲剥那些消费者以为自杀。那些卡德尔,托拉斯等,侵害消费者的,也就侵害工人。企业家整理生产而使一部分职员及工人,为着维持生活,强迫着低价出售自己的劳动,比他们同伴工作的少得报酬。而且卡德尔[①](Cartel)的社会力如此之伟大,工人的组合狠少能抗拒他的。所以企业家得两重的利益,货物可以以高价卖出,工资却又可以付得狠低。这种是企业家联合的整理生产法,却有与他相反的一种整理法是可以存在于社会主义的社会里的。在现在呢,结果是企业家得利,在将来呢,结果是全社会得利。在资产阶级化的社会里,那组织得最好的卡德尔,其实也不能检查预防各代办经理者;市场竞争及投机事业仍旧活跃于世界大市场之上,偶然检查出来,那巧妙的计划才能破获。

与工业相似的商业,也定着大统计。每星期大海口商港有报告的油,咖啡,棉花,糖,谷类等存货一览表。可是这些都不真实,因为货物所有主常常因自利起见,使真实情形不能知道;大概这发表的统计,只够使得利者能于最近期间内破坏市面。然而,这儿可得注意投机事业,投机事业是常常容易欺人,而破坏一切计划,使一种有希望的事业不能执行。而且,在资产阶级化的社会里,一般的生产整理,因为几千私人生产者与他们的相反利益,所以是不可能的;正如因大多数商人的商业投机,以及他们利益的相反,那生产品的分配整理也是不可能的。假使消灭私有的利益,或者能做得到,那时共同的利益就应当统治一切。有一个证据,譬如,各文明国家每年所组织的统计,能每年算定收获的总量,这个收获的统计确能使特定的需要,及大约的价格有一个生产的限度。

在社会化的社会里一切关系都关及全部分的;全社会连合保证。一切都按照确定的计划做去,都按着确定的程序做去,于各种需要都容易设

---

① 卡德尔,今译卡特尔(Cartel),普通垄断组织形式。——编者

定办法,苟一次得着某种试验,就竟直活泼泼地简单的去实行。譬如,统计成就,要多少面包及肉的生产,要多少鞋靴衣服等类的生产。一方面又能使生产方法恰恰适合于那个计划,那么,就容易算出每天社会必需的时间。因此更容易知道其余一切,于确定东西的生产,要不要新计划,或者怎样销去那些剩余东西,或者设法销用那些于别的目的。

每人自己决定,他做那一类的工作。劳动的范围宽大,大多数能做到各人所愿意注意的。假使一种工作里发现余剩的现象,别种工作里又觉着力量不足,那么,管理处用相当的办法分配劳力,使他均等。组织生产,处理各种劳动力,这是当然要的——于此就知道,选举管理者是最重要的事。一切劳动力愈加互相适合,那劳动机械就愈加安宁。劳动分局及支局选举他们的管理者。这不是像现在管理者及技师长似的一种监督者及检察者,而是同伴,他们是被派去执行管理的职务,以代替生产的职务。他们决不能算有较贵的组织,较高的身份,比较一切人员;这些职务可以轮流执行,与一切职员一样,没有男女两性之别,在某一程序内,大家轮流执行管理员的责任。

劳动的组织,是完全的自由制度,是德谟克拉西的平等制度,于这样制度之下,各人为着全体,全体就为着各人,为完全的连合保证所统治;大家工作制造一切,如此之争先恐后,在现代经济制度之下所万万没有的。这种欢乐创造的精神,也就是劳动之生产。

再则呢,因为大家为大家互相工作,就可以大家受着利益,使以最少的劳力,最短的时间制成最完善良好的物品。节省工作时间,又用这些时间来生产新的生产品,以满足更高的需要。这样的相互利益使大家都愿意去改良,改简,改劳动的过程。并且大家去创造发明发见一切,更使尊荣心达到最高度；大家就要去竭力互相争胜，以研究学说及启发思想。①
所以这个刚刚与反对社会主义所说的相反。在资产阶级化的世界里害杀
多少个发明家呵！有怎样多的人，起先大家利用他，随后又丢开一边呵！
假使以知识及天才，代替资产阶级化的社会里主要的私有财产，那么，大
部分企业家的地位可以让给他的工人，手艺者，工程师，技术家，化学家等
人。有百分之九十九，这些人能发明，发见，改良一切，而人家却只以金钱
来利用他们。那样的发明家，只因为找不着那种人，来给他们资本，以实
行他们的发明及发见，因而淹没的有多少；有职务的发明家，竭力于每天
生活的社会需要，而不能发展的，又有多少。世俗的绅士却不是头脑清
楚，智慧敏利的人，而是有大资本的人；这些人不可以和他们说，清楚的头
脑与装满的钱袋不能相联合起来，同在一个人身上。

于实际上，人人都可以知道；说工人能有关系于一切改良及新建设，
是不可信的。这话狠对。常常因此而得利的不是工人，而是企业家；工人
应当怕新式机器，一切采用建造的改良，常常使工人受苦，有新机器，工人
就成为赘疣。那些发明本是与人类以尊荣，能创立新利益的，应当可以因
此而欢乐庆祝，在工人看来却只值得咒骂。有多少生产进程里要工人做
的改良事业，简直没有进步变化。工人暗地里隐匿他们，因为怕他们不能

① 穆勒（John Stuart Mill，1806—1873）说："由经验可以看出，竞争力引起极大的努
力，就因为要人家夸奖赞叹的缘故，这是到处都有益的，只要是在大家公开，竭力
想互相超胜的地方竞争，即使那种竞争的东西是空泛的无益于公众的。竞争有社
会的意义更好，可以显出那种竞争不是社会党所反对的。"——穆勒《经济学》。每
一连合，每一同目的者的集会，真能有高尚趋向的多量规范，他的成功不在物质
上，而只在精神上。加入竞争，自然就引起尊荣心的趋向，为公共事业的利益而改
善。这一种尊荣心却是好的；他能为公共幸福，而且在此处他个人也能得着满意。
然而假使有一种尊荣心，能为全体之害，或者因有这种尊荣心而想掠夺别人的劳
动，来自己享福，因而见之于事实（那是没有社会意义的），这一种尊荣心（虚荣心）
就是有害的，应当反对他。

有利,而且还要有害。这是相反的利益之自然的结果。①

在社会主义的社会里相反的利益就归消灭。人人发展自己的特性,为一己的利益,同时也就为社会的利益。在现在时代,满足个人的一己,与公共幸福,大概都是相反的,彼此不能相容;在新社会里,这些相反的现象,都会消灭,满足个人的一己与适应公共幸福能互相调和合一。②

可以知道类似的有规律的情形之巨大的影响。劳动之生产能发达得更甚。他所以能特别发达,更因为禁止工作力的大分裂,不使他分裂为几万几百万个小企业,以致于用极不完善的工具及不足的资本去生产。连合小企业为大企业,供给他以最新技术的利权,就可以取消一些巨大的劳力,时间,有用的材料(燃料等),及地方之费用,像现在时代似的,于是可以增加好几倍的劳动之生产。要知大企业,中企业,小企业之间生产的分别,可以看一八九〇年马塞徐赛(Massachusetts)地方的工业调查表。十处主要工业地的企业分做三类。生产品价格在四万元以下的作为下等企业,生产品价格自四万元至十五万元的作为中等企业,生产品价格在十五

---

① 都兰(von Tunen)所著《绝国》(*Der isolirte Staal*,*Rostok*)中说:"相反的利益有一个原因,因为利害的冲突不能免去,无产阶级与有产阶级就永久不能妥协。不但是指导工作的安宁,而且靠着工厂生产的发明,建筑马路铁路,建立新的商业关系,并国民的收入也一天高似一天。然而在我们现代社会的秩序之下,这全不关及于工人;他的境遇无所变更,两全收入的增加却完全归于资本家的企业家,及地主。"这些情形,简直是格来史顿(Gladstone,1809—1898)一八六四年在英国议会发表的言论的正面意思,他说:"(英国近二十年来)收入及权力之暴涨的增进,简直绝对的为统治阶级所限制住了。"都兰又在他那部书里,二百零七页上,说道:"罪恶全是由于强使工人与他自己的生产品分离,而生出来的。"(因为工人没有能得劳动的全收,不能感受兴趣及利益,所以有罪恶发生。)

墨雷(Morley)所著《立法之原理》(*Prinsipien der Gesetzgebung*)中说:"私有制使我们分为两个阶级:富人的及穷人的阶级。第一个,爱自己的财产,可是他们又不愿意去保卫国家,第二个却不一定爱国。因为祖国只使他们困穷。然而共产制下,人人都爱国,因为因共产而人人能得生命及幸福。"

② 穆勒于《经济学》中评量共产主义利害,说:"为使意见一致(社会利益那时就是个人利益),更没有比共产主义的组合再好的了。一切精神上的尊荣心,以及物质上精神上的行动,现在都疲惫于个人自己的利益上,将来可要另换一种现象,大家趋于社会的公共幸福。"

万元以上的作为高等企业。他的结果如下：

	工厂数	工厂总数之百分比	各等生产之平均价格	平均价格之比例
下等企业……	2042	55.2	51,660,617	9.4
中等企业……	968	26.2	106,868,635	19.5
上等企业……	686	18.6	390,817,300	71.1

小企业比中企业大企业多出两倍余，而生产只有百分之九点四；大企业不满四分之一，而生产比其余的多得两倍半。假设大企业能有更合理的建设，如在公共生产制之下，技术程度再高些，那么，还能有更多的劳动之生产。

黑次客（T. Hetzka）所著《社会的发展之规律》中，有狠有趣的计算，算出那根据于最合理的方法而建设的生产制度之下，能要多少时间。他算出奥国二千二百万人的需要，用大生产的规模，必须若干工作力及时间，才能供给。黑次客因此考察搜集各类大企业的生产方法，就以之为根据而去计算。先设一千五百万埃克答（héctare）（地亩名，合一万平方密达）的田地，三百万埃克答的草地，依所定的人口数目，用农业的生产品及肉类供给他们的需要，这是不可少的地亩。黑次客又在自己的计算中，设每家所需住宅为一百五十平方密达，可以建筑五间屋，经住五十年的。

为着农村经济，建筑，麦及糖的生产，煤铁机器的工业，必要六十一万五千工作力，这些工人要以现在的平均工作日做全年的工作。六十一万五千人只当得奥国适于工作者的人口之一百分之十二点三，除出男女在十六岁以下五十岁以上的，他们不参与生产。假使另算有五百万男子，像那六十一万五千人一样工作，那么，每人只要做三十六点九日的工作，平均六礼拜，就足以供给二千二百万人的生活必要的需要。假使我们算三十七日均摊为一年中三百天的工作日，那么，一天不用做十一小时的工作，而按劳动的新组织，每天只要一又八分之三小时，就可以供给最必要的需要。

黑次客又注意于制造较好的奢侈品需要，算出供给二千二百万人，更须三十一万五千工人。依黑次客一般的计算,奥国工业的发展,设使除去十六岁以下五十岁以上的人,由适于工作的人民之中取百分之二十,就得一百万工人,可以做六十日工供给全人民的需要。假使我们算"适于工作的男子"之全数,那就每天工作平均只须二又二分之一小时。①

对于这一个计算表,能切实知道事物的情形的人,决不以为奇怪。我们再来审度一番:假使于这样节省的工作时间之中,男子呢,除出有疾病者无能力者以外,五十岁以上十六岁以下的也加入工作;女子呢,除出要抚养儿女及预备饭食等事的以外,也加入工作;那么,工作时间更可以减少,或者更增高需要。谁都不能不信,劳动进程的完善至于如此,那就不但较好些,简直是不可想像的进步,创立新的利益。别一方面看来,更要注意,这是求能供给全体的需要,现在时代仅只少数人得满足;并且因高尚文明的发展而发生新的需要,是必须满足的,那时也能供给。应当时时记住,新社会不是要求无产阶级的生活;新社会是要求高等文明人民的生活,而且是要使社会的全体份子,从第一个到末一个,都享有着这样的生活。新社会不但要使人人都能满足物质上的需要,并且要使人人都能有足够的自由时间,可以去研究科学艺术,也可以有休息。

最切实之点,就是社会主义的社会经济与资产阶级化的个人经济不同。那"贱值与腐朽"的情形,在资产阶级化的生产之特定部分里,对于定购者能显出来——一定要显出来——因为大多数的购买者只能买贱价的货物,这样货物是很容易坏的;而这种情形在社会的经济状况之下就不能有。那时就可以只生产最好的东西,能经久,可以不必时常更换。所谓时式只是蠢事,只是浪费,常常是无意味的东西,也可以禁止。将来而且可

---

① 黎克多(Eugenie Richter)对于这件事怎样说呢?他著的《误解》中,讥笑我们减少工作时间的意见,讥笑我们所说,工作进程之高深、技术的组织以及责任之公共劳动,能有效果。他竭力贬损大工业的生产方法,反说小工业的意义可以确定扩充,而生产的必要扩大几乎是不能达到的。社会主义之建设是不可能的,这些现存制度的保护者必得压迫他们,使他们对于自己在社会组织中的优越地位失去以前的信用。

以穿得比现在更合式更美丽——切实的说，近百年来单是男子的时式，花样翻新也只是极无意味的事——可不是一年四季尽换花样，新时式，那是蠢事，一方面，最窄的式样尽和女子似的比赛，别一方面，又显得虚伪的夸大，所谓自炫其富。现在时代像这样愚蠢的时式很多很多，而他们自以为有趣竭力去做呢。家屋式样也跟着衣服的时式一样的愚蠢。现在是奇装异服达到极端了。式样更换进步，要有一世纪以来，各国不同——单是欧洲式还不够，更有日本式，印度式，中国式等——一时流行，几年之后，又丢开一边了。我们的画术工艺却不知道要和这些许多时髦样式同到那一步田地。几乎每换一次式样，就得耗费，一种新时式出现，又得大大的牺牲时间金钱及精神上物质上的劳力。就是，这样一种时式过去了又换一种，一种样式不时行了又变一种，已是消耗我们时代的精髓至于极点了。谁都不愿意说，这样的出奇争胜——是合于理性的，是社会健全的表征。

只有社会主义能安定社会的生活习惯；他能得可能的安宁，使出奇争胜者醒悟过来，再得着幸福。那时才能免现代的恶俗。

劳动应当能够是有兴趣的。这就必须有兴趣的实习手艺，而又能免去一切危险，没有蒸臭烟味等等，没有一切有害卫生的东西，才行。起始呢，新社会得着从旧社会留下的工人资本来帮助生产。然而这还不够。因一切关系并高等的多数不能供给的分离的手艺，机器工具都不够，应当最有利益的东西，而所得不过最少的利益，工人数目也不相符，他们的要求便利及兴趣也不相妥协。所以大建筑，光线空气都要完全有，以及修缮建筑的完善乃是不可缓的需要。艺术与技术，发明与熟练都立刻能得一广大的舞台。一切机械制造，工具生产，建设的艺术以及劳动的分配，因房屋内部的完备更有发展各人技能的充分机会。一切改革，使能创立人类发明的天才，因有房屋的便利及兴趣，适宜的通气穴，光线，燃料技术的及卫生的适合。动力的维护，燃料，光线，时间的经济，要求技术家及各方面，都最适宜于集中制，这劳动及生命的适宜方法。人民可以脱离技术家，脱离工艺工业上各种不便益的地方。这些不便益的地方可以用可能的适宜方法减少他到最小限度，或竟至于消灭。现代技术的情形却已有很够的方法,可以消灭危险,即使是那样的劳动分配,像矿山里的工作,化学的制造等。可是这些方法在资产阶级化的社会里,却不能有所变更,因为必定要有很大的支出,而当此时又没有关心于保护工人最必要的责任。不便益的地方,譬如:矿山工作可以另造矿坑,使有广大的通气穴,设电灯,极力减少工作时间,时常使工人休息。为要求保护的方法不必要什么特别的发明,只在建筑上讲究,不幸的事就不能发生,使建筑的劳动变成一个最有利益的事:可以用最大的建筑更换各种抵御日光酷热及雨的方法至于最大限度。

并且在这样社会主义的社会里,多多分配工作力的数目,容易有时常的休息更换,及各种工作的集中于每年每日中的一定时间。

至于消灭灰尘烟臭的问题,现在就可以完全用化学及技术来解决;假使这个问题不能解决或只能解决一部分,那就是因为私人企业家不肯为必要的方法牺牲。生产的地方,不论在什么地方——地下的或地上的——都能比现在的有利益。私人经济的改良方法第一就是金钱问题,换一句话说,就是,能不能转移他们的企业,他们卖不卖? 所谓资本不能有所增殖。"人道"在市场上是没有价值的①(注中所引为 Karl Marx, *Das Kapital*, I Band, II Aüflage. Note S. 250)。

在社会主义的社会里,增殖的问题没有必要了;社会主义的社会除他各个份子的幸福外,没有别的动机。什么东西能有利于他们,保护他们,那就应当做,什么东西有害——那就应当禁止。谁都不受压迫而去参与各种的事情。假使有危险的事情必要做的,可以找自愿者去做,更要是活动的事业,不破坏文化的。活动力及最完善的机器工具有很大的改革,劳

---

① 《评论季报》(*Quarter by Reviewer*)云:"资本免去一切争论;他有胆小的性质。这是对的,而不完全对。资本因无增殖而起恐慌,或者因所增殖者极少,只是空性。有适合的增殖,资本仍是胆大的。有 10% 可靠的增殖,资本已是极易周转;有20%——资本极易活动;50%——极其胆大;100%——足以蹂躏一切人类的法律;300%——即使投机致于绞刑场上也不怕犯罪。争论如能增加增殖,资本还是要维持他们的。"

动有很有力的分析,工作力有艺术的适合组织,使生产至于如此之高,可以得必要的满足生活需要及生产品的必要数量,工作时间可以大大的减少。人人增高生产有很大的利益:每人的生产品与劳动之生产同时增高,一方面增高的生产使社会必要的工作时间减少。

适用的动力大概最主要的就是电力。现在资产阶级化的社会里,已经各处竭力想利用他了。这种使用愈大愈善,对于一般的进步愈好。天然力中最强的动力,有积极的改革,那就使资产阶级的世界受打击,而开开社会主义的门,来得更快了。然而能完全使用享受这种动力(电),使用他至于最大限度的,只有社会主义的社会。以前适用电力的希望,即使只有一部分实行,也就使电力例如原动力,如光热的来源,使用他至于最大限度,以改良社会的生活状况。电力所以能比别的动力好,就因为天然中电力有余裕。我们的运水机,顺流,逆流,风力,日光,都有无数马力,只在我们能恰好的去使用他们。

"能力之富",所以增高需要,只要有一部分的地面,在这些地方太阳的热力大概还是不生产的或者竟是困难的,然而只要恰恰有一种数量,使永久的技术企业能利用他。不必要有很大的地面;北美洲中只要有几方英里地,就足够供给德国这样大的地方。集中太阳的热力,可以得到很高的热度以及其余:机器转运的工作,储电机的燃力,光热等,而更用电气分析就简直成为燃料。①

倡议这样计划的人不是空想家,是柏林大学的教授,是帝国物理技术学校的校长,这个人是当今科学名家第一流人物。以此可以消灭那个恐慌,我们愁着燃料不够的。而且因为有储电机的发明,就可以维持一大部分动力于暗地里,保存他们于任何地方,任何时期中,所以更不但使用太阳,顺流,逆流的力量,并且使用风的力量及山瀑的力量,都是可以按期取得的;因此,毕竟可以使人类的活动没有不能以自然动力代替他的。

---

① *Die Energie der Arbeit und die Anwendung des elektrischen Stromes* von Fr. Kohlrausch. Leipzig,1900.

　　法国前教育总长柏多禄教授(Pr. Berthelot)①一八九四年春天在化学工厂家联会宴会上,演说化学,曾经说及空想的计划。柏多禄氏论及二千年后化学界的情形,虽然有些过于夸张的地方,我们可以拣他演说词中可信的地方说一说。

　　柏多禄说,最近十年来,化学上很有些成绩:"制造硫酸,苏达,白垩,染料,蔗糖,医学上用的亚盐基,煤气,镀金镀银等等,之后又有电气化学代替冶金术,热力化学及爆裂物化学供给矿山工程及军事技术以新力量,更因化学的组织,制造颜色,香料,及医学上的防腐剂等。"这只不过是起头罢了,更快要解决更重要的问题了。二千年后更没有所谓农村经济农人,因为那时化学上的建设更用不着现在的耕种方法。更没有煤矿矿坑,也因此更没有矿工同盟罢工的事了。因化学物理的进步,燃料已经改变了。关税及战争都可以消灭:利用化学品的航空术,正如活动的方法使这些旧世界的事业一概躲开。工业的发展只在于求得动力的来源,不必深求,只用最少的劳费就可以重兴。直到现在我们用燃煤的化学能力得到蒸汽力;然而煤很难取得,而且煤的数量一天少似一天了。一定要想一想,怎样利用太阳的热力及地心的热力。有一个根本上的希望,得到这两种动力来源可以无限使用,不必论将来,简直是可为现代技术的希望,使不致于不能开三千至四千密达深的矿坑。这些是各种热力各种工艺的来源。假使我们于此再加上水力,就可以使水流灌入某种机器,这个动力来源,在一百年之中,也未必能显然减少若干。

　　以地心热力可以解决无数化学上的问题,最高度的化学问题就是:以化学方法制造食品。这问题的原理已是解决了;脂类混合物及油类已经早知道了,糖及炭素也已知道,不久就可以得着窒素混合物。生活资料问题纯粹是化学上的;那时得着适合贱值的力量,可以从炭酸里得着煤炭,水,酸类,从水及空气窒素里制造各种食品。现在以前植物所供给都换用

───────────

①　柏多禄,今译贝特洛(Berthelot, Pierre Engène Marcelin, 1827—1907),法国化学家、政治家。——编者

工艺,比天然所生的更完善些。那时人人只须袋里装一服化学品的药剂,所有满足他食物需要的蛋白质,脂肪,炭素都有了;更不用管天气,岁时,水灾,旱灾,冰冻,下雹,及害虫了。那时可以做到那样的改革,现在所不能做到的。五谷的田地,葡萄园圃,牧场,都可以消灭;人都更柔和更有道德,因为他可以不必再以杀伤生物为养活的方法了。那时也无所谓膏腴之地与瘠壤的分别;或者,沙漠里却是人类可爱的住所,因为在沙漠里住着更宜于卫生,比现在耕种五谷的地方,淤积秽物,腐朽传染,低湿多水的地方好。那时得以很敏捷的达到完全的发展,依于人生艺术化的美。土地以不像现在一般的划分地亩以事农业,土地即是花园,可以随意使他生长些花草,丛木深林,人类生长其中,真正是黄金时代了。人类因此也无所谓怠惰及衰颓。幸福不能无劳动,所以那时人类仍旧像以前一般的做工,他却是只须为自己而工作,以得到自己精神上道德上美感上最高限度的发展。

读者在柏多禄的讲演录中,可以相信他是对的,更有一件绝无疑难,就是将来借着可能的进步,生产品很可以有良好的性质,丰富的数量及式样,更不知道将来人类的生活有多么好呢。

电气可以使我们的铁路有两倍的速力。上世纪第九十年间美姆史氏(Mimse)在柏蒂摩城(Baltimore)①说可以制造一种电车,一小时能走三百基岁密达;汤姆孙教授(Pr. E. Thomson)②在陵城 Ling(Massachusetts)③也说可以制成一种电机,有相当的铁道,相当的改良信号制度,一小时能走二百六十基罗密达;这些希望差不多就能实现了。一九○一,一九○二,两年间,柏林及沙省间军事铁道的试车,已经能有一小时一百五十基罗密达的速度。

---

① 柏蒂摩城,今译巴尔的摩(Baltimore),美国马里兰州最大的城市。——编者
② 汤姆孙(Elihu Thomson,1853—1937),美国电气工程师、发明家。1892 年与爱迪生共同创建通用电器公司。——编者
③ 陵城,即马萨诸塞州(Massachusetts),位于美国东北,是新英格兰地区的一部分。——编者

汤姆孙教授认可西孟史(Werner Simens)①的观察点;西孟史于一八八七年在柏林曾经宣言,用电力可以为变成食物的要素。他更说,这事虽在很远的将来,而有如葡萄糖的炭素,以化学方法制造他的汁是很便当的,即此可以知道能"变石为面包"。化学家梅以欧(W. Meyer)也说,可以使木质纤维变为人类食料的来源。生理学家欧史留(Eisler)却已经以西孟史所发明而以为须在很远的将来的,使他见之于事实,竟制造成葡萄糖。

人类的天性就爱自由挑选更换工作的种类。时常做着一件事毕竟违背最良食品的制造;而且每天做着同样往复的行为,这种行为就迟钝衰弱了。人像机械似的工作着,也因为他是应当的,可是绝无兴趣绝无激励之心。人人有他自己适性志愿的工作,听他自由发展,既与他们以收入,又可以得最好的结果。那时,人才能完全是人呢。社会主义的社会完全有能得这一个计划的可能性。生产力的强烈增加,因于工作过程的单纯,不但能使工作时间极端减少,而且更加容易去研究科学艺术。

旧时的学习工艺方法已经过时了,他只能存在于残余陈旧的生产形式之下,如小技艺之类;而在新社会里,因为这学习方法的消灭,所以关于他的一切设备及形式也都消灭,而以新法代替他们。现在时代,每一工厂里已经使少数工人有一种特别技艺的研究,工人属于各种特别工作的大概也只以最短的时间去研究一部分的工作,而他们做这种工作却须很长久的时间,没有变换,没有注意他们的性情去伸张自己的力量,仅在机器里做工,他们自己也做成了机器了。② 这种情形,改革社会组织之后就能消灭。发明便利的方法,练习驯熟的技术,须有很长久的时间。大多数有学识的技师,是因有可能的愉快而成就的,以最高深的技术方法,使年老

---

① 西孟史,今译西门子(Ernst Werner von Simens,1816—1892),德国发明家、企业家、电器工程师,西门子电器创始人。——编者

② "英国及多数国度里,事实上,大多数的工人很少能自由挑选自己的职业及住所,大概要听从规定的章程规律及别人的'意志',有这大束缚,实际上简直就是奴隶。"穆勒《经济学》。(John Stuart Mill:*Politic Economy*)

的年轻的无论研究那一种特别技艺都容易。将设立化学物理劳动局，根据这些科学的需要而建设的，使适当的学力不致于缺乏。到那时，大家才能知道，于资本主义的生产制度之下，如何压迫群众的适性及志愿，或且引导他到谬妄的路上去。①

即不关于"更换"的需要必须存在，而社会的目的，却应当满足这种需要，因为这件事有关于人类谐和的发展。职业的特定性（Physionomie fonctionnelle）我们现在社会里很多，应当渐渐消灭；他们的职业组织是确定的一方面的行为，或是什么都不做。在现在时代只有最少数人能自由更换自己的行为。有时遇见那些有幸福的人，他们在特别条件之下得有自己职业的一定方式，而他们能一面做完物质上的工作，一面又以精神上的工作为休息。我们有时又可以遇见些精神劳动者，他们却又做些园艺的工作。物质劳动与精神劳动的"更换"，这种行为可以得良好的结果，各卫生学家所断言的，只有这种行为才合于自然。当然是不过度而且合于个人能力的行为。

托尔斯泰著《科学与艺术之意义》，攻击科学艺术过于繁猥而不自然的性质，这是因我们社会的不自然而生的。他驳斥现代社会中轻视物质劳动的态度是很少有的；他并且陈述恢复自然天性的方法。人人愿意有合于自然而愉快的生活，应当每天做四种工作：（一）土地的劳动，（二）手技的劳动，（三）精神上的工作，（四）知识社交。托尔斯泰自己就度这样的生活，照他自己说，只有如此才自己觉着是"人"；然而托尔斯泰却没有留意，他那样自由自在的人能够如此，而在现代社会状况之下，大多数人是不能够的。那些人被迫着每天做十小时至十二小时的苦工，或者还要多

---

① 一法国工人从圣法兰希哥（San-Francisco）写信回家，说："我再也想不到，我居然能在加利福尼（California）做那些技艺。我自己深信，除印刷业以外，我什么都不相宜……可是在这样奇异无定的社会里，换职业比换汗衫还快得快；我每走到一处就和在别处一样的做起来。因为在矿山里工作，获利太少，不够用，我就走到城里，在城里渐渐的竟做了印刷工人，瓦匠，抹锡匠等等。经过这一次经验，到各种工作上都去试一试，我自己竟似乎觉着，我一小部分是蜗牛，一大部分是人呢。"马克思《资本论》卷一（Karl Marx: *Capital* Volume I）。

些,他们要维持自己可怜的生命,生活在不洁净里,他们却不能度托尔斯泰式的生活。那些被迫着不得不为生存竞争的人,决不能度如此的生活;定要不觉着有这种需要的人才能够。托尔斯泰的试验,是他的理性生活,然而要使这样生活成为普遍的风俗,必须有别的社会关系,如在新社会里。

将来的社会里,这些条件都能有,并且有无数的各种学者美术家,他们每人必须以每天一部分的时间来做物质上的工作,余剩时间就可以按各人的性情去研究科学艺术,谈论娱乐。①

精神劳动与筋肉劳动之间的相反之点,是统治阶级所竭力推崇,以保证精神上的资产于自己的统治地位的,到那时也就此消灭了。

由上所述更可推及,将来的社会里,"危机"及"无工可做"的情形是不能有的。危机的发生,是由于资本主义的生产,为利息所煽动,又没有正确的计划对付实际上的需要,以致于市场货物过额,或者生产过剩。生产物的品质,在资本主义的经济组织之下,即如货物的品质,那些货物常趋于所有主的更换交易,所以关于需要者的购买量却是所有主的利益。然而大多数人的购买量是有限制的,因为他的劳动生产力,却偿以较低的价格,假使适用者不能于此榨出增加的价格,决不能有适用之处。在资产阶级化的社会里,购买量与需要量是两件不同的东西。几百万人缺乏衣履,家具,食物,饮料,而他们没有金钱,因此他们的需要不能满足,换言之,他们的需要量不能满足。市场货物过剩而群众却饿着;群众要工作,而没有人要买他们的劳动,因为企业家不能得什么利益。你们去死罢,堕落罢,

---

① 文西(leonard da Vinci)可以做我们的例证明人能得良好条件的发展。他是画家,又是著名的雕刻师,建筑学家,工程师,超等的筑城学家,音乐家,诗人。周利尼(Bonwenuto Tchelliny)是著名的宝石工人,又是超等塑像师,雕刻师,有名筑城学家,良好的军士,音乐家。林肯(Abraham Lincoln)是樵夫,农夫,商店学徒,管账的,律师,末了做美国大总统。可以不必张大其辞,人类的大多数都是一次被迫而去做一种与他性情不适合的职业,因为他所走的那条路不自他的自由意志,而为外部环境的强制力所迫,不容易更换。也许不好的教授正是一个很好的靴匠,而同时一个靴匠却刚刚是一个很好很好的教授。

做流氓罪人罢，我资本家，丝毫没有办法，我用不着那些货物，也没有购买者及相当的利息，他自己说得有理的。

在新社会里，这种矛盾之处可以消灭。新社会所生产的不是"货物"也无所谓"买""卖"；①所生产的只是满足生活需要的东西，享用的东西，使用的东西；不然呢，那些东西简直是没有目的。此地，需要量不是受某方面购买量的限制，像资产阶级化的世界里似的；那时需要量却受全社会生产量的限制。一旦能有工作资本及工作力，就能满足一切需要。社会的需要量只受"需要者满足"的限制。

新社会里既没有货物，即也没有金钱。金钱是对待货物而有的，而他自身也就是货物。虽则金钱自身就是货物，同时是"价值相等"的社会形式，又是一切别种货物价格的标准。然而新社会所生产的既不是货物，而是满足需要的东西，需要的价格，预备起来必要有社会工作时间的确定数量。预备某件东西所必要的平均工作时间，只以他适用于社会消费的限度为准。十分钟的社会工作时间用于一件东西必等于十分钟的社会工作时间所用于别件东西的，不多亦不少。社会所要的不是"储蓄"，他所要的，只是适合于同样性质的东西与同样的消费价格，在社会中各份子之间相互交易；甚至于他本不应当规定消费价格，他所生产的就是所缺乏的东西。设一旦社会为预备一切必要的生产物之故，必须每天三小时的工作时间，他立刻就此规定。② 假使生产方法改良到某种程度，一切必要的东西可以于二小时间预备出来，那么，社会就规定二小时的工作时间。反之，假使社会必须满足更高等的需要，且不计及增加工作力的数量及增高工作进程的生产力，又不是二小时或三小时间所能预备的，那么，社会就规定更多的时间。他的自由——他有伸缩之余地。

---

① 货币制度及交易方法均须根本改造。

② 应当立一永久条件：就是一切生产都以最高的技术程度组织，并且全体工作，那么，有些时候还显得三小时工作时间很长。沤文（Owen）是大工厂家，可以算得熟悉情形的人，他在十九世纪初期，已经拟定二小时工作时间就解了。

　　每件东西必须若干"社会的工作时间"，很容易计算的。① 于是可以确定一部分工作时间对于全部工作时间的关系。用某种证券，纸制的印刷品，或金质或铁片，证明做过的工作时间，有证券者得以这些凭证换取他所要的消费品。② 假使他知道自己的劳动不足应付他的需要，他可以再稍稍工作些时候，使双方相当。假使他自己不用，要拿来送人，谁也不阻挡他；假使他要好心自愿为别人而工作，使那人得以很安闲的一事不做

---

① 任何东西都不必要很多的社会工作，起先所建立的本来是迂回的道路；每天的经验就可以看得出来平均要多少。社会里很容易计算出来，蒸汽机，一百利脱（litres）小麦最后的收获，一百平方密达特定质料的呢布，必须多少工作时间。社会里，生产中的工作数量，工作对于他的数量绝对的可以知道于有关系的，动摇的，不足的，按以前的必要，不能免的限度，以及在第三生产品方面所取得的自然的，恰当的，绝对的限度之外，就是时间……社会所拟定的生产计划，必关系于生产资本，第一须系属于此的就是工作力。各种东西的有重要利益，有关系于制造他们所必须的时间的重要数量，以确定最终计划。人类于此可以很简单的过去，不容有注明"价格"的干涉扰乱。Fr. Engels: *Herrn Eugen Dührings Unwälzung der Wissenschaft*. J. H. W. Dictz, Stuttgart.

② 金钱却不能兑换，因为他已经随着工作生产的货物性质同时消灭废除了；在新社会里，金钱只是赘疣罢了。黎克多氏（Eugenie Richter）听见说，社会主义的社会里废除金钱，非常惊骇，特意在他所著的《误解》另立一章论列此事。他不能领会得既有纸制，金制或铁制的工作时间证券，功用相同，没有差异之点。他说："自现代社会的魔王（喻钱），仍带着金币制，亦可以变成社会民主的（social-democratique）国家：因为金子有他自身独立的价格，容易保存，所以，金块所有权，即以便于价格的积聚，便于劳动责任的专卖，更便于借款利息的计算。"即不论黎克多氏如何固执着，观察不明了，不知道这儿所说始终是社会主义社会而不是社会民主的国家；他只能以为读者都是大傻子不懂得，而与读者以类似的铁片，来代替我们的金子。黎克多氏毕竟离不了资本主义的见解，自然，他不能懂得："没有资本，没有货物的地方，当然不能有所谓金钱；没有资本，没有金钱的地方，更无所谓利息。"黎克多资本主义的见解至于如此之深，竟不能想像到没有资本的世界是怎么样的样子。我们须知道，社会主义的社会里。假使有人能保存他自己的工作金证券，或竟用工作证券供给明人而收受他的利钱，那时，其余的人大家都要占有他所供献出来的东西及他所赖以生活的东西了。
（工作证券与金钱的功用相同，一样是兑取需要品的代表物，做货物交换的代表；然而工作证券的数量当与他的工作时间相当，而金钱的数量就不一定与工作时间有绝对不可分离的关系。假使有人要藏起工作证券不用，他必得多做工；假使有人以工作证券付利息，他也必得更多做工作。）

(dolce farniente)，或者，他和那人相好，让与他以社会生产品的权利，谁也不干涉他。然而谁也不能压迫他，使他为别人的利益而工作，谁也不能要求他，以他工作成就的一部分让给那人。人人都能满足一切完满的志愿及要求，而不是掠夺于别人的。他所得着的就是社会所做的，他避免第三方面的一切利用。

"然而勤惰智愚之间又怎样分别呢？"这是我们反对者的一个最主要的问题，而相当的答案也足以使他们头痛。譬如，我们官吏统辖阶级里，也没有什么勤惰智愚的分别，而且受高官厚禄，秩次升任的，像是不必要有特别学问；关于这事那些狡猾聪明的贤者（反对社会主义的人）没有一个人想到。教员，教授——研究真实问题的教授——所因自己地位而得的俸禄，却不是依着他的才能的。我们官吏，军官，教职的升陟常常不是恰合分际的，而只是碰运气，门第，交情，献媚妇女而得的，这事人人都知道。而且，财富也不能与勤劳及智识相符，这是最奇异的现象。由普鲁士三级选举制，柏林第一级选举人是房主，面包师，屠户，他们是不能辨别间接地位于直接地位的，第二第三级选举人都是柏林的智识阶级，科学家，帝国高等官吏。勤惰智愚间的分别即当不存在，因为我们对于"怠惰者"三字的意义就要消灭了；譬如，社会上没有工做的人，被迫而游荡竟成为浪人，那样的人社会上称之为怠惰者，或者，放逸的人，受着恶教育的，社会上称之为怠惰者。然而有些人坐在钱柜上虚度光阴，什么事都不做，设使有人称他为怠惰者，那人可就开罪于他这位尊贵的绅士了。

新社会里这件事又怎样呢？大家在同一生活状况之下发展，各人依着各人的志愿性情做去，所以劳动者的结果其相异之点不甚显著①。社会的空气，使人觉着特异于别人，当然助长那种相异之点。假使有人觉着他于某一范围内不能做别人所做的，他可以另选一个范围，于他自己有相当

① 黑尔甫屈（Helvétius，1715—1771）《论人类与教育》说："所有真实的人，于同一理性上本来是相近的，而教育、法律及环境使他们相异。真实的个人利益与公共的或社会的利益也是一致的。黑尔甫屈所说于大多数人是对的，人类中只是以各种职业的不同而遂相异罢了。"

的能力适性去做的。一人同多数人在一种企业上工作,他知道人对于不适宜不便利的某种行为不能去做,他可以另找别的地方去,以最好的方法,履行自己的责任。没有有规律的人,他于某一范围或别一范围内,找着正当的地位,而还不能满足他最高的要求的。一个人有什么权利定要胜过于别人呢? 假使某人的天性如此之奇突,他于所有的愿望,都不能做到像别人所做的,那么,社会也不责罚他天性上的差误。反之,假使某人因他天性上的适宜,使他高出于别人,那么,社会也没有因为他个人的功绩而特别赏他的责任。在社会主义的社会里,更应当注意,要全体享受同等的生活状况及教育;人人有充分的自由,发展自己的智识及适性,依自己相当的才能及志愿;并且在社会主义的社会里智识及适性不但是格外增高,而同时又要使他们更平等等量,不至于使他们更为多方面的(不相等的)。

当年贵推(Johann Wolfgangvon Goethe, 1749—1832)①旅行到莱因河上参观柯棱(Cologne)赛会,他于建筑事业上发见,老建筑师付与工人的工资,按着时间的长短,平均的同等给付;建筑师所以如此,无非是想工人乐意做工做得好些。这在资产阶级化的社会里是例外(非成规的)。资产阶级化的社会里,常有一种制度,使工人互相压迫(竞争)做过度的劳动,而企业家却可以少化些钱,跌低工价。

关于精神劳动的生产力,可以说与物质劳动力的是一样的。"人"——是时代及他的生活状况的出产品。假使贵推不生在十八世纪而生在第四纪,那么,他就有同样好境遇,也大概不做有名的诗人及自然实验学者,而要做教堂里伟大的神甫,去蒙蔽圣奥古士丁②了。换一方面说,假使贵推不生在富裕的法兰福省贵族家里做儿子,而生在法兰福省穷靴匠的家里,那么,他未必做到威玛(Weimar)公爵的大臣,大概终生当着靴

---

① 贵推,今译歌德(Johann Wolfgang von Goethe,1749—1832),德国著名思想家、诗人。——编者

② 奥古士丁,今译奥古斯丁(Saint Augustine,? —604 或 605),中世纪前期基督教坎特伯雷第一任大主教。——编者

匠,死在这神圣的靴匠职业上。贵推自己也承认,他自己确是得益于他的姿质及社会上的优越地位,就是他出生的门第好,得以借此成就他的事业;这是他在自己著的 *Wilhem Meister* 上说的。假使拿破仑一世①晚生十年,他无论如何也做不到法国皇帝。没有 1870—1871 年的战事②,昂勃达(Gambetta)③也永不能做到他那种事业。假使令聪明父母的有天赋的子女居住在野蛮人之中,那子女也就成了野蛮人了。所以,人人各自的才能事业都是社会给他做的。个人受了较高的感化,脑筋里所发生的思想,不是因此而出产的;个人脑筋里的出产品却是有赖他当时的社会生活状况,并有赖于此"时代精神"。亚里斯多德④不能有达尔文⑤的思想,而达尔文的思想也当然不同于亚里斯多德。人人的思想都是时代精神迫着他这样想的,就是环绕他的物体及现象使他这样想的。这更可见得,各人的思想往往同时有同样的发生,而且相离很远的地方能同时有同样的发明及发见。譬如五十年前的那种思想,没有人注意,而过了五十年之后,却风行全世界了。西齐兹孟大帝(Sigismund)⑥在 1415 年敢烧毁徐史(Huss)的说教书籍,而且烧死他于康史坦(Constance)湖上;而查理五世

① 拿破仑　世(Napolćon I,1769　1821),即拿破仑 · 波拿巴(Napoléon Bonaparte),19 世纪法国资产阶级政治家和军事家,法兰西第一帝国的缔造者。——编者
② 1870—1871 年的战事,即普法战争。战争最后以普鲁士大获全胜,建立德意志帝国而告终。——编者
③ 昂勃达,今译甘必大(Léon Gambetta,1838—1882),法兰西第二帝国时期共和派左翼领袖。——编者
④ 亚里斯多德,今译亚里士多德(Aristoteles,前 384—前 332),古希腊哲学家、教育家和科学家。——编者
⑤ 达尔文(Charles Robert Darwin,1809—1882),英国生物学家、博物学家、进化论的奠基人。——编者
⑥ 西齐兹孟大帝,今译西吉斯蒙德(Sigismund von Luxemburg,约 1368—1437),是卢森堡王朝的神圣罗马帝国皇帝(1433—1437 年在位),曾参与杀害捷克爱国者胡斯。——编者

(Charles V)①是无比的大信徒,在 1521 年却让路德(Luther)②自由传播他的教义于伏尔摩(Worms)③会上。思想——社会相互行为的出产品,社会生活状况的出产品。社会普遍的信仰,即是于历史上某一时期组织社会的各阶级所共同信仰的。

各阶级有各自的特别利益,特别思想,特别观察,引他向着那种阶级斗争里去;阶级斗争实是充满于人类的历史,而且在现代的"阶级相反"里更达到最高点了。所以这个不但为时代所限定,而且为社会的阶级所限定;社会的阶级限定个人的感觉思想及行为。

没有当时的社会不能有当时的思想。这是我看来很明了清澈的。新社会对于这一点也很有关系,人人有享受教育的资本,为社会的特质。所以,社会不能因他能有特别出产而受赏。

可以由物质劳动及精神劳动的价格来说。于高等及下等劳动之间不能有丝毫分别,像现在时代所有的,譬如机械师,他却自以为是高等些的,自以为是按日的雇佣者,只要做街市上的工作,等人。社会只知道要处办于社会有利益的工作,所以一切工作对于社会是同价值的。假使有那种无兴味讨厌的工作,既不能用化学及机械学的方法来处理,又不能变他为有兴味的,那么,且请注意技术上化学上的进步,就也无所用其疑虑;况且,假使不能自由召集而得有必需的劳动力,也可以轮班工作,人人做这种劳动的一部分。那时也没有人对于这有利益的劳动,生出什么虚假的羞愧及无意识的蔑视。这种蔑视,只有我们怠惰的国家里才有,只知道什么事都不做,似乎很羡慕小马驹似的;况且工人轻视他的劳动愈甚,也就愈苦,愈疲乏,愈无兴味,他对于社会愈觉必须。现在时代劳动代价愈少,

---

① 查理五世(Charles V Holy Roman Emperor ,1500—1558),神圣罗马帝国皇帝。——编者
② 路德,即马丁·路德(Martin Luther,1483—1546),16 世纪欧洲宗教改革运动发起人、基督教新教的创立者、德国宗教改革家。——编者
③ 伏尔摩,今译沃尔姆斯(Worms),是德国莱茵河畔一小镇。查理五世曾在此召开帝国议会会议,该会议因马丁·路德赴会受审而闻名。——编者

也就愈无兴味。有多数的工作力,因教化程度的低浅,生产过程的时常变更因此组成不工作的后备兵工;这些工人因为要维持自己的生命就只得去做那最下等的工作,取那么样低的价钱,差不多即使用机器来做这些工作也都要"没有利益"了。譬如,打碎石子是一种代价最贱的,最无兴味的工作。在美国用机器打碎石子没有什么困难,然而在我们呢,却有如此之多的贱值工人,简直机器都可以不用"买"了①。清道,洗阴沟,和泥土,水底建筑等工作,在现代文明程度之下,已经可以用机器及技术方法去代替,使现在的工人对于这些工作所引为无兴味的地方通通消灭。由实际上说来,洗阴沟的工人,为人类除涤有害卫生的传染毒,确是社会的有益份子;而教授为统治阶级利益起见而伪造的历史,或教授竭力以超越自然不可思议的学说蒙蔽人家的神学,那些教师——却是有害于个人心灵者,并且实在很深。

我们的学界因他的特殊职位,于自己事业上,受统治阶级的保护学问的权利,于是必定要承认统治阶级是合理的必要的,并且维持这种荒谬的信仰。这样的职位大概都是颠倒科学,毒害脑筋,做文化仇敌的工作,专

---

① 穆勒《经济学》:"假使要在共产主义与他的侥幸幸福之间及现代社会情状与他的痛苦,非正义之间,施以选择;假使私有财产制有必然的结果,分配劳动的生产品,像我们现在的样子,简直是工作的反面关系——使最大部分竟不作工,更甚至于所谓工作都是名义上的等等,而且报酬按着劳动的程度递减,劳动愈困难愈无兴味,报酬反而愈少,以致最易使人疲乏脆弱的劳动,竟不能以作工而满足生活上最必需的需要;假使我们说起,于此二者之间择取其一:是以上所说的,或者是共产主义,那么一切反对共产主义的论调,真没有毫黍轻重的不同于其间。"穆勒更竭力改正,辩解,资产阶级化的世界。他徒劳而无功。所以他和那些深思远虑的人一样,明知事物的情理,已经成了社会主义者了,可是他又不敢在生前承认,只想死后公布他的自传,使人知道他已经含有社会主义的信仰。达尔文与他也是一样,达尔文在生前不肯自己表白是一个无神论者。这样类似的趣剧,资产阶级的社会迫胁着几千人呢。资产阶级假装些忠信,宗教信仰权力,因为对于这些所谓"道德"都能承认的人,他们就能服从统治阶级,而后统治阶级的地位始得安稳;而实在呢,统治阶级心上,正看着他们好笑呢。(劳工阶级被那虚伪的道德宗教,哄着给统治阶级做牛马,真可怜呵!)

为资产阶级及他的保护者的利益而劳动。① 将来的社会里，不能有这样的情形，为人类所做的，只有自由的工作。

从别一方面说，真正的科学往往必须有很无兴味的讨厌的工作。譬如医生检验尸体，解剖，施手术于满贮脓血的身体上；化学家研究排泄物等等。这些工作往往比最不适宜的，如雇工，煤夫所做的，还要不适宜。谁也不能不承认这个。所不同的，就是这一种工作要有专门学问，那种工作，不用大研究，人人可以做得。这就是这些工作不同之处。然而在那种人人都能受到高深教育的社会里，有教育无教育的分别消灭了，劳动的须研究不须研究（熟练劳动不熟练劳动）的相反之点消灭了；技术的发达不知止境，而手工工作可以实行机器使用或技术的进程。只须看我们技术的艺术如何发展，譬如刻铜术雕木术等。最无兴味的工作却往往是最有益的，况且我们对于劳动的观念，所谓有兴味无兴味的观念，很与许多资产阶级社会的观念相似，极其浮泛而只是表面上的。

二　一切生产方法及交通方法之制度的改造

一切生产可以即刻以最高标准为基础；新社会决不生产货物（如上所述），而只是生产社会需要的东西。因此所谓商业也就废除，即使与其他还保存着资产阶级的民族交际，也不容有那旧式的商业，旧式的商业只能存在于有"货物的生产"之社会里，是有意义的。男女两性的大军队即以此而下动员令，去做生产的事业。这人数极多的军队，去做生产事业是很自由的，他于是生产那所需要的东西，更能多量的享用那生产品了，或者使社会必需的工作时间减少。在现在时代，这些人衣食或太多或太少，像寄生虫似的享受别人的劳动，而且，什么都不容否认，简直要费许多力，劳许多心，不用说，自然不能恢复那被剥夺的生存了。在新社会里，小铺商，客栈商，经纪人，中间人都是多余的。像现在时代，每一区域里，各种大商

---

① 　学问能助长进步也能助长愚昧，两者相同。波克罗（Bokloy）《英国文明史》。

店小商铺,要有几打,几百几千;到那时,在这同等大的区域里,可以设立些大集中的商栈,优美的市场,高贵的展览会陈列所,去代替他们,比较上只要有少数的管理人就够了。现代的商业置配法,可以变成纯粹中央集权的事务,只要做些很简单的职务,这些职务又可以同着一切社会机关的中央集权制而更简单。还有相类的变更,就是关于交通及运输的机关。

一切电报,电话,铁路,河海航路,城市电车,及一切社会用的交通机关和工具,都归社会所有。有许多这些机关,如邮政,电报,电话,及一大部分的铁路,在德国的,已经归为国有,再把他们变成社会共有,不过是形式上的事。这一层并且没有侵害到私有利益。假使国家抱着这个方针做去,必定要好些。然而这些国家管理的企业决不能是社会主义的。要是这样想就错了。这些国家所利用的企业,简直是资本主义化,和在私人企业家手里是一样的。这是对于他们的职员及工人,绝不能顾全利益的。国家的待遇他们,简直是和私人企业家一样的;譬如,假使像帝国的海上管理,及铁路管理上,对于技术家,订定章程不录用那四十岁以上的工人,那么,这个办法,直是显出垄断者的阶级性质,足以引起工人来反对他。更有相类的方法,就是国家做了发给工作者,求脱离国家,比求脱离私人企业家,其方法难得百倍。由企业家及国家的关系看来,其始只不过有小企业家的情形,或者工人所找的工作,还由别人来给他。至于国家呢,简直是个专卖的发给工作者,可以同时使几千人变成乞丐。所以国家所做的事业,不是社会主义的而是资本主义的;社会党也有好些根据,来反对这件事:以现代国家的企业看做社会主义的企业而以为是社会主义实行的倾向。

几百万私人企业家,商人,各业中间人,一旦以中央集权的大机关来代替他们,那一切运输就完全改变了状况。几百万小运送业,每天往来送给如此之多的私有财产者,要费去许多劳力,时间,有用的材料,现在就可以变成大运输业,送往大库及中央的事务员。所以,这一层是劳力的很节省处。譬如,一家企业的生货运输用一千工人,比几百家分开的小企业要简单得多;如有生产及分配的中央机关,为全区域及各部分预定分配,那就节省了很多有用的费用。这不但全社会得利益,而社会中各个分子也都得着的;在新组织之下,公共的利益与个人的利益相和一了。我们的技术,方法,活动,旅行,以至于我们的住所,完全改变了,都是可以有十分适合的形式。扰乱神经的声浪,我们大都市的狭隘,繁杂,几十辆车辆的杂乱,都消灭至于极度。建筑道路,清洁道路,建筑住所,一切生活状况,人类的交际,都竭力变更。现在所不能求到的合于卫生的生活,或者须有极大的费用,非贵族的街区里不能有的合于卫生的生活,也可以绝无困难的得着了。

交通的方法到这一步田地,已经是极完备的了;或者,航空事业到那时已做了极便利的交通方法。这条交通的路——是动脉——运送生产物交易的路——是血脉——通过全社会的,个人的,精神交通的路;所以他们都是极便利的,使全社会的幸福及教育都到同一的水平线上。那交通的道路扩充分布到各远省地方,是必要的,并且是为公共利益的。此处,在新社会里所发生的事业,远超过于现代社会里所能做的。而且,现代屈身于大都市,大工场里的群众,能各按他自己地方去分治,是完备到极点的交通制度,所以,他可以有坚决的意义,对于精神上物质上的文明,都能使他健全发展。

三 土地公有——实习公开的享有——所有土地的平均分居——乡村居住及城市居住之间,其相反情形的消灭

所有土地,以及生产和运用的资本,都归社会所有,土地是一切人类劳动的第一材料,是一切人类生存的根据。社会文明发展之高度,常仍旧采取文明原始时代所采的制度。有许多民族,文明发达到某一程度时,还保存土地公有制呢。土地公有制就形成原始社会连合的基础,两者失一,都是不能存在的。私有制发生,发展,因此而生统治阶级的形式,于是公有制消灭;我们看,经过许多困难的争斗,强占,才有这私有制。占有土地,而变为私有品第一原因,就是征服的事迹,从奴隶时代到"自由时代",

到二十世纪的雇工时代，过了千余年的发展，那征服的就不再归还土地为公有了。

土地对于人类生存的重要意义有原由的，就是在全世界社会的竞争之下——在印度，中国，埃及，希腊[在克罗孟（Cleomenes）①]，罗马[在格兰句（Gracchus）②时]，在基督教中古世[宗教教派，孟索（Münzer）③，农民战争)，英加人（Incas）④（南美土人，地在秘鲁），及亚沁人（Atchinois）⑤（古欧洲土人，在今荷兰）诸国，及近代的社会运动——各处，各时代，都是第一要求占有被征服人之土地。现代知道土地公有是正义的，也有些人：像桑德（Aldoph Samter），华琴（Adolph Wagner）⑥，失夫勒（Cheffle）⑦博士，亨利·乔治（Henry George）⑧等人，他们不知道土地公有有什么不正义不

---

① 克罗孟，今译克里奥米尼三世（Cleomini III，前 260—前 219），斯巴达国王。——编者

② 格兰句，今译格拉古兄弟（Gracchus）。兄提比略·格拉古（Tiberius Gracchus，前 168—前 133），弟盖约·格拉古（Gaius Sempronius Gracchus，前 154—前 121），两人均为古罗马政治家。——编者

③ 孟索，今译闵采尔（Thomas Münzer，1489—1525），德国平民宗教改革家，农民战争领袖，空想社会主义的先驱者之一。——编者

④ 英加人，今译印加人（Inca），即南美洲古代印第安人。——编者

⑤ 亚沁人，此处原文疑有错。——原版本编者

⑥ 华琴，今译瓦格纳（Adolf Wagner，1835—1917），德国著名的财税学家、经济学家。此处原文"Adolph"疑有误。——编者

⑦ 失夫勒，今译谢夫莱（Fridrich Schaffle，1831—1903），德国资产阶级经济学家和社会学家。此处原文"Cheffle"疑有误。——编者

⑧ 亨利·乔治（Henry George，1839—1897），美国 19 世纪末期的知名社会活动家和经济学家。——编者。

好的地方。①

　　居住的安宁，第一先要有土地耕种享用，这是最关紧要的。使土地的耕耘为最高贵的，是最有力于公共利益的事，而这最要发展的事业，不能用私有制的形式，上面已经说过。关于享用土地，不但耕种要紧，还有管理的问题；管理的发达，不是像最大的私人财产，也不是像最强固的公共组合，管理问题至少要有统治一国家似的规模，再须有国际的性质。

　　一社会所应当有的土地，要有完全的地形上的组织，山，平原，森林，

----

① 当土地公有制还有统治力的时候，而土地的掠夺已经大盛，那时神甫，教皇，主教也不能自持，常常传道演说共产制的教义。十九世纪的《谬论表》(Syllabus)，《法皇回章》(Encycligue)还是除这论调以外，不知道别的；而后来罗马教皇变成了资产阶级社会的治下，于是反出来反对社会党，好像是他的最热烈的反对党似的。主教克禄门第一(Clement Ⅰ)(死于一○二年)说："一切东西的享有，在这世界内，应当是公有的。假使这样说：这是我的所有权，这是属于我的；那是属于他的，是不对的。人类间的不和就是因此而起的。"主教昂勃滑思(Ambroise deMilan)(生于三七四年)说："宇宙以一切幸福与一切人；上帝造一切东西是供大家公共快乐的，所以土地也是公有的。所以，宇宙创造公有之权，私有权只是不正义的僭窃者所创造的。"圣约翰(S.Jean，死于四○七年)发表他的说教书，攻击君士但丁人的不道德作乱，他说："无论谁，不能说某件东西是他所有的；我们大家受上帝赐大家享用：我的，你的——就是胡说！"圣奥古士丁(S. Augustin)(死于四三○年)也曾发表意见："因为个人私有权存在，所以就有审判，仇恨，争论，战争，叛逆，罪恶，不正义，杀戮等事存在。"那里发生这些罪恶出来呢？唯一的来源是私有制。兄弟们呵，我们留心预防着，占有一件东西，说这是所有权，或者甚至于执取爱恋他。"教皇格刘槐(Grégoire le Grande，四世纪)说："你们应当知道什么是土地，土地里是你们所从出的，你们身体是用他做成的，显然是大家公共的，所以土地中所出果实也是应当属于大家，无所分别。"有名的主教伯须欧(Bossuet)(死于一七○四年)所著的《圣经之政治》中说："没有政府，土地及土地所供献的一切幸福，属于人类全体，像光和空气一样；依宇宙间的第一质理，就没有一个人能对于某件东西有特权。一切东西都属于一切人；从资产阶级的政府里，才有所谓私有制(所有权)出来。"要使这句话的意义更真确些，因为公有制成了私有制，于是我们就有那资产阶级的政府来保护他。现代人沙海利欧(Saherlé)著书名《论国家四十书》中，有说："一切苦痛，各文明民族所受的，能引他们分裂，成为土地私有制，好像他们的理由似的。"凡是有名人物，都能懂得这个意义，不过或多或少罢了：现存的私有制，的确像圣奥古士丁所说，足以使世界上生许多事，仇恨，争论，故争，叛逆，不正义，杀戮那些恶事——私有制消灭，那些恶亦消灭。

湖池,灌林,沼草地等。这地形上的组织和地理上的状况相和,很有影响于气候及地土的性质。大规模的田地工作,要有很多的注意,应当有人试验他。现在的国家关于这一层,所能做的很少。第一,国家对于这类的耕耘事业,所费的资本很不多,并且,即使国家要做些大规模的事业,那些大的私有财产者,根据于立法,足以来扰乱阻碍他。在这范围里,非干涉私有财产,不能成功。然而国家的存在,正是"宣示私有财产的神圣",是大私有财产者的最重要的护符;国家决没有力量向指定的方针去走。最必要的,还是创办大规模的土地改良,造林,种植,灌溉,去湿,等事业,使土地能达到最高的生产力。

关于增高土地的种殖力,特别要紧的,就是要有有系统的大建筑,开浚河流,使他密如蛛网,这是应当应用科学原理的。水路上的小运输——对于现代社会是很重要的——在新社会里,就没有什么重要了,然而更应当注意于水路上便利的运输,可以应用他,而不费什么劳力及材料。更重要的,就是河流的制度,务必使他能应用于灌溉,及去湿的方法,土地肥料的供给,种籽的输出等。

少水的地方,寒冬暑夏,比多水的地方都利害得多,因为沿河的地方,过度的气候不过是例外。而这种过度的气候,对于人及植物,都是一样的有害。因这种关系,大规模的运河,既有益于水利的计划,更有别的良好影响,是无可疑的。更有相似的运河制度,与大流域(蓄水池)的建筑相并而行,作为聚蓄保护水流的地方,当融雪淫雨的时期,河水出岸泛滥的时候,他有很大的益处。这样的流域,对于山上河流及急湍的河流是没有必要的。水的泛滥及他的破坏力,到那时就无能为害了。大面积的水流及他的蒸发力,大约能助成相当的雨量。真能需要这些的时候,这些建筑计划一定能改良田地的灌溉法。

现在还有很大的地域没有出产,应用艺术的灌溉法,可以变成有出产的地域。现在只能供给牛羊以粗糙食料的地方只生长些有病的松树,枯凋的乱枝,也能变成丰腴的地方,住稠密的人口,有很多的食料,而且极其愉快。

譬如，白兰登堡(Brandenburg)①大沙地，所谓"德意志帝国的神圣沙器"，现在也变成有出产的地方，变成了乐土了；这不过是劳力的消费问题。这有一个证明书，一八九四年在柏林"德意志农业经济展览会"上所宣布的。② 不过白兰登堡居民没有精密计划，去建筑必要的运河及灌溉的建筑物等，所以帝国京城外的大地域成了那样的开垦状况，后代人还要不明了他呢。自别一方面言之，开浚运河能使大地域中的池沼都干涸，如德意志南部似的，而使他们利于耕种。运河及蓄水池，又可以利用他养鱼，做食料的良好源头。他们又能使没有河的大多数人能建筑好的浴池。

还有几个例，可以明白灌溉的影响，近威孙甫留(Weissenfels)③地方，7½埃克(Hectare)已灌溉的草地，出四八，〇〇〇磅草，靠近又有五埃克未灌溉的草地，同样的地土，只出三二〇〇磅草。所以，前者比后者多出一百倍有余的草料。煞克史国(Saxe)④(德联邦之一)中，近里滋(Rize)地方，六十五亚克尔草地，经过灌溉之后，收入能从五八五〇马克增加到一一，一〇〇马克。建设灌溉的费用虽大，也足以相偿了。

白兰登堡以外，德国还有很大的地域，都是砂砾之地，仅只在多雨的年分里，勉强有些收获。假使这些地方，都开了运河，有灌溉的建设，改良地土，那么，经过些时候，种籽及草料的收获可以五倍或十倍于现在。在西班牙也是如此，已经改良灌溉的地土，其收获比未灌溉的地土增加三十七倍。所以，贯通水流，可以使土地能生长多数新食料。

这些可能的必要的事业，那里有私人或国家来做他呢？假使国家经过了长期的痛苦经验，才决定去设法应付灾民的要求，那么，他又不知道要如何的迟缓，如何的慎重，去算算办这件事要耗费多少。他怕这件事费

---

① 白兰登堡，今译勃兰登堡(Brandenburg)，是德国东北部的一个州。——编者

② "捷克全世界展览会"的公式报告上说："依园艺上的水流交灌法，为这个目的设立水利公司，使我们能在沙漠中创造天堂。"

③ 孙甫留，今译魏森费尔斯(Weissenfels)，位于萨勒河畔，德国东部城市。——编者

④ 煞克史国，今译萨克森(Sachsen)，位于德国东部。原文中"Saxe"疑为法语。——编者

得太多,然而他对于军营的建筑,军营内部的布置,却很大意的耗费许多经费。假使对于某人帮助得太多些,又恐怕别人也要来要求。资产阶级的法律宣言:"人呵,你帮助你自己,上帝就帮助你!"人人自利,没有人利全体的。几乎年年如此,德国各联邦各省之中,每年总有几次大的小的水灾,河流溪涧的泛滥。最膏腴的土地,他那很大的地域,为水浪所冲刷,或者带些砂砾,碎石,粘土,以致于变成终年无收获的土地,或是暂时的,或是永久的。

种植十余年的果园,彻底的破坏了。房屋,桥梁,道路,堤防冲坏了,铁道毁坏了,人民,家畜有死丧的,播种的种籽没有了,地土的增殖更不必说了。很大的田地,常常受水灾的危险,或者简直不能耕种,或者耕种之后,侥幸能得些残余的收获。

即使有河流的改良,也不过一方面的利益,便利"商业及运输",更使水灾的危险扩大,最紧要的,就是山上林木的采伐,蹂躏森林,大半是私人所有主所采伐的,这也足以使水灾的危险更利害,在普鲁士,波美腊尼(Pomeranie)①,嘉林奇(Carinthia)②,史帝里(Styria)③,意大利,法兰西,西班牙,凡是无意义的采伐林木——他们以为营利的——都足以减少土地的生殖力,使气候恶劣。

采伐山上林木的结果,常常发现水灾。莱因(Rhine),欧陀(Oder)④,维史腊(Vistula)⑤诸河的水灾,主要原因,就是瑞上,波兰,加里西(Galicia)的森林消灭。意大利,波河(Po)流域的水灾,也是这个原因。夸

---

① 波美腊尼,今译波美拉尼(Pomeranie),指中北欧波罗的海沿岸地区。——原版本编者
② 嘉林奇,今译克恩滕州(Carinthia),奥地利南部州名。——编者
③ 史帝里,今译施泰尔马克州(Styria),奥地利东南部州名。——编者
④ 欧陀,今译奥得河(Oder),欧洲中部河流。——编者
⑤ 维史腊,今译维斯瓦河(Vistula),又译维斯图拉河,是波兰最长的河流。——编者

林德阿尔白(Corintes. Alps)①山上森林的采伐,使德留思德(Triste)②及维尼思(Venise)③两城气候恶劣;还有马岱腊河(la Madeira)④西班牙全境,俄国几省最丰腴的地方,及前亚细亚很大的丰腴地域,也因这种原因,而有一大部分变为瘠地。

固然可以说,这些大事业,大问题,不是一种河流水利的方法可以解决的,然而新社会却以全力对付他,因为这是供献文化。(便利耕植的)唯一事业,务必排除一切障碍。经过一定的时间,新社会就能创办如此的建筑,解决如此的问题了,这些问题是现代社会万不能想着的,因为他的脑筋被那一种的思想绕住了。

一切农村经济,赖有上述的及相类的办法,可以有良好的状况。除上述的之外,还有许多别的方法可以协助他的运行。在现在时代,有许多方里地,种植马铃薯,以为制造烧酒之用,这些烧酒几乎全是我们困苦穷乏的贫民所需要的。烧酒对于贫民,似乎是唯一满足的"慰劳品"。新社会中的文明人,对于烧酒的需要是消灭了,而有相当的土地及工作力可以自由制造合于卫生的食料。上面对于甘蔗的田地及糖料输出的种植,也已经论及。在德国有极好的四〇〇,〇〇〇埃克有余的小麦田地,却种着甘蔗,以供给糖于英国,瑞士,及美国等。这种投机竞争,使那些气候适宜种植甘蔗的地方,都被占据了。我们的常备军,损害生产事业,损害生产品的发展,损害农业,又要用几百万匹马,及相当的地域,供他们的食料及生殖。完全变更社会的政治的状况,就可以空出大部分的农业地及工作力,以应垦殖的需要。有许多平方基罗米突的地方,夺之于农村经济,平作广场,以为新发明军器及战术更变时试演射击及军事练习之用,这种练兵

---

① 夸林德阿尔白,今译阿尔卑斯山(Alps),位于欧洲中南部,是该地区的最高山脉。——编者

② 德留思德,今译特里斯特(Triste),意大利城市,靠近意大利东北岸和原南斯拉夫西北岸。——编者

③ 维尼思,今译威尼斯(Venise),意大利著名水城。——编者

④ 马岱腊河,今译马代拉河(Madeira),南美洲亚马孙河南岸最大支,同时也是亚马孙河的最长支流。——编者

场,往往可容全军团的练习。将来的社会里,这些都禁止了。

广义的土地经济,森林经济,水利经济,早已是极广义的文学所讨论的题目。一切事业都不能置之不论:森林业,灌溉法,去湿法,园艺,荚生植物及块根植物,菜蔬,果实,野果,花卉的种植,家畜食料的种植,草料种植,理论的畜牧业,养鱼业,养鸟业,养蜂业,土地肥壅法,及其他对于各种种植的方法,种籽的选择,换种方法,机器及工具的制造,各种管理室的适合建筑法,气象学的条件等类,一切都在科学的研究及推论之范围内。不须若干时日,就可以于各种事业的改良上都有新发明新研究。土地的耕种,从太尔(Taer)①及黎陂黑(Libich)②时代以来,用科学方法改良,而最重要的,就是得着如此的方法,如此的知识,无论那种物质生产的事业上所少有的。然而,假使我们拿知识上各种的大进步,同我们农村经济的实际状况比较一比较,那么,可以知道直到现在只有一小部分私人产业或能利用这种进步到某一程度而已,并且,他们所有的,不过是私人的利益,而决不能注意于公共的幸福。大多数农人,可以说有百分之九十九,不能享受科学及技术进步的利益;他们资本不够,或者知识不够,或者两样都不够。新社会里呢,理论上事实上都能预备土地,只要在这土地上有一种组织,就可以得到最光明的结果。

那时,在普通社会主义党,还以为小农经济管理者及他的家族,以自己的勤勉,可以与大农经济相竞争,在专门学者看来,却大不然。许多农人及他的家族,无论他如何努力做事,总是困苦疲乏,他的生活状况,在现代文明人眼中看来,实在可怜得很。现代的技术及农学,无论如何,总可以胜过他以自己的努力及困苦所得的。现代文明人,一切科学及技术的变更,却使农人成了所有主的奴隶,债主的奴仆。

农村经济大企业的利益,照他的理论说来,是很大的。大农经济,第

---

① 太尔,今译泰厄(Albrecht Thaer,1752—1828),德国农学家,被誉为近代农学创始者。——编者

② 黎陂黑,今译李比希(Justus von Liebig,1803—1873),德国有机化学家,创立了农业化学,被称为"有机化学之父"。——编者

一可以扩充耕种的地域,因为小部分工作时所必须的许多道路,界地,都可以消灭了。并且,节省许多时间:大农经济有五十个工人;不管他的用具如何,所收获的,同小农经济五十人所收获的不可比。并且,适宜的组合及工作力的支配,只有大农经济可以办到。这对于机器的适用,生产品的利用,方法的改良,及理论上的畜牧业养鸟业等,有很大的利益。还有适用电力,这个方法高出于一切其余的耕种方法,对于农村经济更有特别的利益。

"我们农村经济企业之进行,以节省生产费为方法,机器技术及电力在农村经济上的利益之研究。"①这部书的作者曾有关于大农经济的统计。他计算,用五千匹马力的机器工作,一时耗费的资本大约在四万马克左右,可以节省生产费至一万二千马克,或每埃克节省四十八马克,还不算掘地工作所增加的收获及机器的真工作。适用掘地工作时,谷粒收获的增加,从百分之二十至四十;块根植物并且可以到百分之五十。假设只算平均增加数为百分之二十,那么,在考察过的田地里,每埃克收获的增加已经有五十五点四五马克,再加上上述的减少费用每埃克可以增加一〇三点四五马克。假使算每埃克的价格为八百马克,余利就有一百分之十三又二分之一。所以,可以建设必需的电机中心,使他能供给各农村经济。这些电机中心,不但可以得到机器必需的动力,还可以有燃料及光线。然而现在能使用这种动力吗? 电机田间铁道,电犁,电气播种机,电气簸机,电气打麦机,电气种籽分类机,电刈机,电磨机,电气切草机,电气榨油机,电气轧羊毛机,电气掘马铃薯及藜根机器等类。以至于孵卵操纵机及煮食物的锅子。设立电机中心站,不但住宅及街道可以点电灯,就是马厩,谷仓,冰窖,仓库,蒿草场等处也可以点电灯;如其遇着必要的时候,夜间也可以收割稻麦……马客(Mack)算计,在农村经济上使用电力,可以余剩三分之二的做工牲口一,七四一,三〇〇匹,每年纯收入有

---

① *P. Mack*, *Altof Ragnit Rittmeister'a. D. und Rittortgutsbesizer*, Königsberg 1900.

一，〇〇二，九八九，〇〇〇马克。假使除出电力的费用，一年中纯收入还等于七四一，七九四，〇〇〇马克。

伏夫留洛夫（Foflerofigue）①的蒸汽机末耜，用两个相联的汽动机，若使要求其适用，必须有五千埃克的田地，就是必须有很大的广场，比德国普通农人大部分的田地还要大。算起来，假使像一八九五年似的，用机器耕种田地，并适用各种改良法，却也可以有一，六〇〇，〇〇〇，〇〇〇马克的积蓄。照卢郎所说，只要有一个有成效的抵御禾科植物病的方法，就足够抵偿德国现代的人口谷料而有余。

莎宁白尔（Sonnenberg）②博士在沃姆司（Worms）散布的小册子，叫做《我们熟地上及荒地上的草》。他说，据官场的调查报告，拔伐尔（Bawar）地方的农村经济，因草地的荒芜，每年失去百分之三十的收获。有两块地，各有四平方米突大一块是荒地，一块是非荒地，据诺滑茨客（Novatzkey）的实验，有下列的结果：

	草茎	草籽	草藁
荒地	216gramm.	180gramm.	239gramm.
非荒地	423gramm.	528gramm.	1077gramm.

这种理论上的农村经济发达的程度，有一个实例，如巴腊帝纳州（Palatinate）的司尼夫汀堡（Sniftenberg）就是；该堡经一八八四年去的新殖民经营八年之后，收获比以前多三四倍。（还没有向德国议会提出生产均地的请愿书。）在该地高出海面三百二十米突的有二百八十六摩琴③（德量地尺名），其中十八摩琴是草地。他的低地性质如下：三十摩琴砂地，六十摩琴坚土地，五十五摩琴粘土地，一百二十三摩琴全肥土地。

---

① 伏夫留洛夫（1826—1864），美国工程师，发明农业排水机，蒸汽锄等。——原版本编者

② 莎宁白尔，今译莎宁伯格（Sonnenberg），医学博士。——编者

③ 摩琴，今译磨肯或磨尔午，土地面积单位，约合一英亩的三分之二。——原版本编者

用农村经济的新制度,却得着很可惊的结果。收获年年增加,一八八四年及一八九二年的比较成绩如下:

每摩琴的收获:

	一八八四年	一八九二年
黑麦	77,500 磅	195,000 磅
小麦	35,000 磅	153,000 磅
大麦	120,000 磅	188,500 磅
燕麦	70,900 磅	188,500 磅

该地的邻地克里史菲尔德(Krigsfeld),更是这可惊的发达之证据,也依同样的办法而得下列的结果。

克里史菲尔德地每摩琴收获增加的平均数如下:

	一八八四年	一八九二年
黑麦	1000—1200 磅	1300—1800 磅
小麦	1200—1500 磅	1500—2000 磅
大麦	700—900 磅	1400—2200—2400 磅
燕麦	900—1100 磅	1800—2200 磅

这些成绩是极优美的。

白留史腊夫里(Breslavle)大学农村经济科教授卢莫客(von Rumker)博士说,根据农学统计,而肥壅土地,以努力发达农村经济的,在德国简直没有。果实的播种,土地的耕殖,简直完全是无意义的,无计划的,又用那样不完全不适宜的工器,以至于虽费必需的劳动及努力,所得的报酬,仍旧很坏。即使极简单的事情,譬如理论上的种子分类法,尚且德国农村经济家不知道采用。

下列一表中,卢莫客教授指示种子分类法可以增加每埃克的收获:

譬如小麦:

	未经分类法每埃克收货	已经分类法每埃克收货	经分类法后的增加
总收获	8,000kilogramm.	10,800kilogramm.	+2,800kilogramm.
种籽	1,008kilogramm.	2,885kilogramm.	+1,217kilogramm.
稿及谷皮	6,332kilogramm.	7,915kilogramm.	+1,583kilogramm.
收获重量比	77,2Héctolitres	78,7Héctolitres	+1,5Héctolitres

因用种子分类法,而收获每埃克增加一千二百基罗格兰姆,假使算二百磅(即等于一百基罗格兰姆)的价格有十五马克,那么,就有一百八十马克的增加。种子分类法的费用,每埃克不过四点四马克,所以单用一种种子分类法,每埃克纯收入就可以增加一百七十五点六马克,还不算草叶及谷皮收获的增加。根据这种收获的试验,卢莫客又计算精选各种种子与以最相当的地方,收获及总收入还可以有很大的增加:

黑麦……300—700kilo. 种子,或 42—98mar.(每埃克)

小麦……300—800kilo. 种子,或 45—120mar.(每埃克)

大麦……200—700kilo. 种子,或 34—119mar.(每埃克)

燕麦……200—1200kilo. 种子,或 26—156mar.(每埃克)

假使我们以种子分类法所增加与种子选地法所增加,相加起来,那么单是一种小麦,每埃克的收获,有一千五百至二千基罗格兰姆或二百二十至二百九十五马克。

《德国将来之农村经济》①这部书上说,一切农村经济生产品,他收获的巨大增加,确可以得到,只要用丰富的相当的矿质肥料——酸性磷酸盐,笃马史粉,加以尼脱矿石(Kainite)及磷酸。那时德国小麦田平均每埃克可以有七千二百磅出产,黑麦田——四千八百磅。黑麦田极好的一部分,可以用良好的肥料及良好的耕种法,改做小麦田,他的平均收获——有五分之二的小麦,五分之三的黑麦——每埃克可以得五千七百六十磅。

---

① *von Kommerzienrat Heinrich Albert-Bieberich unter Mitwirkung von Land— Wirtschaftslehre Homuth*. Friedeneau,Berlin,1907.

除出做种的籽粒,及廉价的人民食料以外,还可以剩五千二百磅籽粒。而且,闲田,牧场,空地,池沼都变成了耕垦的田,现在七百九十万埃克的播种地可以扩大出一百五十万埃克,若平均每埃克收获有五千二百磅籽粒,那九百四十万埃克的耕种地,可以得五万三百八十四万磅籽粒。(案:此数当为四万八千八百八十万,译文仍按原书,故作五万三百八十四万;不知原书数字有谬误否?)假使算每人每年要一百七十五基罗格兰姆,那么,这些谷可以供给一万四千四百万人。据人口统计,德国一九〇〇年,有五千六百三十四万五千人,照现代技术及科学的情形,德国田地也可以供给这二倍半的居民而有余。然而在现代私有田地的农村经济制度之下,德国乃不能不要求平均九分之一的入口谷料。即使在现代农村经济制度之下可以有大约相当的收获,而生活程度却又有如此之高,大多数人无力购买,那个目的还是达不到。只有在共产主义的生产制度之下,那些结果可以得到,这一层,上述的几位著作家竟没有想到。又有一种统计,他算尽力耕种的生产,在德国农村经济还可以多得些。

谷类	290,100,000 磅
马铃薯	888,000,000 磅
燕麦,大麦,豌豆,豆	157,400,000 磅
稿草	292,400,000 磅
田草(莳种的)	220,000,000 磅
芜菁	456,000,000 磅

然而,更应当注意马客(Mack)所指示的,用电力,很可以减少做工牲口的数目,或可以极力增加屠宰牲口的数目,或扩大放牧牲口的场所。

还有果实,野果等园艺,现在看来是不重要的,将来的发展也可以比现在多得不少。而我们现在的果树种植事业,竟如此之坏,德国每年入口鲜果,值一万万马克,干果二千万马克;然而德国的气候,却是很适宜于种植果树的,更特别适宜于野果。

应当考察考察德国各处果树事业的凋敝情形,譬如维当倍尔

(Wurtemberg)还是以果树种植事业著名的,尚且如此,此地有很大的田地可以做农村经济的园艺事业。也可以说是为野果种植事业的,而他的发展还极幼稚。

还有农村经济的别种事业,也可以利用他,使他比现在好得多,这就是养鸟业及储卵等事业。德国每年入口鸡卵,值三万七千万马克,入口活鸡值一万一千万马克。一切孵卵及养育的各种方法也不完全。将来大生产制度的集中发展,可以集中管理一切马厩,各种草栈,冰窖,预备食物方法,肥料等;这些都要多多的储蓄时间劳力,及材料;并且,用这些方法,只要能依理论上的要件去使用他,可以得到极大的利益,为现在大农经济所难得的,更不必论中农小农了。例如,大多数马厩里的卫生方法是要注意的,而二十世纪的农人还不知道光线,空气,清洁之于兽类,也和对于人一样要紧,光线等是大有影响于兽类的。并且,一切乳,油,脂,卵,蜜,肉等的采用及制造,在理论上是很有关系于卫生,很有利害关系的,这是很明白的道理。

若能使人力机器力的使用,及他的联合,都成为艺术的,那就不但耕种田地,并收割稻麦也都完全有新方法了。建筑了干燥室,存储场(天幕)等类,无论什么天气都能收割稻麦,并且,谷类收获得很快,可以避免现在所常有的损失。譬如,像郭尔茨(Golty)①所说的,每一季气候不正不便收割的时候,在美克令堡(Mecklenburg)②损失八百万至九百万马克,在郭尼史倍尔(Königsberg)一带损失一千二百万至一千五百万马克。

在大的暖室中,利用艺术方法的取暖及取湿法,可以使蔬菜,果实,野果终年生长。我们大城市及乡间的花铺,在严冬的时候,常常陈列许多夏季的花卉。用艺术方法使果实生长,有一个最好的实例,就是勃里(Brig)地方,古钵德(Gaupte)所创办的葡萄园。他更找着许多模仿者,并且在他以前,别的地方也已经有人实验过了,譬如在英国就有。这种葡萄园的建

---

① 郭尔茨(Golty),德国农业经济学家。——编者
② 美克令堡,今译梅克伦堡(Mecklenburg),德国北部一州名。——编者

设制度及结果,登在一八九〇年九月二十七日的《复莎报》上,很可惊异,我们把他摘录下来。

"大约五百平方米突——就是五分之一摩琴——的一块平方形地面上,建筑一所玻璃房屋,高四点五至五米突,四墙恰对东西南北四方。南北两方竖立十二排双重纸棚,两重相离有一点八米突,同时支柱屋顶的斜坡。在二十五米突深的土堆上筑起一点二五米突深的土畦。土堆中建筑排水管网,及地中通气的直管。土畦用极肥的土做成,以石灰质细末,锯屑,沙,干粪,兽骨,加里盐和好,做得又松软又多孔的土畦。古钵德君在这土畦上,沿那双重纸棚,种植三百六十枝葡萄树苗,都是莱因河畔极好的好葡萄种:红白的'黎史林'(Ricling)及'屈腊美纳'(Traminer),紫白的'姆史嘉'(Muscat)及'蒲肯德'(Burgundy)。

"屋内通气的方法,除四墙许多气孔外,还做些大压盖,有二十米突长,用门把的木柄启闭他;这些压盖是专为设备通气的方法,还不关涉风的事。有二十六个喷水管,以为灌溉之用,喷水管上连着一点二五米突长的胶皮管,这些胶皮管从高处喷水。然而,古钵德君在葡萄园里还用别种良好的又快又多的灌溉法,有所谓艺术的司雨器。上面屋顶底下,装四个长铜管,每半米突间凿许多小孔。从这些小孔里,往上喷出的水珠,落在细纱制的小筛子上,经过这些小筛子洒下许多水雾;这种浇水法,经过胶皮管常常要几点钟的工夫;然而永久开着喷水器,全室内就有极清凉新鲜的雨,均匀洒落在葡萄枝,地面及各处。不用特别有艺术上的取暖法,这玻璃房屋里,极自然的温度,就可以比室外空气高出列氏寒暑表八至十度。防御那最有害,最危险的,葡萄树的仇敌——葡萄虫(Phylloxéra),假使有了这种虫,就塞上排水管,开足喷水器。葡萄树都淹在水里,虫就不能生存了。那葡萄园又有玻璃屋顶及四墙,可以抵御风暴,寒冷,冰冻,过量的雨水;有棉纱细网,可以抵御冰雹,有'艺术的雨',可以抵御旱灾。这样葡萄园的主人能自己制造天气,大可嘲笑一切天然能力,'天然'往往很残酷,放恣无心的恶作剧,足以使葡萄种植事业上的一切劳力及果实,都归无用。

"古钵德君的希望，完全实现了。葡萄树繁茂滋长于均匀温度之中。一八八五年秋末葡萄成熟，葡萄的果汁含有极丰富的糖分，而酸素极少，不下于莱因河畔的出产。第二年还是如此，就是那一八八七年，极不利于葡萄园的那一年，还是一样成熟。这个葡萄园里，树枝长到五米突高，树顶上长满葡萄，每年可以出二十基罗里突葡萄酒，每瓶酒的价格不满四十个泼芬宁(铜币名)。

"这种葡萄酒的新事业，确有相当的巨额收入，决不能说他的发展，有什么阻碍。这种同样的玻璃房屋，用同样的方法，去灌溉，通气，喷水雨等，很可以建筑几所，而不止五分之一摩琴，要有几摩琴大。这是可以的，无所用其疑虑。在这些玻璃房屋里，葡萄成熟比外面的早几个星期，因为开花的时候，能有方法抵御五月时的冰冻，雨水，寒冰，在果子长成的时候，有方法抵御干旱，在果子成熟时候，有方法抵御鸟啄，葡萄一直可以垂到十一月十二月间。一八八八年，发明者及创办者在园艺协会报告，我得到几篇古钵德葡萄园的技术报告书，末后附有将来配置法的计划书，很可惊异。他说：现在葡萄的栽培法，可以普遍全德国，就是极贫瘠的沙石地，譬如白兰登堡的一部分瘠地，也可以使用了，因为土地是都可施肥，灌溉的；那么，这些葡萄园，所供献于各地的大垦殖利益，是很明了的了。我可以叫这种垦殖事业为将来的葡萄酒事业。"

作者又说，这个葡萄园里所出的葡萄酒，大受专门家的夸奖。他说："在这葡萄园里，还有很够的地方，可以做别种相类似的种植事业。古钵德君又在每两株葡萄树之间，种一株蔷薇，四五月间开许多花；东西两墙边，种些桃树，每到四月间，这所玻璃葡萄园里，竟有小说上的优美境界。"

即使以再大的地方，照这样建筑，办各种别的种植事业，也没有什么妨碍，我们可以照样种植许多谷类，必定能得二三倍的收获。现在时代，举办这些企业，第一就有赋税问题，他们的出产品，必须有能力偿还租税，得有特许权方才能发达。而在社会主义的社会里，就只有工作力充足与否的问题，这个问题若能解决，立刻就可以实行，以利群众。

衮德海琛博士（Dr. Gundhausen）在海姆（Hamm），西法黎州

(Westphalia)对于食料问题有价值的发明:他得到小麦里的蛋白质,以前还不能在面糊里利用他,博士却用很容易的方法,在面粉中找到了。这发明家就创办一所大工厂,制造植物性的蛋白质,或亚留洛纳面(Uermicelled'Aleironate),其中含有百分之八十至八十三的蛋白质;次等的也含有百分之五十的蛋白质。亚留洛纳面是一种很滋养的蛋白质食料,与我们现在最滋养的食料比较,可以看一看下列的表:

百分数	水分	蛋白质	脂肪	炭素	细胞质	盐
亚留洛纳面	8.83	82.67	0.27	7.01	0.45	0.78
鸡子	73.67	12.55	12.11	0.55		1.12
牛肉	55.42	17.19	26.58			1.08

亚留洛纳面的用处,像一种汁一样,可以用在煎烤的东西,可以用在汤里,也可以用在蔬菜里。亚留洛纳的滋养性,比一切肉类都好,而且是现在能得的蛋白质食料中,价钱最便宜的。譬如,一基罗格兰姆蛋白质的价格:

在亚留洛纳面中 ……………………………………… 1.45 马克

在白面包及面粉中 ……………………………… 4—4.4 马克

在鸡子中(随气候,价格有变动。) ………………… 8—16 马克

在牛肉中 ……………………………………… 12—13 马克

所以大约牛肉贵八倍,鸡子贵五至十倍,白面或小麦面贵三倍,比亚留洛纳面都贵。并且亚留洛纳还有一种利益,假使以一与八之比,加亚留洛纳于马铃薯中,那就不但增加蛋白质的数量,还可以成为更适宜的糊质。狗是最爱蛋白质的,所以他很贪食亚留洛纳面,当他肉一样,假使狗完全不吃谷类,可以长得很强壮。

植物性的干蛋白质,亚留洛纳面,极便利于船上干粮的储蓄,又可做

炮台上，军队里，战争时的食品。他简直使肉类都变成累赘的东西。① 现在时代，亚留洛纳面——是制造糊质时的副产物，然而糊质，却反而要变做亚留洛纳的副产物了。将来远大的结果，应当一切马铃薯及别种滋养料少的植物，都被禾本科谷类排挤掉了，他的滋养料又要增加三至四倍呢。

卢独尔夫美尔博士（Dr. Rudolff Meyer）在维也纳，他也注意亚留洛纳面，他与我们很有交情，著了一部书，叫做《资本主义是世纪之末》（*Capitalisme-fin de Société*）；他在一八九三年六月十九日，取亚留洛纳面少许，送到食料分析实验室里［波埃姆州（Bohéme）国民文化协会的实验室］去研究，研究的结果，完全证实我们的意见。关于这件事的详情，可以取证于美尔博士自己。美尔博士注意于留德孟会（Otto Redeman）的开会［该会在波金苟姆（Bekengeim），离法兰福尔城（Francfurt-sur-le-main）不远］，他就分析桃豆的滋养成分，磨豆至极细，榨取其油。分析的结果，知道桃豆中含有一百分之四十七的蛋白质，一百分之十九的脂肪，一百分之十九的糊质，总共每基罗格兰姆中有滋养质二点一三五单位。因此知道桃豆是最滋养的植物之一种。摩路登（Morungen）的辛伯森药房（Rudolff Simpson）主人又发明一个方法，以除去豆类中的苦味，及生长全沙地上的植物中的苦味，再用他制成面，他的面包，经专门学者的证明，确是很美味很容易保存；而且很滋养，比黑麦面包好，所以价钱也较贱。

所以我们可以知道，现代社会里，已经可以完全变更食料的原质。然而要利用这些发明的方法却进行得非常之迟缓，因为有力阶级——有私有土地及他们社会上政治上的保护——用极敏捷的方法想得专利，使这些新发明处处受障碍，不能十分发展变更。诚然不错，每年秋天复活节，各处教堂里都举行祈祷，恭祝年丰，然而，实在心上另外有一种祷词，信教者都要求圣福洛黎昂（Saint-Florian）："圣福洛黎昂呵！保佑我们的房屋，烧掉别人的！"假使各地方的收获都好，谷价一定大跌，就这足以使私有田

---

① 郎逊（Nansen）曾经带着相当数量的亚留洛纳面，旅行北极。

地者起恐慌。别人大家有利益,于他就有害;所以,只要一切新发明,新发见,不是单对于他有利益,而对于别人也有利益的,他口上虽然不说,心里总是反对的。我们的社会,处处都在自相反对的情形之中。

土地种殖力的保存及增高,第一就在于有充足的肥料。所以肥料之取得,在新社会,是一个重要问题①。

肥料之于土地,就像食物之于人,各种食物对于人,不能有同等的滋养性,各种肥料对于土地,也不能有同等的价值。土地应当能恢复他一季收获后所失的化学成分,种植某种植物,就应当给土地以某种植物所需要的化学成分。所以,化学的研究,及化学的实验适用,要改变以前的传授法。

兽类及人类的排泄物中,恰好含有滋养物生长所必需的化学成分。因此,必定要保存这些排泄物,用适宜的方法去分配他。现在这种事业,做得很少。都市及工业区域,从外面得着许多的滋养物,然而不过以排泄物中所含贵重物品的极少一部分还之于土地。②

---

① "保存及增高土地种殖力有一种药刑,假使能使用他,凡是农村经济中所办的一切事业,都能得着他的益处,这种药剂就是这样做成的:农人运一袋谷或一百磅萝卜马铃薯之类进城,差不多合中国一石,却运回谷实中所含的若干肥土成分,返之田中;他对于一根藁草,一块马铃薯皮都不应当轻忽的;他应当想着,马铃薯皮对于他的马铃薯是有用的,藁草对于他的稻穗也是有用的。这些运回的东西,人家给他,是很不重要的,然而他运回来的积货,都比准备金及一切不生大利息的资本都好;他的田地,能如此者十年,就可以有两倍的收获,他虽没有更多的谷,肉,脂腊,然而他却不必像从前一种辛苦工作了。他不必整天忙着,去找什么别的新方法,来保存增高他土地的种殖力了……兽骨,兽皮,血,灰,及各种排泄物,都要积聚着,预备送到田里去……政府及警察厅应当注意,用合宜的方法建筑沟渠,以防止这些东西的抛弃。"——黎皮黑:《化学报告书》,一八六五年。

② "在中国,每天早晨,挑一担出产品进城,晚上就一根竹扇担,挑两桶肥料回去。人人都知道,这肥料很高贵,有价值,而人人却也每天每月每年的制造他;假使客人在别人家里,没有给主人以这种利益,中国人就以为大不敬的,他们以为这是款待客人的相当报酬……植物动物所排泄的各种物质,中国人都积聚起来做肥料……要使人知道,动物身上的排泄物(废物)之宝贵,应当说明,中国理发匠都积聚剃下的头发出卖;中国人也知道做石膏,往往为着要旧石灰做肥料,才制新炉灶呢。"——黎皮黑:《化学报告书》。

农村离都市及工业区域很远,虽然每年运许多出产品去,结果还是感受肥料不足的痛苦;住在这些农村里的人及兽类,虽然也常常积聚肥料,却是不够;然而这些人及兽类也要享用一部分的收获——于是,假使用艺术制的肥料不能抵偿天然肥料的不足,就足以发生侵蚀的状况,以致于地力薄弱,收获减少。各地方,运出农产品,得不着归还的东西做肥料,迟早总要有地力耗尽的一天,像俄罗斯,匈加利,都纳王国(Danube)等处。

黎皮黑,在上一世纪之中期,创一个学说,论恢复田地中的物质,成一肥料集中法之适用说。苏列陆比史(Chulse-Lupis)说,即使不含窒素①的植物,也不能使土地不受剥夺;这个现象,到欧列苟尔(Helrigei)更明白了。他说,有十万万杆状微菌(Bacills),"共生"(Cymbiose)在块根植物里,就能直接收吸空气中窒素,以与植物。② 假使从黎皮黑时候起,农学能依赖农村经济化学而发达,现在又可以得微菌学的新帮助了。在德国有许多含有加里盐,钙,笃马史粉,酸性磷酸盐,磷酸等矿产的闲田,都是矿质肥料的无穷来源,如能合法的利用他,再加以适宜的耕种法,可以制造无数的食物。

据黑史尔(Ulius Henzel)说,我们山石上,融化下无穷的好肥料。碎块的花岗石,白玫石,熔化石,铺在田地里,与以充分的水量,就是肥料,高出于一切其余的人类兽类排泄物。③ 这些岩石所含的成分,有是植物生长所必需的:如,加里盐岩,石灰岩,炭酸苦土,磷酸,盐酸,硫酸等。据黑史尔说,苏岱(Sudétes)④,嘉茨(Hartz)⑤,都令陶(Thüringen)⑥,欧登瓦尔

---

① 窒素,即氮肥。——原版本编者

② *Die deutsche Landwirtschaft an der Jahrhundertwende . Festrede , gehalten an der K . Landwirtschaftlichen Akademie* am 12 Januar 1900 von Dp. Max Delbrück.

③ *Das Leben , seine Grundlagen und die Mittel zu seiner Erholung* Philadelphia und pzig l890.

④ 苏岱,今译苏台德(Sudétes),波兰著名山脉。——编者

⑤ 嘉茨,今译哈茨(Hartz),德国最北部的山脉,位于威悉河和易北河之间。——编者

⑥ 都令陶,今译图林根(Thüringen),位于德国中部地区。——编者

（Odenwald）①，伦山（Rhoen）、鸟山（Montd'Oiseau）等山及笃奴史（Taunus）②维塞尔（Vézér）等高原，都是肥料的无穷来源。所以，"石头里做出面包来"这句话，也许成为事实。我们马路，街道上的灰尘，泥滓，据黑史尔说，也是肥料的来源。黑史尔很归咎于工厂家及商人，他们仇视以艺术制造肥料的方法，竭力反对这些方法的发明，其实这些新发明，对于他们有很大的利益。

据海陀（Heider）说，强壮的成人，每年所分泌的排泄物，干的有四八八 kil.，稀的有四三八 kil.。假使这些排泄物，没有因蒸发而受损失，拿来做肥料，他的价格，差不多有十二马克上下。若要用这些东西，最要紧的，就是建筑合宜的大储藏室，及准备运输的费用。这些运输费，和从远海边播运海鸟粪的费用差不多，然而需要海鸟粪的数量，不如需要这些东西的多。每人每年所出的肥料，大约足可以培壅每年每人吃的食物。这是很明了的，这种损失应当有多大。排泄物的一大部分送出城市，抛弃在河里，弄得河里很污秽，工业制造场里废物也是如此轻意的糟蹋了，这些废物也可以做肥料的。

新社会里，就要想个方法，防止这种耗费。譬如，现在时代所能做到的，像德国京城里，开浚价值很大的运河，使许多专门学者，来供献各种意见。新社会里，解决这种问题很容易的，并且采用居民地方分居制，渐渐的消灭大都市。

无论谁，也不能说，现代大都市的情形，是合于卫生的。工业及农业

---

① 欧登瓦尔，今译奥登林山（Odenwald），德国著名旅游胜地。——编者
② 笃奴史，今译陶努斯山（Taunus），德国著名山脉，位于德国中部莱茵河右岸、美因河和兰河之间。——编者

的统治制度常常使群众聚而成大都市。①

凡是工业商业的所在地,水陆道路都集中于此,又有大机关管理人,各机关中央管理处,军营,高等官署。高等学术机关,文艺院,娱乐游艺的大场所,展览会,陈列所,剧院,音乐会之类,都在这里。就有几千人特意往都市里去,几千人去找娱乐地方,更有无数千人,想去得较优的资金,较好的生活。

论理,这些大都市里的情状,很可怜的,都市里的人及兽类,生育日繁,拥挤得不堪,渐渐的困苦非常。直接接近都市的乡村,也沾染着都市里习气,聚集许多无产阶级的人。这些大多数的贫民,必须声嘶力竭的服从人家,还是大家都不能得到身体发育所必需的东西。假使他们接近大都市,或者大都市来接近他们,他们就堕落到都市里去了,好像行星太接近了太阳似的。然而,这不能使双方都改良生活状况;他们贫民,因为大众聚集于过满的城市里,生活状况更加低落。在现代社会,这些群众的聚集,只足以因某种方法,而促成必要的成熟的革命中心点,在将来的社会里,却已另定计划了。他们应当渐渐的分散开去:居民再从大都市移住乡间组织起新社会来,使他合于相当的革新条件而联合工业事业,与农村经济事业。都市居民,靠着生产制度及运输事业的便利,立刻就能播运一切耕种事业所需要的东西,到乡间去,立刻就在乡间创办专门学校,陈列所,剧院,音乐会,图书馆,交际会之类,于是又可以迁徙。可以得着都市生活

---

① 一九〇〇年十二月因四号人口调查报告,德国有三十八城,居民在十万以上。一八七一年时,不过八城。柏林在一八七一年居民约有八十二万六千,一九〇〇年就有一百八十六万八千,增加两倍有余。许多大都市的一部分,自然而然会合并附近郊外的工业地,这种工业地居民的数目,就与全城人数不相上下;因此,大多数大都市的居民,很容易增加。从一八八五年到一九〇〇年。莱泼茨城(Leipzig)的人口,从 170,000—455,000,苟伦(Köln)161,000—372,000,马岱倍尔(Magdeburg)114,000—229,000,孟恩(München)270,000—500,000,白莱思陆(Breslau)299,000—423,000,屈莱史登(Dresden)246,000—340,000,法兰福尔(Frankfort am Main)154,000—288,000,汉那威(Hannover)140,000—235,000,都塞独尔夫(Düsseldorf)115,000—218,000,纽令倍尔(Nürnberg)115,000—216,000,盖尼茨(Chemnitz)111,000—206,000。

的好处,而没有都市生活的坏处。居民的生活,可以格外合于卫生,格外有兴趣。乡村居民可以参预工业,工业区域的居民可以参预农业,园艺——这所谓职业之交换,在现在时代,不过少数人能借此取乐,而大多数人,总是在那种工作时间过度延长及劳动困疲的状况之下。

对于各方面,就是对于资产阶级方面,也都可以得着这种发展,乡间的工业企业一年一年的发展起来。大都市中恶劣的生活状况,大市房昂贵的租费,高价的赁金,逼迫着许多企业家迁徙。从别方面看来,大地主也渐渐变成大工业家(糖业,酿酒业,啤酒业,石灰厂,木器业,纸业等),在现在时代就有几万人,靠着运输方法的完全,都能住在大都市的郭外做生计。

采用居民地方分居制,现代乡村居住及城市居住之间的相反情形,可以一概消灭。

农民,在现代是奴隶,永世住在乡间,生活一无变化,和一切高等文化简直是隔离的,将来就可以做一个自由人,因为他这才能做一个完全的文明人呢。①

俾士麦克,从前也希望大都市的消灭,然而现在的意义,却和他的不一样。② 假使我们看一看以上所说的,我们可以知道,资本私有制度取消了,变成社会公有之后,从前资产阶级社会里,我们时时刻刻遇见的,时时

---

① 华琴(Wagner)所著《经济学》中说:"小农村的私人事业,是一定不易的经济上的基础,为最重要的居民,为不依赖的独立的农业,为有特别性质的政治上社会上的地位及职务。"著者若不要取悦于自己的保守党朋友,为什么不表示不满意于小农民的现状,他应当承认小农民是最贫困的人。小农民的现在状况,几乎永不能达到高等的文明程度:自早至晚做极困苦的工作,他的生活,比狗还坏。他不能享用肉,鸡子,油,乳,这些东西都是他创造的,他制造这些东西却是为的别人;在现在情状之下,他决不能得着高等生活,而竟成了耕种田地的机械。谁爱退后,谁预备保守,不想进取,他才能满意于保存这一种社会阶级呢!然而人类的进步,要促成这种阶级的消灭。

② 一八五〇年,俾士麦克在爱尔福(Erfurt)联合议会里攻击大都市,说是革命的炉灶,应毁平地。他说的,诚然不错,资产阶级的社会,正在现代的无产阶级里,制造出许多烧毁他们自己坟墓的人来呢。

刻刻增长利害的一切灾祸,都要消灭了。一阶级统治的制度废除,社会中一切事业按着计划去做,都由自己规定计划,自己管理,自己检查。赁金制度取消,人类间的互相剥削也没有了,一切欺诈,诡计,伪造食物,买空卖空等事,都可以消灭了。国家钞票,支票,证券,期票,简直都成了污点了。西勒(Schiller)①的话"我们的债券一旦取消——全世界都太平了"可以成为实事。《圣经》上的话"汗尔面食尔食"可以对资本主义中的游手好闲者说,可以对商业社会里的光棍说,全社会的各份子,应当在平等条件之下工作,然而并不以工作去压迫他们,并且还增高他们的生活状况,改良他们的物质生活。我们的企业家资本家提心吊胆的惦记着私有财产,常常直接受着苦痛,比较无保证的运命困苦的工人还要苦,没有比他们再苦的了。我们商业社会里专做买空卖空事业的人,成天的想做投机事业,常常因此得着心病,受着打击,使他们脑筋绞碎,现在没有投机事业了,他们也好放心了。安心过活,对于他们及他们的后继者真是天堂福地,他们自己也要觉着这样好。

消灭私有财产制,及阶级间的相反情形,渐渐的国家也消灭了。"资本主义的生产制度,使大多数人民变成无产阶级,制造出一种权力,有死灭的恐怖,应当完全改革。"渐渐地不得不变社会上生产的资本为国家的,国家自身向着改革的一条路走。

"国家本来是全社会的公共代表,是社会形式上组合的法人,然而国家又往往只能代表那一时期自认为全社会的阶级:古代是所谓市民,可以豢养奴隶,中古世是封建的贵族,现代就是资产阶级。真能有事实上的全社会代表,国家自身就是多余的东西。假使没有压制别人的阶级存在,假使阶级统治制,及根据于生产制度的无政府状态而存在的个人生存竞争,及因此而发生的冲突及压迫,一概消灭了,那么,再也没有那压制别人的制度,特别为制成压人权力而设的——国家了。国家进行的第一步,确实

① 西勒,今译席勒(Johann Christoph Friedrich von Schiller,1759—1805),德国诗人、剧作家、历史学家、文艺理论家,启蒙文学的代表人物之一。——编者

是像全社会的代表——以社会的名义,收集生产资本,那就是国家的最后独立的一步。国家在社会上的地位,及他的权力,渐就侵蚀,渐渐的对于各方面都是多余的了,于是他自己就要消灭。现在人口的管理,可以代以物质及生产进程的管理。国家不是换朝代,是完全消灭。"①

国家的代表:国务员,议会,常备军,警察,宪兵,审判官,推事,律师,监狱官,税务处,关税处——总而言之,一切政治设施,随着国家一齐消灭。兵营,及别种军事机关,审判及行政机关,监狱等,现在有较好的新规划。几万条法律,命令,上谕,都成了污点,不过保存他历史上的价值罢了。那时候,如此之琐屑的,议会中的大争论,那些政客自以为他们在这种争论之中,以自己的言论统治世界,指导世界的,如今也消灭了;他们让出那些选举会所,代表会所,拿来做很好的生产及分配机关,做必要的储藏处,做各种艺术,教育,运输,生产装置的新设施,工业上的农业上的都可以。这都是很明显的事实,大家都看得见受得着的,因为谁都没有仇视社会的私人利益。除出公共利益,一切布置得很好,很合宜,很有利益,这样的公共利益之外,谁都没有别种利益了。

几十万以前国家的代表,都来尽力于各种专门职务,用他们的智力劳力,来帮助社会的财富及利益的发展。将来的社会中,不知道什么政治上的,刑事上的罪犯。贼也消灭了,因为私有财产制消灭了;在新社会里,人人工作,人人都能很容易的很便当的,满足他的需要。没有所谓浪人,浪人也是社会的出产品,因为有了私有财产制才有的,浪人及他们那样的堕落情形,都消灭了。杀? 为什么? 谁都不能剥夺他人生活而富庶,因嫉妒,或复仇而起的杀机,都是间接直接由于社会的特别状况的。欺诳的宣誓,证书的伪造,欺诈,藏匿遗产,假饰的破产? 如今没有私有财产,因有私有财产,或因反对私有财产,才有这些罪恶呢。纵火? 社会中消灭了一切嫉妒的心理,谁都不能想着这件事。伪造货币? "唉,金钱就是怪物!"

---

① Fr. Engels:*Herrn Eugen Dührings Umwalzung der Wissenschaft*, Dritte durchgesehene und vermehrte Auflage. I 301 u. 302, 1894 Jahre。

辛苦是枉然的。轻蔑圣物？真无意味：全知全能的上帝，假使预先知道还有什么上帝存在与否的争论，自然会预先惩罚那轻蔑者。

所以，一切现代社会秩序的基础，都成了神话了。父母对小孩子讲那些事，好像讲什么古代神话时期的故事似的。追述往事，是有新思想的人所轻视的——对着那时候的人讲，简直像对着我们讲异教徒及魔女纵火的故事。一切"伟人"的名字，他们追溯新思想，而成大事业，在现在时代，很足以博得令誉，然而到那时候也就忘掉了，最多不过，研究历史的人，翻阅旧籍偶而遇见他们罢了。可怜，我们竟还不能享着这人类自由的幸运时期。

国家如此，宗教亦是如此。宗教不是"更换"，"上帝也不能移易位置"；信宗教者不必抛弃他的信仰，而亦不做那种无意味的事，成天的归咎于社会民主党的无神论者。资产阶级的观念，在法国革命时期，酿成极惨悲的惨剧，以破坏一切，现在也可以使资产阶级化的思想家明白这种社会民主主义的谬妄了。不做竭力的攻击，不压迫自由的意见，渐渐地消灭宗教组织，消灭教堂。

宗教——是过去时代社会状况的形而上的反映。因人类文明的进步，社会的改造，于是宗教也要改造。马克思说，宗教是想像幸福的倾向，是不能没有错觉的社会状况所发生的倾向①，然而，必须真幸福的观念及他的事实，能实现于群众之中，宗教才能消灭。统治阶级关心于自己的私有财产，扰乱这种真幸福的观念，所以他们要保存宗教；作为一种统治的方法，那种学说，"对于民众宗教是应当保存的"，就表示得非常明了。社会上这种企图，是根据于阶级统治制的，成为一种重要的行政职务。于是发生一种阶级，专办这种职务，指导一切精神上的势力，以保存扩充这种机关，因为，如此才能发展他的私有势力及权威。

低等文明程度的初期，原人的社会组织里——有拜物教；文明稍

---

① Carl Marx：*Zur Kritik der Hegelschen Rechts Philosophie*. *Deutsch-Französiche*，Jahrbücher，I u 2 Lieferung，Paris 1844.

进——就有多神教的宗教，最后，文明更进，于是就有一神教。不是上帝创造人类，是人类为自己创造上帝(一神或多神)。人类照着自己的样子，或相类的形状，创造上帝，而决不是相反的形状。一神教的传播，囊括宇宙，宣传透澈的泛神论，还尽在四处传播出去呢。自然科学脱离神话臭味，反对七日造天地说：天文学，算学，物理学出来，天就变成了空气的区域；所谓安置天使宝座的天国里的星，也都变成了恒星行星，恒星行星绝对不是天使。统治阶级觉着自己地位危险，于是利用宗教，来做各种威权的护符，从前的统治阶级都是如此①，资产阶级自己，对于什么都没有信仰，用他的文化，用他所造出的现代科学，来破坏一切宗教的信仰，一切威权。他的信仰不过是表面上的，要利用教堂，帮助他们的欺妄学说，因为他实在不能不求帮助。所谓"宗教对于民众是必需的"。

新社会里没有这样的东西，新社会只有无止境的人类进步，及真正的科学。假使某人还有宗教的需要，他可以与同他相类的人，自由去满足他的欲望。社会不管这些事。牧师——传圣道的，他要生活，他就应当工作，为他可以在工作的制度之下常常去思想学习，他总有一天明白，最高尚的——就只是人类。

道德及道德性可以离宗教而存在；或者是愚人，或者伪信者，才愿意反对道德或确定道德。道德及道德性是表示人类间合理的相互关系之意

---

① 古代人都是如此想，譬如亚里士多德说："帝郎(Tiran)(古代希腊独裁君主之称号)应当做一个模范，表示他对于宗教非常热心，不要使臣民觉着帝郎的行为，稍微有一点违背圣道，使他们看来，君主总是畏上帝的，敬上帝的；从别方面说来，就是使臣民不轻易企图反对君主，因为知道君主方面有神道保佑。"亚里士多德：《政治书》。
"君主应当占有人类最好的天性，或者更应当表示，他是这样占有的；他特别应当表示透澈的崇拜性、宗教性。假使有些人领会真实的意旨，他们就都默认了；要使国家的伟业足以保护君主，不然呢，君主不在这种势力的保护之下，一旦有人要享他的权利，就容易发生反对党。假君主真能于各种机会里，表示他的敬畏上帝，即使他实际上反对宗教反对信仰，他治下的群众，也以为他是人类中相当的尊贵者。总之，君主特别应当庇护宗教文化及教堂制度。"马嘉维尔(Machiavel)最著名的著作《君主论》第十八章。

义,宗教却是强定人类与超越自然的天神之间的关系;然而也不但是宗教,符合于人类社会状况而发生的道德观念,也常常如此。食人人种以为食人是很有道德的;奴隶制度,希腊人及罗马人也以为很合于道德的,中世纪的封建诸侯以为农奴制很合于道德的;赁屋劳动,利用妇女,以工业的劳动颓败儿童的精神,现代的资本家也以为是很合于高尚道德的。① 社会上四个阶级,有四种道德观念,然而没有一个足以称为高尚的道德观念。真正高尚的道德一定能显出那种现象:人人相互间,都是自由的平等的,在全人类之上,有一个根本学说统率着,就是,"己所不欲,勿施于人"。中世纪,人之所以贵重,在于他的门阀,现在时代,在于他的私有财产,将来呢,人之所以有价值,就只因为他是"人"。将来的时代是属于社会主义的了……

四

> 全赖父母的教育制度。——两性教育之共同及平等。——义务教授,义务教材。——专门学者的教育不依职业,而依性情才能,天资。——生活的目的——是人生的乐趣,教育的目的——是预备实际享受这种乐趣的方法。

议员腊史盖博士(Lascher)②一八七〇年在柏林宣读报告政见书,他结论里说,全社会各份子都可以受着同等的教育。然而,腊史盖博士是反对社会主义的,不主张改革私有财产制及资本主义,于是现代的教育问题,第一——就是经费问题。要使人人都受着同在一水平线上的教育,其势必不可能。有些人,在较好的环境之中,十分勤勉,费尽心力(这种能力

---

① 凡是资产阶级,他觉着解释某种扰乱现象太困难,他一定归咎于"道德",这是可以打赌的。一八九四年秋天,新福音教士会议中,一位"自由党"议员发言,说纳租税的,方才能享有"教会联合会"中的选举权,这是根据道德上说的!

② 腊史盖(Lascher,1829—1884),德国政治家,自由主义者。——编者

固然是人人都有的），然后能受着高等教育。至于群众呢——他生活在社会的压迫牵掣之中，永世不能受着。①

新社会里，人人的生活状况是同等的。需要及欲望大家各自相异，因为各人的天性不同，然而在人人平等的生活状况之下，自然各人能得充分的发展。形式单纯的平等，在社会主义里——也是无意味的，和在别种主义里一样。假使社会主义，倾向于形式单纯的平等，那么，他真误会，因为他反于人类的天性，应当防止社会的倾向于形式单纯的平等原则。② 假使社会主义，竟不幸而出于意外，使社会上发生不自然的状态，这种不自然状态，竟像桎梏缧绁一般，那么，应当在短期间内设法破除这种新状态，而社会主义是常常讨论修正的。社会的发展，必定照着内部的原则进行，而实际上也一定与这个相吻合。③

---

① "文化及幸福的某种程度——就是哲学思想所必要的外部条件。所以我们可以知道，哲学的开始，只在那些文化及幸福发达到很好的程度的民族里。"——德纳孟(Ténémann) *Bokle* 副集卷一，十页。"物质上智识上的利益，互相依托，单独不能成立的。两者之间的结合，就像身体与灵魂之间的一样；分开了就要死的。"——都郎(von Tunen)《绝国》(*Der isolirte Staat*)。"良好的生活，对于个人，对于国家全体都是一样的，良好的德行，必定要包围在外界的幸福里，然后，真正的幸福，完全优美，完全良好的幸福，才是可能的。"——亚里士多德《政治书》。

② 黎克德君(Engenie Richter)所著《错误》一书中，常常说那句平凡的句调："社会党愿意有强制的国家。"——关于"国家"，简直不用再说了，大约，读者都清楚了——然而黎克德以为社会能自己创造"国家"，或国家的组织，以便反对私有利益。可是，决不能自由创造国家，或新的国家组织，根本反对旧时的。这是违反一切国家社会组织进化的定律的。黎克德君及他的知己，只能自己相信，自己安慰，以为若是社会主义像他们所说的那样无意味，就可以不用他们的协力，立刻推翻了。
黎克德的意见竟如此之腐败："社会党所要求的社会状况，就是人人都成为天使。"所谓"天使"，是没有的。人类也不必要成为天使。从一方面说，个人受社会势力的支配，从别方面说，社会状况受个人能力的支配，而最后极紧要的一件事，就是人人都明白社会的真义：这社会是人类自己组织成的，各个人的意思，都要能很适宜的适用于自己社会的组织。这才是社会主义，别人，我们都用不着，我们只用得着那些比现在时代大多数人更聪明更精锐的人，我们要使他们更加聪明更加精锐，所以我们竭力进行，散布这类宣传的书报。

③ 无限的无数的反社会党，都断定，社会主义的社会里，人人所得食物，衣服都是一式一样，以为如此才合于所谓形式单纯平等，这真可怪极了。

新社会里,最重要的问题之一,就是要有相当的教育制度去教育后辈。所有生育出来的儿童——就是所期望的社会之生长,社会在这些儿童身上,才能看见久远的生存,特性的发展,是可能的;因此,社会自己觉着最重大的责任,就在于尽力培植新人物。所以,"母亲",就是培植儿童的第一个题目。便当的住宅,有兴趣的陈设品,适合母职的各种布置,对于妇女,对于儿童的小心看护——第一条条件就是如此。为着儿童的发育,必需保存母亲的乳汁,到可能的必需的时期为止。摩留索(Malechot)①,钟德留绥(Zonderegger)及其他卫生学家,医生都说,没有别的东西能完全代替母亲的乳汁。

假使有人像黎克德君一样,以为将来社会里,少妇的产育,要在公共育儿室里,而引为奇耻大辱,他要知道,这种育儿室,是现在无论如何有钱都不能创办的;他应当记清楚,现在极少有五分之四的人,产育的时候,在那种原人社会的状况里,这真是现代文化及文明的羞耻。那五分之一的妇女之中,还只有少数人,能在育儿的时候,享着些看护及保育的幸福。现在虽然也有在都市里创办育儿室的,也有些妇女,自己觉着生育将近,到这些育儿室里去,等候生育。然而这些育儿室的租费,如此之贵,究竟只有少数能享受着,大多数当然还是向隅。因此,我们可以看得出,资产阶级的世界里,处处伏着将来建设的根苗。

现在贵妇人的母职,更另有他的特性,因为他们往往赶快的要付托他们的母亲职务于无产阶级的乳母。譬如,大家知道的,柏林资产阶级里,有一种从索西茨(Sausitz)(司泼留华尔 Supewald 地方人)来的妇人,他们自己不能或不愿意抚育儿女,就雇用乳母。现在就有一种"乳母养成法",就是许多乡村妇女,竭力设法使自己怀孕,生育之后,就到柏林财富人家去,受雇当乳母。有不少妇女,特意生育三四个私生子,借此可以去当乳母,专做这种职务,等赚着了大宗的金钱,再去和他的情人结婚。从资产

① 摩留索,今译摩来肖特(Malechot,1822—1893),荷兰生理学家,庸俗唯物主义者。——编者

阶级的道德观念上看来,这种行为,也要受些陈腐的非难,然而,为资产阶级的家庭便利起见,他们是愿意如此的。

在新社会里,小孩刚长大,他就同他的同年者,在公共庇护之下,共同游戏。有种种方法,务必使适宜于儿童精神上身体上的发展,合他的意,满足他的需要。看护儿童的人,人人都能知道,儿童最容易养成他们的模仿者。他们与儿童做同伴,给他们以模仿的方法,非常之活泼。幼稚的儿童,格外喜欢——比成年的儿童格外喜欢得利害——看人的模范,学人的样子,他跟着他们比跟着父母还愿意。这些特性,是教育上最容易利用的。① 幼稚园,游戏室,都足以为初步智识及各种职业的引导,寓其意于游戏之中。此后,再教他做精神上身体上平均的工作,同时联合体操练习及游戏运动,在手摇车里,浴室里,旷场上都可以;再加以竞争运动,步伐练习,及各种男女儿童都能做的练习。应当准备种种身体上锻炼筋骨,保护健康,及精神上增进道德的方法。渐渐地引导到各种实习事业:园艺,农业,工厂中的制造方法,生产进程的技术。也不能轻视各种智识上的精神教育。

教育制度,处处有扫除旧习及改良的过程,和生产制度一样。衰老的人,虽然是多余的,确能维持精神上物质上各种研究方法及科目的发展。自然科学的智识,有增加理解力的能力,应当特别注意研究,以代替那种教育制度,有种种自相矛盾的科目,常常互相抵消自己的影响的,譬如:一方面教授根据于《圣经》的宗教,一方面又研究自然科学。要合于新社会的高等文化程度,学术机关,当然都由教育经费及抚育经费供给。社会供给教育及研究的经费,供给衣服及各种用品;待遇被教者一律平等,不能

---

① 这是傅立叶发明的功劳,虽然他的学说,近于乌托邦主义(Utopisme)。
——Charles Fourier,*Sein Leben undseine Theorien*,Stuttgart. 1888.

这一个比那一个坏些。① 对于这一层，我们又可以听见资产阶级的"丈夫党"大起恐慌的声音。学校应当变成兵营，反对党大概又要说：这是要夺去父母对于儿女的一切影响。关于这一层，可以无须辩论。因为将来的社会里，父母都有极多的空闲时间，亲炙儿女的机会比现在多得多——不像现在一样，要做十点钟或者更多的工作，譬如那些工人，邮差，铁道职员，监狱官，警察官等人，也不要工业者，农业者，商人，军士，医生等，做许多时间的工作——所以他们能亲炙自己儿女的时间比现在长得多。并且，教育上的程序，也有留着在父母手中办的，因为有些计划方法，应当由他们引导。我们那时生在完全德谟克拉西的社会里，教育委员会由双亲——父与母——及教育家共同组织。是否可以以为他们所办的事，违反父母的情感及兴趣呢？ 这种情形，在现代社会里，却已经发生了，往往国家径行他的教育意见，违反了大多数父母的意旨。

我们的反对党以为，儿女留在家里，整天的伴着自己，教育他们，定要这样，父母才引为极大的兴趣；其实，事实上不是如此。教育儿女，要费多大的心，劳多大的力？最好问一问做这事的或者做过这事的父母。自然，几个儿女的教育还算容易；然而这件事要有多少工作，多少努力，于母亲更甚，母亲受很大的苦，到了入学时期，儿女每日有一部分时间离开家庭，母亲就很快乐了。而且，有大多数的父母只能勉强不充分的教育儿女。大多数的父母，简直没有这个时间：即使他们不被雇出去做工，父亲也有自己的事务，母亲也要管理家务。即使他们有时间，教育儿女，往往教育方法不合宜。许多父母，能否跟着学校里的儿童教育进行呢？母亲教育儿女，往往能很敏捷，然而很少能有合宜的方法，因为他自己受的教育不

---

① 康独塞（Condorcet）的教育计划：教育应当是无报酬的，平等的，普及的，物质上的，精神上的，职业的，政治的；应当以真正事实上的平等为目的。

卢梭的经济学："教育应当是社会的，平等的，公共的，才能教成所谓'人'，所谓'国民'。"

亚里士多德说："因为国家只有一个目的，所以对于各阶段的教育应当是同等的，而教育的经营，也应当是国家的事业，而不是私人的。"

够。并且,儿童所研究的方法及科目常常变更,父母不能事事都是内行。

再则呢,大多数儿童的家庭环境太穷困,他们在那种又不便当,又不安静,又无秩序的家庭里,不能做学校里的功课,或者不能得着相当辅助。常常最必需的东西也没有。房屋不够,人太满了,所有学生都在那狭隘的房屋里,家具又不够,儿童要工作,也不能很便当。往往光线,空气,温度都不够;假使有教科书,也是很不好的。小孩子常常因为饥饿,不愿意用功了。此外,还有几十万儿童要去做各种家庭的,工厂的工作,使他们失去青年精神,大不合宜于教育。假使儿童要想用功或游戏,往往受无见识的父母反对。总而言之,有无穷的阻碍,无数的阻碍,而居然还能教出如此之好的青年,真可惊异了! 这可以证明人类天性的健全,天生有活泼泼地进取求全的倾向。

资产阶级社会自己也知道承认这一部分的罪恶,有时也施行义务教育,有些地方还赠送义务教科书,这两件事当一八八〇年间,煞克史教育总长(他本来是社会党议员出身)曾名之为"社会民主主义的要求"。法国以前也有许久时候,不注重教育,后来在巴黎创办儿童公共食堂,由市民供给,国民教育的成绩,就有一大部分很好。贫民可以无报酬的得着食物,而境遇较好的父母,应当为儿童提出少许公共准备金。这已经是一种共产主义的设施,以最好的方法,使父母及儿童都能满足。

现代学校制度的不完备——不足以充分满足各种要求——更可以显出来,有几万儿童,因为食物不足,不能好好的去做学校里的功课。每年冬天,有几万儿童,早晨不吃东西,就进学校。食物往往不够。假使能由社会供给这些儿童的衣食,这件事对于他们一定是很好的:使他们在社会的建设中,知道凡是人都可以有良好的衣食,他们就永世看不见那"徒刑的监狱"了。资产阶级社会不能否认这种贫乏情形,而苦心创办这种义务食堂,正所以用慈善事业的方法,来尽一分社会上的责任。我们处处地方遇着痛苦,而精神上尤其痛苦的,就是有些人闭着眼睛,竟不看一看这类的事实。

诚然不错,我们的学校里,能节减带回家做的功课,因为在家里做的学校功课,实在不能满意。家境好的学生比之于无产阶级里的穷苦学生,不但家庭环境较好,他们还往往能得着指导及温习的帮助;从别一方面说来,家境好的学生又容易懒惰放荡,因为父母有财产,学问对于他们是多余的,常常看见不道德的行为,很难抗拒这些不正当的诱惑。他每天每点钟,看见听见的,就是"一切事情,都是以官职爵号财产而定的",他自然对于人生,对于人的责任,对于国家社会的观念,都是误谬的了。

严格而论,资产阶级的社会,要攻击社会党所主张的共产主义儿童教育,他没有根据,因为资产阶级自己办教育,往往带些特权阶级的色彩,全是丑恶的形式。我们所知道的,那些兵式学校,陆军孤儿院,专门学校,宗教学校。这些学校里,所用的教授法,都是单方面的,腐败的,极严的禁锢学生,像修道院似的,专为着预定职业而教育的。有许多特权阶级里的人,譬如医生,牧师,官吏,工厂家,乡镇里的财主,本地没有中学校,送儿女到大都市里去,寄宿在学校里,终年不过假期中可以相见。

所以,我们的反对党攻击共产主义的儿童教育,反对夺去父母的儿女。而他们自己为自己私有的儿童办教育,却不过有些丑恶虚伪不完备的形式,岂不自相矛盾?富人阶级儿童的教育,有乳母,有保姆,有导师,有家庭教师,可以特别设一种功课,迎合他们家庭的特性,我们可以看见,这样教育常常造成虚伪性,而在教者学者的思想上,益处很少。现代教育制度要有相当的改革,须极端注意于身体上精神上的发育及青年性的养成,那么,教育能力才能增长。社会对于后辈的教育,应当注意,采取军队中训练兵士的方法,一个下级军官只统率八个或十个兵士。假使将来的教育,每一位教者只统率极少数的学生,那么,凡应得的结果,都能得到了。凡是模范技术的机械上的工作,田地及园圃里的工作,其初步都列入青年教育的一部分。新社会里,能有多式样的工作而没过劳的弊病,使人受这样的教育,能充分的发展。

再则呢,两性间的教育应当平等共同。两性的分离,只在于有两性间异点所生成的绝对的必要时。关于这一点,北美合众国早就在我们之前做了。美国男女两性的教育,自初等小学至大学,都是共同的。不但学费

是义务的,就是教科书,手工烹饪所用的东西,化学物理的器具,学生研究
工作实验时一切必要的东西,都不取报酬。许多学校联合建筑体操场,浴
室,游泳池,游戏室。中等学校里,女生也参预练习体操,游泳,航船,步伐
等。① 社会主义的教育更进一层:有正当规划管理,有完备的检查方法,这
样教育要延长到社会承认青年已经成就之后方止。如此之后,两性都有
完全的能力,极适宜的去享受自己的权利,尽自己的义务。那时社会方有
保证,他所教育的是能各方面完全发展的市民,是完全懂得人类生活的
人,他们能发育他们的特性,表显他们的特长,这就是社会的特质,社会的
特长;他们加入社会里去,都是健全的份子。

那时,现代青年的放荡,永久消灭了,这种放荡行为,是现代社会腐败
杂乱的状况之必然的结果。傲慢,不服训练,不道德,酷爱肉欲,在现在中
等及高等学校,专门学校及大学校里的青年格外利害,这些恶德都是我们
的家庭生活的融化力,社会生活的恶影响,所发生出来的,所继长增高的。
有了工厂制度的恶劣,住宅青年的放任,自主种种恶影响,于是必须有教
育,约束,节欲,自制等事。凡是这些罪恶,将来的社会不必用强制的方
法,就能消灭他;社会的一切设施,能发生统率社会的精神,使这些罪恶没
有发生的可能性。一切病态及残废,只是因诱惑破坏的力量而有的,在自
然界如此,在社会上也是如此。

谁都不能否认,现代的教育,有极利害极危险的病,这种病在中等及
高等学校里,比初等学校更甚。乡村学校比之于城市中学——还是精神
上健全的模范,妇女手艺学校比之于大多数禁锢的寄宿学校——还是道
德的模范。这个原因,不难懂得,上等社会,热衷于远大的目标,他们没有
思想。因为思想及高尚理想的行为不发展,所以有一切过度的纵欲,妄想
同他们精神上身体上的放荡。青年在这种空气里,能养成别种样子吗?

---

① *Amerikanisches Bildungs Wesen*，von Professor Dr，Emil Hausknecht，
Wissenschaftliche Bildung zum Jahresbericht der zweiten stä dtischen Realschule
zu Berlin 1894.

物质生活上的快乐没有制限,没有法度——生活是什么样子,生活成了什么样子了。为什么要妄想,要妄求,什么时候父母的财产变成过剩的东西呢? 我们大多数资产阶级子女的教育,其最高限(Maximum)就在于能应试而为自由服务的人。一旦考中了,他们以为爬到了卑黎翁(Pelion)沃塞(Ossa)①高峰上了,他们觉着自己成了半仙了。假使他们口袋里,还有一张后备军官的免诉状,他们的骄傲偃蹇,差不多是会登绝顶了。这种对于后辈的影响,卑弱的性格,卑污的智识,然而还是热衷于乐欲,怀抱野心,这种恶现象占断现在时代,好像是后备军官的时代似的。他的特质——就是情欲众多,性格背谬,智识缺乏。诌媚权贵而残虐卑幼。

大部分上等社会的女儿,所受的教育,就是养成玩物,时髦的女郎,涂脂抹粉的妇人,患得患失于乐欲之中,终至以忧郁过度,得各种神经上肉体上的病。衰老之后,他们就迷信宗教,媚神,这种人处于破坏衰落的世界里,宣传制欲主义。

下等社会的教育,格外竭力贬抑。无产阶级很愿意更有智识些,他们不能再忍受那种奴隶境况,想跳起来反对他们的地上上帝(资本家)。群众愈愚蠢,愈容易统治管理。“最愚蠢的工人——是我们最愿意要的。”这是东爱尔白(Elbe)②地主会议所宣言的。他们的纲要全在这种学说里。

所以,对于教育问题,现代社会,如此之无所辅助,违背预定的目的,和他对于别种社会问题一样。他做着什么来了? 他只是用鞭策方法宣传宗教——就是劝人恭敬那些人,满足那些人,其实那些人已经太受恭敬了,已经太满足了;他教人节欲,其实人家只能节减他的必需品了,因为他本来无欲可节。那些残忍卑污的人,送到改正劝导的机关里去,其实这些机关都是为虚伪主义所支配的。这些就是现代教育家最后的方法了。新社会教育后辈至于健全的成人,然而此后还是各人留心自己以后的教育。

---

① 卑黎翁,即皮立翁山。沃塞,即沃萨山。“天的诸神就将皮立翁山叠在沃萨山上。”——登峰造极之意。——原版本编者
② 东爱尔白,即易北河(Elbe)以东地区。——编者

人人向自己的志愿自己的天才上去做事。有些人研究自然科学,使他更发达:人类学,动物学,植物学,物理学,化学,考古的科学之类。有些人,因自己性情之相近,而成音乐家,画家,雕刻家,演剧家。有些人研究历史学,文字学,艺术理论等。将来没有什么职业性质的画家,职业性质的学者及工业家。现在埋没的各种天才,将来都可以发扬光大,表显他的才能智识于相当的机会里。没有以画术,音乐,演剧,学问,为职业的画家,音乐家,演剧家,学问家,而纯粹是发展他们的天才,天赋,异禀。凡是他们所创造的应当比现在的超越,将来社会里一切职业行为,技术行为,经济行为的现象都能超越于现在的。

现在时代所看不见的"艺术及科学之世纪"就可以到了,当然就有新创造发见。

华琴(Richard Wagner)所著的《艺术与宗教》(一八五〇),预料"艺术之再生"(Renaissance de l'art)须在人类生存条件完全满足之时。这部书特别注意对压迫的革命之直接发现,这种革命是华琴自己所愿意参预的。华琴曾预言将来社会的状况;他倾向于工人阶级,工人阶级很应当帮助艺术家,创造真艺术。华琴还说:"我们将来的自由人类,求得生活资料,不是以为他的生活目的,而因为有行为的新信仰及更好的知识,所以求得生活资料,是由于相当的自然的行为,不足以使我们因此而不安逸,总而言之,假使职业不是我们的主妇而是我们的婢女,那么我们唯以生趣为生活目的,我们要教育我们的儿女,使他们能适宜充分的实际上享受这种乐趣。教育是从能力的练习发生出来的,因为留意于物质的美,靠着对于儿童的爱情,一无阻碍,从乐趣中看见他丰富的美,于是就养成艺术家,而后人人因各方面的关系都成真正的艺术家。自然的性情之差异,生出如此之丰富的形式,复杂的各方向,简直非言语文字所能说明的。"这些意思完全是社会主义的,与我们所说的全相符合。

五

最完全的自由在无间断的进步上之影响，是社会之生命原理。

在将来的社会生活里，一切都是公开的。我们首先看见，妇女地位比之于现在时代已经完全改变，就可以知道发展的方向。为适应社交的需要，开辟很宽广的范围，家庭生活只在最必要的时候。有很大的房屋，以为报告讨论之用，讨论一切社会事业，将来是各事都由全社会解决，社会是最高的主权者；有食堂，游艺室，读书室，有图书馆，音乐会，剧院，陈列所，游戏场，体操场，公园，野径，公共堂室，各种教育机关，实验室之类，一切都用极好的方法，务必使科学艺术及各种娱乐发达到最高限度。有看护病人，无能力者，老年人的机关，务必要能应付最高的要求。像我们现代这种时代，还要夸耀，真是气度隘小极了：这种小慈善的追求，这种卑下的狗的心地，这种嫉妒的竞争，只不过为普某种很小的特权。这些罪恶，天天的增加，越发可厌恶了，真信用的隐匿，好特性的淹没——其实都是不讨厌的特性——天性的阉割，虚伪的感情及心地——总而言之，凡是这些特质，都可以说他是卑怯，无骨气。那些好感情，能增高薰陶人类的德性，自重，不依赖，不屈己意，不受贿赂，独立的意见，自由表示自己的意思，凡是这些善性，在现代社会情形之中，往往算是过失，错误。常常有人不肯改去这些德性，这些德性就害死了他。

有许多人，他们自己还不知道自己的卑劣性格，他们习惯成自然了；狗却知道，他有一个主人，恶性发作起来，要用鞭子打他。

一切文学的作品与上述的社会生活改造，同时要有根本改革的趋势。神学的文学与法学的文学同时消灭，在现在时代这种文学，年年出现，占第一等的地位呢。神学的文学再也不能有意味了，法学的文学再也没有必要了；每日同国家机关奋斗的文章也消灭了，因为国家机关已经没有后继者了。有许多研究，都成了文化史上的东西了，许多无才的文学作品都毁弃了，这些文学都是腐败现象的标志，常常是作家受夸谩的牺牲才能出现的。文学作品五分之四都要消灭,因此也绝不向单方面的文化意味上去努力,从现代社会的观察点上看来,似乎可以说,并没有发扬光大。

文学上,浮光掠影的,有害的作品,或者简直是秽物,竟有如此之多。现在美文及新闻杂志文是一样的程度;像我们大多数报纸上的文章,这样无才的,浮光掠影的文学,再也不能存在了。假使以我们文化上的发明,及科学上的观点,来批评现在报纸的内容,可以说他的程度低得很呢。对于人事物情,全用上一世纪的观察点来讨论,早已禁不起科学的批评了。我们新闻事业的一大部分,全是一班无知的人在那里办;俾士麦克批评他们的话很确,他说:"他们弄错了自己的职业了。"然而他们的观察点及报酬的数量,却和资产阶级事业上的利益,很相符合。这类报纸,大多数广告栏里的美文时代的作品,真是最恶浊的污点;他们的商业栏却和别种事业上的利益很相合。这些报纸的内容,就是拥护企业家物质上的利益。

中世纪的美文学还比报章文字稍许好些呢。现在于两性的罪恶上,特别描写得多,一方面,显得太无耻的暴露了,别方面——又觉得尽是些最无味的偏见及迷信。他的目的——就是增高资产阶级的地位,不顾一切谬误,这些谬误,现代社会里较好的青年倒还肯承认呢。

这种广大的重要的范围里,将来的社会要根本的扫清。将来只有科学,真理,美,及求是的争辩,足以统率。谁有切当的意见,他就可以参预讨论。他不要求编辑者的好意看待,不要求金钱的利益,没有偏见,他只是和无党派的博学者讨论,假使和他的意见不合,他就和他们争辩,反对他们的论断,他无论什么时候,都可以提出于全社会取决;这种情形,在现在时代是不可能的,他不得不和报纸编辑部有关系,不得不和编辑员有交情,这种编辑员只为他自己私人的利益商量。

似乎在社会主义的共同生活里,还应当有意见的争执,这种头脑简单的论调,只有在资产阶级社会里的人,目光所及,不过自己的全社会,竭力仇视诽谤贬抑社会主义,才能说出来,以保护自己。根据于完全德谟克拉西的平等的社会,不知道并且不容有无论什么样的"禁止",只有最完全的"意见自由",才能得到无间断的进步,这是社会之"生命原理"。以卑污的欺妄而表现的资产阶级,就是"意见自由"的防御者。所谓党派,就代表统治者的阶级利益,他所公开的出版物,只是无害于该阶级的利益的,凡是反对他的人,就是犯罪,应当受苦。反对者的社会地位,就此大受打击,这是过去的事实,大家都知道的。著作家所论述最多的,编辑者及书贩以为是不便于己的文学工作,只得避开他。从我们的出版法及惩罚条例看起来,好像有什么天神,统率着我们的治者阶级呢。他们以为真正的意见自由是一切罪恶中最危险的罪恶。

六

一切生活关系的复杂性之需要是为人类天性的根本现象——食物之"重新估价"——以科学为基础,制备食物——以最小劳力,时间,材料,得最大结果之实现。

人类应当有完全发展的能力——这是人类交通的目的,所以,他不能固守在他偶然出生的地方。书报上,对于人及世界,研究得很少,必须亲身考察实地调查。现在社会里,虽然已经有许多人有能力更换地方,不过往往有因生活逼迫而然的,将来社会里呢,就应当人人都能做到。人类的天性,对于更换一切生活环境的需要,非常之深切。这种需要,是从一切生物所特有的一种"求全的倾向"里生出来的。植物生在暗室里,他似乎有意识似的,向着有罅隙透光的地方长去。人类亦是如此。更换地方的这种倾向,既是人类天赋的性情,就应当用极聪明的方法,去满足它。更换地方的倾向,并不与新社会的条件相反,而且只有新社会里,才能使人人都能满足这种需要。交通方法的进步及国际间的关系,当能使这种倾向更加强盛,使满足他的方法更加容易。将来为着极复杂的目的而环游地球的人,应当比现在我们所看见的,多得多。

社会更应当多多储蓄各种东西,以备满足一切需要。因此,社会整理工作时间,使他加长,或缩短,务必以当时的要求及四季的天时为标准。一年中,以一季从事于最紧要的农村经济生产事业,另以一季从事于工业及手艺的生产事业;他分配工作时间,总以当时的需要为准;调节种种的工作力,用极完备的技术方法去分配,很容易实行的,在现在呢,这些事就办不到。

社会不但留心照料他的青年,并且还要照料老年人病人,无能力者。一不能工作的人,社会全体帮助他。这不是慈善事业,而是义务;不是发善心给一块面包,而是殷勤亲爱的辅助看护,这是年壮力强能为全体尽责任的人的分内之事。老年人暮年生活的慰愉,只有社会能给他。要知道,人人都希望,到那时自己亦能享受他以前所供献于老年人的。老年人再不能像现在一样,心上总觉着,有人等着他死,好得他的遗产。人到衰老穷而无告的时候,就受人厌弃,好像榨过的柠檬似的,这种危险也消灭了。他们也不必再受自己儿女的好心维持,也不必再受现代社会上乞食来的钱米。① 大多数父母,靠着儿女过活的,是怎样的境遇,大家一定很知道的。那种承受遗产的希望,对于儿女,更利害的是对于亲戚,发生多大的恶影响呵! 引起怎样卑污的情欲,发生那么许多的犯罪行为:杀人,隐匿遗产,毁约,勒索。

社会的一切精神上物质上的设施,劳动方法,住所,食物,衣服,娱乐,都要能避免一切不幸的事情,及急性的慢性的疾病。自然的死亡,生活力的消失,都要日趋于正当,不冤枉。"天地之间,唯有善终",这种学说,鼓励人类做理性的生活。能长久享乐的人,才是最快乐的人。能宝贵长久的生命,是世上最好的事,正如牧师劝人到另一个世界里去。那无忧无虑的生活使人容易达到最高的平均年龄。

---

① "一个人,终生辛苦勤勉做事,直到衰老的时候,就不应当受儿女及资产阶级社会的慈悲恩惠。老年人不必费心劳力——这是他年壮力强的时候,无间断的努力工作,所当得的报酬。"——都郎的《绝国》。然而现在时代的社会里又怎样呢? 几百万人等着衰老时期到来,就快受人厌弃了。我们的工业制度又足以使人不及时而衰老。在德国,衰老及穷而无告的人,他们的恐怖有多利害呵! 他们所得极微薄的辅助,大家还竟承认是他们最苦的保护呢:他们的辅助,还大不及多数退职官吏的养老金。可怜的人类呵! 这样忘恩负义的事情,是人类做的吗? 这真是人类文明的大污点!

　　生活的需要，第一就是饮食。那所谓"生活的自然方法"的朋友们，常常问，为什么社会民主主义与蔬食主义没有分别。凡是生物，都能生活；所谓蔬食主义就是以植物为食品的一种学说，最初主张的，原不过是有能力于动植物间选择食物的人。而大多数人，不能有这种选择，他们不过受生活的压迫，生活的缺乏，使他们不得不纯粹吃植物食品，而且常常所吃很少。我们西留西(Silésie)①，塞克史(Sax)，都令滋(Turingie)地方的劳动工人，最主要的食品，就是马铃薯，面包还只能居其次；至于肉呢，竟算是最坏的食物，难得吃他的。大部分乡村居民，虽然他们从事畜牧，也很少吃肉的，因为他们要把牲口出卖，得几个钱，以供给别种需要。

　　这大多数人逼迫着过一种好像是蔬食主义的生活，偶尔吃着一碗煎牛肉，或者一块好羊肉，他们的食品，就算大大的改良了。蔬食主义者反对肉食品的重新估价，是对的。然而他们要反对肉食，说肉是危险品，有害的，大半又由于慈善的动机，说因为自然的情感，要禁止杀生，只吃"尸肉"，那就不对了。并且，我们愿意生活的安宁，有兴趣，使我们不得不与大多数凶恶狡猾的动物宣战，除灭他们；我们应当杀戮除灭野兽，使他们不自相吞噬。至于家畜，他们所谓人类的"好朋友"要是保存起来，几十年间，这些"好朋友"不断的生殖滋长，就可以夺尽我们的食物，吞噬我们。说蔬食就合于慈善心，这是不对的。向在慈善心肠蔬食主义者的印度人那里的"野兽"，等到残忍的英国人压制他的反抗，他才醒悟过来。

　　钟德留绥(Zonderegger)说："食物的必要，并没有一定的次序，只有一个不变的定律，就是食物必须复杂混合的。"诚然不错，单吃一种肉，谁都吃不来，而单吃植物食品，只要是喜欢吃的人，很可以吃。从别一方面说来，单吃一样一定不变的植物食品，即使是极滋养的，也决不能吃得适意。譬如，豆，豌豆，扁豆，这一类荚生植物，都是极滋养的；然而强迫人纯粹吃这些东西，也可以说，太苛刻了。马克思的《资本论》卷一上说，许多熔矿

---

①　西留西，今译西里西亚(Silésie)，中欧的一个历史地域名称。该地域的绝大部分属于波兰，小部分则属于捷克和德国。——编者

工厂家强迫他的工人终年吃豆,因为豆能增长人的气力,使人吃得来苦,别种食品所没有的功效,豆却多有。工人不要豆吃,并不管他滋养不滋养,只因为吃得太多太腻烦了。像迷信蔬食主义者所说的,人只吃一种一定不变的食品,那是无论什么时候,总不能算他是人的幸福,有兴趣的事。这只能依气候,习惯,个人的嗜好而定。

从文化的开始时期,渔猎及游牧的民族,几乎完全吃肉,后来渐渐的吃起植物食品来。种种复杂的植物耕种法,足以做高等文化的标志。并且,同样的一块地,耕种植物所出的食品,比之于畜牧牲口所得的肉食品,多出好些倍呢。这种发展,是植物食品的最大优点。肉食品的运输,我们现在是用奸猾的经济制度从南美洲及澳洲运来的,再过几十年就要禁止。从别一方面说来,养牲口,养鸟,不单是为他的肉,还有羽毛,鬃,皮,乳,卵之类。这些足以应付人类各种实业上的需要。并且,畜牧事业上剩下的各种废物,可以利用之于工业经济及家庭经济。将来海产品上,还可以为人类开辟很大的肉食品来源。那时渔业发达,可以有许多鱼剩下来,做田地里的肥料,因为运输及储蓄方法,不足以保存他,而转贩的价格又太高。如此,蔬食主义式的生活,在将来社会里,并不一定有,也并没有必要。

食物的性质,比食物的数量,尤其重要:有许多不好的东西,仍旧没有用。用极好的制备方法改良他的性质。食物的制备和别种人类事业也是一样的,要以科学为基础,这必须要有智识及相当的方法。

不必远征博引,就是我们现在的妇女,他们专从事于食物的制备,却没有,也不能有这种智识。大庖厨里的技术,现在就有许多好方法,为家庭庖厨所不知道的,他们技术的程度,已经能到这一步了。对于庖厨的理想,最好能以电力供给光线及热度。没有煤烟,没有暑气;也没有臭味。庖厨就可以设在客厅,比设在专做厨房的地方还好些;用一切技术上的方法,尽可以在那里作很迟延不洁的工作。那里设有种种装置,可以用电力洗马铃薯及蔬菜,制香肠,烧鱼,煎肉,燔肉,磨咖啡,切面包,开瓶,塞瓶,砸冰,以及种种方法,可以用不多的人,有限的地方,供给几百人的食物,更可以有洗刷,净器的方法。

私人的庖厨，足以使几百万妇女又疲倦又极不经济的耗费许多时间；健康上德性上都受损失；假使经济窘迫的人家，厨房更是妇女们天天费心的事情，大多数人家都是如此。私人庖厨的废止，可以使无数妇女得着自由。私人庖厨，和手艺工业一样，是过去时代的东西了；双方都很不经济，耗费许多时间，劳力，燃料，光线，食品的材料之类。

营养食物的价值，以食物方法而增高，很容易有连带关系的；这是正要解决的问题。① 所以，营养的方法，能使人人都合他的天性，只有新社会里办得到。古罗马很有名望的人嘉东（Caton）②，他说第四世纪以前（纪元前二百年）这些城里自然有些医学艺术的识者，然而他很空闲，没有事做。罗马人的生活如此之节约，简单，疾病很少，所有死亡，大半都是衰老后，自然的善终。这是原本的状况，很好，等到后来，一方面贪食放荡，一方面——穷乏犯罪，于是那原本的状况就变更了。将来贪食放荡是不能有的，而穷乏，冻饿，残废也同时消灭了。家给人足而已。

爱那（Heinrich Heine）③已经有一首歌，道：

> 我们大量的乳母——就是地——
>
> 为我们大家的面包都有呢……
>
> 有蔷薇，有仙花，花儿和爱，
>
> 香喷喷的豌豆儿甜蜜蜜。
>
> 那甜蜜蜜的豌豆儿，我们快有，
>
> 那豆荚儿啊，我们一径来剥取。
>
> 那天堂，那天国，让与画眉儿，
>
> 那神仙的天使，我们亦让与。

---

① 食物方法与个人的营养有连带关系，这是最重要的一点。Niemeyor：*Gesund heitslehre*.

② 嘉东，今译加图（Marcus Porcius Cato，前239—前149），古罗马政治家、活动家和演说家。——编者

③ 爱那，今译海涅（Heinrich Heine，1797—1856），德国抒情诗人、散文家。——编者

"谁吃得少,他活得好"(就是寿长),这是十四世纪意大利人嘉尼洛(Carniro)的话,尼美尔(Niemeyer)所引用的。总之,非过去时代的化学,总可以使新的改良的食物制备法实现。现在时代的科学实在误用于伪造欺诈;然而很明白的,凡是化学制造的食品,含有天然出产的特质,就足以完成那个目的。一旦他竟能满足其余一切要求,那用怎样方法去得着出产品——倒是第二层问题了。

厨房里的事如此,一切别种家庭生活也是如此,都要完全革命,而现在时代还在尽做的那些不必要的工作,也都告结束了。有制备食物的中央机关,家庭里的厨房可以不要了,更因为有中央发热机,中央发光机,一切暖炉,灯盏,以及别种发光器都可以不要了。有冷热水管,各人自己可以自由洗澡,洗脸,用不着别人帮助。有中央洗衣处,中央晾衣场,可以洗衣晾衣;收拾棉夹衣服地毯等,都可以由中央机关去办,捷克就有一种洗地毯机,能在极短的时间内完成自己的工作,成绩真可惊异,可以超过妇女赛会。有自司启闭的电门。用电力送信送报于各层楼上;有电力升降机,可以不必用梯子。屋内的陈设,地板,墙,家具,都要制造得很容易擦净,不藏灰尘及微生虫。各种废物,污水,要有一种特别方法搬出住宅。在美国,在欧洲有些城里,譬如在丘黎克(Zurich)①就有这种舒服房里,里面住的都是大财主——别种人就嫌太贵——全家都很便当的。

我们又有一个证据了,资产阶级社会有方法起家庭生活的革命,然而只是为少数人的。然而一旦家庭生活,照着上述的方法,根本改革,可以取消仆役,所谓仆役,实是"放肆的绅士先生的奴隶"。而所谓贵夫人也可以取消了。"无仆役就没有文化",这是脱莱茨基(Treitschke)昏乱的滑稽论调。他竟不能想像无仆役的社会,也和亚里士多德不能想像"无奴隶"一样。真奇怪,脱莱茨基竟看着仆役是"我们文化的维持者"。脱莱茨基,也和黎克德一样,看着刷衣刷鞋非常之困难,他们以为这不是人人能做的事情。其实,就在现在时代,也有十分之九,是自己做这些事的,或者老婆

---

① 丘黎克,今译苏黎世(Zurich),瑞士第一大城市。——编者

替丈夫刷,或者儿女替家里人刷;可以说,现在有十分之九能做,其余的十分之一也就可以做得来的。然而还有一个结论。就是,为什么在将来社会里,这些事情不能使男女青年去做呢？劳动不是什么羞耻事,即使你以刷靴为职业,也不打紧,这种事已经不止一个人知道,我们许多避债赴美的高贵军官,在美国当守门卒或者刷靴役的很多。黎克德散布的小册子,竟有叫做《国务总理之社会主义的帝国》的,竭力贬抑刷靴的事情,说是,因为刷靴之故,"社会主义的将来国家"都要败灭了。

"国务总理之社会主义的帝国",反对自己刷靴,这实在是他的败亡呢。

反对社会主义者,震慑于"将来国家"的理想,而暴露出这种惮于批评社会主义的证据。黎克德还不止这一件事烦闷呢,有一个在纽令堡的他们一党人,在他发过那本小册子之后不久,偏偏发明了一种刷靴机器,捷克全世界展览会上,又陈列着一部电力刷靴机器,那部机器很合实用。所以,反对社会主义的黎克德及脱莱茨基所不承认的那种理想,居然成为事实,况且,还竟在资产阶级社会里发明了。

革命的改造,根本变更一切生活状况,特别要变更那妇女的地位,现在已经有动机了,我们可以看得见。这不过是时间上的问题,苟谈促进或越过社会改革的历程,就能使社会取得那一种改造,改造之后,必定能使人人——无所不包——都有能力去参预享受那无量数各方面的利益。

瞿秋白译事年表

1899 年

瞿秋白出生于江苏省常州市。

1919 年

在《新中国》第 1 卷第 5 期发表俄国托尔斯泰作品《闲谈》译文。

1920 年

在《解放与改造》第 2 卷第 5 期发表俄国托尔斯泰作品《告妇女书》及《答论驳"告妇女书"》节译本。

在《曙光》第 1 卷第 4 期发表俄国果戈理作品《仆御室》译文。

在《曙光》第 1 卷第 4 期发表意大利马德志尼作品《马德志尼论"不死"书》译文。

在《新中国》第 2 卷第 3 期发表俄国托尔斯泰作品《祈祷》译文。

在《新中国》第 2 卷第 6 期发表俄国托尔斯泰作品《论教育书》译文。

在《妇女评论》第 2 卷第 3 期发表俄国果戈理作品《妇女》译文。

1921 年

在《改造》第 3 卷第 5—7 期发表德国倍倍尔作品《社会之社会化》译文。

在《改造》第 3 卷第 7 期发表俄国凯仁赤夫作品《共产主义与文化》译文。

在《改造》第 4 卷第 1 期发表俄国凯仁赤夫作品《校外教育及无产阶级文化运动》译文。

在 9 月出版的《小说月报》增刊《俄国文学研究》发表俄国兹腊托夫拉斯基作品《痴子》译文。

在 9 月出版的《小说月报》增刊《俄国文学研究》发表俄国阿里鲍夫作品《可怕的字》译文。

1922 年

在《改造》第 4 卷第 8 期发表俄国托尔斯泰作品《宗教与道德》译文。

1923 年

在《新青年》季刊第 1 期发表法国鲍狄埃作品《国际歌》译词译文。

在《文学周报》第 92 期发表苏联高尔基作品《劳动的汗》译文。

在《中国青年》第 1 卷第 6 期发表苏联高尔基作品《意大利故事》第五章译文,发表时题名为《那个城》。

1924 年

在《小说月报》第 15 卷第 1 期发表俄国契科夫作品《好人》译文。

1925 年

在《中国青年》第 67(2 月 21 日)、68(2 月 28 日)、70(3 月 14 日)期发表苏联高尔基作品《时代的牺牲》译文。

在 4 月 22 日《新青年》月刊第 1 期发表苏联斯大林作品《列宁主义概论》译文。

1926 年

在 7 月 25 日《新青年》月刊第 5 期发表苏联洛佐夫斯基作品《世界职工运动之现状与共产党之职任——1926 年 3 月在共产国际执行委员会扩大会议上的报告》译文。

1927 年

出版苏联戈列夫作品《无产阶级之哲学——唯物论》(新青年出版社)译著。

1930 年

上海明日书店再版苏联戈列夫作品《无产阶级之哲学——唯物论》,改书名为《唯物史观的哲学》。

1931 年

在《布尔什维克》第 4 卷第 2 期发表苏共中央机关刊物《布尔什维克》第 21 期社论《布尔塞维克的进攻和机会主义的新活动》译文。

作《论翻译——给鲁迅的信》,发表于 12 月 11 日、25 日出版的《十字街头》第 1、2 期上。

在《北斗》第 1 卷第 4 期发表苏联卢那卡尔斯基作品《解放了的董吉诃德》(第二场)①的译文。

1932 年

在《北斗》第 2 卷第 3—4 期发表苏联卢那卡尔斯基作品《解放了的董吉诃德》(第三场)的译文。

在《北斗》第 2 卷第 3—4 期发表苏联高尔基作品《冷淡》。

---

① 《解放了的董吉诃德》(第一场)由鲁迅从日文转译。

作《再论翻译——答鲁迅》,刊登在《文学月报》第 1 卷第 2 期。

于 3 月 30 日翻译完成苏联绥拉菲摩维支作品《一天的工作》。

于 12 月 11 日翻译完成《高尔基论文选集》,同月翻译完成《高尔基创作选集》。

在《文学月报》第 1 卷第 3 期发表苏联别德讷衣的作品《没工夫唾骂》译文。

1933 年

根据《国际革命文学》1931 年第 4 期所载俄文译文转译《爱森的袭击》,因反动政府的压迫未能出版。1953 年,鲁迅根据保存的译者原稿辑入"瞿秋白文集"第 8 卷。

1935 年

在福建长汀高唱《国际歌》英勇就义。

中華譯學館·中华翻译家代表性译文库

许　钧　郭国良／总主编

图书在版编目(CIP)数据

中华翻译家代表性译文库. 瞿秋白卷 / 高淑贤，
郭国良编. —杭州：浙江大学出版社，2021.9
　ISBN 978-7-308-21409-4

　Ⅰ.①中… Ⅱ.①高… ②郭… Ⅲ.①瞿秋白
(1899—1935)－译文－文集 Ⅳ.①I11

　中国版本图书馆 CIP 数据核字(2021)第 101045 号

中华翻译家代表性译文库·瞿秋白卷

高淑贤　郭国良　编

出 品 人	褚超孚
总 编 辑	袁亚春
丛书策划	张　琛　包灵灵
责任编辑	黄静芬
责任校对	董　唯
封面设计	闰江文化
出版发行	浙江大学出版社
	（杭州市天目山路 148 号　邮政编码 310007）
	（网址：http://www.zjupress.com）
排　　版	浙江时代出版服务有限公司
印　　刷	浙江海虹彩色印务有限公司
开　　本	710mm×1000mm　1/16
印　　张	29.5
字　　数	425 千
版 印 次	2021 年 9 月第 1 版　2021 年 9 月第 1 次印刷
书　　号	ISBN 978-7-308-21409-4
定　　价	88.00 元

版权所有　翻印必究　　印装差错　负责调换

浙江大学出版社市场运营中心联系方式　　（0571）88925591；http://zjdxcbs.tmall.com